Bernard Clerc · Alfred Krähenmann

Augenheilkunde Hund und Katze

Augenheilkunde Hund und Katze

Bernard Clerc · Alfred Krähenmann

1990 · Mit 188 Abbildungen, davon 68 farbig, und 19 Tabellen

Verlag Paul Parey · Berlin und Hamburg

Titel der französischen Originalausgabe:
Bernard Clerc (agrégé des Ecoles Nationales Vétérinaires, Ecole Vétérinaire d'Alfort)
Ophtalmologie vétérinaire

Illustrationen: Dr. Marc Willot

Anschrift des Bearbeiters der deutschen Ausgabe:
Dr. med. vet. Alfred Krähenmann,
Brigadier, Direktor des Bundesamtes für Militär-Veterinärdienst der Schweizer Eidgenossenschaft in Bern, 1970–1987 Lehrbeauftragter für Augenkrankheiten der Haustiere der Universität Zürich,
Schönbergweg 6, CH-3006 Bern.
Auf der Grundlage einer Übersetzung von Dr. Kuno Kölle, F-11290 Montréal (Arzens/Aude)

CIP-Titelaufnahme der Deutschen Bibliothek

Clerc, Bernard:
Augenheilkunde Hund und Katze / Bernard Clerc ; Alfred Krähenmann. [Ill.: Marc Willot. Auf d. Grundlage e. Übers. von Kuno Kölle]. – Berlin ; Hamburg : Parey, 1990
Einheitssacht.: Ophtalmologie vétérinaire <dt.>
ISBN 3-489-69916-5
NE: Krähenmann, Alfred [Bearb.]

Einband: Sigrid Samieske, D-1000 Berlin 41, unter Verwendung einer Textabbildung

Anschriften: Lindenstr. 44–47, D-1000 Berlin 61;
Spitalerstr. 12, D-2000 Hamburg 1

ISBN 3-489-69916-5 · Printed in Germany

Satz und Druck: Saladruck Steinkopf & Sohn,
D-1000 Berlin 36
Schrift: Palatino und Helvetica
(Satzsystem Linotron 202)
Bindung: Lüderitz & Bauer Buchgewerbe,
D-1000 Berlin 61

Vorwort zur deutschen Ausgabe

Unter den bisher im deutschen Sprachgebiet erschienenen Lehrbüchern über Augenkrankheiten bei Haustieren fehlte ein Buch, das in knapper und anschaulicher Form nur jene Angaben berücksichtigt, die vor allem die praktisch tätigen Kollegen interessieren.

Das vorliegende Buch schließt nun die bestehende Lücke, indem es allen an der Augenheilkunde interessierten Praktikern den gewünschten Zugang zu den gesuchten Informationen verschafft. Es erhebt damit keinen Anspruch auf eine umfassende Darstellung des gegenwärtigen Wissensstandes über die Ätiologie und Pathologie der verschiedenen Augenerkrankungen. Dementsprechend sind auch die Literaturangaben knapp gehalten.

Demgegenüber vermittelt das Buch eine Vielzahl nützlicher Hinweise und Anleitungen im klinischen Bereich, die dank der zahlreichen Abbildungen und aussagekräftigen Beschreibungen keinen Anlaß zu Interpretationsschwierigkeiten geben sollten.

Der Illustrator des Buches pflegt mit seinen anschaulichen Zeichnungen einen Stil, der den Praktiker zum chirurgischen Tun anregt, wobei nur diejenigen Operationstechniken dargestellt sind, die sich aufgrund eigener Erfahrungen unter vertretbarem Aufwand bewährt haben.

Als Bearbeiter der deutschsprachigen Ausgabe der »Ophtalmologie vétérinaire« von Prof. B. Clerc empfehle ich das Buch allen augenheilkundlich interessierten Kolleginnen und Kollegen zu nützlichem Gebrauch.

Für die zuvorkommende Zusammenarbeit bin ich dem Verleger, Herrn DDr. h. c. F. Georgi, sowie den Herren Dr. H. Etmer und U. Krassowsky des Verlages Paul Parey zu großem Dank verpflichtet.

Bern, im Herbst 1989 *Alfred Krähenmann*

Vorwort der französischen Originalausgabe

Als wir 1974 im »Point Vétérinaire« die ersten Artikel über Augenchirurgie veröffentlichten, beabsichtigten wir eigentlich nicht ein Buch über Augenheilkunde zu schreiben. Wir hatten aber doch den Eindruck, daß einfache Hinweise für den Praktiker fehlten und so entstand die Idee, ein solches Werk zu verfassen.

Dieses Projekt wurde die ganze Zeit von meinen Freunden Philippe Devisme und Patrick Join-Lambert unterstützt und gefördert. Die Verwirklichung des Buches wurde im wesentlichen durch die beeindrukkende grafische Arbeit meines Mitarbeiters Marc Willot erleichtert. Er hat sich immer mit Begeisterung für die Illustration unserer Chirurgieartikel eingesetzt. Dank ihrer Hilfe und der der Mitarbeiter des Verlages »Point Vétérinaire« konnte dieses Buch veröffentlicht werden, wofür ich allen Beteiligten zu größtem Dank verpflichtet bin.

Wenn ein Buch geschrieben wird, hat der Autor die Pflicht, den Stil zu wählen, der dem Gegenstand oder der Idee angemessen ist. Ein besonderes Anliegen war es uns immer, wichtige Grundsätze aus der Augenheilkunde auf die Praxis zu übertragen und sie in passender Form auf die praktische Tätigkeit des Tierarztes zuzuschneiden. Deswegen schien es uns wichtig, zunächst allgemeine Gegebenheiten aus der Ophthalmologie zu behandeln, das heißt, die speziellen Grundzüge einer augenheilkundlichen Medizin und Chirurgie darzustellen und danach erst die Techniken aufzuführen, die in Kenntnis der anatomischen Gegebenheiten einstudiert wurden.

Es lag auch in unserer Absicht, das Buch, das sachlich geschrieben und ohne Quellennachweis abgefaßt wurde, nicht mit Informationen zu überladen, denn es sollte keine Enzyklopädie sein. Es ist vielmehr das Ergebnis persönlicher Experimente, die hauptsächlich im Rahmen unserer Untersuchungen an der »Ecole Nationale Vétérinaire d'Alfort« (Staatliche Schule für Veterinärmedizin, Alfort) durchgeführt wurden. Die Angaben in den einzelnen Kapiteln sind an sich klassisch, aber ihre Auslegung wurde in bezug auf die tägliche Praxis genauestens geprüft.

Glücklicherweise mußten wir uns nicht allein mit dem Versuch beschäftigen, das wichtige herauszukristallisieren, und so sind wir all jenen französischen und ausländischen Human- und Veterinärmedizinern zu Dank verpflichtet, mit denen wir Erfahrungen austauschen konnten.

Die beiden Veterinäranatomen J.-Y. Sautet und Y. Lignereux haben einen kurzgefaßten, präzisen und gut illustrierten Beitrag zu diesem Werk geliefert. Ich hätte es nicht gewagt, sie zu vergessen.

Wir möchten gerne die Benutzer dieses Buches an der Fülle dieser verschiedenen Experimente teilhaben lassen und hoffen, daß die »Ophtalmologie Vétérinaire« den gewünschten Erfolg haben wird.

Bernard Clerc

Inhalt

1 Einführung in die Pathologie des Auges

1.1 Anatomisches Repetitorium

Eine ganze Anzahl anatomischer Besonderheiten des Hundeauges sowie die artspezifische Physiologie bedingen bestimmte pathologische Tendenzen. Deshalb werden hier einige morphologische und strukturelle Grundkenntnisse in Erinnerung gerufen, die für den Kliniker von Interesse sind.

Nach einer Beschreibung der ontogenetischen Entwicklung und der Anomalien erläutern wir kurz einige Abbildungen, wobei wir dem Vorgehen des Klinikers folgen, der häufig mit der Untersuchung der Nebenorgane des Auges beginnt, bevor er den Augapfel selbst überprüft.

Wie bei allen Säugern, ist auch das Auge des Hundes eine ontogenetische Ausstülpung des Zentralnervensystems. Dennoch folgen die Entwicklungsstufen einem bestimmten zeitlichen Ablauf. Beim Hund entwickelt sich das Auge im Vergleich zu den anderen Haussäugetieren und zum Menschen viel langsamer. So befindet sich das Auge des Hundes nach einem Drittel der Tragezeit noch im Stadium der Augen- und Linsenblase, das beim Menschen schon von der sechsten Woche an erreicht wird (1). Histologische Studien haben außerdem ergeben, daß die Netzhaut erst gegen Ende der zweiten Woche nach der Geburt voll differenziert und funktionsfähig ist, also erst, wenn sich die Lidspalte öffnet (13).

Die von den Züchtern so gefürchteten Anomalien hängen hinsichtlich ihrer Natur vor allem von der Rasse ab. Zu den häufigsten gehören nach MAGRANE (17): Atresie der Lidspalte beim Terrier, Lideinstülpung (Entropium) bei Laufhunden, Lidumstülpung (Ektropium) beim Basset und Cocker-Spaniel sowie Mißbildungen der Netzhaut und des Sehnervs beim Collie. Diese Liste ist bei weitem nicht vollständig, denn zahlreiche Studien werden seit mehr als zehn Jahren unternommen; deren Ergebnisse sind jedoch noch nicht endgültig.

1.1.1 Die Nebenorgane des Auges

■ **Die Lider** (Abb. 1, 1)
Die Lider, Schutzorgane der Muskel- und Hautfalten, sind der Sitz wichtiger pathologischer Vorgänge. Morphologisch unterscheiden sie sich von denen anderer Tierarten nur durch das Fehlen der Wimpern an den Unterlidern. Dennoch weist ihr Aufbau viele Besonderheiten auf, die das Interesse des Praktikers verdienen.

Eine **Bindegewebsplatte** (Tarsus) bildet die Unterlage, manchmal fälschlicherweise »Knorpeltarsus« genannt, die viel weniger entwickelt ist als beim Menschen.

Die **Muskulatur** ist dafür um so stärker ausgebildet. Der Ringmuskel der Lider, der die Lidspalte fest schließt, ist kräftig entwickelt. Er ist durch eine starke Sehne am inneren Lidwinkel mit dem Orbitalrand verbunden, temporal trifft er auf den Retraktormuskel des äußeren Lidwinkels, der seinerseits mit dem Schläfenmuskel verbunden ist (3). Die glatten und quergestreiften Lidheber scheinen durcheinanderzulaufen. Es sei daran erinnert, daß diese Muskeln unterschiedlich innerviert sind: der *N. facialis* ist für den Ringmuskel und seine Verbindungen verantwortlich, der *N. oculomotorius* für den quergestreiften Heber und die Ausläufer des Sympathicus für den glatten Heber. Diese mehrteilige Nervenversorgung zeigt, wie komplex die Bewegungsabläufe sind. Sie erklärt auch die Krankheitsbilder bei Gleichgewichts- und Lidfunktionsstörungen.

Zwei Arten von **Talgdrüsen** bilden den Drüsenapparat:

1. die sogenannten **Meibomschen Drüsen,** die auf der bulbären Seite des Tarsus liegen und gut entwickelt sind. Man erkennt sie an den hellen, senk-

rechten Linien unter der Lidbindehaut, die bis zum Lidrand verlaufen, wo ihre winzigen Kanäle sich zum Bulbus hin öffnen (25). Die Ausführungsgänge können verstopfen und die Drüsen sich entzünden *(Hordeolum internum)* oder eine zweite Wimpernreihe enthalten (Distichiasis);

2. die **Zeißschen Talgdrüsen**, die mit den Ziliarfollikeln verbunden sind und sich gleichermaßen entzünden können und in diesem Fall ein *Hordeolum externum* (»Gerstenkorn«) bilden.

■ **Die Bindehaut der Lider** (Abb. 1, 2)

Die Lidbindehaut, die Schutzschleimhaut des Auges, ist mit den tiefer liegenden Schichten nur auf der bulbären Seite der Lider und in der Nähe des Hornhautrandes verbunden, während sie sonst den Bulbus locker überzieht. Diese lose Verbindung erlaubt die Beweglichkeit des Augapfels, subkonjunktivale Injektionen und konjunktivale Abdeckungen. Im nasalen Augenwinkel wird die **Karunkel** *(Caruncula lacrimalis)* vom inneren Lidwinkel verdeckt.

Die Bindehaut zeichnet sich durch eine bedeutende Lymphgefäßversorgung aus, die ihre Schutzfunktion verstärkt. Sie ist nicht immer pigmentiert (in einem solchen Falle spricht man deshalb auch von einem Ringauge). Sie kann aber auch eine normale Pigmentierung um den Hornhautrand herum aufweisen. Nur bei *Keratitis pigmentosa* ist die ganze Hornhaut pigmentiert.

■ **Das dritte Augenlid** (Abb. 1, 2/3)

Das »dritte Lid« bildet die Nickhaut *(Membrana nictitans)*. Sie dient dazu, schräg über die Hornhaut zu gleiten. Sie ist beim Hund gut entwickelt. Das sie überziehende Bindehautgewebe ist an seinem freien Rand häufig pigmentiert und enthält an der bulbären Seite zahlreiche Lymphfollikel, die sich entzünden können. Die Unterlage besteht aus hyalinem Knorpelgewebe, das am freien Rand halbmondförmig ist und nach nasal-unten einen Fortsatz aufweist. Beim Nickhautvorfall ruft eine ungenügende Spannung der Bindehaut die Auswärtsstülpung dieses Halbmondes hervor. Der Fortsatz selbst ist von einer Drüse von sero-mukösem Charakter umgeben, der relativ oberflächlich gelegenen **Nickhautdrüse**, im Gegensatz zur tiefer liegenden **Harderschen Drüse**, die beim Hund jedoch nicht vorkommt. Es ist deshalb falsch, bei der Auswärtskehrung der Nickhautdrüse vom Vorfall der Harderschen Drüse zu sprechen.

■ **Augenmuskeln, Faszien und Fettgewebe** (Abb. 1, 4/3)

Der Hund besitzt relativ wenig entwickelte Augenmuskeln; daher ist das Hundeauge auch nur beschränkt beweglich. Die vier **geraden** Muskeln sind flach und laufen in der vorderen Hemisphäre, ca. 6–8 mm hinter dem Hornhautrand, in schmale Sehnen aus. Die zwei **schrägen** Muskeln – der obere und der untere – setzen im Gegensatz zu denen des Menschen ebenfalls vor dem Äquator an.

Bestimmte klinische Hinweise, wie zum Beispiel selten auftretende Fälle von Strabismus wie auch experimentelle Arbeiten über Umkehrungen von geraden Muskeln, lassen auf eine eher bescheidene Rolle dieser Muskeln schließen (16). Der Rückzieher des Augapfels hingegen, auch »choanoider Muskel« genannt, der beim Menschen fehlt, ist bei weitem der bestentwickelte von allen. Er stellt sich auf zweifache Weise dar, je nachdem, ob seine vier Stränge einen Muskelkonus bilden, der den Sehnerv bedeckt, oder ob sie voneinander getrennt auftreten (25).

Die **Hülle des Augapfels** oder »Tenonsche Kapsel«, welche die Sklera in der Nähe des Hornhautrandes und um die Eintrittsstelle des Sehnervs in den Augapfel umgibt, weist beim Hund keine Besonderheiten auf. Weiter hinten umscheidet sie den Sehnerv sowie die einzelnen Augenmuskeln (14). Die **Periorbita** ist eine aus zwei Lamellen bestehende Faszie, die sich in die Augenhöhle als Knochenhaut fortsetzt. Sie umhüllt nicht nur den Augapfel und seine Nebenorgane, die Tränendrüse ausgenommen, sondern auch das **orbitale Fettgewebe**. Dieses wird förmlich vom Bulbus nach vorne gedrückt, wenn sich der Retraktormuskel zusammenzieht.

Gleichzeitig drückt es die Nickhaut zur Seite. Dieser »Nickhautvorfall« persistiert bei Tetanus. Bei einer Enukleation wird der Schnitt oft zwischen der Periorbita und der Tenonschen Kapsel ausgeführt, teilweise mitten im orbitalen Fettgewebe (22). Zur Vermeidung von Blutungen sollte man auf die starke Erweiterung der Vene achten, die in der oberen Augenhöhle nasal des Sehnervs liegt (25).

■ **Tränendrüse und ableitende Tränenwege** (Abb. 1, 2/5)

Die Tränendrüse ist ca. 15 mm lang, 12 mm breit und 3 mm dick. Sie liegt an der Innenfläche des *Lig. orbitale*. Wegen ihrer Rosafärbung und des kleinen Bindegewebsbändchens, das sie mit dem Jochbein verbindet, kann man sie bei operativen Eingriffen mit einem Augenmuskel verwechseln.

Die Tränenflüssigkeit wird durch 20–30 Kanälchen in die Fältchen des oberen Bindehautsacks sezerniert. Sie reinigt und benetzt die Hornhaut und sammelt sich im medialen Augenwinkel. Durch die zwei **Tränenpunkte**, den oberen und den unteren, wird sie abgeleitet. Die Tränenpunkte weisen eine längliche Form auf und befinden sich am freien Rand jedes Lids, ca. 5 mm vom nasalen Lidwinkel entfernt, und sind dem Augapfel zugewandt. Die anschließenden **Tränenkanäle** sind 5 mm lang und haben ein Kaliber zwischen 0,5 und 1 mm, so daß sie sich leicht katheterisieren lassen. Sie öffnen sich einzeln in einen wenig ausgebildeten **Tränensack**. Am darauffolgenden **Tränennasengang** fällt die Verschiedenartigkeit der nasenseitigen Öffnungen auf. Es gibt zwei Kanaltypen, den kurzen und den langen. Beim ersten sitzt die Öffnung weit vorne nahe der Nasenlöcher unter der Flügelfalte. Der zweite sitzt weiter hinten, im mittleren oder ventralen Nasengang auf der Höhe des Eckzahns. Außerdem kann bei ein und demselben Tier der Kanal auf der einen Seite lang und auf der anderen kurz sein oder es kann sogar eine Mischform auftreten mit beiden Ausgängen auf der gleichen Seite (12, 18, 39).

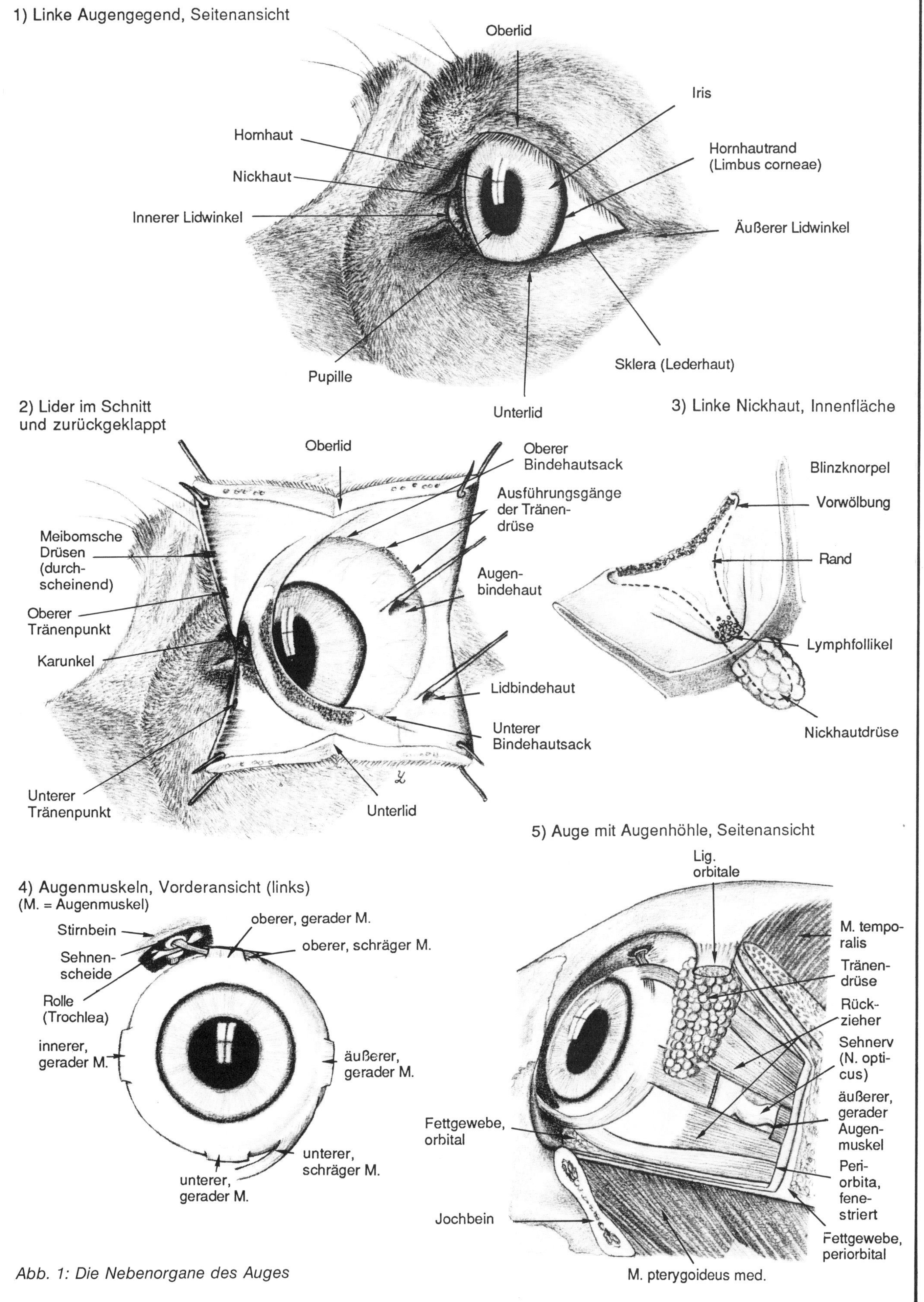

Abb. 1: Die Nebenorgane des Auges

Es ist hinzuzufügen, daß die Nickhautdrüse nach dem neuesten Stand der Untersuchungen erheblich an der Produktion der Tränenflüssigkeit beteiligt ist, und zwar bis zu 30 %, wie experimentelle Entfernungen der Tränendrüse, der Nickhautdrüse oder beider Drüsen zusammen gezeigt haben.

Es ist ferner darauf hinzuweisen, daß der behandelnde Tierarzt eine ungenügende Tränenflüssigkeitssekretion dadurch ausgleichen kann, daß er den *Ductus parotidicus* oder »Stenonschen Kanal« verlagert.

1.1.2 Der Augapfel (Bulbus oculi)

Der Hund ist nach der Katze[1] das Haussäugetier mit dem relativ größten Augapfel. Dessen Volumen ist proportional größer bei den kleinen Rassen, sein Gewicht beträgt ungefähr 1/1500 des Gesamtkörpergewichts. Der Augapfel des Hundes ist wie derjenige des Menschen annähernd kugelförmig[2].

Die Augenstellung hängt von der Rasse ab, der Unterschied zwischen den optischen Achsen variiert zwischen 20° und 50° (25).
Dieser relativ niedrige Wert gewährleistet ein bedeutendes binokulares Gesichtsfeld von durchschnittlich 80°[3].

Das Gesichtsfeld ist allerdings weniger weit als das der Katze, die Distanzen besser einschätzen kann. Das gesamte Gesichtsfeld geht nicht über 297° (34) hinaus, ist also bedeutend kleiner als das der Pflanzenfresser, für die der Panoramablick unerläßlich ist.

■ **Die Sklera** (Lederhaut) (Abb. 2, 1/2)
Diese äußere Hülle des Augapfels, die der *Dura mater* entspricht, besteht aus einem biegsamen Gewebe, der Sklera, welche die hinteren drei Fünftel des Augapfels umschließt. Die vorderen zwei Fünftel bilden die durchsichtige Hornhaut.

Die Lederhaut ist nicht überall gleichmäßig dick, also auch nicht überall gleich widerstandsfähig. Die dicksten Stellen befinden sich um den Sehnerv herum und im Bereich des Skleralwulstes (0,8–1 mm). Sie ist sehr dünn am Äquator (0,28 mm) und noch dünner im Gebiet der *Lamina cribrosa sclerae*, der Austrittsstelle des Sehnervs. Bei angeborenen Mißbildungen, wie im Fall von Kolobom oder Retinocele, kann an dieser Stelle sogar die Netzhaut vorfallen.

Die **Hornhaut** ist der erste optische Teil des Auges, den die Lichtstrahlen durchqueren. Sie ist fast kreisförmig, ihr Durchmesser erreicht ca. 16 mm (24) und ihre Flächen sind ziemlich gewölbt.

Sie hat einen Krümmungsradius von 8 mm (von Rasse zu Rasse jedoch verschieden) (34). Die durchschnittliche Dicke beträgt 0,75 mm.

Der histologische Aufbau weist eine Besonderheit auf: die **äußere Grenzmembran**, auch »Bowmansche Membran« (20, 30, 40) genannt, ist unterbrochen. Die **innere Grenzmembran** oder »Descemetsche Membran« ist sehr elastisch und widerstandsfähig; sie bleibt oft als einzige Membran übrig, wenn alle anderen bereits zerstört sind. Die Hornhaut ernährt sich durch aktiven und passiven Stoffwechselaustausch. Im Normalfall enthält sie keine Blutgefäße, was Verpflanzungen vom operationstechnischen Standpunkt her erleichtert. Sie führt viele Nervenfasern, was sie überaus empfindlich macht.

■ **Die Aderhaut** (Chorioidea) (Abb. 2, 1/3/4)
Infolge ihres Gefäßreichtums ist die nährende Aderhaut, auch *»Tractus uvealis«* genannt, der bevorzugte Bereich für Infiltrationen und Entzündungen ihrer drei Anteile: der Chorioidea im hinteren Teil, des Ziliarkörpers im Mittelteil und der Regenbogenhaut (Iris) vorne.

Die **Aderhaut** ist unterschiedlich dick: am dicksten ist sie im Ursprungsgebiet des *Tapetum lucidum* (0,18 mm), wo die *Lamina chorio-capillaris* verschwindet (25). Wie bei den anderen Fleischfressern bildet das *Tapetum lucidum* (»Sattler-Membran«) mehrere Lagen übereinandergeschichteter Zellen (Iridozyten), während sie bei den Ungulaten eine faserige Struktur aufweist. Das *Tapetum lucidum* ist sozusagen ein Spiegel im Augenhintergrund, durch dessen Reflexwirkung das einfallende Licht zweimal die lichtempfindlichen Zellen trifft. Dessen Farbe ändert sich im Laufe des Lebens: 47–50 Tage nach der Geburt ist sie lilafarben, später wird sie gelb-orange bis apfelgrün (23, 38).

Der **Ziliarkörper** mit den Ziliarfortsätzen, die das Kammerwasser absondern, und der für die Akkommodation zuständige Ziliarmuskel bilden zusammen einen feinen Kranz *(Corona ciliaris)*. Die Anzahl der Ziliarfortsätze, die strahlenförmig angeordnet sind, beträgt zwischen 70 und 80. Die schwache Ausbildung des **Ziliarmuskels** erklärt die geringe Akkommodationsfähigkeit des Hundeauges, das von Natur aus weitsichtig ist. Dieser Muskel wirkt auf die Linse über die **Fasern der Zonula** *(Zonula Zinnii)*. Diese Fasern sind in den Fortsätzen bis zur *Ora serrata* verankert (9). Ihre Atrophie, beispielsweise infolge Uveitis, kann zur Linsenluxation führen.

Die **Iris** als variable Blende verschafft dem Auge als einzigem Sinnesorgan die Möglichkeit, die Intensität seiner physiologischen Erregung selbständig zu regulieren. Die Iris ist am **Ziliarrand** dicker (0,4 mm) als am **Pupillenrand** (0,09 mm) (25). Der freie Rand begrenzt eine runde **Pupille**, deren Durchmesser nicht nur vom Gesundheitszustand des Hundes abhängt, sondern auch von dessen Rasse und Alter (17). Die Irisfarbe reicht von braun über goldgelb bis hin zu blau. Ihr Rand

[1] Volumen: 5,9 ml (4,9–6,7); Gewicht: 6,1 g (5,04–6,98) (24).
[2] Sagittal-Durchmesser: 22,9 mm (21–24); Quer-Durchmesser: 23 mm (21–24); Vertikal-Durchmesser: 22 mm (20,5–22) (24).
[3] Monokuläres Gesichtsfeld maximal 191° (104° nach temporal, 87° nasal) (34).

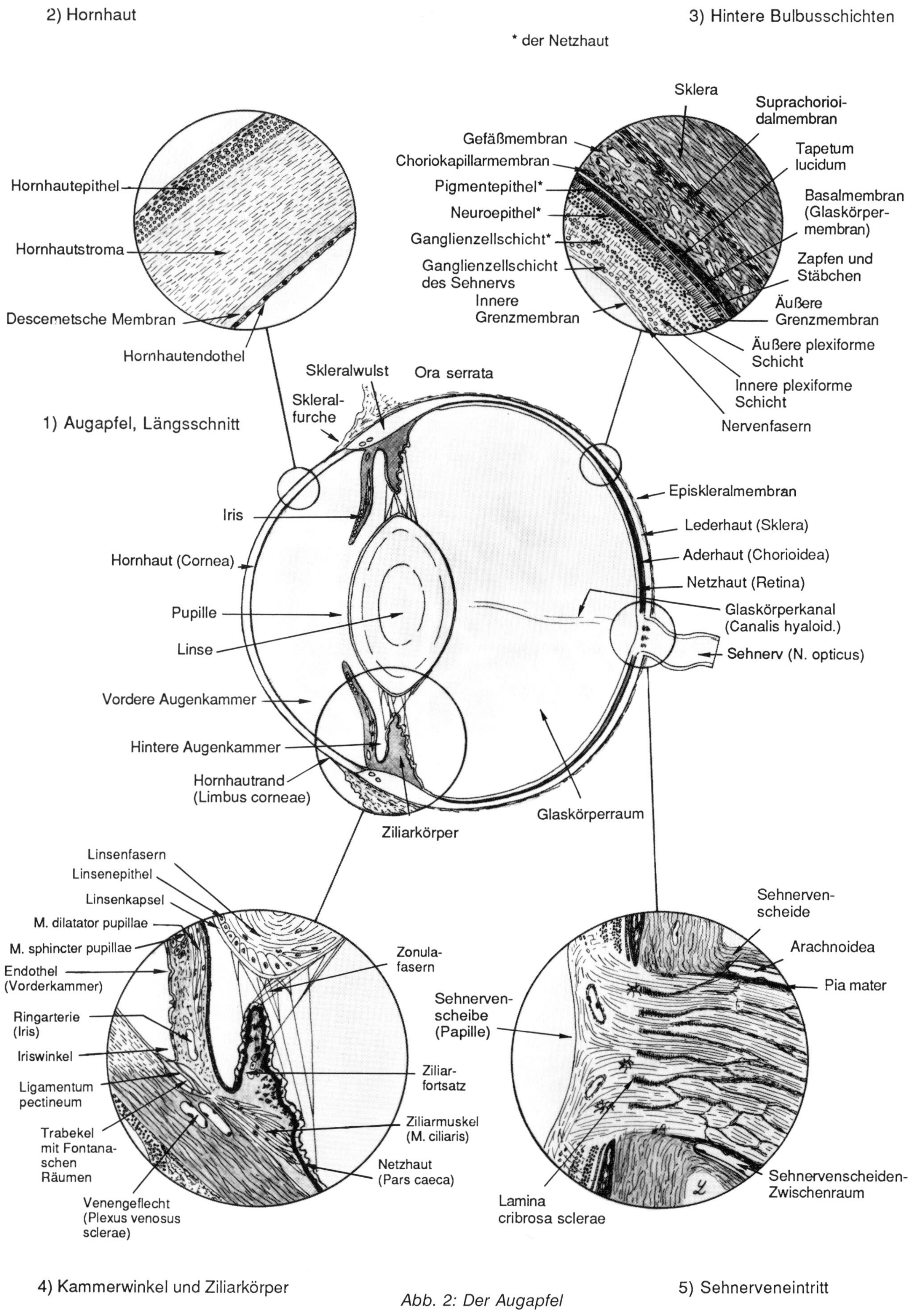

Abb. 2: Der Augapfel

ist immer am stärksten pigmentiert. Von den zwei **Irismuskeln**, dem besser entwickelten *Musculus sphincter pupillae* und dem *Musculus dilatator pupillae*, wird der erstere von parasympathischen, der zweite von sympathischen Nervenfasern innerviert. Die Iris selbst ist stark vaskularisiert, aber nur der große periphere Arterienring am Ziliarrand ist gut ausgeprägt (26).

■ **Die Netzhaut** (Retina) (Abb. 2, 3/5)

Die **Retina** ist eine dünne, innervierte Haut, die den Innenraum des Augapfels auskleidet bis hin zum Pupillenrand der Iris. In ihrem optischen Teil, hinter der *Ora serrata*, weist sie einige Unterschiede zur menschlichen Netzhaut auf.

Die Epithelschicht liegt der Basalmembran der Chorioidea auf und ist nicht überall pigmenthaltig[1].

Was die beiden unteren Quadranten betrifft, so trägt sie richtigerweise den Namen »Pigmentschicht«, bildet sie doch das *Tapetum nigrum* und verleiht somit dem Augenhintergrund eine Farbe, die von dunkelbraun bis hellgrau reichen kann. Es scheint, daß diese Farbunterschiede mit der Irispigmentierung zusammenhängen (38). Das Pigment fehlt im Bereich des *Tapetum lucidum*, so daß die Netzhaut durchsichtig ist. Das Licht kann deshalb ein zweites Mal die photosensiblen Zellen reizen. Dies stellt eine bemerkenswerte Anpassungsfähigkeit an das Sehen in der Dämmerung dar!

Die lichtempfindlichen Sinneszellen des Neuroepithels sind gleichmäßig außerhalb der Gehirnschicht der Retina verteilt. Es besteht also keine Zone ohne Zäpfchen, wie bei der menschlichen Fovea, sondern nur eine Zone mit erhöhter Sehschärfe, die *Area centralis*, die sich medial der Sehnervenpapille befindet. Die Stäbchen, die 95 % der Sehzellen ausmachen, verbessern durch ihre große Anzahl zusätzlich das Sehvermögen bei schwachem Licht (25).

Die Vaskularisation wird von drei Gefäßgruppen übernommen, den dorsalen, medialen und lateralen, die von der **Sehnerveneintrittsstelle** oder »Papille« ausgehen. Die Papille ist weißlich-rosafarben und befindet sich in der Augenachse am unteren Rand des *Tapetum lucidum*. Die drei Venen fließen in einem Gefäßkranz zusammen, aus dessen Mitte die drei Arterien zu entspringen scheinen. In Wirklichkeit wird die Retina nicht von einer Zentralarterie des Sehnervs versorgt, die beim Hund nicht vorkommt, sondern von den hinteren, kurzen Ziliararterien, die kreisförmig anastomosieren und in die Netz- und Aderhautarterien übergehen (15).

Das arterielle Blut kommt zum größten Teil vom Augenast der Oberkieferarterie *(A. maxillaris)*. Beim Hund ist somit der arterielle Hirninnendruck am Augenhintergrund nicht feststellbar, im Unterschied zum Menschen, bei dem die Retina durch die *A. ophthalmica interna* versorgt wird, die in der Schädelhöhle entspringt. Bei der Netzhautablösung bleibt die Pigmentschicht an der Aderhaut haften, während die Nervenschicht nur noch durch die retinalen Gefäße am Augenhintergrund gehalten wird.

■ **Vordere und hintere Augenkammer; Kammerwasser** (Abb. 2, 1/4)

Die beiden Kammern machen 1/11 des gesamten Bulbusvolumens aus (39). Das **Kammerwasser** wird von der *Pars ciliaris retinae* abgesondert; es enthält zwischen 24 und 54 mg Proteine auf 100 ml und weist eine Brechkraft von 1,3350 auf. Eine positive Korrelation besteht zwischen Proteinkonzentration und Brechkraft, die sich bei Uveitis beide erhöhen (21). Das Kammerwasser wird im **Iriswinkel** *(Angulus iridocornealis)*, auch »Kammerwinkel« genannt, drainiert. Das *Ligamentum pectineum* und das Trabekelwerk, das sich in der Tiefe des Kammerwinkels befindet, grenzen diesen ab. Von dort diffundiert es in das Venengeflecht der Sklera, das mit dem Schlemmschen Kanal beim Menschen zu vergleichen ist (17). Dieses Geflecht entspricht dem *Plexus venosus* der *Dura mater*. Jedes Hemmnis in diesem Drainagesystem beeinflußt den inneren Augendruck (Augenüberdruck oder Glaukom) und später auch das Volumen (Hydrophthalmie).

■ **Die Linse** (Abb. 2, 1/4)

Die *Lens cristallina* ist eine Sammellinse, die von einer **Kapsel** umschlossen und vorne dicker ist (50 μm) als hinten (35 μm). Die Linse bildet 1/9 (1/11–1/8) des Bulbusvolumens und wiegt 0,7 g (0,51–0,83 g). Der Durchmesser beträgt 11,5 mm (10–12 mm), ihre Dicke erreicht 8 mm (7–9 mm) (25). Die Krümmungsradien ihrer Vorder- und Rückseite sind annähernd gleich (9). Das einfach gebaute Epithel, das sich an der Vorderseite befindet, ist durchschnittlich 2–5 μm stark, erreicht aber am Äquator 10–15 μm, wo sich die **Linsenfasern** teilen. Hart und nur wenig elastisch, eignet sich die Linse nur beschränkt zur Akkommodation. An anderer Stelle wurde bereits auf die Schwäche der Ziliarmuskulatur hingewiesen.

Die Linse wird von zwei Vorrichtungen in situ gehalten: von den **Zonulafasern** einerseits und vom Haften der hinteren Kapselpartie an der hyaloiden Membran des Glaskörpers andererseits (9). Dieses Kleben erklärt die auftretenden Schwierigkeiten bei einer intrakapsulären Extraktion der Linse.

■ **Glaskörperraum und Glaskörper** (Abb. 2, 1)

Unmittelbar hinter der Linse befindet sich der **Glaskörperraum**, der 63 % des Bulbusvolumens ausmacht. Der **Glaskörper** wiegt 2,8 g (2,2–3,65 g) (24) und verdichtet sich an der Peripherie zu einer hyaloiden Membran. Diese haftet, wie bereits erwähnt, an der Linsenkapsel. Die Transparenz des Glaskörpers kann vermindert sein durch einen Rest der *A. hyaloidea* in Form des Hyaloidkanals, der sich normalerweise ab dem 45. Tag der Trächtigkeit zurückbildet und dann ganz verschwindet (1). Verschiedene pathologische Zustände können den Glaskörper eintrüben, ohne daß dadurch das Sehvermögen des Tieres wesentlich beeinträchtigt würde.

[1] Netzhaut-Dicke im Bereich des *Tapetum lucidum*: 0,24 mm; im Bereich des *T. nigrum*: 0,12 mm (24).

1.1.3 Literatur

1. AGUIRRE, G. D., & L. F. RUBIN, 1972: Development of the Canine eye. Amer. J. Vet. Res., 33, pp. 2405–2414
2. AMMANN, K., & G. PELLONI, 1971: Der Bulbus oculi des Hundes. Schweiz. Arch. für Tierheil., 113, pp. 287–290
3. BARONE, R., 1968: Anatomie comparée des Mammifères domestiques. Tome II: Arthrologie et Myologie. Lyon, Laboratoire d'Anatomie, Ecole Nationale Vétérinaire, 1066 p.
4. BARONE, R., in: J. SOBOTTA, 1977: Atlas d'anatomie humaine. Tome IV: Nomenclature anatomique française. Paris, Maloine, 310 p.
5. BARONE, R., & F. LESCURE, 1959: Hétérochromie et microphtalmie chez le Chien. Revue méd. vét., 22, pp. 769–792
6. BRADLEY, O. Ch., & T. GRAHAME, 1959: Topographical anatomy of the Dog. Edinburgh/London, Oliver and Boyd, 332 p.
7. BRIGHTMAN, A. H., 1977: Congenital Horner's syndrome. Canine Pract., 4, pp. 19–23
8. CATCOTT, E. J., 1952: Ophthalmology in Canine practice. J. A. V. M. A., 121, pp. 35–37
9. DAVID, F., 1974: Contribution à l'étude anatomique et histologique de l'appareil suspenseur du cristallin chez le Chien. Thèse Doct. Vét., Lyon
10. DIESEM, Ch., 1975: The organ of vision, in: R. GETTY: Sisson and Grossman's anatomy of the Domestic Animals 5th ed., Vol. 2. Philadelphia/London/Toronto, Saunders, 2095 p.
11. DUKE-ELDER, S., 1958: System of ophthalmology. London, Henry Kimpton. Vol. I: The eye in evolution. 843 p., 1961. Vol. II: The anatomy of the visual system. 901 p., 1963. Vol. III: Normal and abnormal development. 313 p.
12. ELLENBERGER, W. & H. BAUM, 1894: Anatomie descriptive et topographie du Chien. Paris, C. Reinwald, 646 p.
13. FOX, M. W., 1963: Postnatal ontogeny of the Canine eye. J. Amer. Med. Ass., 143, pp. 968–974
14. GETTY, R., 1964: The eye, orbit, and adnexa, in: M. E. MILLER, G. C. CHRISTENSEN & H. E. EVANS: Anatomy of the Dog. Philadelphia/London, Saunders, 941 p.
15. LESSON, M., 1972: Vascularisation artérielle du bulbe oculaire et du nerf optique chez le Chien. Th. Doct. Vét., Toulouse
16. MAGRANE, W. G., 1955: Ocular physiology. No. Am. Vet., 36, pp. 387–390
17. MAGRANE, W. G., 1973: Ophtalmologie canine. 2. éd. Paris, Maloine, 328 p.
18. MICHEL, G., 1955: Beitrag zur Anatomie der Tränenorgane von Hund und Katze. Dt. Tierärztl. Wschr., 62, pp. 347–349
19. NICOLAS, E., 1928: Ophtalmologie vétérinaire et comparée. 2. éd. Paris, Vigot, 499 p.
20. ODA, Y., & S. FUKUDA, 1962: Electron microscopic studies on the Animals cornea. J. of Electronmicroscopy, 11, pp. 183–184
21. OLIN, D. D., 1977: Examination of the aqueous humour as a diagnostic aid in anterior uveitis. J. A. V. M. A., 171, pp. 557–559
22. ORMROD, N. A., 1968: Guide pratique de chirurgie opératoire du Chien et du Chat. Paris, Vigot.
23. PARRY, H. B., 1953: Structure and development of the retina of the normal Dog. Brit. J. Ophthal., 37, pp. 385–404
24. POPLIN, F., 1967: Recherche sur la biométrie du globe oculaire chez les Mammifères domestiques. Thèse Doct. Vét., Lyon
25. PRINCE, J. H., Ch. DIESEM, I. EGLITIS & G. L. RUSKELL, 1960: Anatomy and histology of the eye and orbit in Domestic Animals. Springfield, Charles C. Thomas, 307 p.
26. PORTSCHER, C., 1961: Die großen Irisarterien beim Hunde. Berl. u. Münch. Tierärztl. Wschr., 74, pp. 436–438
27. ROCHON-DUVIGNEAUD, A., 1954: L'oeil des Vertébrés, in: P. P. GRASSE: Traité de zoologie – Vertébrés: généralités, embryologie topographique, anatomie comparée, caractéristiques biochimiques. Paris, Masson, 1145 p.
28. SADEWASSER, K., 1935: Zur Anatomie der Tränenwege des Hundes, insbesondere des Tränennasenganges. Diss. Berlin
29. SEIFERLE, E., 1975: Nervensystem, Sinnesorgane, Endokrine Drüsen, in: R. NICKEL, A. SCHUMMER & E. SEIFERLE: Lehrbuch der Anatomie der Haustiere. Band IV. Berlin/Hamburg, Paul Parey, 426 p.
30. SHIVELY, J. N., G. P. EPLING & R. JENSEN, 1969: Fine structure of the Canine eye: Iris. Amer. J. Vet. Res., 30, pp. 13–25
32. SHIVELY, J. N., G. P. EPLING & R. JENSEN, 1970: Fine structure of the Canine eye: Retina. Amer. J. Vet. Res., 31, pp. 1339–1359
33. STARTUP, F. G., 1969: Diseases of the Canine eye. London, Baillière Tindall & Cassel, 387 p.
34. THIEULIN, G., 1927: Recherches sur le globe oculaire et sur la vision du Chien et du Chat. Thèse Doct. Vét., Paris
35. TRAUTMAN, A. & J. FIEBIGER, 1952: Fundamentals of the histology of Domestic Animals. 8th et 9th ed. Ithaca, Comstock Publ., 405 p.
36. TRILLARD, A., 1976: Contribution à l'étude de l'anatomie et de l'histologie du globe oculaire du Chien. Thèse Doct. Vét., Paris
37. USHER, D. H., 1924: A note on the Dog's tapetum in early life. Brit. J. Ophthal., 8, pp. 357–362
38. WYMAN, N. & E. F. DONOVAN, 1965: The ocular fundus of the normal Dog. J. A. V. M. A., 147, pp. 17–26
39. ZIETZSCHMANN, O., 1974: Die Sinnesorgane, Organa sensuum, in: W. ELLENBERGER & H. BAUM: Handbuch der vergleichenden Anatomie der Haustiere. 18. Aufl. Berlin/Heidelberg/New York, Springer, 1155 p.
40. 1970: Am. J. Vet. Res., 36, pp. 713–722

1.2 Die Untersuchung des Auges

Es ist an dieser Stelle nur von der Untersuchung des Auges die Rede. Die Augennebenorgane und ihre Prüfung werden jeweils vor dem Kapitel über die entsprechende Krankheit behandelt. Zum Beispiel wird der Schirmer-Test am Anfang des Kapitels über die Hornhauterkrankungen im Rahmen der Keratoconjunctivitis sicca beschrieben.

1.2.1 Die klinische Untersuchung

Jede Augenuntersuchung besteht aus folgenden Elementen: Vorgeschichte (Anamnese), Beobachtung des Hundes in freier Bewegung und auf dem Untersuchungstisch. Diese Hauptuntersuchung kann bei Bedarf durch Untersuchungen unter Zuhilfenahme von Instrumenten vervollständigt werden.

1.2.1.1 Anamnese

Die Befragung des Besitzers hat zwei Aspekte zu berücksichtigen:

▷ Das Alter der Veränderungen. Es muß möglichst genau festgestellt werden, wann die Augenveränderungen begannen und vor allem, ob schon früher Entzündungsschübe auftraten (Glaukom und Uveitis).

▷ Das Verhalten des Hundes in seiner gewohnten Umgebung. Stößt er sich an Hindernissen? Sieht er besser bei hellem oder bei gedämpftem Licht? Inwiefern ist sein Verhalten seit dem Auftreten der Augenveränderungen gestört?

Weitere Fragen können noch genauer Aufschluß geben.

1.2.1.2 Untersuchung des Hundes in freier Bewegung

Es ist wichtig zu wissen, wie sich ein Hund verhält, der sich nicht in seiner gewohnten Umgebung befindet, denn es gibt blinde Tiere, die im vertrauten Milieu nie an Hindernisse stoßen. Aber man sollte auch bedenken, daß Angst jegliche Bewegung des Kranken unterbinden und somit auch seine Untersuchung hinfällig machen kann.

Ein blinder Hund hat eine ganz bestimmte Art, sich zu bewegen. Er läuft mit einer Haltung, die es ihm erlaubt, unverzüglich anzuhalten. Die Hintergliedmaßen werden unter den Körper gesetzt, Hals und Kopf weit nach vorne gestreckt, die Vorderläufe werden sehr hoch und weit nach vorne geführt, um mögliche Hindernisse wahrzunehmen.

Diese ersten Eindrücke, die man durch die ersten zwei Stufen der Untersuchung erhält, dürfen nicht außer acht gelassen werden. Erst danach sollte man den Hund auf den Tisch setzen. In der Folge unterscheidet man die direkte Untersuchung, die ohne Instrumente durchführbar ist, sowie diejenige, für die ein minimales Instrumentarium benötigt wird.

1.2.1.3 Augenuntersuchung auf Distanz

Man sollte sich angewöhnen, zu Beginn der Untersuchung eine gewisse Distanz einzuhalten (ca. 1 m) und auf häufig vorkommende Veränderungen zu achten, die auf diese Weise leicht feststellbar sind.
Zu beachten sind:
▶ die Symmetrie der Augen,
▶ das Volumen der Augäpfel,
▶ das Vorhandensein von Tränenfluß (Epiphora), trockene Nasenflügel als Folge des schlechten Ablaufens des Tränensekretes durch den Tränennasenkanal,
▶ die Färbung der Bindehaut,
▶ Vorfall der Nickhaut *(Membrana nictitans)*,
▶ Vorfall der Nickhautdrüse,
▶ Veränderungen im Aussehen der Hornhaut (Ödem),
▶ Veränderungen in Form und Farbe der Iris:
▷ Farbe,
▷ speckiges Aussehen (beim Vorhandensein von Exsudat),
▷ ungleiche Pupillenweite oder Anisokorie,
▷ Form der Pupillenöffnung (ungleichmäßig, wie eingerissen oder sternförmig bei Seclusio pupillae),
▷ »Napfkuchen«-Iris *(Iris bombata)* bei Iris-Linsenverklebung (Seclusio, Synechie).

■ **Koordinierte Blickbewegungen, Blinzelreflex bei Gefahr**

Bevor die Augenuntersuchung aus der Nähe vorgenommen wird, müssen noch zwei Tests vorgenommen werden, die die allgemeine Beurteilung der Sehkraft des Patienten erlauben.
▶ Gleichsinnige Augenbewegungen
In circa 50 cm Entfernung wird vor dem Kopf des Hundes ein Gegenstand, der seine Aufmerksamkeit weckt (z. B. ein Stück Zucker), hin- und herbewegt und somit die Bewegungen der Augen geprüft. Wenn der Hund sehen kann, folgt sein Blick dem Gegenstand.
▶ Blinzelreflex bei Gefahr
Bei diesem Test ist es wichtig, die Ursachen gut zu kennen, die unter Umständen das Untersuchungsergebnis verfälschen können.

Der Test ist folgendermaßen durchzuführen: Zuerst hält man zwei Finger in 10–15 cm Entfernung vom Hundekopf und schlägt sodann mit einer kurzen aggressiven Bewegung auf die Schnauze. Beim zweiten Mal wird die Geste wiederholt, der Schlag bleibt jedoch aus. Der Hund reagiert mit Lidschlag.

Fehlerquellen:
▷ Der Hund ist phlegmatisch und reagiert nicht, oder die Angst hemmt seine Reaktionsfähigkeit;
▷ der Hund ist blind, beim Test werden jedoch seine Barthaare gestreift, oder er hat den durch die Bewegung verursachten Luftzug gespürt und schließt die Lider, ohne die Angriffsbewegung wirklich gesehen zu haben.
Deshalb ist es ratsam, diesen Test zu wiederholen, bevor man ein endgültiges Urteil fällt: Reflex positiv, d. h. der Hund sieht, Reflex negativ (kein Reflex), der Hund ist blind.

1.2.1.4 Augenuntersuchung aus der Nähe

Diese Untersuchung schließt an die vorhergehenden Klärungen an. Eine handliche Stablampe mit gebündeltem Lichtstrahl ist am besten geeignet (Abb. 3, 4), um die verschiedenen Augenabschnitte zu untersuchen:
▷ die Lider,
▷ die Bindehautsäcke,
▷ die Nickhaut,
▷ die Hornhaut,
▷ die Iris,
▷ die Pupillenöffnung.

Ohne zusätzliches Instrumentarium kann man die Lage der Linse durch die Beobachtung der 3 Purkinje-Bilder feststellen und den Lichtreflex der Pupille beobachten.

Zur Untersuchung des Augenhintergrunds ist ein Ophthalmoskop notwendig.

■ **Die Reflexbilder nach Purkinje-Sanson** (Abb. 5)

Plaziert man einen Gegenstand vor das Auge des Tieres, sieht man drei Bilder dieses Objekts im Auge: das erste auf der Hornhaut, das zweite auf der vorderen Linsenkapsel und das dritte auf der hinteren Linsenkapsel, dieses letztere umgekehrt. Hornhaut und vordere Linsenkapsel sind konvexe Spiegel, die hintere Linsenkapsel wirkt als konkaver Spiegel. Verschiebt man z. B. die Lichtquelle im Uhrzeigersinn, so bewegen sich das erste und zweite Bild in der gleichen Richtung, während sich das Bild auf der hinteren Linsenfläche entgegengesetzt verlagert. Somit läßt sich nachprüfen, ob sich die Linse in der richtigen Lage befindet.
Aus der Abweichung der Anzahl Purkinje-Sansonschen Reflexbilder ergeben sich folgende Schlußfolgerungen:
▷ 1 Bild: Aphakie (Fehlen der Linse), Linsenluxation in den Glaskörper;
▷ 3 Bilder: normaler Befund;
▷ 5 Bilder: bei 5 Bildern handelt es sich um eine besondere Starform mit Änderung der Proteinstruktur im Linsenkern. Dabei entstehen zwei zusätzliche Bilder auf dem Linsenkern.

■ **Der Lichtreflex**

▶ Prinzip
Die reflektorische Lichtreaktion ist eine Kontraktionsbewegung der Pupille, die durch die Beleuchtung des Augeninnern ausgelöst wird. Die Faserkreuzung im *Chiasma opticum* bedingt, daß die Beleuchtung eines Auges nicht nur die Pupillenreaktion derselben Seite (direkter Reflex), sondern auch die Verengung der anderen (indirekter = konsensueller Reflex) auslöst. Der Reflexbogen besteht aus einem zentripetalen, sensorischen Segment, dem Sehnerv, dem Chiasma, dem *Tractus opticus, Corpora quadrigemina* (Vierhügel) und der zentrifugalen Bahn des 3. Hirnnervs *(N. oculomotorius)*.

▶ Nervenversorgung der Iris
Die afferenten Nervenfasern verlaufen über den Sehnerv zum Chiasma, dann über den *Tractus opticus*, weichen dem *Corpus geniculatum* aus und erreichen

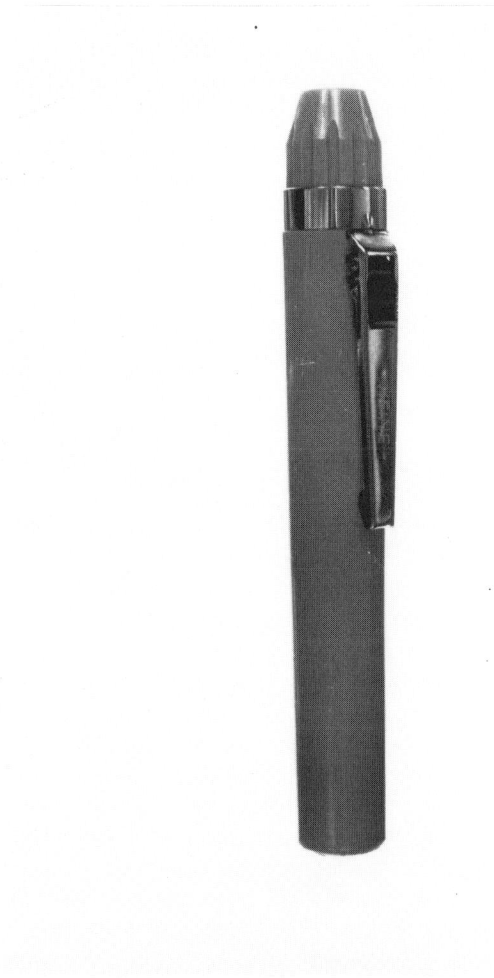

Abb. 3: Cliplampe, aufladbar

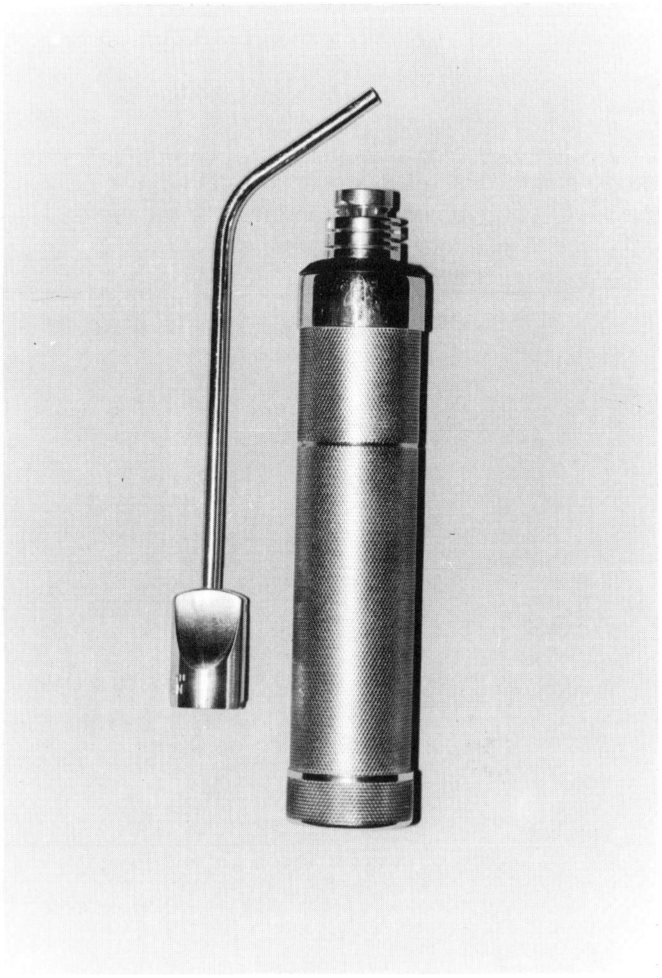

Abb. 4: Halogenlampe mit Ophthalmoskop-Handgriff

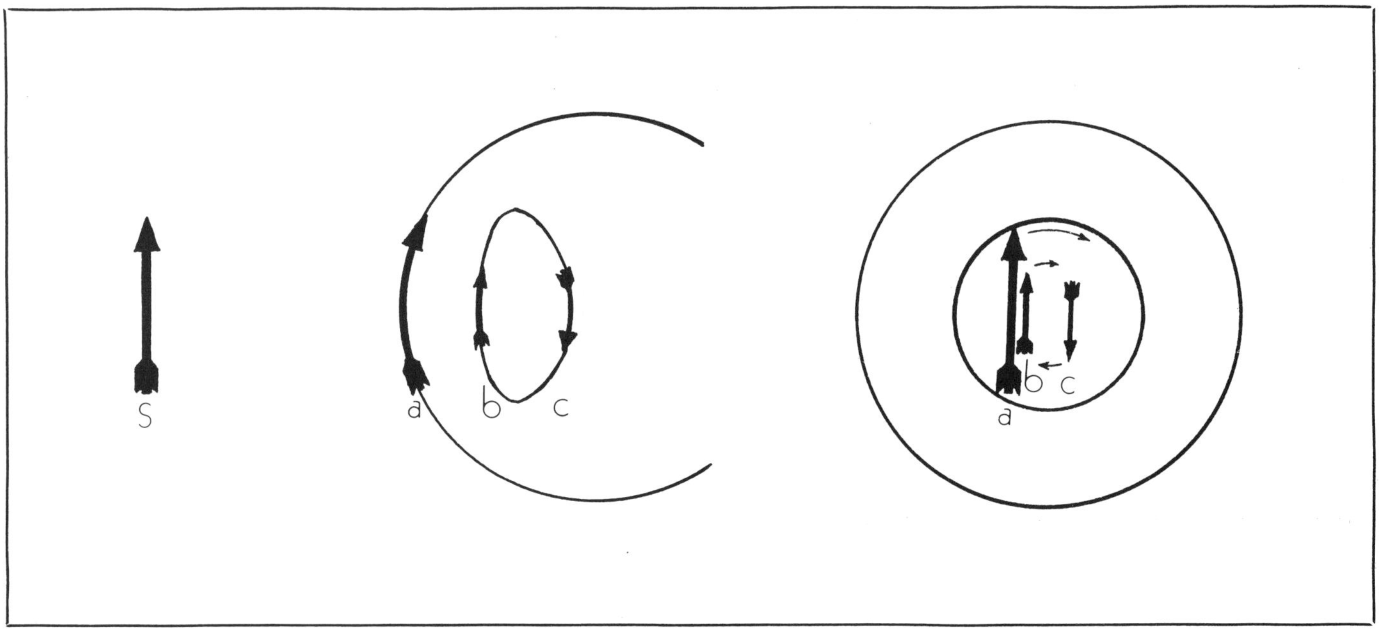

Abb. 5: Die Reflexbilder nach Purkinje-Sanson
Die Bilder einer Lichtquelle (s), die im Pupillarbereich auf der Hornhaut (a), Linsenvorderkapsel (b) und Linsenhinterkapsel auftreten, werden als Reflexbilder nach Purkinje-Sanson bezeichnet. Wird die Lichtquelle im Uhrzeigersinn bewegt, verlagern sich die Reflexbilder (a) und (b) in der gleichen Richtung, Bild (c) jedoch im Gegenuhrzeigersinn

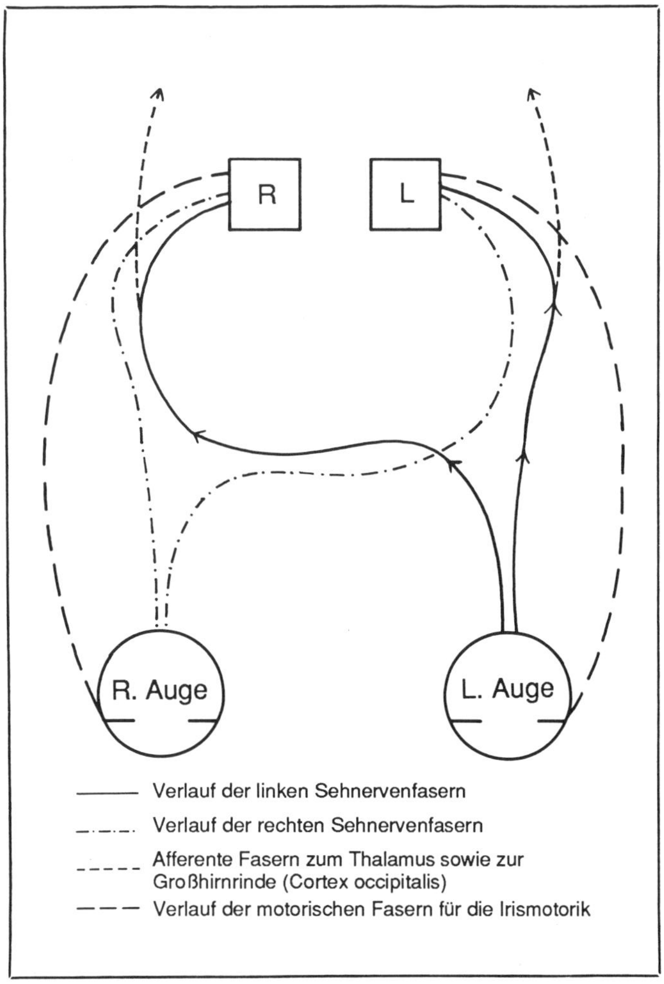

Abb. 6: Schema der Nervenbahnen, die durch den Pupillarreflex (Lichtreflex) untersucht werden

das Pupillenreflexzentrum der Vierhügelplatte. Manche Fasern erreichen den *Tractus opticus* der anderen Seite, nach Überkreuzung im Chiasma.

Die zentrifugale Reaktion verläßt das Pupillenreflexzentrum über das 3. Hirnnervenpaar *(N. oculomotorius)* und erreicht die Iris nach Umschaltung über das *Ganglion ciliare*. Der Sympathikus als Pupillenerweiterer wirkt hemmend. Dessen Erregung, die im Hypothalamus vom Zentrum nach Karplus und Kreidl ausgeht, erreicht das Rückenmark über den Hirnstamm und tritt aus dem Mark über die Nervenwurzeln C7, T1 und T2 aus. Dann durchquert sie die unteren, mittleren und oberen Halsganglien des Grenzstrangs. Die Fasern erreichen darauf den *N. trigeminus*, um schließlich in den langen Ziliarnerven zu enden.

Vom Gehirn gehen die Erregungs- oder Hemmimpulse aus.

► Ergebnis

Das Untersuchungsergebnis hängt vor allem von zwei Befunden ab:

▷ ob das Sehvermögen normal oder subnormal ist,
▷ ob die Pupille frei von Verklebungen (Synechien) und die Iris nicht atrophisch ist.

Anschließend wird das linke Auge beleuchtet, dann das rechte. Das Ergebnis erlaubt Schlüsse über die Funktionstüchtigkeit des Sehnervs und des Okulomotorius, wie es in Tabelle 1 beschrieben ist.

Nachstehend sind die Befunde aufgeführt, die erhoben werden können:

Zuerst wird das linke Auge angeleuchtet: Der direkte und der konsensuelle (indirekte) Reflex werden beobachtet, die normale Pupillenverengung zeigt, daß alles funktioniert. Das Licht durchquert die optischen Medien, erregt den linken Sehnerv, die Sehbahnen und zentrifugal den gemeinsamen Okulomotorius.

Es kommt vor, daß man durch das Beleuchten des linken Auges einen direkten Reflex auslöst, jedoch keinen konsensuellen. Das heißt, der linke Sehnerv funktioniert. Der direkte Reflex ist ein Indiz dafür, daß die Information an die Pupillenreflexzentren weitergegeben und daß der linke Sehnerv erregt wird. Die Leitungsbahn ist somit in Ordnung, der linke Sehnerv funktioniert normal. Der linke Okulomotorius ist ebenfalls intakt. Erfolgt der direkte Reflex, der konsensuelle jedoch nicht, besteht eine Läsion der motorischen Leitungsbahnen oder des Erfolgsorgans rechts, d. h. der Iris.

Es kann der umgekehrte Fall eintreten: Das linke Auge wird beleuchtet, der direkte Reflex bleibt aus, dafür spielt der konsensuelle Reflex.

Tabelle 1: Übersicht über die Deutung des Pupillarreflexes

Belichtung	Beobachtung des Pupillarreflexes	Sehfähigkeit erhalten					Sehfähigkeit = Null	
		2 Augen	2 Augen	R-Auge	2 Augen	L-Auge		
linkes Auge	direkt	+	+	−	−	+	−	+
	indirekt (konsensuell)	+	−	−	+	+	−	+
rechtes Auge	direkt	+	−	+	+	−	−	+
	indirekt (konsensuell)	+	+	+	−	−	−	+
Schädigungen		keine	Motorische Fasern rechts	Tractus opticus links	Motorische Fasern links	Tractus opticus rechts	Chiasma oder Netzhaut beiderseits	Cortex occipitalis (Amaurose)

Mit Bezug auf die Funktionstüchtigkeit des Sehnervs ist die Interpretation die gleiche: Die Pupillenreflexzentren werden erregt, also ist der linke Sehnerv funktionsfähig, nicht aber der linke Okulomotorius. Er ist beschädigt, da kein direkter Reflex vorhanden ist. Der rechte Okulomotorius hingegen funktioniert normal.

Es kann auch vorkommen, daß man weder einen direkten noch einen konsensuellen Reflex feststellt. Erst beim Beleuchten des rechten Auges tritt ein direkter oder ein konsensueller Reflex auf. Das heißt, daß nach anfänglicher Beleuchtung des linken Auges die Pupillenreflexzentren keine Information erhalten haben: Der linke Sehnerv ist beschädigt, der Okulomotorius links und rechts funktionieren normal.

Die vorstehende Beschreibung berücksichtigt die häufigsten Fälle von anomalen photomotorischen Reflexen. Dabei sollte man beachten, daß die Interpretation eines anomalen Reflexes nicht immer so einfach ist. Sie wird besser verständlich, wenn Anatomie und Physiologie des Auges in die Überlegungen miteinbezogen werden. Aus diesem Grund sind in Tabelle 2 die Ursachen für Mydriasis und Miosis zusammengestellt.

Tabelle 2: Ursachen der Abweichungen des Pupillendurchmessers

Mydriasis (Pupillenerweiterung)
Okuläre Ursachen
Mydriatika
Einseitige Erblindung (Netzhaut, Sehnerv)
Akutes Glaukom (Mydriasis unvollständig)
Prellung
Iris-Atrophie (»Spitzen«-Iris, Sehfähigkeit gut)
Neurologische Ursachen
Peripher
Lähmung des III. Hirnnervs (N. oculomotorius):
Trauma oder Tumor
Reizung des N. sympathicus:
Markkompression, Tumor, Ganglion, Organ
Zentral
Hirndrucksteigerung
Miosis (Pupillenverengung)
Okuläre Ursachen: Iritis
Neurologische Ursachen: Horner Syndrom

1.2.2 Untersuchung mit dem Ophthalmoskop

1.2.2.1 Prinzip der Ophthalmoskopie

Mit der Ophthalmoskopie ist es möglich, vor allem den hinteren Augenabschnitt objektiv zu untersuchen. Die Befunde sind vielfältig, so daß mangelnde Übung das Vorhaben erschweren kann. In der tierärztlichen Augenheilkunde benutzt man vor allem die direkte Ophthalmoskopie.

■ Die direkte Ophthalmoskopie
Ein Lichtstrahl fällt durch die Pupillenöffnung in das Augeninnere des Patienten. Dieses Licht wird wenigstens teilweise gegen das Auge des Betrachters reflektiert. Ist der Hund emmetrop, so ist der Lichtstrahl, der vom Auge des Patienten reflektiert wird, parallel, und der Untersuchende erhält ein klares Bild des Augenhintergrunds.

Mit der direkten Ophthalmoskopie können des weiteren auch der Pupillarbereich und die Hornhaut untersucht werden.

■ Die indirekte Ophthalmoskopie
Zwischen das Ophthalmoskop und das Auge des Patienten wird eine Linse gehalten. Das Bild des Augenhintergrunds steht jetzt auf dem Kopf und ist von ausgezeichneter Qualität. Die indirekte binokulare Ophthalmoskopie ergibt bessere Bilder des Augenhintergrunds. Allerdings kostet das Gerät fünfmal soviel wie ein direktes Ophthalmoskop und ist schwieriger zu handhaben – Gründe, die seinen seltenen Einsatz in der Praxis erklären.

1.2.2.2 Technik der Ophthalmoskopie

■ Untersuchung des Augenhintergrundes
Für die optimale Durchführung dieser Untersuchung ist ein abgedunkelter Raum unerläßlich. Dem Hund werden pupillenerweiternde Augentropfen mit Kurzzeitwirkung eingeträufelt, z. B. Homatropin (Mydriaticum®).

Ein Helfer hält den Kopf des Hundes, der Untersuchende spreizt die Lider mit Daumen und Zeigefinger der linken Hand, mit der rechten Hand hält er das Ophthalmoskop in einem Abstand von 15 cm vom Auge des Patienten.

Man weiß, daß Hunde meistens kurzsichtig (myop) sind und daß es deshalb ratsam ist, mit einer Linse von –2 Dioptrien zu beginnen und dann nach Bedarf immer stärkere Sammellinsen in den Lichtstrahl einzuschalten (durch Drehen der Recoss-Scheibe).

■ Untersuchung des Pupillarbereichs
Anhand der ophthalmoskopischen Untersuchung sind trübe Stellen im Glaskörper und in der Linse lokalisierbar. Abb. 12 zeigt, welche zusätzlichen Linsen benutzt werden müssen, um die Trübungen je nach ihrem Sitz genau sehen zu können.

Die Trübungen unterscheiden sich sehr deutlich von den durchsichtigen Medien der Umgebung, denn das Licht des Ophthalmoskops wird vom Tapetum zurückgeworfen.

■ Untersuchung der Hornhaut
Schließlich ist das Ophthalmoskop eine hervorragende

Lupe, mit der man die Veränderungen der Hornhaut feststellen kann. Dazu wird eine Linse von +15 Dioptrien in den Lichtstrahl eingeschaltet.

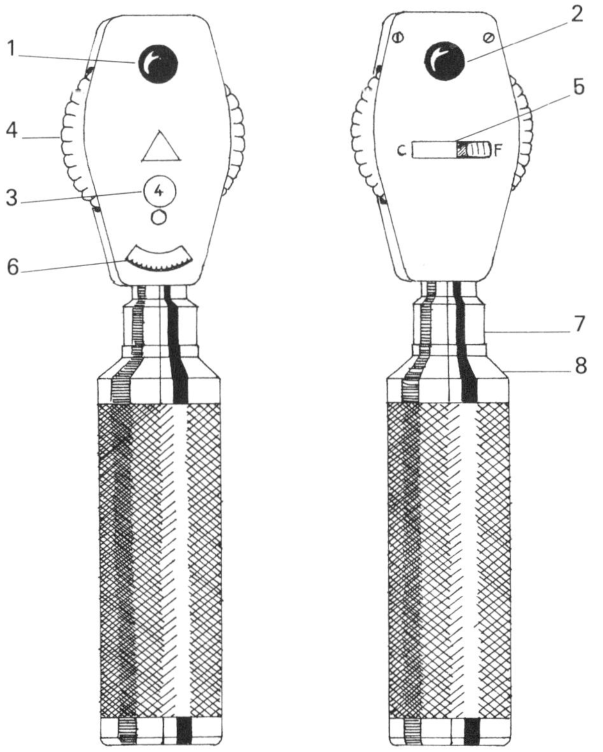

1: Okular
2: Prisma und Austritt des Lichtstrahls
3: Anzeige der Stärke der Zusatzlinse
4: Recoss-Scheibe
5: Knopf zur Einstellung auf C = Cornea, F = Fundus
6: Knopf zur Einstellung der Lichtblende
7: Griff mit Bajonettverschluß
8: Rheostat zur Regulierung der Lichtstärke

Abb. 7: Beschreibung eines modernen Ophthalmoskops zur direkten Ophthalmoskopie

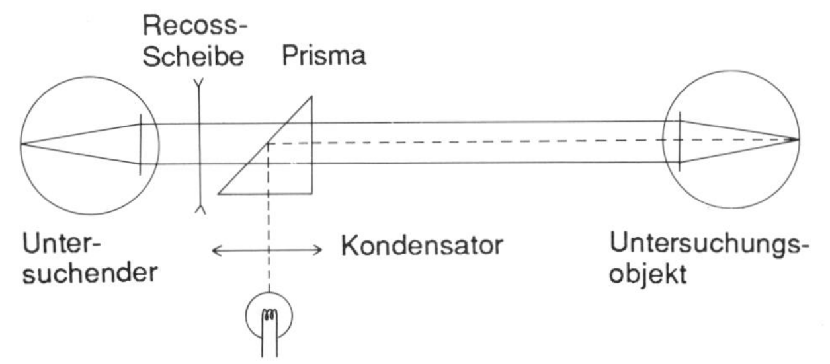

Abb. 8: Prinzip der direkten Ophthalmoskopie

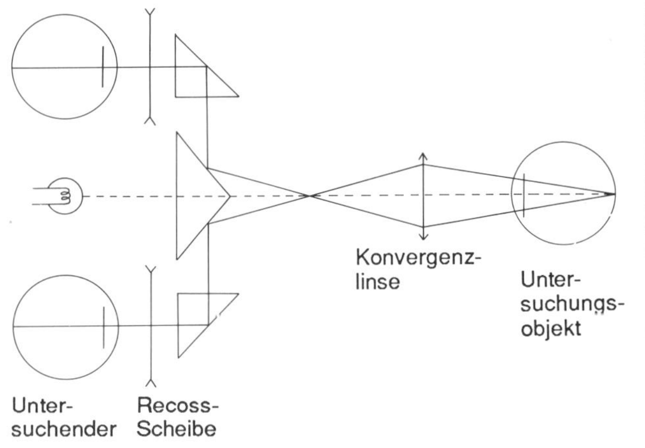

Abb. 9: Prinzip der indirekten binokularen Ophthalmoskopie

1.2.2.3 Beschreibung des Augenhintergrundes

■ Begriffe

▷ Papille: Sehnerveneintritt (-scheibe)

▷ Netzhautgefäße: Venen (weitlumig) und Arterien (englumig)

▷ *Tapetum lucidum* oder Tapetum: Bereich des Augenhintergrunds, der durch das Vorhandensein von Guanin- und Guanidinkristallen seine Färbung erhält. Befindet sich in der oberflächlichen Schicht der Chorioidea.

▷ Bereich ohne Tapetum: gewöhnlich *Tapetum nigrum* genannt, sehr stark pigmentiert durch die Einlagerung von Melanin im Pigmentepithel der Netzhaut und in der Aderhaut (Chorioidea). Die Guaninkristalle fehlen.

Die physiologischen Abweichungen im Erscheinungsbild des Augenhintergrundes der Fleischfresser, vor allem des Hundes, sind – je nach Rasse, Haarfarbe und Alter des Tieres – derart variantenreich, daß der unvorbereitete Untersucher völlig verwirrt wird. Deswegen wurden die häufigsten Normvarianten in den Farbabbildungen 1–11 zusammengestellt.

Der Augenhintergrund des Hundes unterscheidet sich von dem des Menschen durch das Vorhandensein einer farbigen Schicht *(Tapetum lucidum)* und einer stark pigmentierten Aderhaut (Chorioidea).

Das *Tapetum lucidum* nimmt die zwei oberen Quadranten ein. Dank seiner deutlichen Färbung reflektiert es das Licht sehr gut.

Das *Tapetum nigrum* befindet sich in den zwei unteren Quadranten; als schmales Band umrahmt es ferner das *Tapetum lucidum*. Im Grenzbereich zwischen *Tapetum lucidum* und *Tapetum nigrum* befindet sich die Sehnervenscheibe *(Discus nervi optici)*, auch Papille genannt. Sie ist die Eintrittsstelle des Sehnervs, in der Regel rund, manchmal leicht dreieckig, mit einem sichtbaren Durchmesser von 1,5 mm.

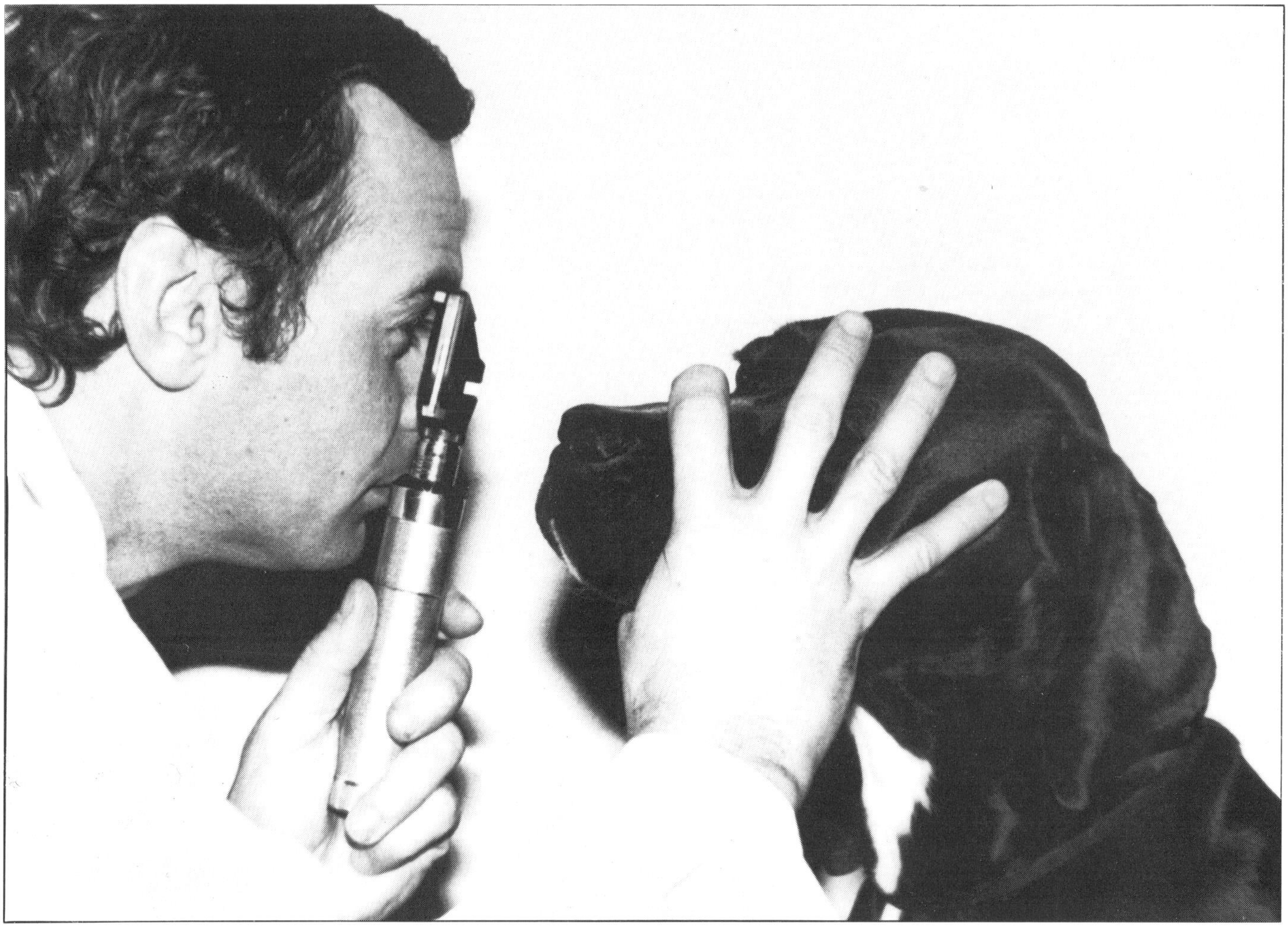

Abb. 10: Untersuchung mit direkter Ophthalmoskopie

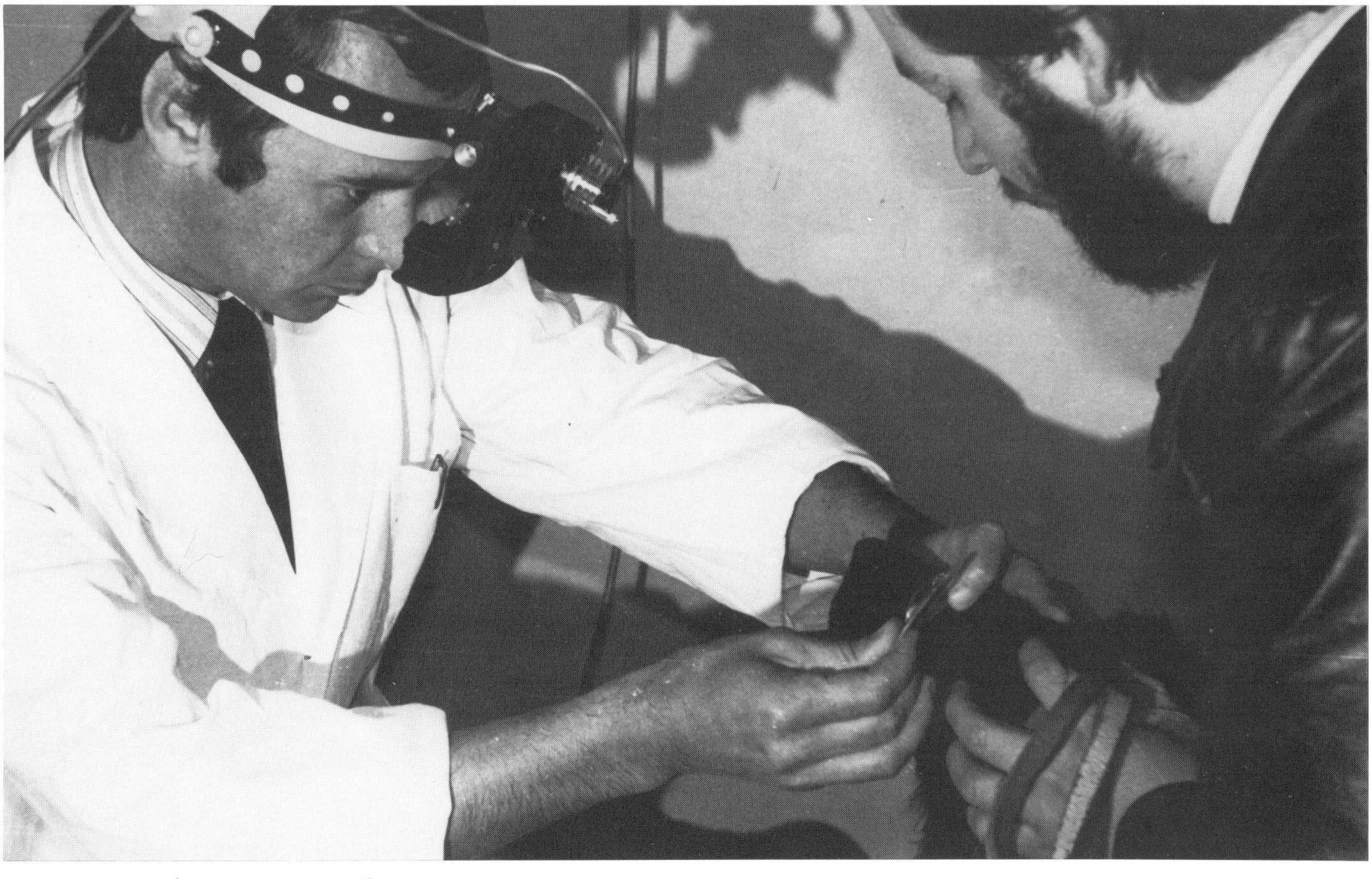

Abb. 11: Untersuchung mit indirekter Ophthalmoskopie

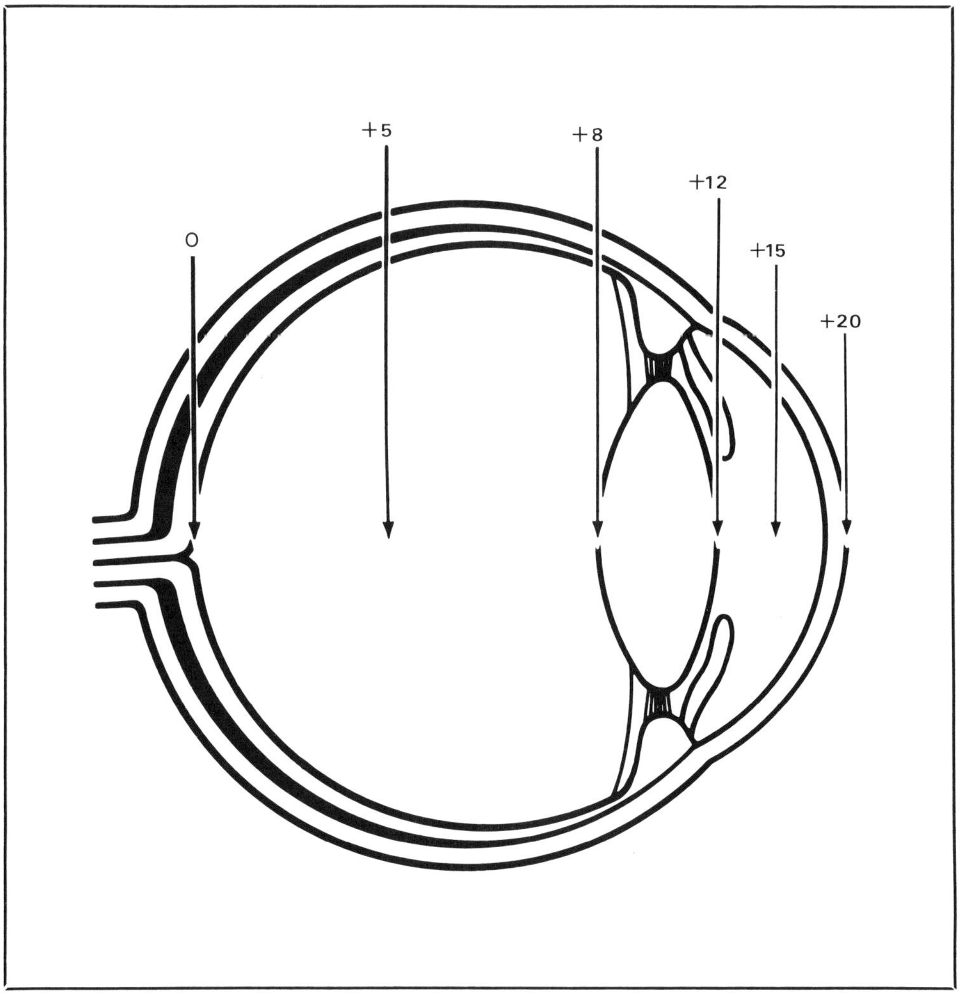

Abb. 12: Untersuchung des Pupillarbereichs. Wahl der zusätzlichen Linsen

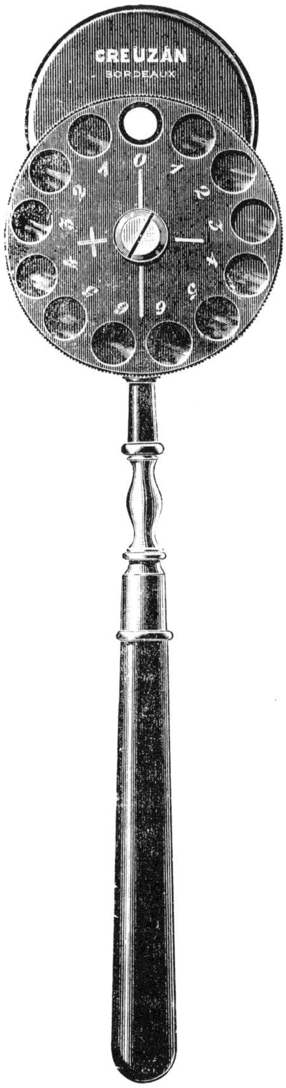

Abb. 13: Refraktions-Ophthalmoskop nach Prof. Badal. Einfaches Modell, Rückseite (aus »Ophtalmologie vétérinaire et comparée« von Dr. E. Nicolas)

Der Innenfläche der Sklera ist die Aderhaut (Chorioidea) angelagert. Die Aderhaut stützt ihrerseits die Netzhaut. Diese steht mit ihrer Rückseite mit dem Tapetum der Aderhaut, mit ihrer Vorderseite mit dem Glaskörper in Verbindung.

Die farbigen lichtundurchlässigen Stellen, die man bei der Untersuchung mit dem Ophthalmoskop erkennt, sind Blutgefäße und Pigment. Es ist wichtig, die Lokalisierung dieser Strukturen in der Netzhaut und in der Aderhaut zu erfassen. Denn das Verschwinden einer oberflächlichen Schicht gibt die Sicht auf die tiefer liegenden Schichten frei, und in diesem Fall wäre es möglich, einen Defekt anhand seiner Lage zum Pigment und zu den Blutgefäßen zu lokalisieren.

Der Rand der Papille ist scharf. Er kann allerdings verwischt oder physiologisch verändert sein, entsprechend der Ausgestaltung der Ader- und Netzhaut am Übergang zur Papille (schwarz umsäumt, weiß umrandet usw.).

Von der Papille gehen die Blutgefäße aus.

Die weitlumigen, gewundenen Venen laufen wie die Schenkel eines umgekehrten Y. Die Arterien sind dünner, gehen aber ebenfalls von der Papille aus. Ihr Ausgangspunkt liegt mehr oder weniger weit entfernt von der Papille und hängt von der Tiefe ab, in der sich die Zentralarterie der Netzhaut aufzweigt. Die Normvarianten des Augenhintergrundes sind zahlreich. Die Farbabbildungen 1–17 zeigen die Varianten des normalen Augenhintergrundes beim Hund.

■ Der Tapetumbereich

Die Netzhaut ist an dieser Stelle vollkommen durchsichtig. Nur die Netzhautgefäße sind sichtbar. Das Licht durchquert somit die Netzhaut und trifft auf die Aderhaut. Genauer gesagt: Das Licht wird von einer oberflächlichen Schicht der Chorioidea zurückgeworfen, bestehend aus glitzernden Zellen, den Iridozyten. Ihre Eigenschaften sind einer Anhäufung reflektierender Kristalle zuzuschreiben. Diese Schicht wird auch Grundschicht nach Tourneux genannt – sie stellt das Tapetum dar. Darunter befinden sich die Aderhautgefäße.

Jede Aderhautentzündung hat unweigerlich Auswirkungen auf die Retina, da sie von der Chorioidea ernährt wird. Wegen ihrer Transparenz sind die Veränderungen der darüberliegenden Netzhaut jedoch nicht wahrnehmbar.

■ **Der Bereich außerhalb des Tapetum** (Tapetum-freier Bereich)

Die Melaninverteilung ist komplexer Natur. Im allgemeinen ist eine Pigmentschicht vorhanden, die als Pigmentepithel der Netzhaut alle Strukturen der Aderhaut (Chorioidea) verdeckt. Eine zweite Pigmentschicht, die zur Chorioidea gehört, liegt unter den Aderhautgefäßen.

Das Pigmentepithel der Netzhaut kann physiologisch reduziert sein (tigroides Tapetum) oder sogar vollständig fehlen (Farbabbildungen 12, 13, 14). Die zwei Melaninschichten können auch ganz fehlen, so daß sämtliche Gefäße des Augenhintergrunds sichtbar sind (Albinoauge) (Farbabbildungen 15, 16).

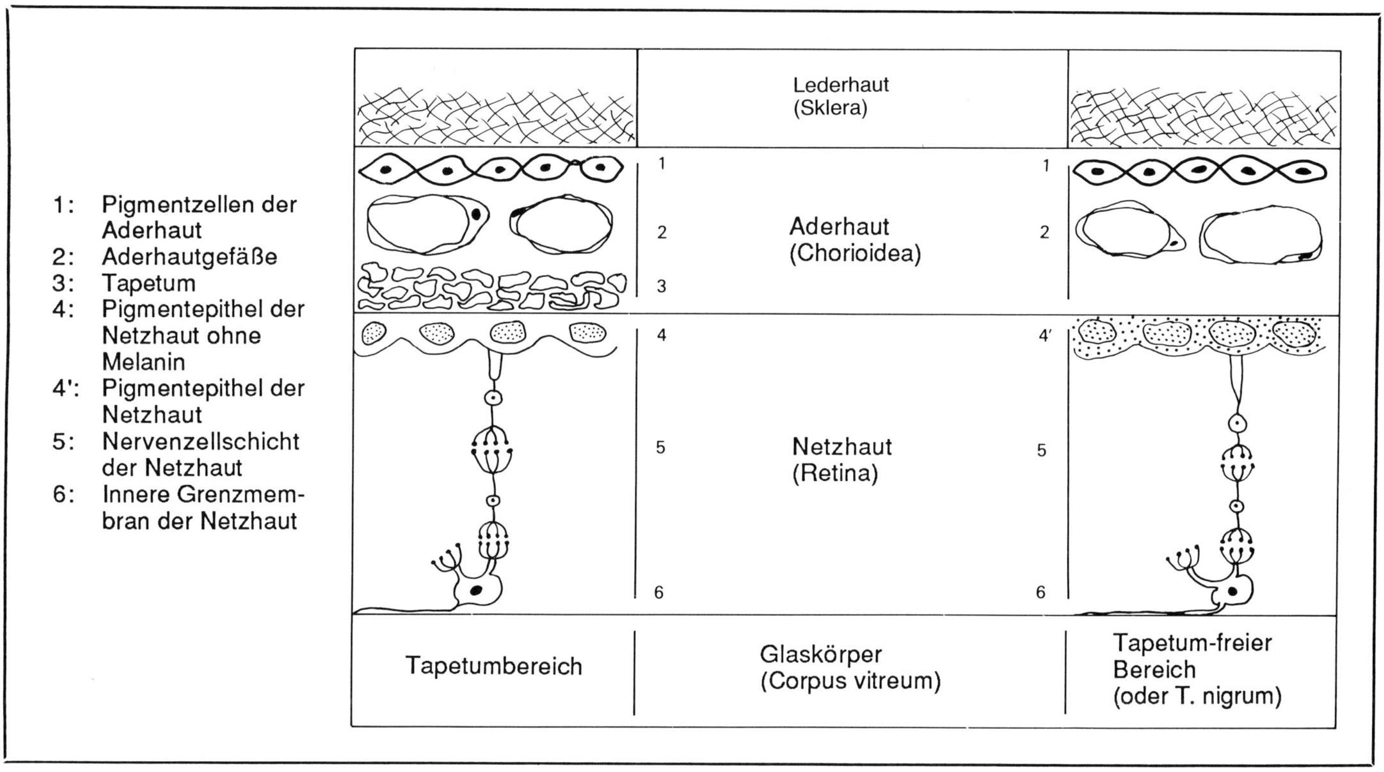

Abb. 14: Lage der histologischen Anhaltspunkte bei der Untersuchung des Augenhintergrundes

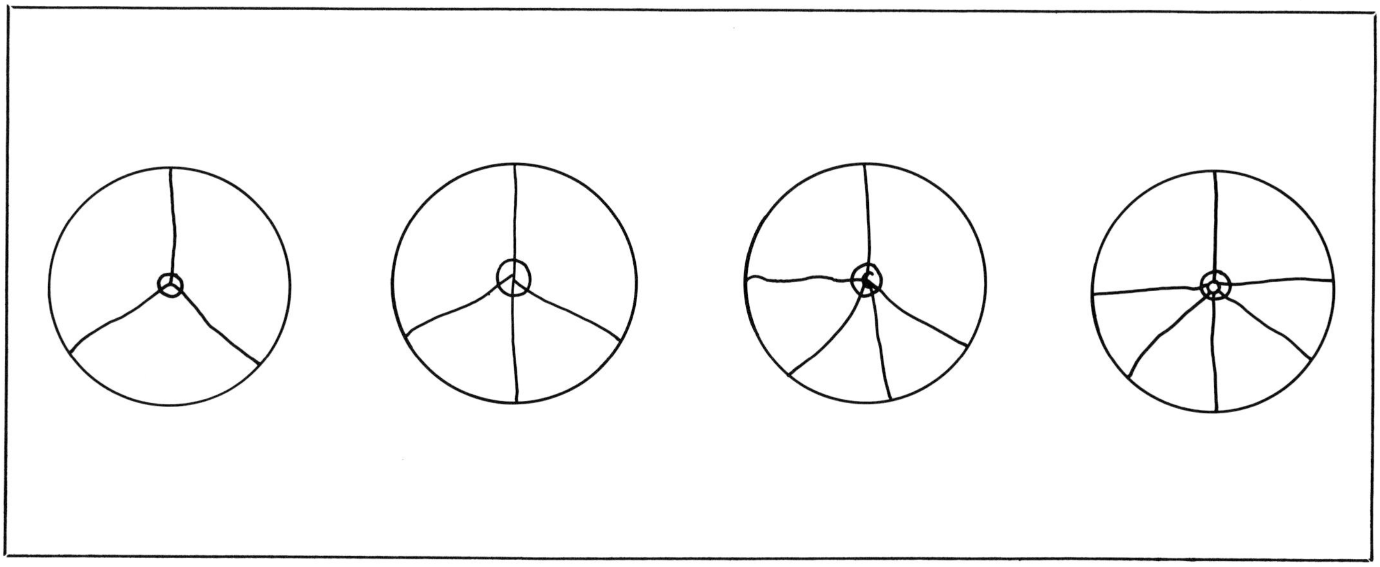

Abb. 16: Verschiedene Verlaufsmodelle der Netzhaut-Venen (nach Franco de Carvalho)

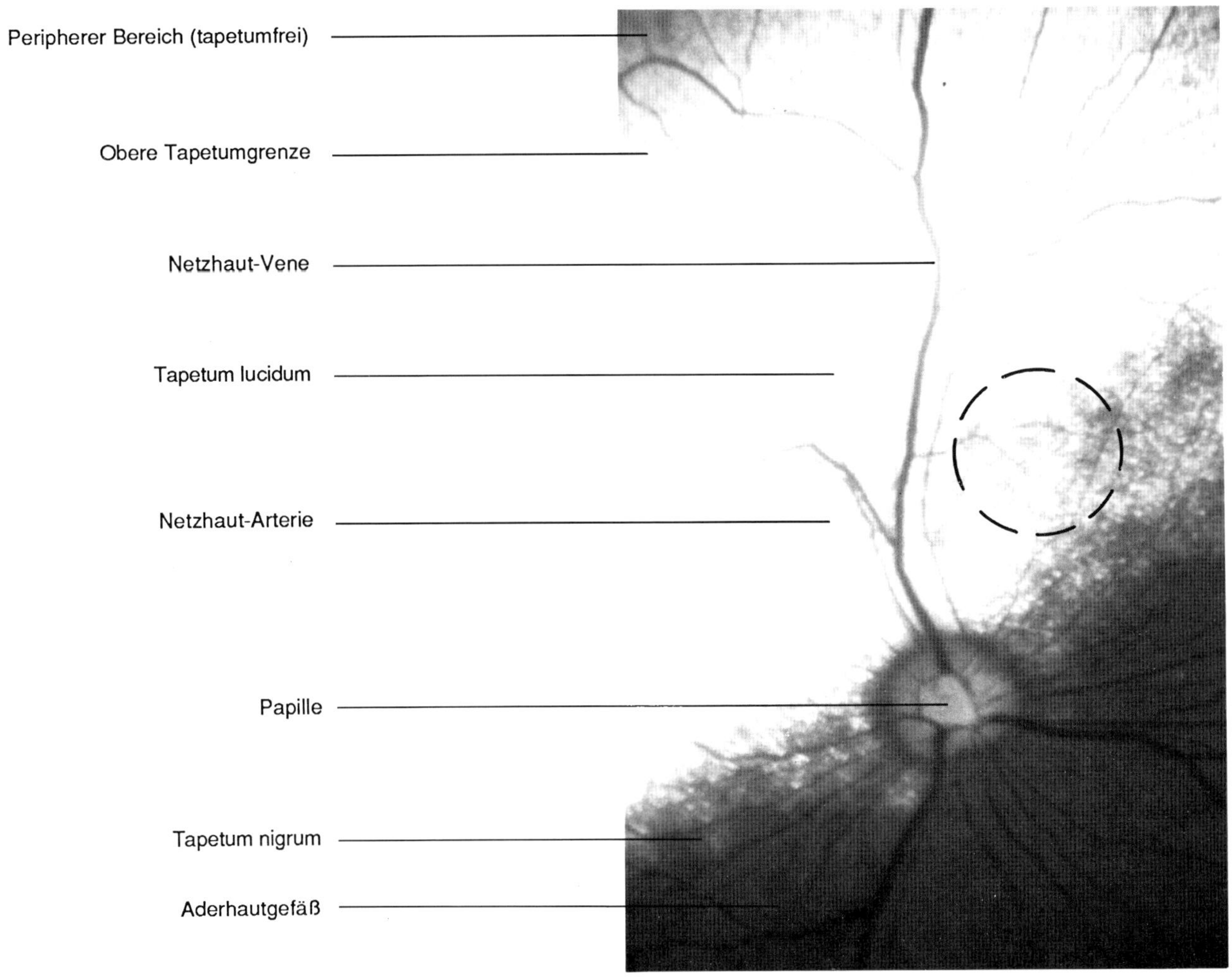

Der in der Abbildung überlagerte schwarze Kreis stellt den Bezirk dar, den man bei direkter Ophthalmoskopie gewöhnlich zu sehen bekommt. Das beweist die Notwendigkeit, die Blickrichtung zu ändern, um einen normalen Befund oder pathologische Veränderungen im peripheren Bereich des Augenhintergrundes erheben zu können

Abb. 15: Schema zur Veranschaulichung eines Augenhintergrundes (Weitwinkel-Aufnahme)

Farbabb. 1: Augenhintergrund, Weitwinkel-Aufnahme (Foto Krouch)
Übliches Bild eines Fundus. Die große Ausdehnung der Aufnahme zeigt gut die gegenseitigen Beziehungen zwischen Papille, Netzhautgefäßen, Tapetum lucidum und Tapetum nigrum (Beagle, 1 Jahr)

Farbabb. 2: Makroaufnahme eines Fundus (Foto Clerc)
Augapfel in Äquatorebene eröffnet läßt die Flächenanteile des Tapetum lucidum und des Tapetum nigrum erkennen. Von der Netzhaut, die sich bis zu den Ziliarfortsätzen ausdehnt, sind nur 2/3 ihrer Oberfläche sichtbar. Auch mit dem Ophthalmoskop ist nur ein sehr beschränkter Teil einsehbar (Beagle, 1 1/2 Jahre)

Farbabb. 3: Abweichungen der Lage und Form der Papille (Foto Clerc)
Die Papille ist rund und befindet sich vollständig im grüngefärbten Tapetum lucidum. Die Netzhautvenen verlaufen wie ein umgekehrtes Y. Die viel zahlreicheren, dünnen Arterien erreichen nur ein Viertel des Venendurchmessers (Hund mit schwarzem Fell)

Farbabb. 4: Abweichungen der Lage und Form der Papille (Foto Clerc)
Die Papille befindet sich vollständig im Tapetum nigrum. Der Verlauf der Venen ist bei diesem Tier viel komplexer, wobei fünf von der Papille ausgehen. Auffallend ist die glänzend weiße Farbe der Sehnervenscheibe, bedingt durch die verlängerten Nervenfasern, aus denen die Papille besteht (Beagle, 6 Monate)

Farbabb. 5: Abweichungen von Lage und Form der Papille (Foto Laforge)
Diese Papille ist dreieckig und randständig gebogen. Sie ist viel rosafarbener und befindet sich im Übergangsbereich zwischen Tapetum nigrum und Tapetum lucidum, die klar abgrenzbar sind. Die Dreiecksform scheint durch persistierende Myelinscheiden bedingt zu sein (Deutscher Schäferhund, 3 Jahre)

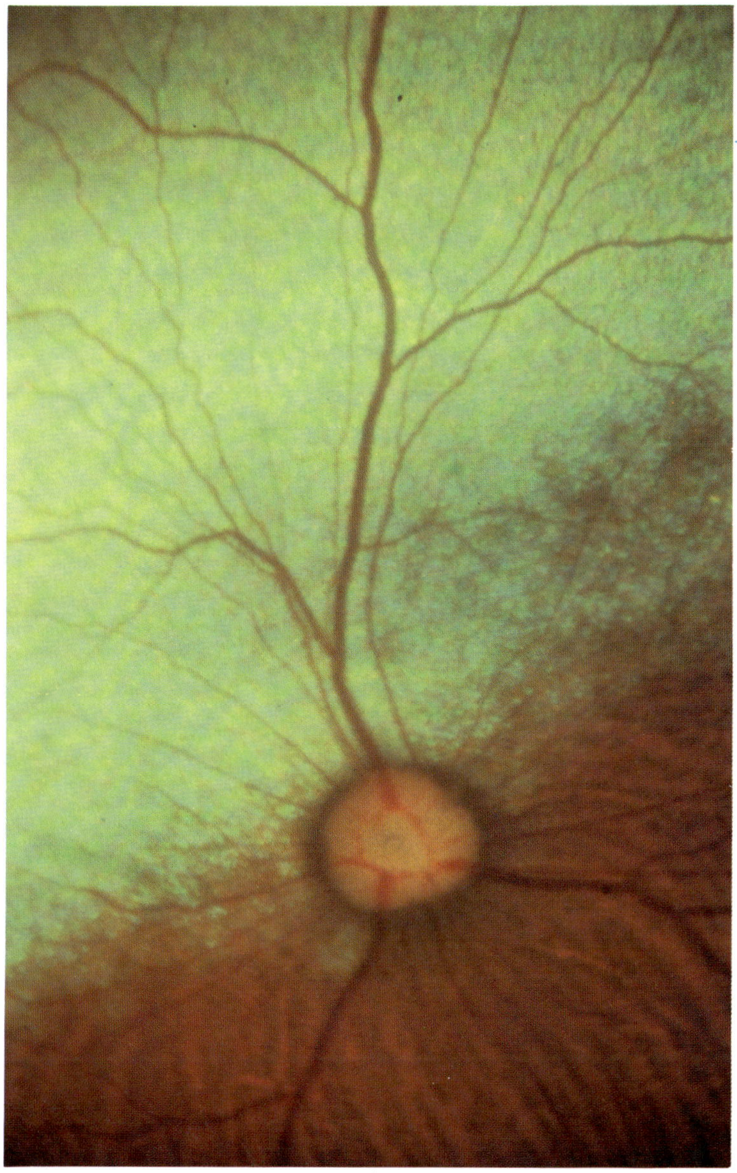

1

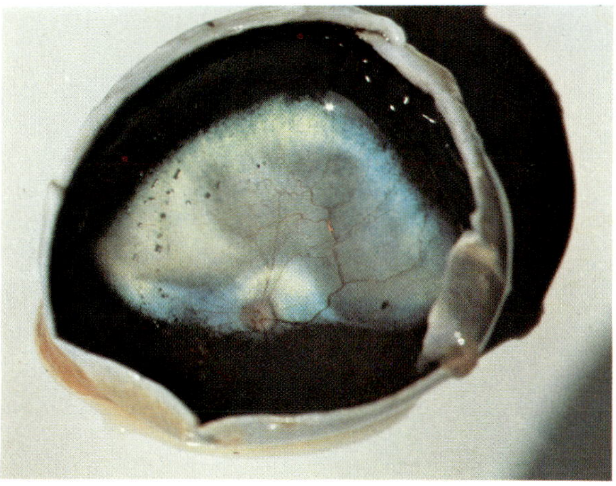

2

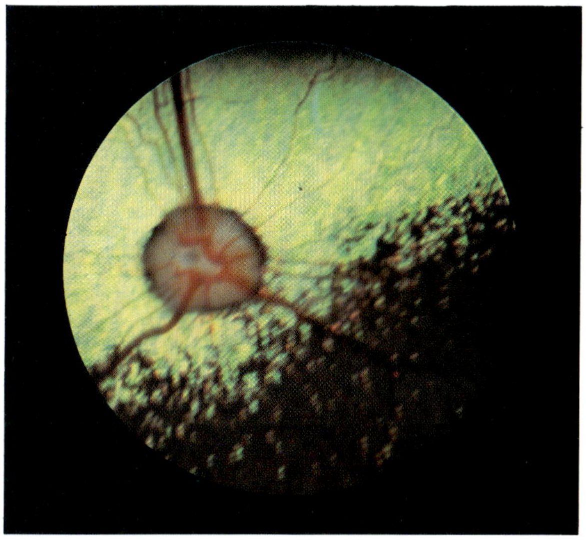

3

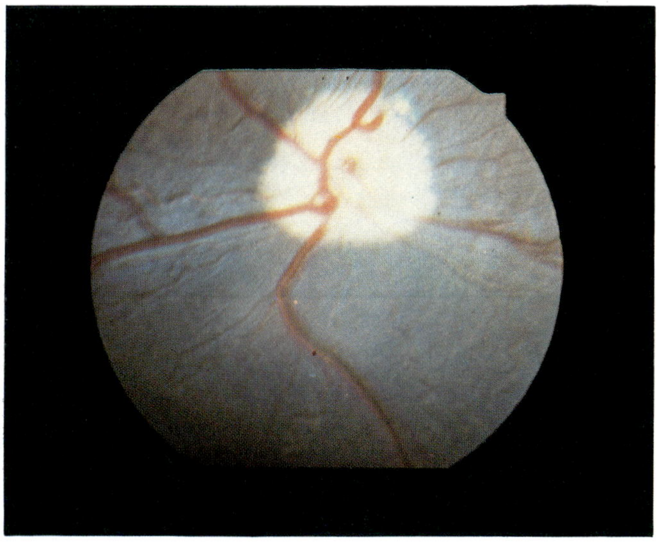

4

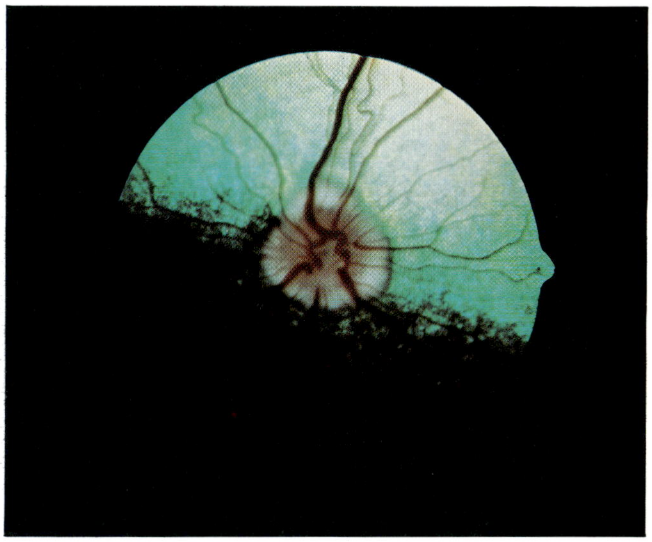

5

1.2.2.4 Pathologie des Augenhintergrundes

Die Untersuchung des Augenhintergrundes ermöglicht es, die Papille, den Tapetumbereich (kräftig gefärbt), die Zone außerhalb des Tapetum (normalerweise braungefärbt) und die Netzhautgefäße zu beurteilen.

Die Netzhaut ist die innerste Schicht im Augenhintergrund. Da sie an manchen Stellen (im Tapetumbereich) durchsichtig ist, gibt die Untersuchung des Augenhintergrunds auch Auskunft über den Zustand der Aderhaut, die die Zwischenschicht darstellt.

Die Pathologie des Augenhintergrunds ist sehr weit gefächert. Wir schlagen die folgende Einteilung vor, die den ophthalmoskopischen Untersuchungsbefunden Rechnung trägt:

- ► Krankheiten des Sehnervs *(N. opticus)*,
- ► Krankheiten der Netzhaut (Retina),
- ► Krankheiten der Aderhaut (Chorioidea).

Das wichtigste für den Praktiker sind die Diagnose und die Durchführung der Behandlung. In den Tabellen 3–5 sind die verschiedenen Krankheitsbilder des Augenhintergrunds aufgeführt. Die jeweils angegebenen Fotos sollen bei der Diagnose behilflich sein.

Farbabb. 6: Abweichungen des Gefäßverlaufs: Stark entwikkeltes Gefäßsystem (Foto Laforge)
Bedeutende Vaskularisation mit 9 Venen und 10 Arterien. Das Tapetum lucidum ist grüngefärbt (häufigste Färbung). Normaler Fundus (Boxer, 5 Jahre)

Farbabb. 7: Abweichungen des Gefäßverlaufs: Geschlängeltes Aussehen der Arterien und Venen (Foto Clerc)
Der Gefäßverlauf kann innerhalb physiologischer Grenzen stark variieren. Dieser Fundus wird von derart deutlich geschlängelten Arterien und Venen durchlaufen, daß der Zustand als pathologisch bezeichnet und mit der Collie-Eye-Anomalie in Zusammenhang gebracht werden könnte. Bemerkenswert ist die grünlich-goldene Färbung. Diese Farbabweichung hängt mit der Fellfarbe zusammen

Farbabb. 8: Abweichungen des Tapetum lucidum: Lilafärbung (Foto Laforge)
Helles Tapetum lucidum von blauer und violetter Farbe bei einem jungen Tier (Welpe, 50 Tage). Die endgültige Färbung wird im Alter von 3 Monaten erreicht. Vorerst ist der Fundus vollständig lilafarben, dann hellt er sich zusehends auf

Farbabb. 9: Abweichungen des Tapetum lucidum: Scharfe Abgrenzung (Foto Laforge)
Die Papille ist hier vom Tapetum nigrum umgeben. Das Tapetum lucidum ist grün gefärbt. Diese Farbe ist am häufigsten. (Normaler Fundus eines Bouvier des Flandres, 4 Jahre)

Farbabb. 10: Abweichungen des Tapetum lucidum: Übermäßige Pigmentierung (Foto Mazué)
Das Tapetum lucidum erscheint übersät mit braunen Pigmentflecken. Es handelt sich nicht um eine Entzündung, sondern um eine physiologische Variation

Farbabb. 11: Abweichungen des Tapetum lucidum: Undeutliche Abgrenzung (Foto Laforge)
Die Papille scheint im oberen Bereich die Gefäße einzuhüllen. Diese Erscheinung ist durch eine abnorme Myelinisierung bedingt. Das Tapetum lucidum ist blaßgelb gefärbt. Die Grenze zwischen Tapetum lucidum und Tapetum nigrum ist undeutlich (Normaler Fundus, Schäferhund, 6 Jahre)

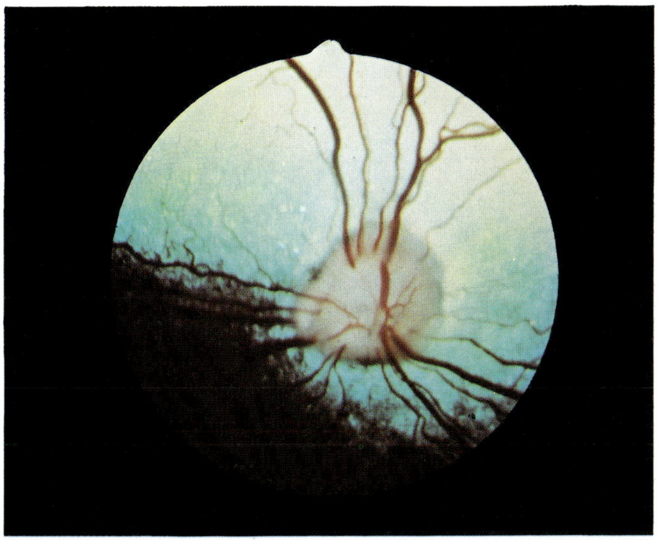

6

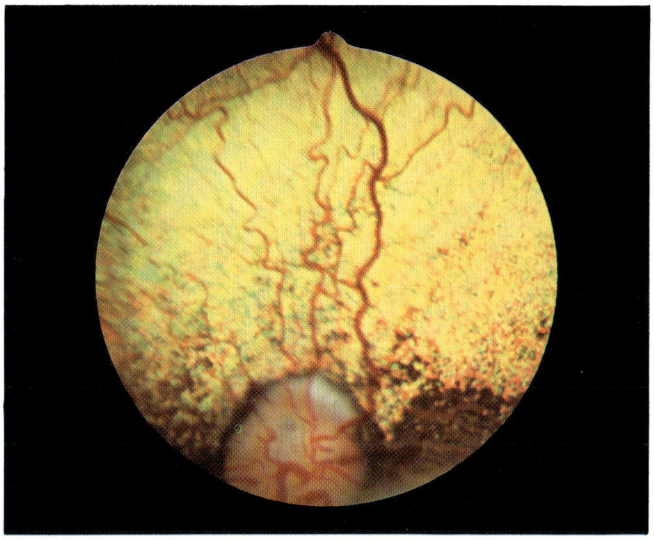

7

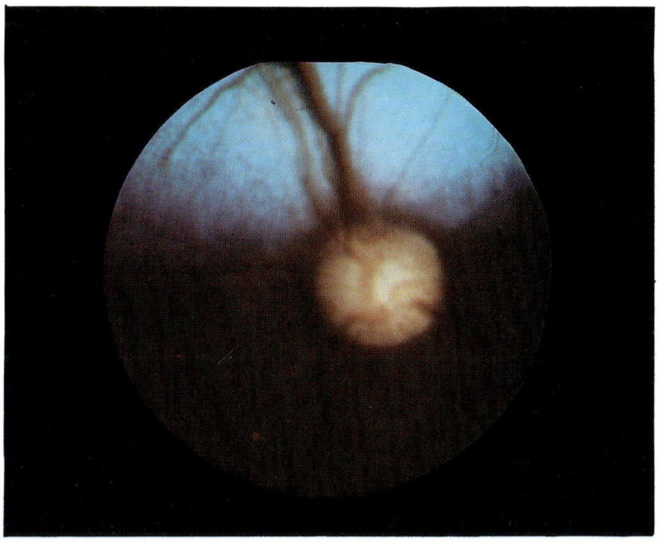

8

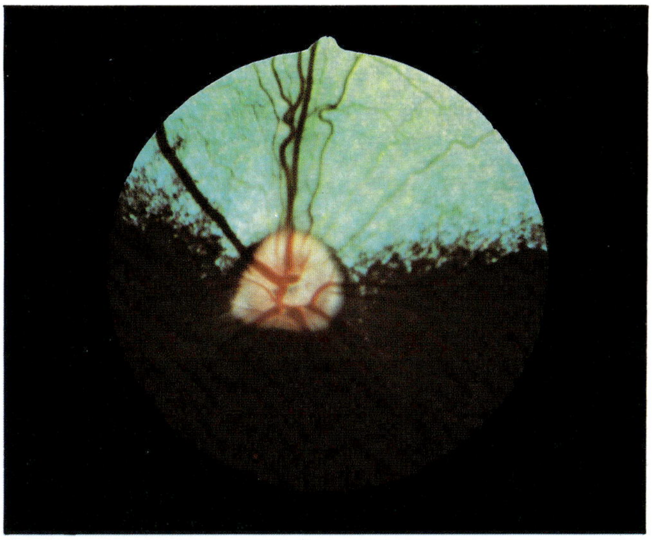

9

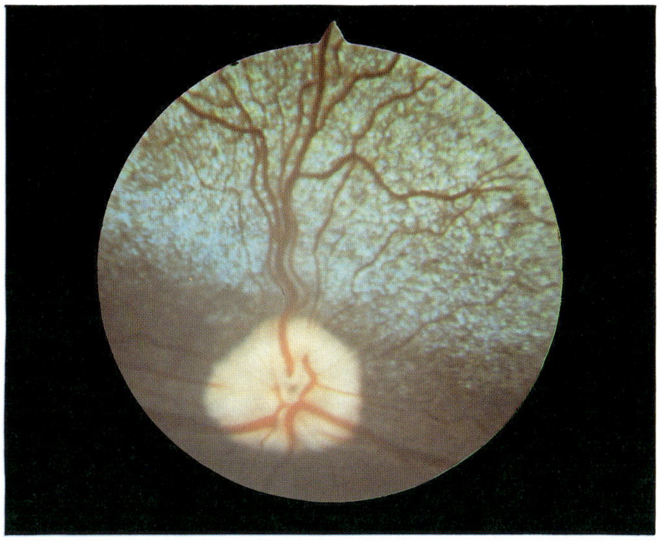

10

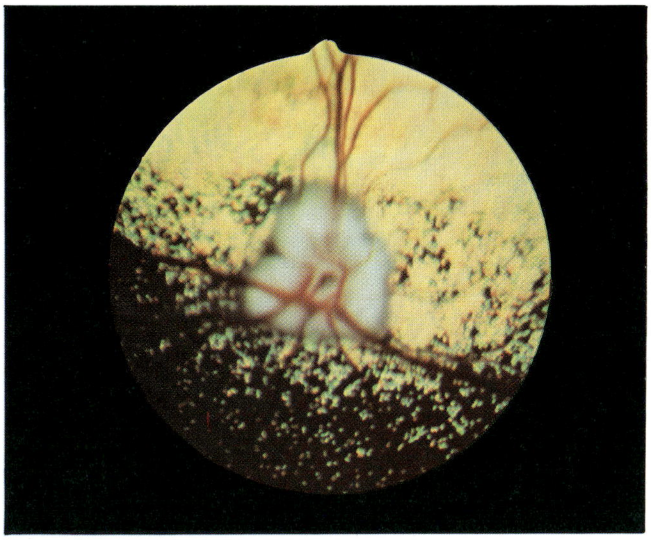

11

Tabelle 3: Erkrankungen des Sehnervs

Angeboren

Papille fehlt: (selten) Der Sehnerveneintritt ist nicht sichtbar. Farbabb. 18

■ *Behandlung: keine*

Hypoplasie: Die Papille ist abnorm klein, diese Anomalie wird oft mit bestimmten Erbkrankheiten in Verbindung gebracht (Collie-eye Syndrom, Mikrophthalmie), Farbabb. 19

■ *Behandlung: keine*

Kolobom: Mehr oder weniger stark ausgeprägte Persistenz der Embryonalspalte im unteren – nasalen Bereich. Sie kann sich auf alle übrigen Strukturen des Augapfels oder sogar der Lider ausdehnen. Die Läsion der Papillen reicht von der Größe eines Punktes bis zu der einer Grube, deren Durchmesser den des Sehnervs übertreffen kann. Die Auswirkung auf die Sehkraft hängt von Größe und Lage des Koloboms ab (Farbabb. 20, 21). Diese Anomalie kommt bei allen Rassen vor. Oft tritt sie beim Collie zusammen mit weiteren Mißbildungen auf.

■ *Behandlung: keine*

Erworben

Neuritis nervi optici (Sehnervenentzündung): es handelt sich dabei um die Entzündung des Sehnervs. Die Papille ist dunkelrosa bis rot und ödematös. Die Entzündung ist oft idiopathisch. Die bekanntesten Ursachen sind die Staupe beim Hund sowie die Infiltration durch das Lymphosarkom bei der Katze. Vergiftungen durch Blei, Arsen und Methylalkohol sind bei den Fleischfressern selten. Die Neuritis ni. optici kann auch sekundär als Folge einer Entzündung in der Nachbarschaft auftreten (Abszeß, Tumor usw.)

■ *Behandlung: Kortikosteroide, hoch dosiert (1 mg/kg Prednisolon während 10 Tagen). Bei einer Besserung wird die Behandlung in abnehmender Dosierung weitergeführt.*

Sehnervenatrophie: Charakteristisch ist die Farbveränderung der Papille, die matt und grau wird und schrumpft. Im fortgeschrittenen Stadium sind die Ränder verschwommen. Ursachen sind Verlängerungen (Bulbus-Vorfall beim Pekinesen), Verletzungen, Glaukom, Atrophien als Begleiterscheinung der progressiven Netzhautatrophie (Pudel und Cocker-Spaniel). Farbabb. 28 zeigt den häufigsten Fall.

■ *Behandlung: Nur im Falle von Verletzungen kann die parenterale Verabreichung von entzündungshemmenden Medikamenten im Frühstadium bestimmte Atrophien verhindern.*

Farbabb. 12: Pigmentepithel des Tapetum nigrum hat sich teilweise zurückgebildet (Foto Laforge)
Die Arterien und Venen sind geschlängelt, das teilweise Fehlen des Pigmentepithels läßt die Aderhautgefäße erkennen, die ziegelrot erscheinen, während die Netzhautgefäße intensiver rot sind (Normaler Fundus einer Collie-Hündin, 8 Monate)

Farbabb. 13: Ausgeprägter Schwund des Netzhautpigments (Foto Laforge)
Hunde mit dunkelbraunen Flecken im Fell weisen im allgemeinen ein Tapetum nigrum auf, das als tigroid bezeichnet wird, wobei der Aderhautkreislauf teilweise erkennbar ist, bedingt durch die Rückbildung des Pigmentepithels. Die Aderhautgefäße erscheinen auch hier ziegelrot (Fundus eines Epagneul français, 2 Jahre)

Farbabb. 14: Generalisierter Pigmentmangel des Fundus (Foto Mazué)
Dieser Hund ist durch Pigmentmangel sowohl des Tapetum lucidum wie des Tapetum nigrum charakterisiert. Die Unterscheidung beider Bereiche ist noch möglich. Die Papille befindet sich am Übergang derselben. Diese Art des Pigmentmangels ist bei Tieren mit blue-merlefarbigem Fell zu sehen

Farbabb.15: Subalbinotischer Fundus (Foto Mazué)
In diesem Fundus fehlt das braune Pigment vollständig. Die Abgrenzung zwischen Tapetum lucidum und Tapetum nigrum ist nicht möglich. Ein derartiger Fundus ist ebenfalls bei Tieren mit blue-merlefarbigem Fell zu beobachten

Farbabb. 16: Albinotischer Fundus: Rubin-Auge (Foto Lescure)
Das vollständige Fehlen des Pigments erlaubt das gesamte Gefäßsystem des Fundus zu beobachten. Wegen seiner intensiven Rotfärbung wird diese Anomalie manchmal auch als »Rubin-Auge« bezeichnet. Diese Abweichung scheint erblich zu sein, beeinträchtigt aber in keiner Weise die Sehfähigkeit

Farbabb. 17: Normaler Fundus einer Katze (Foto Clerc)
Das Aussehen des Augenhintergrunds ist viel gleichmäßiger als beim Hund. Es gibt verschiedene Farbvarianten des Tapetum lucidum. Dieses Bild ist das Übliche. Bemerkenswert ist die regelmäßige, runde und kleine Papille. Die Netzhautvenen sind stets gut sichtbar, die Arterien sind viel feiner (Katze, 8 Monate)

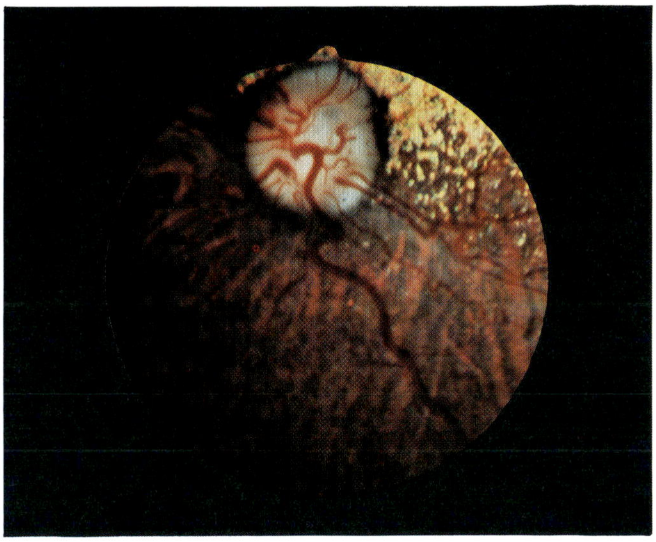

12

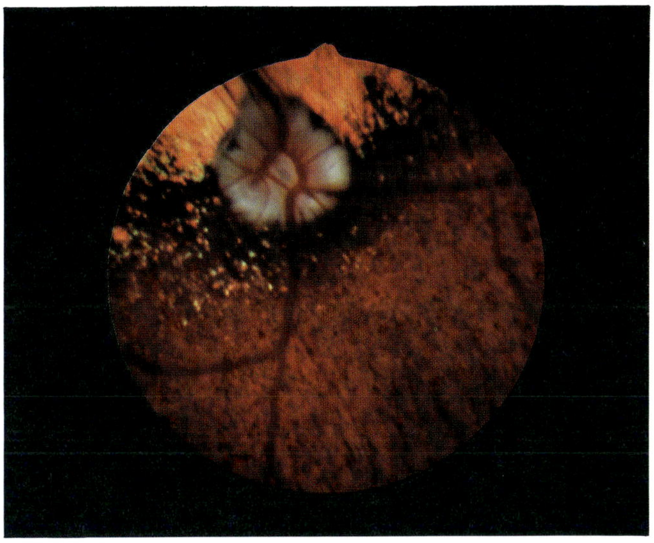

13

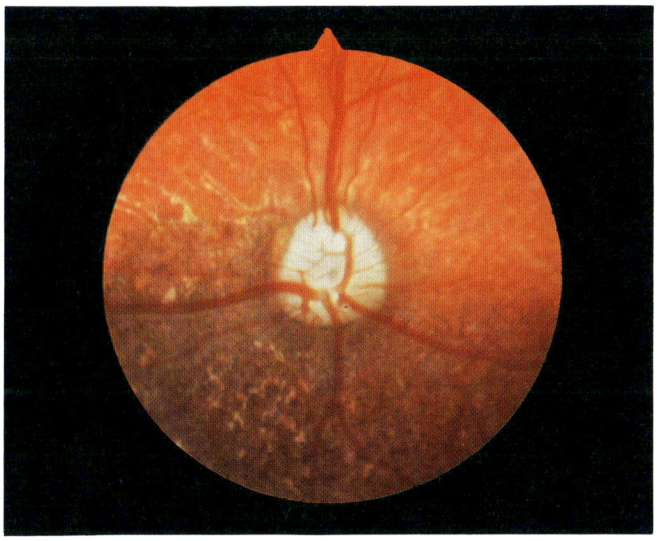

14

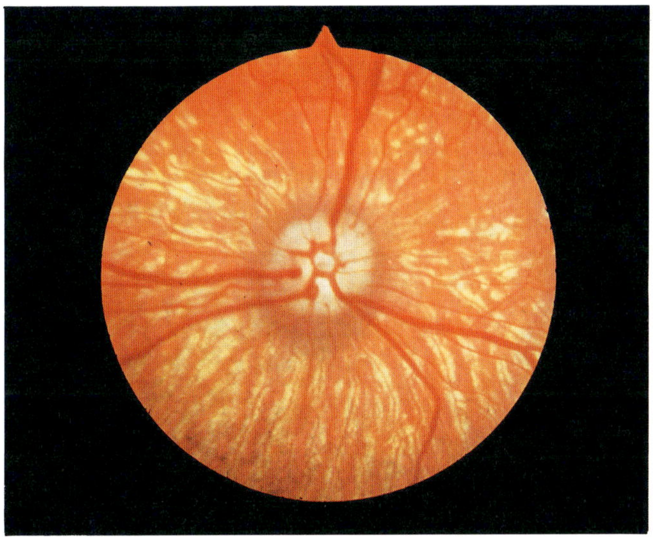

15

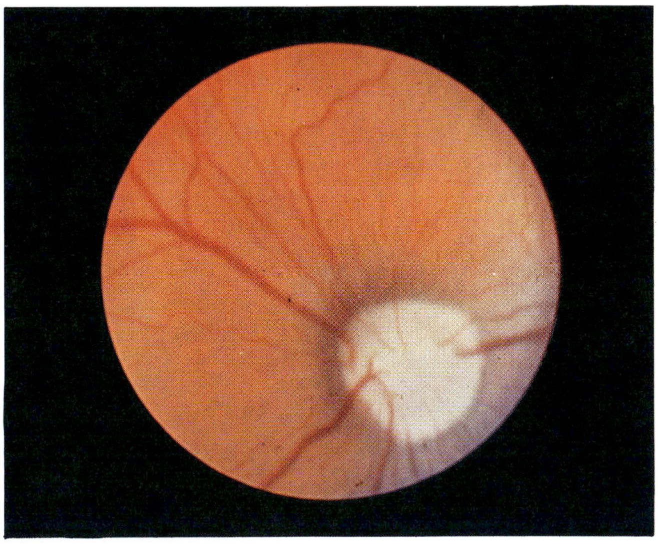

16

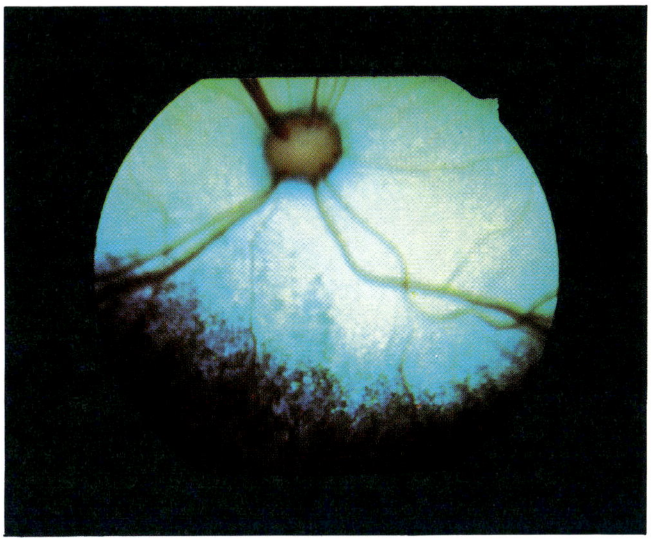

17

Tabelle 4: Erkrankungen der Netzhaut

Angeboren

Die Unterscheidung zwischen angeborenen Anomalien, die meistens vererbt sind, und erworbenen Anomalien ist eine klinische. Die erblich bedingten Netzhautatrophien zum Beispiel, die klinisch wie erworbene Erkrankungen aussehen, beginnen subklinisch schon sehr früh, sicher bereits im Anschluß an die Geburt (Anomalie der Reizleitung, die schon nach wenigen Wochen verlangsamt ist). Die angeborenen Anomalien werden im allgemeinen folgendermaßen eingeteilt:

Collie-eye-Anomalie: Diese Erkrankung ist mit einer gewissen Anzahl erblich bedingter, angeborener Anomalien verschiedenen Grades vergesellschaftet. Die Erkrankung wird durch ein autosomales, rezessives Gen vererbt, das Veränderungen verschiedenster Art bewirkt. Diese sind durch 6 Komponenten charakterisiert:

1. ein depigmentierter Bereich lateral der Papille mit oder ohne Hypoplasie der Aderhaut (Chorioidea),
2. ein Kolobom des Sehnervs und/oder der Lederhaut (Sklera),
3. zahlreiche Faltenbildungen in der Netzhaut,
4. übermäßige Schlängelung der Netzhautgefäße,
5. Netzhautrisse,
6. Glaskörper-Anomalien.

Diese Anomalien können schwerwiegende Auswirkungen haben. Es kann zu Netzhautablösung und zu intraokulären Blutungen kommen. Viele Collies weisen Anomalien auf ohne schwere Beeinträchtigung ihrer Sehkraft.
Die Mikrophthalmie kann ebenfalls damit einhergehen. (Farbabb. 19, 20)

Netzhautdysplasie: abnorme Entwicklung der Netzhaut, charakterisiert durch Falten und Rosetten. Kommt beim englischen und amerikanischen Cocker vor, sowie beim Labrador.

Angeborene Netzhautablösung: siehe Abschnitt über Ablösung.

■ *Behandlung: Vorbeugung durch Zuchtauswahl*

Erworben

Nicht entzündliche: kommen sehr häufig vor. Die Erblichkeit einer Vielzahl derselben wurde schon besprochen. Bei anderen ist die Ätiologie ungewiß (Rolle der Umwelt, der Fütterung usw.).

■ *Behandlung: keine.*

In dieser Gruppe sind die progressiven Netzhautatrophien berücksichtigt. Die progressive Netzhautdegeneration kommt häufig vor. Dabei lassen sich zwei Formen unterscheiden:

– Progressive, generalisierte Netzhautatrophie: Charakteristisch sind die fortschreitende Abnahme des Sehvermögens und des Aussehens des Augenhintergrundes. Anfänglich stellt man verminderte Sehleistung bei schwachem Licht fest, häufig begleitet von Mydriasis, und einem etwas langsamen Pupillarreflex. Schließlich nimmt die Sehkraft weiter ab, und die Pupillenreaktion setzt vollständig aus. Die Veränderungen des Augenhintergrundes sind symmetrisch. Das Tapetum sieht zunächst körnig aus, später fällt seine Hyperreflexie auf.
In diesem Stadium sind die Veränderungen des Augenhintergrundes deutlicher zu erkennen. Die Reflexion des Tapetum lucidum ist gesteigert, die Papille wird blaß, manchmal sogar grau, und die Netzhautgefäße verengen sich.
Im Endstadium sieht die Papille grau aus, die Blutgefäße sind fast vollständig aus dem Augenhintergrund verschwunden, und die Farbveränderungen setzen sich bis ins Tapetum nigrum fort. Das Netzhautpigment ist verschwunden und gibt den Blick frei auf die Aderhautgefäße. Die Farbe des Tapetums ändert sich, aus der Braunfärbung wird eine Beigefärbung.
Diese morphologischen Vorgänge sind Ausdruck für die histologische Umwandlung der Netzhautzellen, die in vivo anhand der elektroretinographischen Veränderungen feststellbar werden. In einem späteren Stadium erreichen die Veränderungen sogar die Aderhaut und ihre Gefäße (Farbabb. 25, 27, 28).

Fortsetzung S. 34

Farbabb. 18: Fehlen der Papille (Foto Clerc)
Die Anomalie dieses Fundus bezieht sich auf die Papille, die beinahe verschwunden ist. Man kann feststellen, wie die Netzhautvenen in einem braun gefärbten und schwarz umrandeten zentralen Bezirk zusammenlaufen. Es handelt sich um eine Mikro-Papille bei einem Pinscherbastard, 1 Jahr, mit schweren Sehstörungen

Farbabb. 19: Mikro-Papille (Foto Laforge)
Bei diesem Tier ist die Papille um rund die Hälfte kleiner als normal. Neben dieser Anomalie wies der Hund einen beidseitigen Mikrophthalmus auf. Diese Größenabweichung gehört zum Syndrom der Collie-eye-Anomalie (Collie, 8 Monate)

Farbabb. 20: Partielles Kolobom (Foto Laforge)
Eine andere Fundusanomalie in Form eines Papillenkoloboms im unteren, nasalen Bereich. Diese Veränderung war mit keinen auffälligen Sehstörungen verbunden (Collie-Hündin, 8 Monate)

Farbabb. 21: Totales Kolobom (Foto Peruccio)
Diese Papillenanomalie fällt noch mehr auf. Es handelt sich um ein ausgedehntes Kolobom, das die austretenden Netzhautgefäße verdeckt

Farbabb. 22: Persistierende A. hyaloidea und abnorme Glaskörpermembran (Foto Mazué)
Die pathologische Persistenz scheint in diesem Fall nicht mit einer Netzhautatrophie verbunden zu sein (Basset Hound, 5 Jahre)

Farbabb. 23: Zentrale Netzhautdegeneration bei der Katze (Foto Peruccio)
Der verstärkt reflektierende Bereich des Tapetum lucidum veranschaulicht ausgezeichnet die Netzhautdegeneration bei der Katze. Der Befund ist bilateral und symmetrisch. In allen beobachteten Fällen ist die Ursache unbekannt. Man vermutet einen fütterungsbedingten Taurinmangel

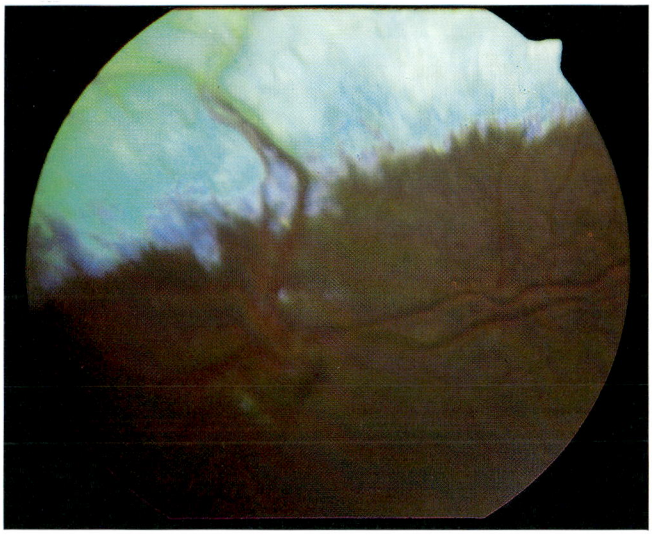

18

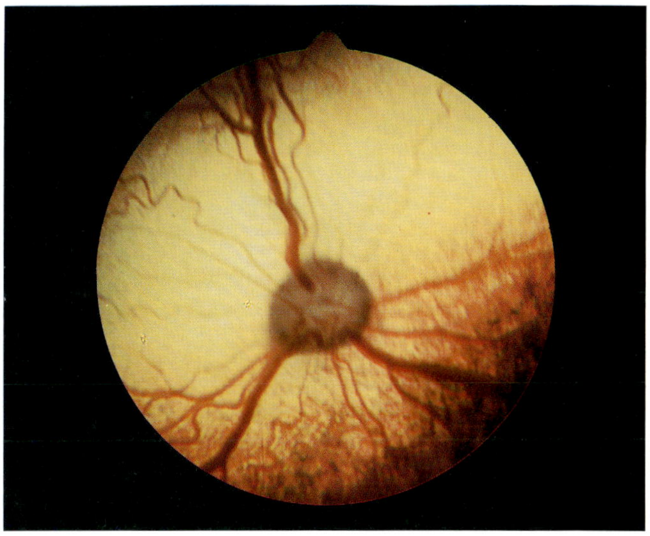

19

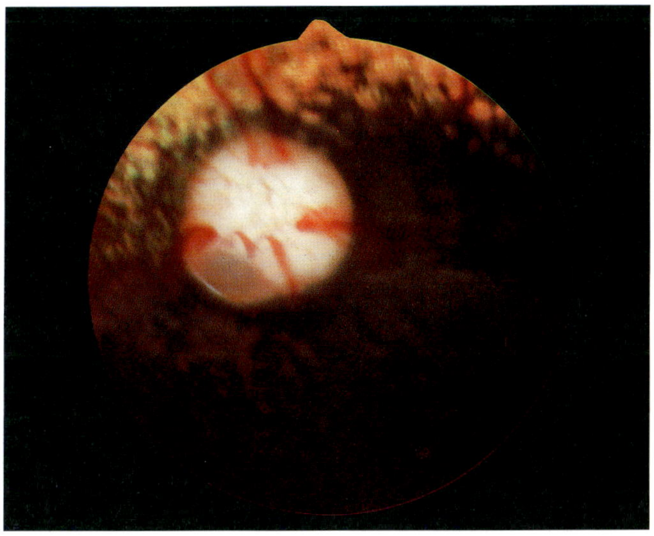

20

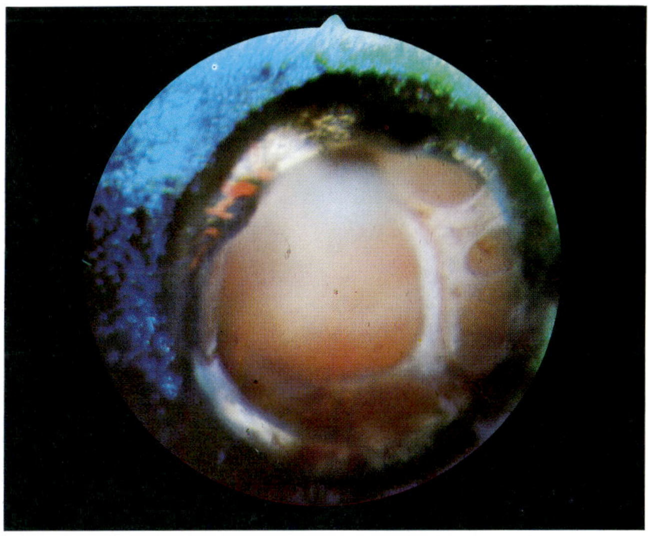

21

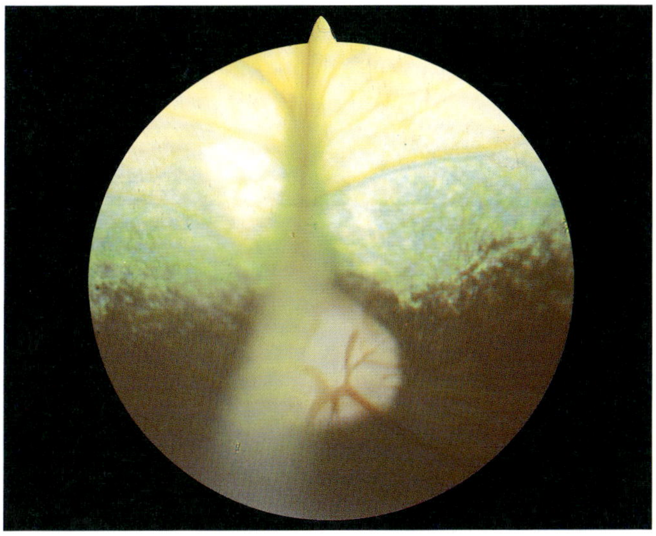

22

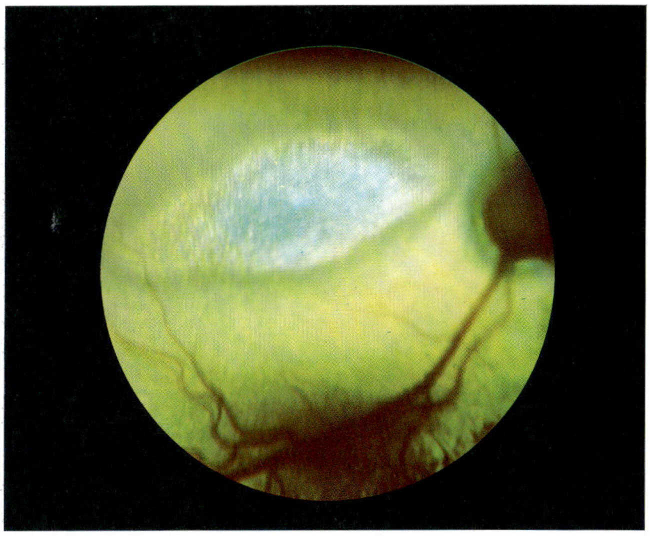

23

Tabelle 4 (Fortsetzung)

– Progressive Netzhautatrophie, zentrale Form: Anfänglich ergibt das ophthalmoskopische Bild dieser Degenerationsform eine disseminiert fleckige Pigmentierung im zentralen Bereich rund um die Papille. Die Reflexion des Tapetums ist ebenfalls verstärkt. Die pathologischen Veränderungen breiten sich zentrifugal aus. Sehstörungen treten nur allmählich auf. Das Sehen bewegter Gegenstände bleibt lange gut. Der Labrador ist die am häufigsten betroffene Rasse.
Der graue Star ist häufig eine Sekundärerscheinung der Netzhautatrophien. Seine Pathogenese ist allerdings kaum bekannt. Das Vorhandensein einer Startrübung ist die Ursache klinischer (diagnostischer) Schwierigkeiten.

■ *Behandlung: Vorbeugung. Die Übertragungsweise ist nicht für alle Rassen bekannt (vgl. erblich bedingte Netzhautdegeneration).*

Stoffwechselbedingte Netzhautatrophie der Katzen: Der Taurin-Mangel, wie er bei Katzen, die nur mit Büchsennahrung gefüttert werden, vorkommt, ist ein gutes Beispiel einer stoffwechselbedingten Atrophie, die eine zentrale Netzhautdegeneration in Form eines Rugbyballes verursacht (Farbabb. 23). Sie ist allerdings äußerst selten anzutreffen. Es gibt andere Formen einer generalisierten Degeneration bei der Katze, die wahrscheinlich vererbt sind, nur ist wenig darüber bekannt.

■ *Behandlung: keine (vorbeugend: taurinhaltige Nahrung).*

Netzhautentzündung: kommt selten vor. Die Läsionen weisen ein Zentrum mit Hyperreflexie auf und sind grau umrandet; die Oberfläche des Augenhintergrundes bleibt an dieser Stelle fast eben. Die Netzhautentzündung bei Staupe ist ein gutes Beispiel dafür (Farbabb. 41).

■ *Behandlung: gleiche Behandlung wie bei Sehnervenentzündung.*

Netzhautablösung (Farbabb. 29, 36, 37)

Die seröse, idiopathische Ablösung der Netzhaut ist eine beidseitige Erkrankung, die unvermittelt auftritt und überraschend zu Erblindung führt. Die Ursache ist unbekannt. Das Tier ist sonst vollkommen gesund.

■ *Behandlung: Kortikoide, hochdosiert (2 mg/kg Prednisolon pro Tag während 8 Tagen). Unter Umständen ist es notwendig, die Therapie schwächer dosiert weiterzuführen.*

Viele Netzhautablösungen sind entzündlichen Ursprungs (Aderhautentzündungen, s. Kapitel über Uveitis).

■ *Behandlung: siehe Uveitis.*

*Farbabb. 24: Zentrale Netzhautdegeneration bei der Katze (Foto Peruccio)
Andere Form von zentraler Netzhautdegeneration bei einer Siamkätzin, 12 Jahre. Die Veränderungen waren ebenfalls bilateral und symmetrisch. Der Durchmesser des degenerierten Bezirks variiert. Er kann bis zu 10mal so groß sein wie die Papille*

*Farbabb. 25: Generalisierte, progressive Netzhautatrophie (Foto Krouch)
Progressive Netzhautatrophie bei einem Pudel, 8 Jahre. Die Atrophie ist charakterisiert durch die allgemeine Veränderung der Reflexion des Tapetum lucidum, durch eine leichte Abnahme des Gefäßdurchmessers, vor allem der Arterien. Bemerkenswert ist in diesem Fall überdies die auffallend starke Hyperreflexie rund um die Papille. Die Veränderungen waren bilateral und ausgesprochen symmetrisch*

*Farbabb. 26: Zentrale, progressive Netzhautatrophie (Foto Clerc)
Ein anderer Fall retinaler Atrophie. Die Fundusveränderungen sind weniger auffällig und es besteht keine Abweichung von der normalen Gefäßweite. Eine ziemlich diffuse Hyperreflexie des Tapetum lucidum ist neben dessen teilweiser Farbveränderung zu sattgrün die einzige Anomalie. Deutlich ist die Hyperreflexie peripapillär (Briard, 5 Jahre)*

*Farbabb. 27: Generalisierte, progressive Netzhautatrophie (Foto Clerc)
Weit fortgeschrittene generalisierte, progressive Netzhautatrophie bei einem Pudel. Die Hyperreflexie des Tapetum lucidum ist hier besonders ausgeprägt. Im oberen nasalen Quadranten ist ferner eine geringfügige Pigmentverschiebung sichtbar. Die Gefäße sind deutlich verengt. Die Netzhautvenen entsprechen einem Drittel ihrer normalen Weite. Die Arterien sind obliteriert. Die Papille ist weiß und schlecht durchblutet*

*Farbabb. 28: Progressive Netzhautatrophie im fortgeschrittenen Stadium (Foto Clerc)
Die Degeneration der Netzhaut ist vollständig und die Papille erscheint nur noch als blaßgraue Scheibe inmitten des Tapetum lucidum, umgeben von schwärzlichem Pigment. Dies ist das Endstadium der generalisierten progressiven Netzhautatrophie*

*Farbabb. 29: Netzhautablösung (Foto Laforge)
Die Netzhautgefäße sind normal weit, da der Prozess neu ist. Der Fundus erscheint nicht überall gleich scharf. Das Vorhandensein schräger, verschiedenfarbiger Streifen ist charakteristisch. Sie lassen die anomale Lichtreflexion entlang der Scheitellinie der Netzhautfalten erkennen. Die Ursache der Erkrankung ist unbekannt (Groenendael, 5 Jahre)*

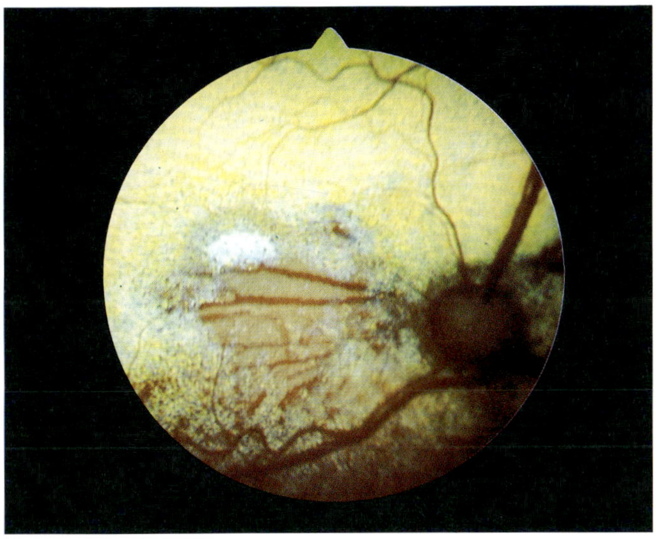

24

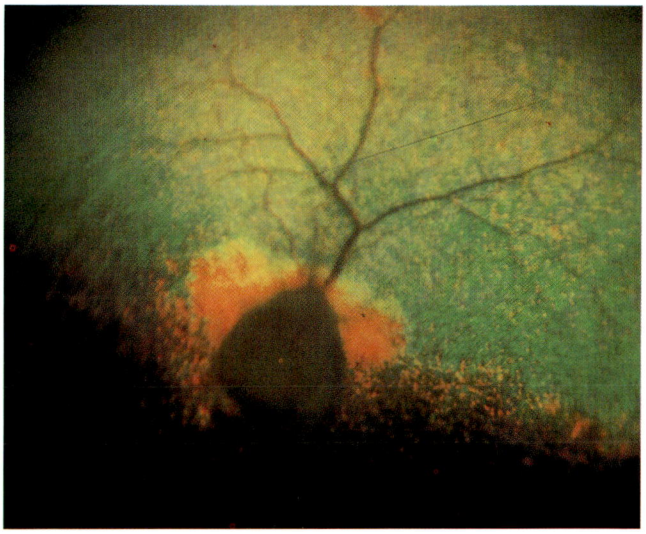

25

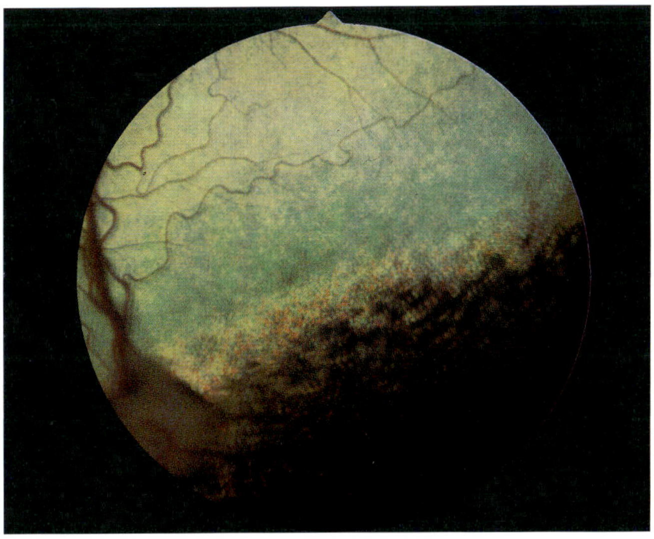

26

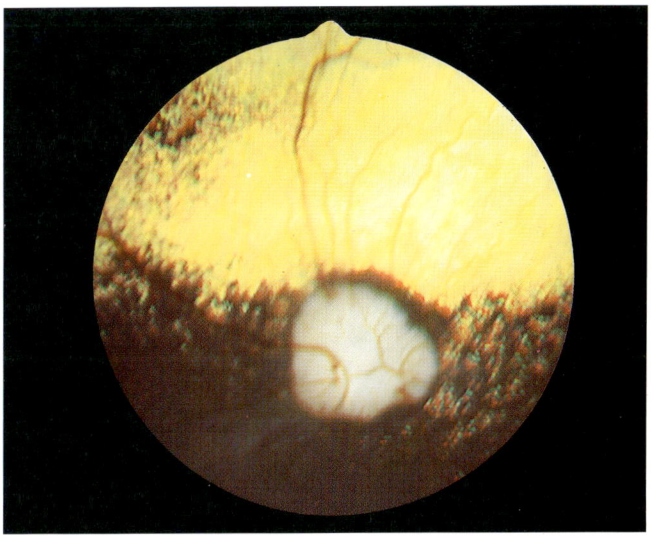

27

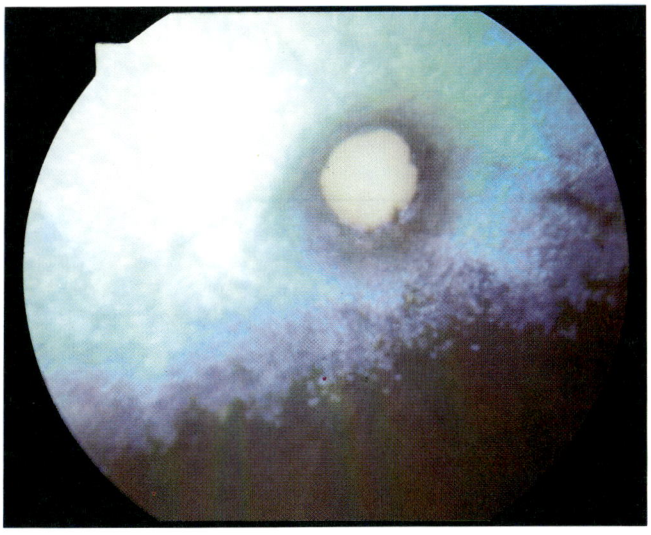

28

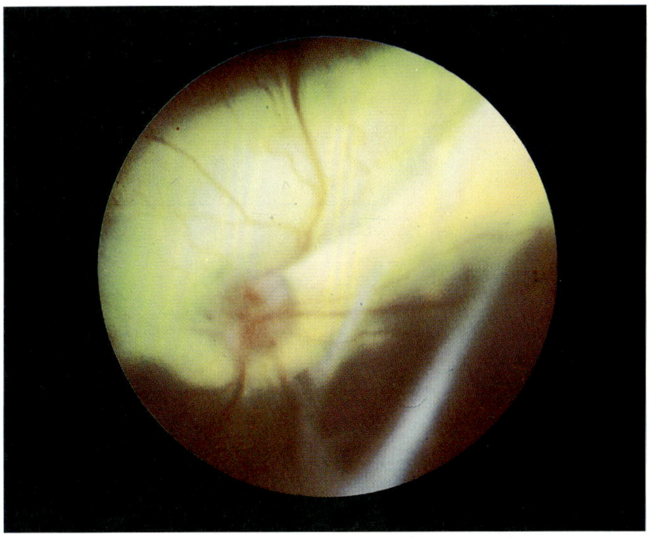

29

Farbabb. 30: Akute Chorioretinitis (Foto Peruccio)
Es handelt sich um eine ausgedehnte Chorioretinitis. Die der Aderhaut aufliegende Netzhaut degeneriert immer als Folge der Entzündung der Gefäßhaut. Diese Chorioretinitis ist durch zwei ziemlich verschiedene Erscheinungsformen gekennzeichnet. Zentral und unten sind im Bereich des verstärkt reflektierenden Tapetum lucidum, das von Blutungen übersät ist, die Netzhautgefäße gut sichtbar. Im oberen Bildabschnitt fällt das reichlich vorhandene Exsudat auf, dessen untere Begrenzung gut zu erkennen ist. Es verdeckt teilweise die natürliche Farbe des Tapetum lucidum (Pudel, 10 Jahre)

Farbabb. 31: Folgen einer Chorioretinitis (Foto Peruccio)
Folgen einer ausgedehnten Chorioretinitis. Im Tapetum lucidum sind umschriebene, verstärkt reflektierende Bezirke von blaßgelber Farbe erkennbar. Links lateral ist am Übergang zum Tapetum nigrum ein unregelmäßiger, schwärzlicher Bezirk sichtbar, bedingt durch eine Pigmentverschiebung. Das Tapetum nigrum ist verfärbt und die Aderhautgefäße schimmern durch

Farbabb. 32: Exsudative Chorioretinitis (Foto Lescure)
Die dargestellten Läsionen sind diejenigen einer in Organisation begriffenen Chorioretinitis. Das Exsudat der Aderhaut hat sowohl im Bereich der Papille als auch im Tapetum lucidum sichtbare Folgen hinterlassen. Es sind umschriebene Fibrinablagerungen feststellbar

Farbabb. 33: Hämorrhagische Chorioretinitis (Foto Clerc)
Folgen einer Chorioretinitis. Eine umschriebene Blutung zeugt von der Aderhautschädigung. Außerdem ist eine Verengung der Netzhautgefäße und eine Veränderung des Tapetum nigrum festzustellen, das ungleichmäßig schiefergrau getönt ist. Als Folge der Netzhautatrophie und der Rückbildung des Pigmentepithels scheinen die Aderhautgefäße durch. Diese ausgedehnte Chorioretinitis führte zur Erblindung

Farbabb. 34: Folgen einer Chorioiditis (Foto Clerc)
Wesentlich schwerere Folgen einer Chorioretinitis. Die Netzhautgefäße sind fast vollständig zurückgebildet; oberhalb der Papille ist keine Vene mehr zu erkennen. Die Papille ist grau, ihr Rand schiefergrau und unregelmäßig. Das Tapetum lucidum und das Tapetum nigrum sind tiefgreifend verändert. Das T. lucidum ist sehr blaß und weist verstärkt reflektierende Bezirke auf. Das T. nigrum ist ungleichmäßig schiefergrau gefärbt. Bei den großen Gefäßen handelt es sich um Aderhautgefäße, erkennbar an ihrem parallelen Verlauf im Bereich des T. nigrum, ihrer Dicke und ziegelroten Färbung. Diese Gefäße sind sklerosiert

Farbabb. 35: Folgen einer Chorioretinitis (Foto Laforge)
Fundus eines 8jährigen Rassehundes. Die sichtbaren Gefäße befinden sich in zwei Ebenen. Die degenerierten Netzhautgefäße verlaufen oben im Bild; die auffallend parallel verlaufenden Aderhautgefäße durchziehen das Tapetum nigrum. Dieses ist unregelmäßig schiefergrau gefärbt. Die Aderhautgefäße sind vollständig sklerosiert und außerordentlich eng. Ihr Lumen stellt eine feine rote Linie dar, die von zwei weißen Strichen eingerahmt ist, den Wänden der Aderhautgefäße

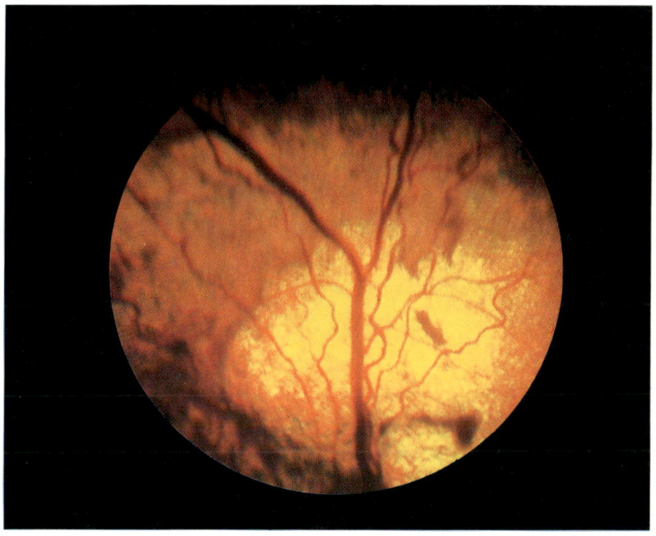
30

31

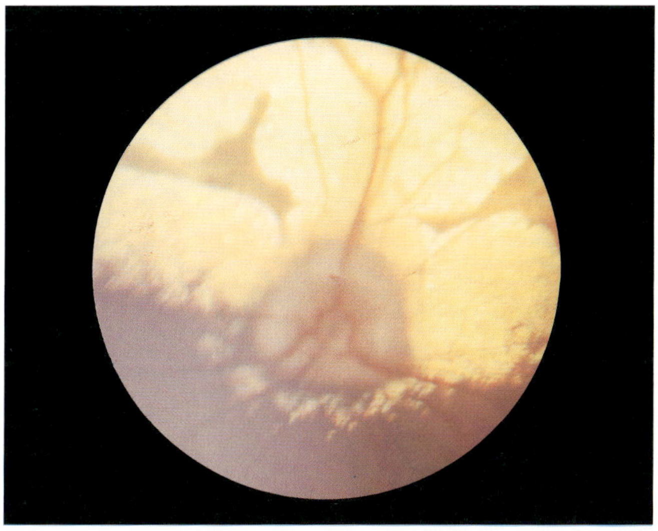
32

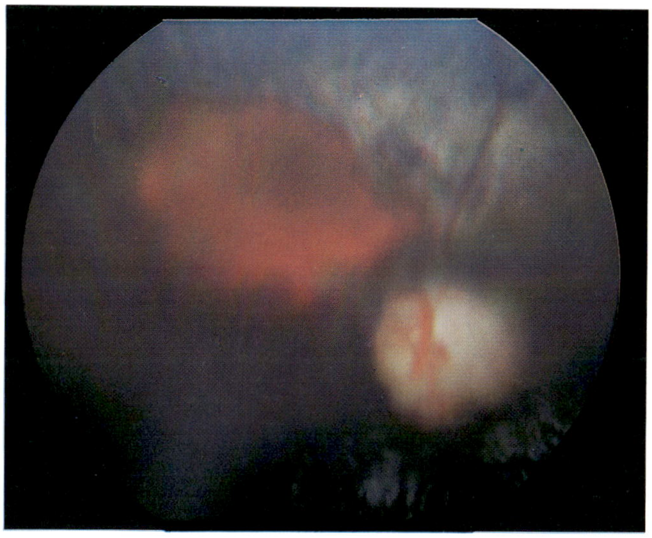
33

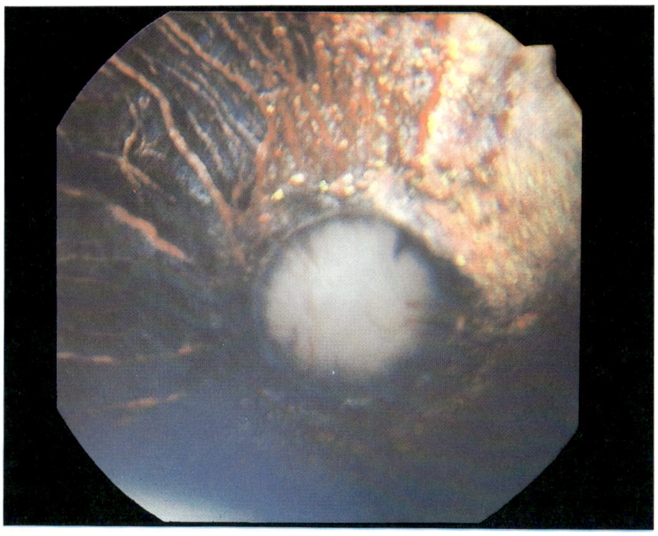
34

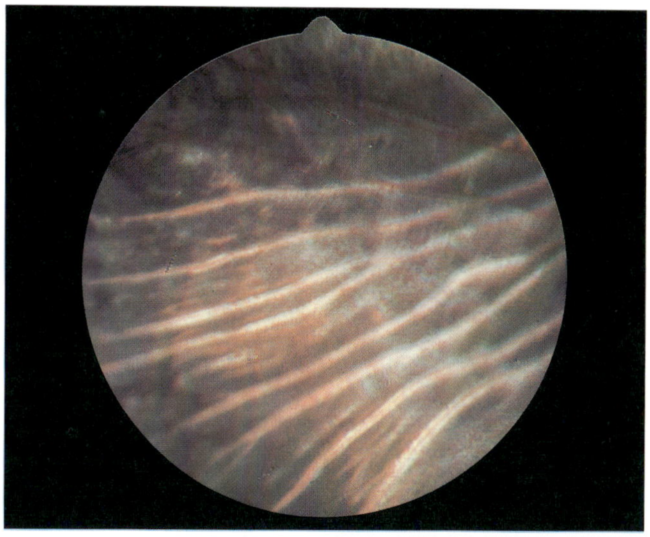
35

Tabelle 5: Erkrankungen der Aderhaut (Chorioidea)

Jede Entzündung der Aderhaut hat unweigerlich Auswirkungen auf die darüberliegende Netzhaut. Deshalb sollte man eher von Chorioretinitis als nur von Chorioiditis sprechen. Ihr ophthalmoskopisches Erscheinungsbild ist charakteristisch. Man sollte sie gut kennen, denn sie kommt häufig vor.

Akute Chorioretinitis (Farbabb. 32, 33). Sie ist charakterisiert durch:
1. eine lokalisierte Erhebung der Netzhaut, die von einem Exsudat angehoben wird;
2. eine Entfärbung des Tapetums, das an dieser Stelle grau bis graugrün wird;
3. einen Verlust der Reflexion in diesem Bereich;
4. eine flächenhafte Rotfärbung des Tapetum nigrum.

■ *Behandlung: siehe Kapitel über Uveitis.*

Chorioretinitis-Narben (Farbabb. 34, 35): Das Tapetum hat eine Gelb- oder Dunkelgrünfärbung angenommen, und die vernarbte Stelle ist oft schwarz umrändert. Diese Färbung ist die Folge einer Pigmentverschiebung im Umkreis der Läsion. Im Tapetum nigrum sind die Veränderungen ziegelrot und die Aderhautgefäße sind sichtbar geworden.

Es sollte noch zwischen exsudativen und granulomatösen Chorioiditis-Formen unterschieden werden (Farbabb. 40 und vgl. Kapitel über Uveitis).

Erbbedingte Netzhaut-Degenerationen

(nach GWIN, R. M.: Kal Kan Symposium for the treatment of dog and cat diseases, 1978, Columbus, Ohio).

Rasse	Alter beim Beginn der Krankheit	Übertragung	Histologische Veränderung
Barsoi	6 Mon.– 9 Jahre	rezessiv (?)	?
Englischer Setter	3 Mon. – 5 Jahre	rezessiv	Dysplasie der Zapfen und Stäbchen
Zwerg- und Kleinpudel	3–5 Jahre	rezessiv	Progressive Degeneration der Zapfen und Stäbchen
Alaskan Malamute	6 Mon. – 1 Jahr	rezessiv	Dysplasie der Zapfen
Amerikanischer Cocker-Spaniel	2–3 Jahre	?	?
Zwergdackel	1 Jahr	?	?
Langhaardackel	1 Jahr	?	?
Zwergschnauzer	4–6 Jahre	?	?
Samojede	2–3 Jahre	?	?
Langhaar-Collie	1–3 Jahre	?	?
Englischer Cocker-Spaniel	2–4 Jahre	?	?
Labrador	4–6 Jahre	?	Progressive Netzhautatrophie, zentrale Form
Shetland Sheepdog	5–8 Jahre	?	" " " "
Border-Collie	5–8 Jahre	?	" " " "
Golden Retriever	4–8 Jahre	?	" " " "

Farbabb. 36: Netzhautablösung (Foto Laforge)
Die Netzhaut ist abgelöst, nach unten geklappt und verdeckt teilweise die Papille. Die Netzhautgefäße sind scharf eingestellt und liegen vor der Aderhaut. Der Fundus erscheint nicht klar (Irish Setter, 1 Jahr)

Farbabb. 38: Umschriebene Chorioiditis (Foto Berthe & Mazué)
Umschriebene Schädigung im Fundus, ohne Mitbeteiligung des vorderen Augensegments, entdeckt anläßlich einer eingehenden Untersuchung. Die charakteristischen Veränderungen sind hier sehr auffällig. Man erkennt graue, weniger reflektierende Flecken. Ein umschriebener, erhabener Bezirk befindet sich von der Papille aus gesehen Richtung 2 Uhr. Die schwarze Farbe des Zentrums dieses Flecks ist bedingt durch Pigmentverschiebung (Dalmatiner-Rüde, 2 Jahre)

Abb. 40: Chronische, granulomatöse Chorioretinitis (Foto Laforge)
Fundus eines 7jährigen Deutschen Schäferhundes mit vollständiger Erblindung. Die Papille ist klein, schiefergrau und schwarz umrandet. Die Netzhautgefäße sind beinahe gänzlich verschwunden. Der Test nach Sabin-Feldmann 1/1000 positiv läßt auf eine durch Toxoplasmose verursachte Chorioretinitis schließen

Farbabb. 37: Totale Netzhautablösung (Foto Clerc)
Die total abgelöste Netzhaut bildet eine Art Strumpf, der von der Papille ausgeht. Die Netzhaut und der röhrenförmige Schleier sind von den Netzhautgefäßen durchzogen. Die freigelegte Aderhaut erscheint stark umgebildet

Farbabb. 39: Narbe einer umschriebenen Chorioiditis (Foto Laforge)
Die hauptsächliche Veränderung ist eine Narbe im Anschluß an eine Chorioiditis, charakterisiert durch ihr reliefartiges Erscheinungsbild. Ihr schwarzes Zentrum, durch Pigmentverschiebung bedingt, wie auch die gelben Ränder, sind alles die Folge einer Umbildung des Tapetum lucidum (Berger Picard, 5 Jahre)

Farbabb. 41: Akute Retinitis (Foto Krouch)
Der wegen plötzlicher Erblindung vorgestellte Hund zeigte später alle Anzeichen einer Meningo-Enzephalomyelitis. Der Liquorbefund deutete auf eine virale Enzephalitis, wobei es sich möglicherweise um eine Staupevirus-Infektion handelte. Die Retinitis kommt hier in Form von dunkelgrauen, weniger stark reflektierenden Flecken im Tapetum lucidum zum Ausdruck (Boxer, 5 Jahre)

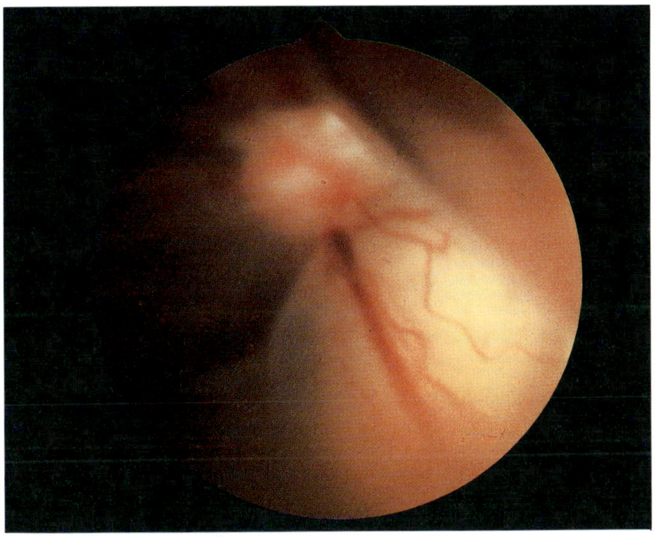

36

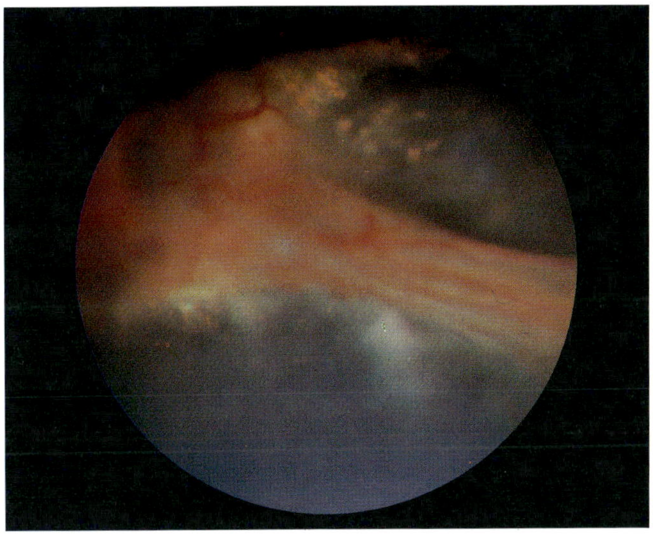

37

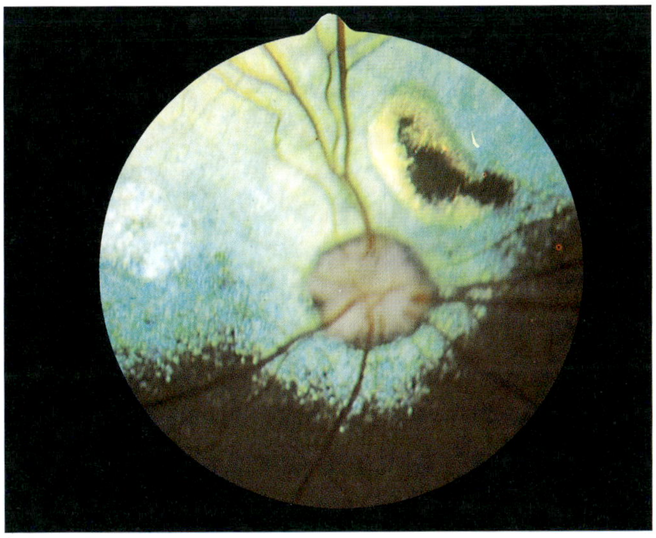

38

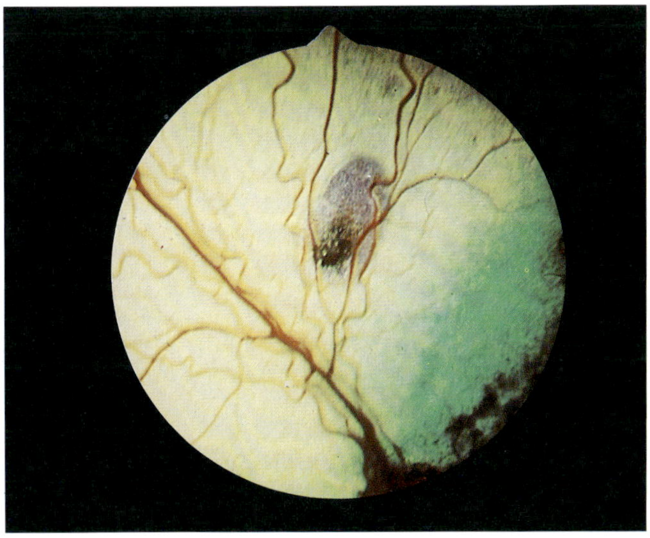

39

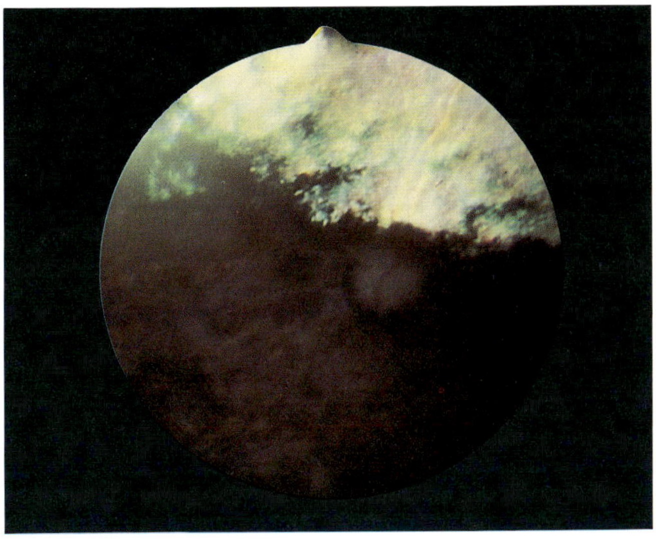

40

41

1.2.3 Ergänzende instrumentelle Untersuchung

1.2.3.1 Die Tonometrie

Im Augeninnern herrscht ein Druck, dessen Höhe den Stoffwechsel beeinflußt. Dieser Druck wird durch drei Faktoren bestimmt:

▷ die Summe der Einzeldrucke der Flüssigkeiten, von denen das Kammerwasser die wichtigste ist;
▷ die Reaktion der Hülle bzw. die Elastizität der Wand;
▷ die Druckverhältnisse in der Umgebung. Im Normalfall können diese vernachlässigt werden.

Der intraokulare Druck ist bei der gewöhnlichen Untersuchung nicht direkt feststellbar. Man kann den okularen Innendruck nur über die Hornhaut messen. Diese indirekte Meßmethode heißt Tonometrie. Hierbei unterscheidet man zwei verschiedene Methoden, die Tonometrie durch Impression und die Tonometrie durch Applanation. Die Methode durch Palpation wird hier nicht besprochen, da sie zu ungenaue Resultate ergibt.

■ Impressions-Tonometrie

Auf die Hornhaut wird ein feiner Metallstift mit einem bestimmten Gewicht gesetzt. Je weicher das Auge ist, desto tiefer wird die Hornhaut eingedellt. Dies ist das Prinzip des Tonometers nach Schiötz. Mit der Impressions-Tonometrie kann man also den inneren Augendruck messen, gleichzeitig wird aber das Meßergebnis durch die Rigidität der Sklera (umgekehrt zur Hornhautelastizität) und durch den Krümmungsradius der Hornhaut beeinflußt. Je stärker die Hornhaut gekrümmt ist, desto größer ist ihr innerer Widerstand gegen das aufgesetzte Gewicht.

Zwei Tonometertypen beruhen auf dem Impressionsprinzip, das Tonometer nach Schiötz (Abb. 17) und dasjenige von Baillart.

Beschreibung des Tonometers nach Schiötz

Das Tonometer nach Schiötz besteht aus

▷ einem Meßsystem, das auf dem Prinzip der Schwerkraft beruht und folgende Bestandteile hat: einen Stift, der auf die Hornhaut drückt, einen Hebel, der den vom Stift zurückgelegten Weg 20fach vergrößert und in einem Zeiger endigt; außerdem drei kleine zusätzliche Gewichte, mit denen der Druck vergrößert werden kann. Stift und Hebel zusammen wiegen 5,5 g; dieses Gewicht kann auf 7,5, 10 oder 15 g erhöht werden, indem man das eine oder andere der drei Gewichte hinzufügt;
▷ einem Gestell mit einem Fuß, der auf die Hornhaut aufgesetzt wird und in dessen Mitte sich die Öffnung befindet, durch die der Stift geführt wird; einem Rahmen, an dessen oberen Rand eine Skala angebracht ist, vor welcher sich der Meßzeiger bewegt; außerdem einem U-Stück, mit dem das Instrument gehalten wird.

Es gibt mehrere Varianten dieses Original-Modells. Wichtig ist in jedem Fall, daß ein standardisiertes Gerät benutzt wird, um sich auf die Meßergebnisse verlassen zu können.

Beim Meßvorgang bewegt sich der Zeiger vor der Skala mit Gradeinteilung. Die erzielten Werte müssen dann anhand der dem Gerät beiliegenden Tabelle ermittelt werden: Augeninnendruck in Millimeter Quecksilber. Die drei Tonometerkurven entsprechen jeweils den drei Gewichten: 5,5, 7,5 und 10 g.

Diese Kurven richten sich nach den Meßwerten für ein normales menschliches Auge mit einem Krümmungsradius von 7,8 mm. Bei kleinen Hunderassen liegen die Druckwerte höher (kleiner Krümmungsradius) als bei den großen Hunderassen und den Rassen mit großen Augen (großer Krümmungsradius).

Man geht ferner davon aus, was aber nur bedingt zutrifft, daß die Skleralrigidität bei allen Hunden gleich ist.

Anwendung

Die Messung erfolgt am sitzenden oder liegenden Hund. Die Hornhaut muß gegen die Decke gerichtet sein. Die Lider werden gespreizt, ohne auf den Augapfel zu drücken. Der Fuß des Tonometers wird aufgesetzt. Der abgelesene Meßwert sowie das gebrauchte Gewicht werden aufgeschrieben. Zum Beispiel: 8/7,5. Die Zahl wird auf die Kurve übertragen, um den Druck in Millimetern Quecksilber zu ermitteln. Das Gerät muß sehr sorgfältig und in vertikaler Richtung benutzt werden, um jegliche Reibung zu vermeiden (Abb. 18, 19).

Zur Verhinderung von Keimübertragung muß das

Tabelle 6: Umrechnungstabelle für das Tonometer nach Schiötz beim Hundeauge

Meß-Skala	A.I.D.* 5,5 g	A.I.D.* 7,5 g	A.I.D.* 10,0 g
1,0	49	67	88
2,0	43	59	74
3,0	38	53	70
4,0	31	47	62
5,0	30	42	55
6,0	27	37	49
7,0	24	33	44
8,0	22	30	40
9,0	20	27	36
10,0	19	25	32
11,0	17	23	29
12,0	17	21	27
13,0	16	20	24
14,0	16	19	23
15,0		18	21
16,0		18	20
17,0			19
18,0			19
19,0			18
20,0			

* A.I.D. = Augeninnendruck in mm Hg
(R. L. Peiffer)

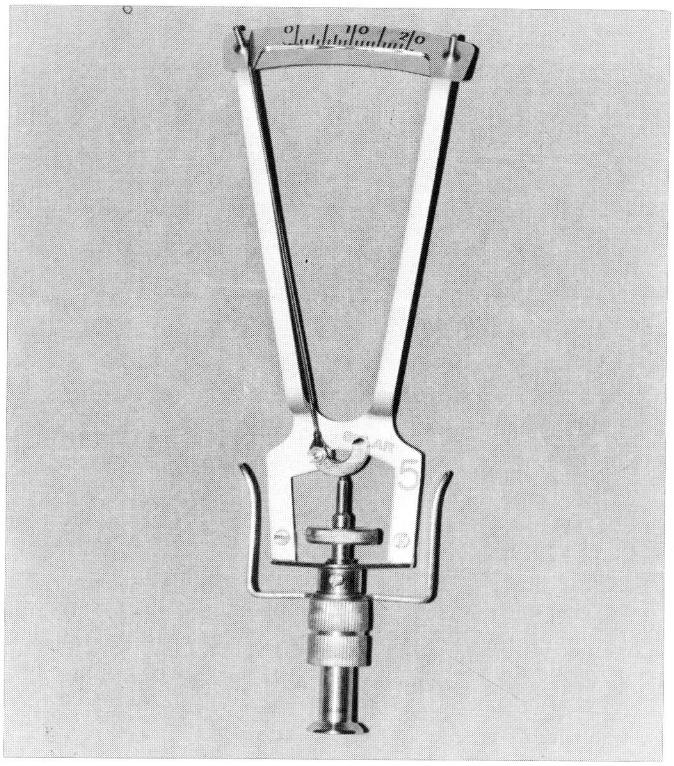

Abb. 17: *Tonometer nach Schiötz*

Abb. 18: *Aufsetzen des Tonometers nach Schiötz zur Augendruckmessung beim Hund*

Tonometer nach jedem Gebrauch gesäubert und desinfiziert werden. Außerdem ist daran zu denken, daß das angetrocknete Tränensekret, das durch Kapillarwirkung im Instrument aufsteigt, eine Reibung zwischen dem Gerätefuß und dem Stift bewirken kann. Aus diesem Grund muß das Gerät regelmäßig auf der Prüfunterlage kontrolliert werden.

Der Krümmungsradius der Hornhaut ist nicht gleichmäßig. Es ist deshalb wichtig, das Tonometer genau auf der Mitte der Hornhaut aufzusetzen. Das ist allerdings nicht immer möglich. Die an der Hornhautperipherie gemessenen Werte sind niedriger als die auf der Hornhautmitte.

Das Gerät nach Schiötz ist einfach und robust konstruiert. Die erzielten Druckwerte sind zwar im Hinblick auf die erheblichen Größenunterschiede zwischen den Hunderassen schwerlich zu vergleichen, dessenungeachtet sind sie aber sehr wertvoll, wenn es darum geht, den Augeninnendruck desselben Hundes über Jahre hinweg zu verfolgen.

Das Tonometer nach Baillart funktioniert nach dem gleichen Prinzip, vermittelt jedoch den Augeninnendruck direkt. Es hat dieselben Vor- und Nachteile wie das Tonometer nach Schiötz, ist aber nicht mehr im Handel.

Die normalen Werte für Hund und Katze betragen 8/7,5 und 9/7,5. Wegen der Meßungenauigkeit und der Abweichungen des Krümmungsradius je nach Rasse beurteilt man Werte zwischen 7/7,5 und 10/7,5 als normal. Höhere Werte zeigen Überdruck an, niedrigere Unterdruck.

Das Schiötz-Tonometer wird wegen seiner mangelnden Präzision häufig kritisiert. Nachdem diese Kritik

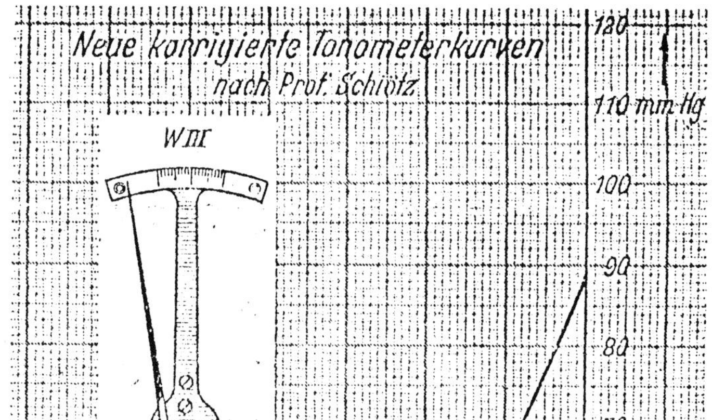

Abb. 19: *Eichkurve des Tonometers nach Schiötz*

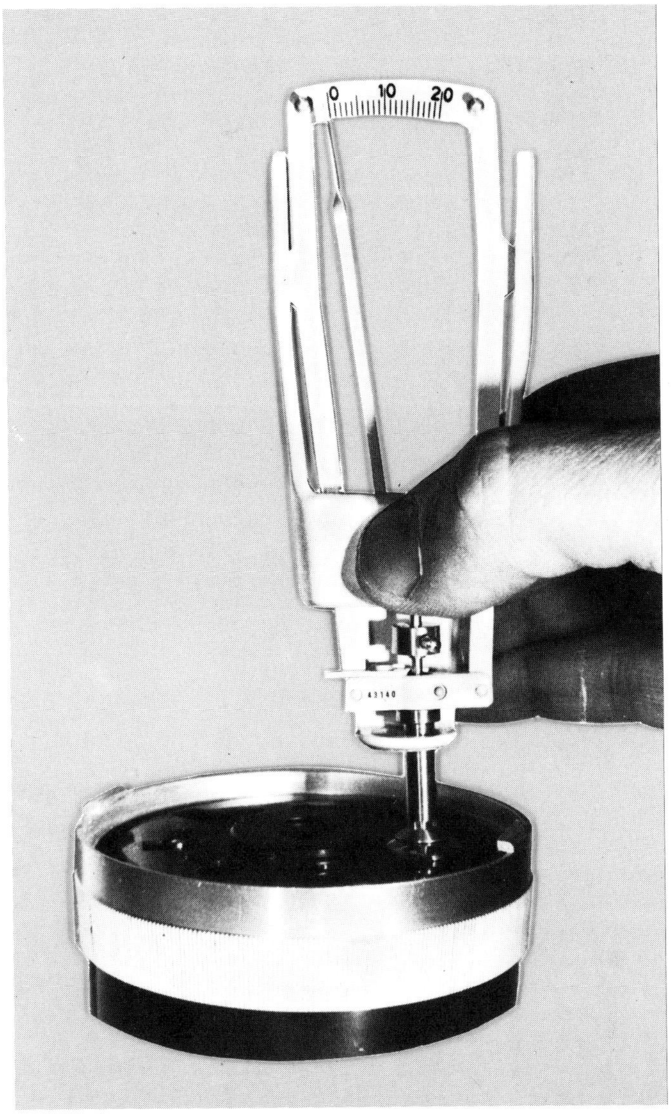

Abb. 20: Tonometer nach Schiötz-Winter

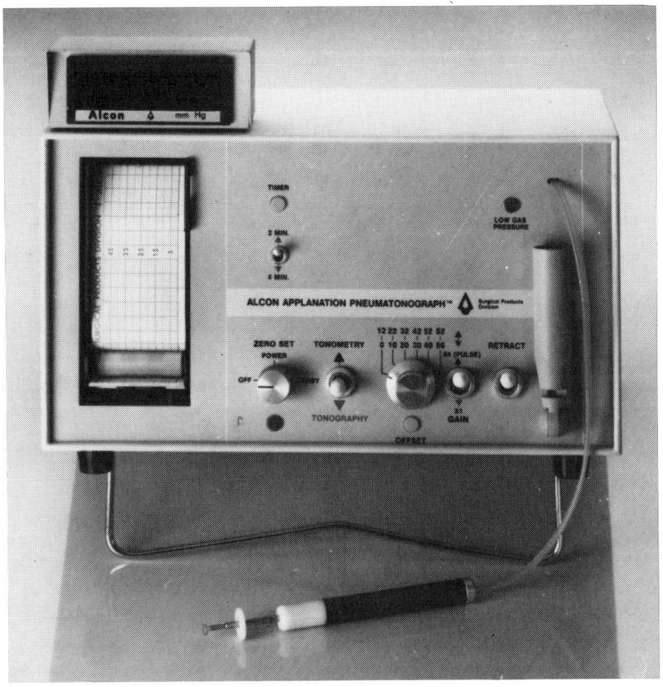

Abb. 21: Elektronisches Applanations-Tonometer (Pneumatonograph ALCON)

nicht unberechtigt ist, verzichten manche Ophthalmologen lieber auf dieses Gerät, als sich mit ungenauen Meßergebnissen zufriedenzugeben.

Der Verfasser ist anderer Meinung, seit er das Tonometer nach Schiötz-Winter verwendet (Abb. 20), das viele Ungenauigkeiten, die dem klassischen Tonometer nach Schiötz vorgeworfen werden, ausschließt:

▷ die Reibung zwischen dem Gestell, das mit den Fingern gehalten wird, und dem übrigen Gerät ist kaum vorhanden;
▷ die Reibung zwischen dem Stift und dem hohlen Zylinder ist verschwindend klein dank der ausgeklügelten Form des Stifts;
▷ schließlich verhindert eine Vorrichtung, daß das Tränensekret durch Kapillarwirkung am Stift nach oben steigt.

Unter diesen Umständen scheint uns, daß die Meßergebnisse präzise genug sind für die Praxis. Die Zuverlässigkeit der Messungen am gleichen Auge und zu verschiedenen Zeiten erlaubt es, diese Technik zur Verlaufsuntersuchung eines Glaukoms zu empfehlen.

Anmerkung: Das Tonometer nach Schiötz-Winter ist nicht eichfähig. Deshalb ist seine Anwendung nach den gesetzlichen Bestimmungen in der Bundesrepublik Deutschland nicht möglich. Das bewährte Schiötz-Tonometer ist für die tierärztliche Praxis gleichwohl ausreichend geeignet, Glaukome zu diagnostizieren und die Behandlung zu kontrollieren.

Es gibt auch kostspieligere Lösungen: Die Applanations-Tonometrie und das elektronische Tonometer. Bliebe bei der Wahl des Gerätes die finanzielle Seite außer Betracht, so würden wir eindeutig das elektronische Tonometer bevorzugen.

■ Tonometrie durch Applanation

Diese Methode ist von vornherein ideal, da sie viele Fehlerquellen ausschaltet. Nachteilig sind demgegenüber der hohe Anschaffungspreis des Gerätes sowie der Umstand, daß das zu behandelnde Tier absolut ruhig sein muß. Nur sehr teure Apparate, wie derjenige von Bosch und Combi, ermöglichen eine Anwendung in allen Stellungen am unruhigen Tier. Angesichts des hohen Preises wird ihre Verwendung in der Praxis noch lange auf sich warten lassen. Hier wird deshalb nur das Prinzip der Tonometrie durch Applanation besprochen, wie sie beim Menschen mit dem Tonometer nach Goldmann angewandt wird.

Vergleicht man das Auge mit einer Kugel, deren Wandung eine ideale Membran ohne Dicke und Rigidität darstellt, so drückt eine Kraft, die auf eine bestimmte Oberfläche appliziert wird, die Wandung entsprechend ein. Ist die Auflagefläche eben, gleicht sich der Druck auf beiden Seiten aus. Gemäß Definition ist $P = F$. Bei gleichbleibender Oberfläche kann P durch das Messen von F ermittelt werden.

Die technischen Nachteile, die am Anfang dieses Abschnitts beschrieben worden sind, bringen es jedoch mit sich, daß diese Meßmethode nur wenig angewandt wird.

Elektronische Applanation

Das elektronische Tonometer (Abb. 21) ist das genaueste Gerät zur Druckmessung. Es besteht aus einem Meßfühler, der wie ein Stift in der Hand gehalten und mit dem die Hornhaut berührt wird, und einem Kontrollmodul, das den Augeninnendruck in Millimeter Quecksilber angibt, entsprechend den vom Fühler übertragenen Meßdaten. Das Gerät ist sehr zuverlässig, denn der Vergleich zwischen den damit erhaltenen Meßresultaten mit denjenigen bei direkter Messung des Kammerinnendrucks ist ausgezeichnet.

Die klinische Untersuchung beschränkt sich normalerweise auf die soeben beschriebenen Techniken, die es dem Praktiker in den meisten Fällen erlauben, eine genaue Diagnose der Augenkrankheiten zu stellen.

Die Entwicklung neuer, wenngleich teurerer Techniken, die in spezialisierten Kliniken angewandt werden, darf man jedoch nicht außer acht lassen. Deswegen wird hier kurz auf die Fundusfotografie, auf die Untersuchung mit dem Biomikroskop bzw. mit der Spaltlampe sowie auf die Gonioskopie eingegangen.

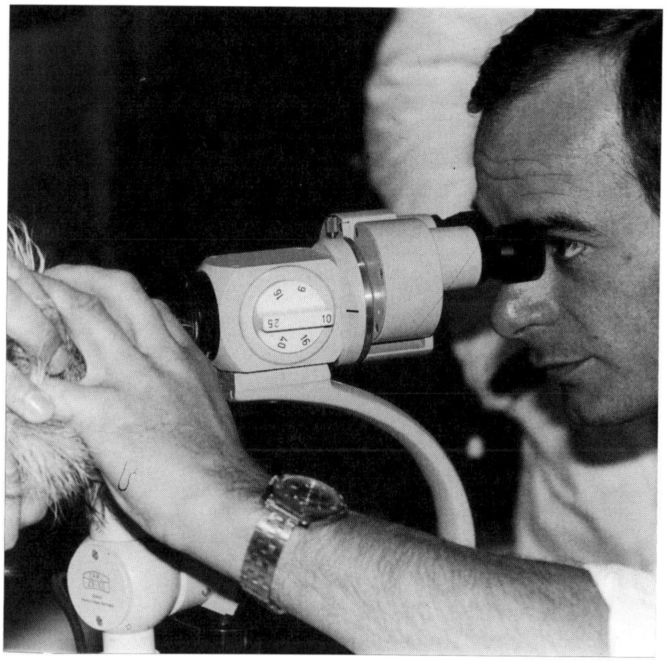

Abb. 23: Anwendung des Biomikroskops (Spaltlampenmikroskop)

1.2.3.2 Die Biomikroskopie

Das Biomikroskop oder die Spaltlampe ist die Kombination einer optischen Vergrößerung mit einem Beleuchtungssystem von variabler Stärke und Form. Die Apparatur ermöglicht eine schichtweise Untersuchung der verschiedenen Anteile des vorderen Augenabschnitts in vivo.

Beschreibung des Gerätes

Das Biomikroskop besteht aus

▷ einem optischen Beobachtungssystem: ein binokulares Mikroskop mit aufrechtem Bild, mit Mikrometereinstellung von der 10fachen Vergrößerung für die Gesamtübersicht bis zur 40fachen Vergrößerung für die Untersuchung von Einzelheiten;

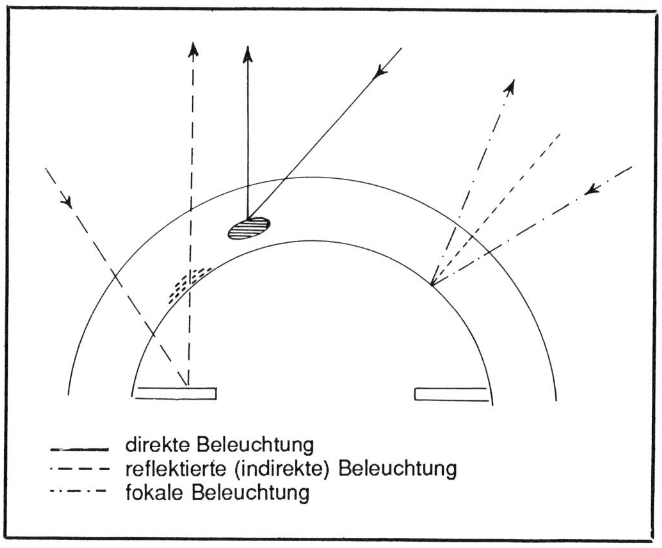

Abb. 22: Die verschiedenen Beleuchtungsarten

▷ einem Beleuchtungssystem: eine starke Lichtquelle, die einen in Höhe und Breite regulierbaren Spalt erhellt. Besondere Einrichtungen erlauben die gewünschte Einstellung des Lichtstrahls sowie der Lichtstärke unter Einschaltung verschiedener Farbfilter.
Der Einfallwinkel des Lichtstrahls ist mittels eines Schwenkarms von 0° bis 90° einstellbar.

Anwendung

Die Arbeit mit dem Biomikroskop setzt eine genaue Einstellung voraus, wobei die Tiefenschärfe gering ist. Die Schwierigkeit bei der Untersuchung besteht in der Notwendigkeit, die genaue Einstellung einzuhalten. Der Kopf des Tieres muß demnach von einem Gehilfen möglichst ruhig gehalten werden und/oder der Untersuchende muß mobil sein. Handspaltlampen (Kowa) sind für die Veterinärmedizin von großem Nutzen. Lange und genaue Untersuchungen bei starker Vergrößerung sind häufig nur am sedierten Tier möglich. Je nach angewandter Beleuchtungsart kommen mehrere Möglichkeiten in Betracht.

Diffuse Beleuchtung:

Sie wird erreicht durch gedämpftes Licht, geringe Lichtstärke und einen breiten Spalt. Sie wird zu Beginn der Untersuchung benutzt, um eine überraschende Blendung zu vermeiden; 10fache Vergrößerung möglich.

Direkte Beleuchtung (Abb. 22, 23):

Der Lichtstrahl wird auf die zu untersuchende Stelle fokussiert: Bei ziemlich breitem Spalt ohne Filter erscheint die Hornhaut wie ein Prisma, vorn durch das Epithel, hinten durch die Descemetsche Membran und das Endothel begrenzt.

Durch das Ableuchten der gesamten Hornhaut oder der Vorderfläche der Linse kann man Anomalien feststellen wie: Hornhautgeschwüre, Gefäße, Trübungen und Ablagerungen (Depotbildungen).

Mit dem schmalen Spaltlicht kann man bei einwandfreier Fokussierung nacheinander Schicht um Schicht untersuchen. Anomalien sind anhand ihrer Lage zur Umgebung nach vorn und hinten abgrenzbar sowie aufgrund ihrer Beschaffenheit lokalisierbar: diffuse und direkte Beleuchtung ergänzen sich dabei gegenseitig. Diese Anwendungstechnik ist die gebräuchlichste.

Indirekte Beleuchtung:
Angestrahlt werden Strukturen, die sich hinter dem zu untersuchenden Objekt befinden. Diese Methode der sog. Retro-Illumination ermöglicht den Nachweis sehr feiner Trübungen: gewisse Ödeme im Anfangsstadium, einsprossende Bindehautgefäße und vor allem endotheliale Läsionen wie z. B. entzündliche Beläge (Präzipitate).

Fokale Beleuchtung:
Epitheliale und endotheliale Läsionen, die bei indirekter Beleuchtung festgestellt wurden, sind genauer erkennbar, wenn sie fokal beleuchtet werden, wobei Einfalls- und Ausfallswinkel gleich groß sein müssen. Indirekte und fokale Beleuchtung werden bei starker Vergrößerung angewandt, im Vergleich zur direkten Beleuchtung weniger häufig.

Anwendung von Spezialfiltern:
Der rotfreie Grünfilter läßt die Blutgefäße hervortreten, die schwarz erscheinen auf grünlichem Grund.

Der Kobaltblau-Filter wird nach der Instillation von Fluoreszein benutzt. Substanzverluste in der Hornhaut und abgestorbene Zellen fluoreszieren grün und sind dadurch gut nachweisbar.

1.2.3.3 Fundus-Fotografie oder Retinografie

Die Fotografie des Augenhintergrunds (Fundus) bzw. die Retinografie ermöglicht es, ophthalmoskopische Befunde für Diagnose- und Unterrichtszwecke zu dokumentieren. Wie die Radioskopie zur Radiografie, so gehört die Fundusfotografie zur Ophthalmoskopie. Die damit erhaltenen Informationen ergänzen die Krankengeschichte, und mehrere, in Abständen aufgenommene Fotos lassen die Entwicklung einer Krankheit erkennen.

Zwei Fotoapparate-Typen sind im Handel: fest auf einen Tisch montierte Apparate und tragbare Modelle. Nur die mobilen Modelle entsprechen den Bedürfnissen der Veterinärmedizin. Mit etwas Übung kann man am unbetäubten Tier Fotos von zufriedenstellender Qualität erzielen (Abb. 24). Die japanischen Hersteller Kowa, Nikon und Olympus bieten je ein Modell an. Die meisten der hier wiedergegebenen Farbabbildungen wurden mit der Kowa RC2 gemacht. Sämtliche Apparate sind mit einem Spiegelreflex-System ausgestattet, die Scharfeinstellung geschieht also automatisch durch das Okular. Sie verfügen über ein Beleuchtungssystem zur Bildeinstellung. Durch die Betätigung des Verschlusses wird auch der Elektronenblitz ausgelöst.

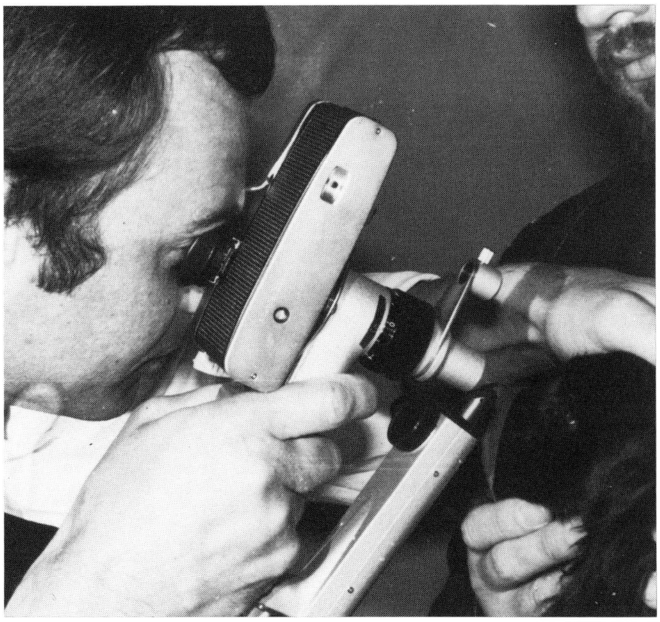

Abb. 24: Anwendung einer Hand-Funduskamera

Die tragbaren Modelle können überall hin mitgenommen werden und sind deshalb sowohl in der Klinik als auch im Zwinger einzusetzen. Lediglich ein Stromanschluß ist erforderlich.

■ **Aufnahmetechnik** (Abb. 25)
Die Fundusfotografie stellt Anforderungen an die Ruhigstellung und an die fotografischen Techniken.

▷ Ruhigstellung von Hand
Ist der Hund willig und zugänglich, kann man sich die Anwendung von Beruhigungs- oder Betäubungsmitteln ersparen. Der Kopf des sitzenden oder liegenden Tieres wird von einer Hilfskraft festgehalten. Der Fotograf plaziert seine linke Hand auf die Stirn des Patienten und spreizt mit Daumen und Zeigefinger die Lider. Damit verhindert man den reflektorischen Lidschluß, der normalerweise auftritt, sobald man sich mit einem Instrument dem Auge nähert. Trotzdem sollte man das Tier von Zeit zu Zeit die Lider schließen lassen, damit der Tränenfilm erhalten bleibt, der die Hornhaut überzieht und ihre Transparenz gewährleistet.

Die rechte Hand hält den Fotoapparat, dessen Leuchtprisma bis auf ca. 8 mm der Augenoberfläche angenähert wird. Die Vorderseite der Kamera wird auf die linke Hand aufgestützt, um eine zu starke Bewegung des Apparates zu verhindern und um die Gefahr von Berührungen der Hornhaut mit dem Prisma zu vermeiden.

Es ist ratsam, vorab einige Tropfen eines Oberflächenanästhetikums in den Bindehautsack einzuträufeln, um Angstreaktionen des Tieres zu unterbinden, falls dessen Auge mit dem Apparat versehentlich berührt wurde. Zugleich wird vermieden, daß das Tier mit den Lidern blinzelt.

▷ Ruhigstellung durch Medikamente/Anwendung von Ketamin (Imalgène®)
Es kann intramuskulär, subkutan oder intravenös ver-

Abb. 25: Die Kowa RC 2 – Funduskamera

Der Apparat beinhaltet zwei optische Einheiten, eine zum Beleuchten und eine zum fotografieren. Beleuchtet wird mit Hilfe einer 3-Watt-Lampe (6 Volt). Mittels eines Regelwiderstandes ist die Intensität regulierbar. Elektronenblitz und Verschlußauslöser sind synchronisiert. Die Blitzstärke richtet sich nach dem benutzten Film.
Es handelt sich um eine Spiegelreflexkamera mit einem Objektiv mit automatischem Rückklappen des Spiegels, fixierter Blende und konstanter Verschlußgeschwindigkeit. Die Scharfeinstellung des Augenhintergrundes wird mit Hilfe eines Rändelrades vorgenommen, welches das Linsensystem verschiebt, dessen Brennweiten um bis 20 Dioptrien verändert werden können wie beim Ophthalmoskop.
Ein verstellbares Okular ermöglicht die Anpassung des Apparates an die Sehkraft des Untersuchenden.

abreicht werden. Wir haben mit diesem Präparat beste Erfahrungen gemacht.

Es ruft eine dissoziierte Anästhesie von kurzer Dauer hervor, während der das Tier die Augen offenhält, bei gleichzeitiger Pupillenerweiterung (Mydriasis). Eine Prämedikation mit Diazepam oder Acepromazin ist empfehlenswert.

Da Lid- und Kehlkopfreflex erhalten bleiben, ist es zweckmäßig, einige Tropfen eines Oberflächenanästhetikums in den Bindehautsack einzuträufeln, um den Lidschluß oder einen Nickhautvorfall zu verhindern, falls die Hornhaut mit dem Fotoapparat berührt werden sollte.

▷ Geeignete Filme

Verwendet wird ein 35 mm-Film »Tageslicht«, mit 20 oder 36 Aufnahmen schwarz-weiß oder Farbe, mit minimaler Empfindlichkeit von 25 ASA (wir bevorzugen Kodachrom II).

Versuche mit anderen Farbfilmen haben uns gelegentlich enttäuscht, da bei der Entwicklung Farben hervortraten, die die Aufnahme verfälschten.

▷ Belichtung

Der Elektronenblitz muß regulierbar sein, denn die Reflexion des Augenhintergrundes ist von Tier zu Tier verschieden, sogar bei ein und demselben Hund von einer Fundusregion zur anderen.

Man muß also schon vor der Aufnahme die richtige Belichtung für den betreffenden Bereich kennen: das *Tapetum nigrum* benötigt mehr Belichtung als das *Tapetum lucidum*, das stärker reflektiert.

Es ist ferner der pathologische Zustand der Netzhaut zu berücksichtigen. Beispielsweise reflektiert das Tapetum stärker im Falle einer generalisierten Netzhautatrophie. Mit einer normalen Belichtungszeit erhält man ein überbelichtetes Foto, weshalb es sich empfiehlt, den Blitz um ein Stärkegrad zu reduzieren.

1.2.3.4 Die Gonioskopie

Es handelt sich hier um die Betrachtung des Kammerwinkels *(Angulus iridocornealis)*. Sie ist nur möglich unter Zuhilfenahme eines Kontaktglases, das die Krümmung der Hornhaut ausschaltet. Um den Kammerwinkel untersuchen zu können, muß man sich eines Kunstgriffes bedienen: es ist ein Spiegelbild, das man untersucht. Diese Technik wird deshalb als indirekte Gonioskopie bezeichnet.

Es gibt verschiedene Kontaktglastypen mit Spiegel für die Gonioskopie. Das meistgebrauchte Modell ist das nach Goldmann. Die innere Krümmung dieses Kontaktglases weicht leicht von der der Hornhaut ab. Zwischen beide muß deshalb eine visköse Flüssigkeit (Methylcellulose) eingebracht werden. Die Applikation ist einfach: die Hornhaut des Patienten wird mit einem Oberflächenanästhetikum (Novesin 0,4 %) anästhesiert, das die Transparenz nicht beeinflußt.

Das Tier wird anschließend seitlich gelagert, wobei das zu untersuchende Auge nach oben gerichtet sein muß. Der Kopf des Tieres wird von einem Gehilfen festgehalten. Unter Spreizung der Lider wird der untere Rand des Glases zuerst in den Bindehautsack eingeführt; dann wird es gegen die Hornhaut geneigt. Auf diese Weise entstehen keine Luftbläschen zwischen Glas und Hornhaut. Dann projiziert man einen Lichtstrahl auf den Spiegel (Lampe nach Clar) und kann nun den Kammerwinkel untersuchen. Wie in Abbildung 27 dargestellt, liegt der untersuchte Bereich dem Spiegel diametral gegenüber.

Das Kontaktglas nach Goldmann ermöglicht den Einsatz mehrerer Spiegel mit unterschiedlichen Neigungswinkeln. Auf diese Weise kann die Betrachtung des Kammerwinkels unter verschiedenen Einfallswinkeln vorgenommen werden. Abbildung 28 zeigt ein Kontaktglas nach Goldmann mit drei Spiegeln. Aufnahme von oben.

Ungeachtet der angewandten Methode muß das Ergebnis der Untersuchung eine Beurteilung der Weite des Kammerwinkels erlauben. Diese ist sehr verschieden.

Die Bestimmung der anatomischen Gegebenheiten wird durch das Vorhandensein von Gewebestreifen, die sich durch ihre Morphologie und ihre Pigmentierung unterscheiden, erleichtert (Abb. 26.3, 26.4).

Abb. 26: Gonioskopie

26.1: Schnitt durch den Kammerwinkel (Angulus iridocornealis)

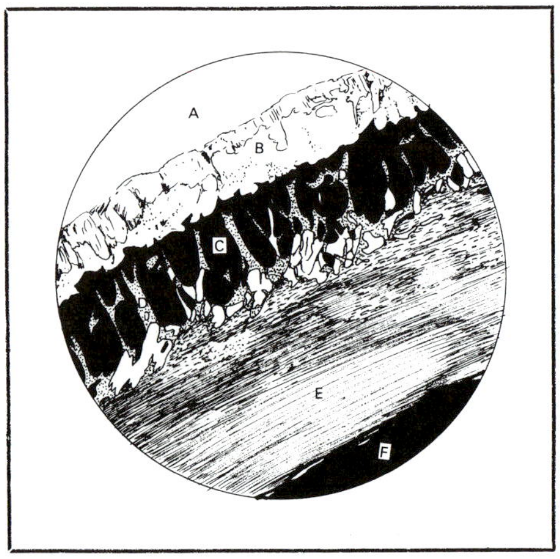

26.2: Schema des gonioskopischen Bildes eines normalen Kammerwinkels

A) Hornhaut
B) oberflächliches Pigmentband
C) Trabekelwerk
D) von der Iriswurzel ausgehendes Ziliarkörperband (Lig. pectinatum)
E) Iris
F) Pupille

Im Falle eines verengten Kammerwinkels (Engwinkelglaukom) verschwindet eines der pigmentierten Bänder (Abb. 26.5).

Die Gonioskopie wird in der Veterinärmedizin vorerst selten angewandt. Dabei wäre ihre vermehrte Anwendung unbedingt wüschenswert, stellt sie doch die einzige Methode zur sicheren Erkennung eines Primärglaukoms dar, mit der die frühzeitige Indikation eines chirurgischen Eingriffs bestätigt werden kann.

▷ Auswertung der Befunde

Die Vorderfläche der Regenbogenhaut (Iris) geht direkt in den Kammerwinkel über. Während der Untersuchung betrachtet man zuerst die Iris, anschließend ihren Randbereich. Der normale Kammerwinkel ist charakterisiert durch das Vorhandensein der Trabekel, die teilweise durch das *Lig. pectinatum* verdeckt werden. Beim gesunden Hund sind die Trabekel 1,5 bis 2 mm

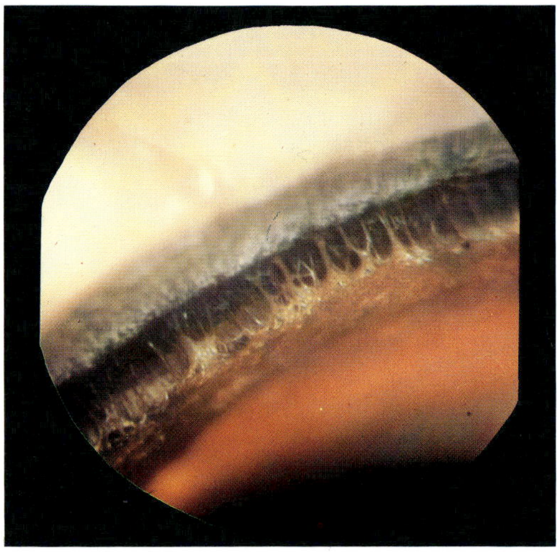

26.3: Gonioskopisches Bild eines normalen Kammerwinkels (Basset Hound, 11 Monate) (Foto: P. Bedford)

26.4: Gonioskopisches Bild eines geschlossenen Kammerwinkels. Das oberflächliche Pigmentbändchen, das Trabekelwerk und das Ziliarkörperband (Lig. pectinatum) fehlen (Engl. Cocker Spaniel, 7 Jahre) (Foto: P. Bedford)

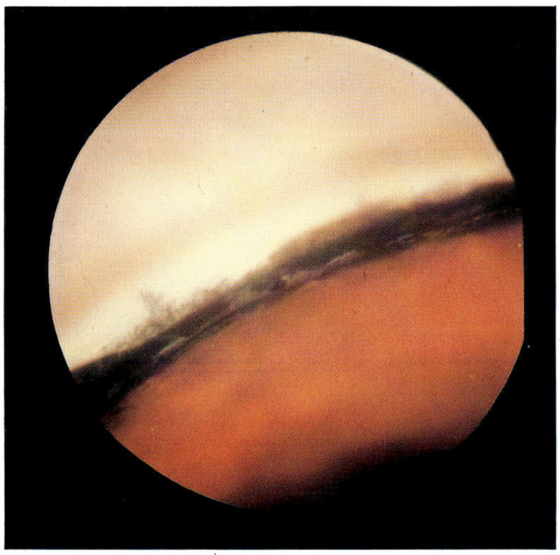

26.5: Enger Kammerwinkel mit Dysplasie des Ziliarkörperbandes (Basset Hound, 10 1/2 Jahre) (Foto: P. Bedford)

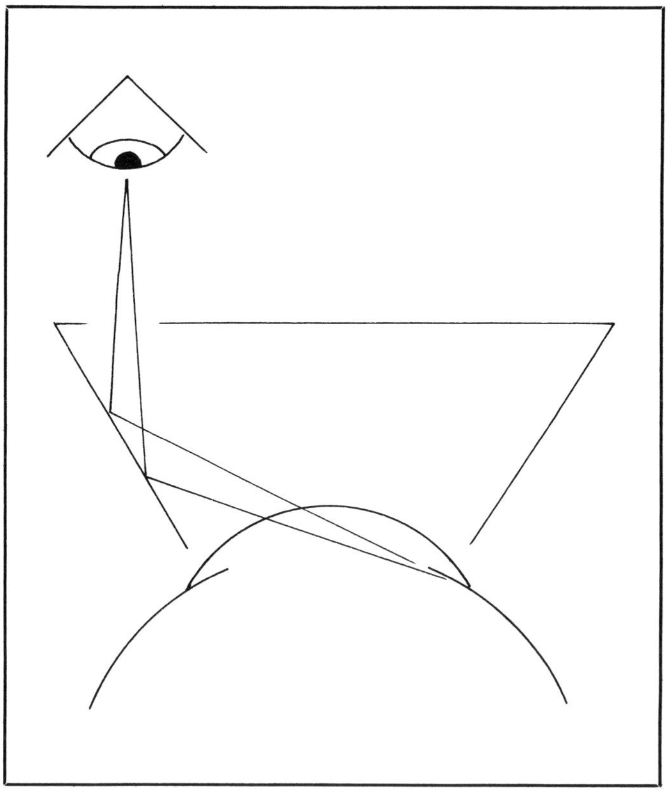

Abb. 27: Prinzip der indirekten Gonioskopie

Abb. 28: Gonioskop nach Goldmann mit 3 Spiegeln (Prismen)

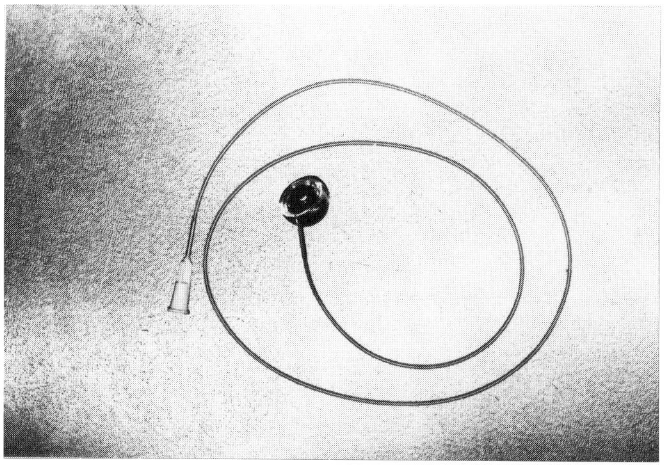

Abb. 29: Kontaktglas nach Barkan

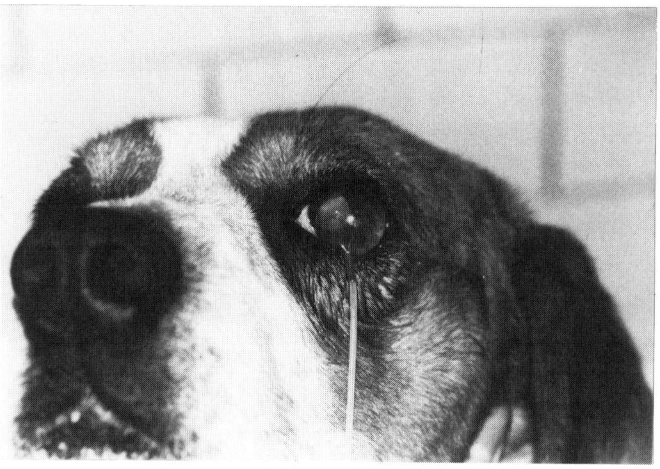

Abb. 30: Kontaktglas in situ

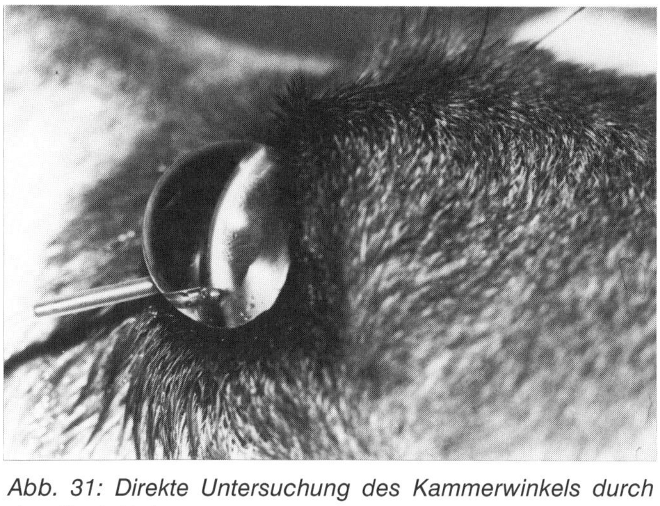

Abb. 31: Direkte Untersuchung des Kammerwinkels durch das Kontaktglas

breit, aber die Lage des *Lig. pectinatum* kann je nach Rasse und Individuum sehr unterschiedlich sein. Dieses Bindegewebsbündel geht von der Iriswurzel aus, durchzieht das Trabekelwerk und inseriert an der Korneoskleralgrenze. Die Fasern des *Lig. pectinatum* sind in ihrer Dichte und Stärke sehr unterschiedlich, auch bei Hunden mit durchaus normalem Augeninnendruck. Außerdem ist die Stelle, an der es an der Korneoskleralgrenze ansetzt, ebenfalls individuell verschieden.

Ungeachtet der angewandten Technik muß das Untersuchungsergebnis eine Beurteilung der Winkelöffnung zwischen der korneoskleralen Ebene und der Iris ermöglichen. Deren Weite ist sehr unterschiedlich. Die Begutachtung der anatomischen Gegebenheiten wird durch das Vorhandensein von Gewebestreifen erleichtert, die sich in Struktur und Pigmentierung unterscheiden. Bei einer Verengung des Kammerwinkels (Engwinkelglaukom) stellt man fest, daß eines dieser pigmentierten Bänder fehlt.

(Bedford 1979, California Veterinarian)

■ Die direkte Gonioskopie

Sie ist einfacher zu handhaben und verdrängt in der Veterinärmedizin glücklicherweise immer mehr die indirekte Gonioskopie. Mit dieser neuen Linsenart kann der Iriswinkel direkt eingesehen werden, und um die Untersuchung noch einfacher zu gestalten, verwendet man die Funduskamera, die ein vergrößertes Bild des Kammerwinkels vermittelt.

Das von uns benutzte Kontaktglas heißt »Vacuum Barkan Goniolens« nach der von Bedford beschriebenen Technik (P. G. G. Bedford, Practical California Veterinarian, October 1979: Gonioscopy in the Dog).

Das Kontaktglas ist an einen Katheter angeschlossen, der mit physiologischer Kochsalzlösung gefüllt wird. Die Linse wird auf die anästhesierte Hornhaut gesetzt. Die Injektionsspritze wird vom Katheter entfernt, der sich dank der Adhäsion zwischen Kontaktglas und Hornhaut nicht entleeren kann. Die Kochsalzlösung bewirkt einen hydrostatisch-negativen Druck, so daß die Linse von sich aus auf der Hornhaut haften bleibt. Augapfel und Kontaktglas bewegen sich gemeinsam ohne äußeres Zutun, weshalb die Untersuchung in aller Ruhe am wachen Tier vorgenommen werden kann. Will man nach der Untersuchung das Kontaktglas abnehmen, so genügt es, den Katheter hochzuheben (Abb. 29–31).

1.3 Die medikamentöse Behandlung in der Augenheilkunde

Durch seine anatomischen und physiologischen Besonderheiten ist das Auge für die örtliche Behandlung besonders geeignet. Die Verfügbarkeit wirksamer Lokalbehandlungen erlaubt eine große Freiheit in der Wahl der Therapie, ohne die Gefahren einer Allgemeinbehandlung befürchten zu müssen. Es werden in der Folge die verfügbaren Medikamente im Hinblick auf ihre therapeutische Wirksamkeit dargelegt. Eine praktische Anleitung soll schließlich das Vorgehen bei Notfällen erleichtern.

1.3.1 Anwendungsweise der Medikamente

1.3.1.1 Die allgemeine (systemische) Behandlung

Die Injektion von Medikamenten, die in die Blutbahn gelangen, ermöglicht deren Übertritt in den Kreislauf der Augen, ohne sich darin anzureichern. Der Übergang in das Kammerwasser oder den Glaskörper wird durch eine Blut-Augen-Schranke verhindert. Am entzündeten Auge ist die Durchlässigkeit der Kapillargefäße der Aderhaut, des Ziliarkörpers und der Iris jedoch verändert. Diese Besonderheit erklärt den Erfolg der systemischen Behandlung im Falle von Entzündungen der mittleren Augenhaut (Uvea). Klingt die Entzündung ab, verschwindet auch die Permeabilität.

Manche Medikamente wirken selektiv auf die Sekretion des Ziliarkörpers, wie z. B. die Karboanhydrasehemmer, die bei der Glaukom-Behandlung eingesetzt werden.

Die Entzündungen der Lider und der Orbita werden mit Vorteil allgemein behandelt.

1.3.1.2 Medikamente für die lokale Behandlung

■ **Die Einträufelung (Instillation)**

Augentropfen oder Medikamente, die zur Behandlung der Bindehaut angewandt werden, sind mehr oder minder viskös; sie ermöglichen das Eindringen in die Bindehaut, Hornhaut und durch diese bis in die Vorderkammer. Augentropfen, die auf die Hornhaut aufgetropft werden, werden zum großen Teil durch das Tränensekret über die Tränenkanäle abgeleitet.

Um in den Geweben wirksam zu sein, müssen Trägersubstanz und Medikament gewissen Anforderungen entsprechen. Die Trägersubstanz ist entweder eine wäßrige Lösung, die von der Hornhaut gut ertragen, aber schnell durch das Tränensekret abgeleitet wird, oder eine etwas visköse Methyl- oder Aethylzelluloselösung, die länger auf dem Auge bleibt und auf der Hornhaut einen Schutzfilm bildet, oder eine Polyvinylpyrrolidon-Lösung, die unter allen Flüssigkeiten am längsten verweilt. Je nach Beschaffenheit und Viskosität der Tropfen variiert die Verweildauer des Mittels zwischen 10 und 20 Minuten.

Die idealen Augentropfen entsprechen dem pH-Wert des Tränensekrets (6,5) und haben eine diesem ähnliche Oberflächenspannung.

Die in den Augentropfen enthaltene Wirksubstanz muß ebenfalls bestimmten Anforderungen entsprechen. Kleine Moleküle durchqueren das Bindehaut- und Hornhautgewebe leichter als große. Substanzen, die die gesunde Hornhaut passieren sollen, dürfen nicht ionisiert sein, da sie so das Stroma leichter durchqueren. Der ionisierte und nicht ionisierte Anteil muß sich in einem umkehrbaren Gleichgewicht befinden. Das Chloramphenicol und die Alkaloide kommen in beiden

Formen vor. Demgegenüber vermögen die meisten Antibiotika und das Fluoreszein die gesunde Hornhaut nicht zu durchqueren.

Die Sachlage ist ganz anders, wenn das Hornhautepithel fehlt oder wenn die Gewebe entzündet sind. Im allgemeinen ist der Austausch im entzündeten Gewebe größer. Bei der Behandlung von Krankheiten des vorderen Augenabschnitts beschränkt die normale Elimination der Medikamente durch das Kammerwasser die Wirksamkeit von Augentropfen, selbst wenn die Hornhaut sehr gut durchquert wird.

Ihre größte Wirkung erreichen die Medikamente 5 Minuten nach dem Einträufeln. Anschließend nimmt sie langsam ab. Bei starkem Tränenfluß läßt die Wirkung rascher nach. Die Häufigkeit der Anwendung von Tropfen, um eine akute Erkrankung zu behandeln, hängt von der Anfangskonzentration der Wirksubstanz im behandelten Gewebe ab. Diese kann von ausschlaggebender Bedeutung sein. Gewöhnlich werden Augentropfen bis zu 8mal täglich verabreicht.

Bestimmte Medikamente mit besonderer Affinität (Atropin, das den Ziliarmuskel beeinflußt) können weniger häufig eingeträufelt werden. Um den Nachteil der wiederholten Verabreichung von Augentropfen zu umgehen, werden nachstehend verschiedene Anwendungsmethoden beschrieben.

■ Der subpalpebrale Katheter

Er ist sehr nützlich beim Pferd, einem oft schwer zu behandelnden Tier. Wir haben ihn auch beim Hund erfolgreich angewendet. Gewöhnlich benutzen wir einen zur intravenösen Infusion bestimmten Katheter (Heparjet, Dubernard oder Braunüle u. a.) mit einem Ansatz, so daß eine Spritze angesetzt werden kann (vgl. Katheterbefestigung). Der Katheter wird am anästhesierten Tier plaziert.

Der Katheter ermöglicht eine ungehinderte und selbst sehr häufige Instillation, ohne das Tier zu verwirren oder zu ängstigen.

■ Methoden der Zukunft: weiche Kontaktlinsen, langsam resorbierbare Polymere

Wir haben zuweilen weiche, hydrophile Linsen angewandt, die vorher in Augentropfen getaucht wurden. Die von der Linse zurückgehaltene Lösung wird langsam abgegeben. Allerdings haben wir sie nie zur Behandlung von infektiösen Keratitiden angewandt, denn die Linse verhindert die Sauerstoffzufuhr zur Hornhaut trotz des Durchtritts von Tränensekret. Deshalb scheint uns die Anwendung von weichen Linsen bei der Behandlung von Infektionen nicht angebracht. Andererseits ermöglicht sie eine hohe Konzentration von heilungsfördernden Medikamenten, von Alkaloiden usw.

Die Polymere, die sich bis vor kurzem noch in der Versuchsphase befanden, reichern sich mit Tränensekret oder mit Augentropfen an und werden gelartig. Dieses Gel löst sich innerhalb von 24 Stunden im Bindehautsack auf. Sie stellen sicher eine befriedigende Lösung bei lang anhaltender Verabreichung von Medikamenten dar.

■ Augensalben

Die Trägersubstanz ist dickflüssig. Das Medikament wird daher viel langsamer aus dem Bindehautsack abgegeben als Tropfen. Die Wirkungsdauer ist deshalb verlängert. Die Hauptwirkung wird nach 10 Minuten erreicht und hält weniger als eine Stunde an. Der Hauptnachteil dieser Verabreichungsform ist die Filmbildung auf der Hornhautoberfläche, die relativ luftundurchlässig ist. Deswegen kann die Anwendung von Salben bei Läsionen des Hornhautepithels (Keratitis, Geschwür) nicht empfohlen werden. Salben werden normalerweise bis 6mal täglich verabreicht.

■ Subkonjunktivale Injektion

Das Medikament wird unter die bulbäre Bindehaut *(Conj. bulbi)* gespritzt. Dem sitzenden Hund wird ein Tropfen Oberflächenanästhetikum eingeträufelt. Das Präparat wird mit einer 5/10 oder 6/10 mm-Nadel injiziert. Die Diffusion des Medikaments durch die Sklera ist zwar schwach, doch nimmt man an, daß die eingespritzte Lösung langsam durch die Stichöffnung austritt und die Hornhaut durchquert. Die subkonjunktivale Injektion würde somit eine Dauermedikation ermöglichen. Die Durchdringung entzündeter Gewebe ist besser. Sehr gut eignet sich diese Methode als Initialbehandlung mit Antibiotika bei Infektionen. Die Injektionen werden sehr gut vertragen und ihre tägliche Wiederholung während drei Tagen bereitet keine Schwierigkeiten. Bei widerspenstigen Tieren und bei Katzen kann sich eine Beruhigung mit Ketamin als notwendig erweisen.

Die subkonjunktivale Injektion ist außerdem die bevorzugte Verabreichungsform von Substanzen mit Langzeitwirkung (z. B. Prednisolon-azetat). Es kann ein Depot und eine Reaktion der Bindehaut während einiger Wochen bestehen bleiben.

■ Retrobulbäre Injektion

Injiziert wird mit einer 25 bis 35 mm langen und 6/10 oder 7/10 mm dicken Nadel ins retrobulbäre Fettgewebe. Das Medikament wird langsam von den Ziliararterien aufgenommen.

Die Einstichstelle ist entweder ganz temporal oder infra-temporal. Die Kanüle wird durch die Bindehaut dem Bulbus entlang in Richtung der Sehnervenscheide eingestochen. Die Wirkung dieser Injektionen hält so lange an wie die der subkonjunktivalen. Die Resorption des Medikaments erfolgt langsam, jedoch unregelmässig. Diese Methode ist nicht zu empfehlen, wenn eine schnelle Wirkung erzielt werden soll. Sie ist indessen von Interesse, wenn wiederholt Medikamente mit Langzeitwirkung verabreicht werden.

■ Vorderkammer-Injektion

Vor einer Injektion muß zuerst Kammerwasser abgelassen werden. Im Laufe der Parazentese kann man die Punktionsnadel dazu benützen, Ersatzflüssigkeit und Medikamente zu injizieren. Wir haben nur praktische Erfahrung im Zusammenhang mit der Injektion von Adrenalin und von Dexamethason bei der Behandlung von Vorderkammerblutungen.

Bernard Clerc · Alfred Krähenmann
Augenheilkunde Hund und Katze
ISBN 3-489-69916-5 · Verlag Paul Parey, Berlin/Hamburg

1.3.2 Die Medikamente in der Augenheilkunde

(Aktualisierte Liste, Stand: April 1993)

Miotika

Miotika wirken auf die Iriswurzel ein, indem sie die Pupillenweite verengen. Sie öffnen den Kammerwinkel (Angulus iridocornealis) und werden deshalb bei der Glaukombehandlung verwendet. Kontraindiziert sind sie bei Iridozyklitis.

➤ Miotika mit Kurzzeitwirkung

- Eserin, Physostigmin. Wirkungsdauer kurz: 4 Stunden.
  Pilo-Eserin Dispersa AT, AS (Dispersa D)
  Isopto® Eserin AT (Alcon CH)
- Pilocarpin 0,5 %, 1 %, 2 % und 4 %. Wirkungsdauer kurz: ca. 6 Stunden (direkt miotisch oder cholinergisch). Wird zur Glaukombehandlung 4mal täglich verabreicht. Es ist darauf hinzuweisen, daß Pilocarpin bei besonderer Empfindlichkeit eine starke Rötung des Auges hervorrufen kann. In diesem Fall muß Pilocarpin durch ein anderes Miotikum ersetzt werden.
  Isopto®-Carpine 0,5–4 % AT (Alcon CH)
  Isopto®-Pilocarpin 0,5–4 % AT (Alcon-Thilo D)
  Pilo® 1–2 % AT (Novopharma CH)
  Pilocarpin 2–3 % AS (Novopharma CH)
  Pilocarpol® 1–2 % AT (Winzer D)
  Pilogel® 4 % (Alcon-Thilo D)
  Spersacarpin® 0,25–3 % AT, AS (Dispersa D, A)
  Spersacarpine® 0,5–4 % AT, AS (Dispersa CH)

➤ Miotika mit Langzeitwirkung

- Aceclidin (INN). Synthetisches Cholinergikum. Wirkungsdauer: 8 Stunden. 3 Instillationen täglich. Wird gut vertragen.
  Glaucadrin® AT mit Epinephrin (Chibret D)
  Glaucadrine® AT mit Epinephrin (MSD CH)
  Glaucostat® AT (MSD CH)
  Glaucotat® AT (Chibret D)
- Carbachol (INN)
  Isopto®-Carbachol 0,75–3 % AT (Alcon-Thilo D, Alcon CH)
  Spersacarbachol® 0,75–3 % AT (Dispersa CH)
- Demecariumbromid Cholinesterase-Hemmer.
  Tosmilen® 0,25–1 % AT (Chemie Linz A)
- Ecothiopatiodid (INN)
  Phospholine® AT (Ayerst, Sodip CH)
  Phospholinjodid® 0,125 % AT (Winzer D)

Mydriatika

Mydriatika ermöglichen die Aufhebung einer durch Iritis (Uveitis) bedingten Miosis, indem sie die Pupille erweitern. Sie dienen auch der Erhaltung der prä- und postoperativen Mydriasis. Mydriatika sind kontraindiziert bei Glaukom. Es gibt zwei Medikamentengruppen, die zu den Mydriatika zählen: die parasympathikolytischen wie Atropin und die sympathikomimetischen.

➤ Parasympathikolytika

- Atropin 0,5–2 % AT, AS. Mydriatikum mit Langzeitwirkung. Durchdringt leicht die Horn- und Bindehaut. Große Affinität zu den Ziliarmuskeln. Hervorragende zykloplegische (pupillenerweiternde) Wirkung. Die Instillation erfolgt ein- bis zweimal täglich, wobei der mydriatische Effekt gelegentlich sehr lange anhält (bis zu 2 Wochen). Besonders angezeigt zur Behandlung der Iridozyklitiden wegen der stark zykloplegischen Wirkung, die den Ziliarspasmus und die damit verbundenen Schmerzen dämpft sowie zur prä- und postoperativen Behandlung.
  Atropin 0,5–1 % AT, AS (Dispersa D)
  Atropine 0,5–2 % AT, AS (Dispersa CH)
  Skiatropin® 0,3–0,5 % AT (Novopharma CH)
- Homatropinhydrobromid. Mydriatikum mit kürzerer Wirkung, die nicht über 36 Stunden anhält.
  Homatropin-POS® 1 % AT (Ursapharm D)
  Homatropine 1 % AT (Dispersa CH)
- Tropicamid (INN). Der mydriatische Effekt tritt nach 20 Minuten ein und nimmt innerhalb 2 bis 4 Stunden ab. Wird vor allem für diagnostische Zwecke und zur Fundusuntersuchung verwendet. Die Pupillenerweiterung erfolgt schnell und gefahrlos.
  Mydriaticum 0,5 % AT (Dispersa CH)
  Mydriaticum »Roche«® AT (Roche D)
- Scopolamin. Wirkungsdauer 2–5 Tage. Eine subkonjunktivale Injektion präoperativ gewährleistet eine langanhaltende Mydriasis. Es wird vor allem vor Kataraktoperationen verwendet.
  Scopolamin-POS® 0,1 % AT (Ursapharm D)
  Scopolamine 0,25 % AT (Dispersa CH)
- Cyclopentolat (INN)
  Cyclogyl® AT (Alcon CH)
  Cyclopentolat 0,5–1 % AT (Alcon-Thilo D)

➤ Sympathikomimetika

- Phenylephrin (INN). Wird synergistisch mit Atropin zur Vorbereitung von operativen Eingriffen verabreicht. Wegen seiner gefäßverengenden Wirkung ist diese Substanz in vielen Augentropfen enthalten. Wird zur symptomatischen Behandlung bei Nickhautvorfall verwendet. Wirkungsdauer: 5 bis 6 Stunden.
  Mydfrin® AT (Alcon CH)
  Neo-Synephrine® AT (Winthrop CH, Sanofi Winthrop D)
  Phenylephrin 5 %, 10 % AT (Novopharma CH)
  Neosynephrin-POS® 5 %, 10 % AT (Ursapharm D)
- Adrenalin, Epinephrin (INN). Dient als 1 % Augentropfen (oder Suprarenin 1 ‰) zur Differentialdiagnose bei kongestiver Injektion der Bindehaut- und Ziliargefäße. Nach dem Einträufeln verengen sich die erweiterten Bindehautgefäße sehr rasch. Beim Glaukom ist seine Anwendung beinahe risikolos, indem es die Kammerwasserbildung des Ziliarkörpers hemmt. In einer 1/10000-Verdünnung wird es intraoperativ zur Erhaltung einer guten Mydriasis verwendet.
  Eppy/N® 0,5–1 % AT (Dispersa CH)
  Epiglaufrin® 1–2 % AT (Pharm-Allergan D)

Lokalanästhetika

Sie schalten das Schmerzgefühl der Bindehaut und der Hornhaut aus und erleichtern die Untersuchung der Tiere sowie kleine operative Eingriffe. Lokalanästhetika dürfen nie zu lange angewandt werden, denn sie schädigen alle die Epithelzellen und verlangsamen die Reepithelisierung oder Vernarbung von Hornhautverletzungen.

- Oxybuprocain (INN)
  Benoxinat SE Thilo® AT (Alcon-Thilo D)
  Novesine® 0,4 % AT (Dispersa CH, D)
  Thilorbin® mit Fluorescein AT (Alcon-Thilo D)
- Proxymetacain (INN)
  Alcaine® 0,5 % AT (Alcon CH)
  Chibro-Kerakain® AT (Chibret D)

➤ Adstringentien, Antiseptika

Diese Präparate sind indiziert bei der Vorbereitung von chirurgischen Eingriffen am Auge und bei der Behandlung von Infektionen ohne tierärztliche Aufsicht. Anwendung mindestens 6 x täglich.

<u>Adstringentien:</u>

- Zinksulfat 0,2–1 %
  Oculosan® mit Naphazolin AT (Dispersa CH)
  Oculosan N® mit Naphazolin AT (Dispersa D)
  Oculosan forte® mit Phenylephrin AT (Dispersa CH)
  Zincfrin® mit Phenylephrin AT (Alcon CH, Alcon-Thilo D)

<u>Antiseptika:</u>

- Bibrocathol (INN)
  Noviform® 1–5 % AS (Dispersa D)
  Noviform® 2 % AS (Dispersa CH)

- Hexamidin (INN)
  Desomedin® AT (Novopharma CH)
- Chlorhexidin (INN)
  Rexophtal® mit Penylephrin AT (Novopharma CH)

■ Sulfonamide

Die gebräuchlichen Sulfonamide beeinflussen vor allem grampositive Keime. Sie werden oft in Verbindung mit anderen Wirkstoffen verwendet.

- Sulfacetamid (INN)
  Spersacet® 10 % AT (Dispersa CH)
  Spersacet® C mit Chloramphenicol AT (Dispersa CH)
  Albucid® liquidum (ankerpharm D)
- Sulfadicramid (INN)
  Irgamid® AS (Dispersa CH)
- Sulfathiazol (INN)
  Peniazol® mit Tyrothricin AS (Winzer D)

■ Antibiotika

Antibiotika können in Tropfen- und Salbenform oder als subkonjunktivale Injektionen verabreicht werden.

➤ Tetrazykline. Ihre großen Moleküle durchdringen die Hornhaut nicht. Wirkungsvoll bei der Behandlung der Bindehautentzündung.

1. Chlortetracyclin (INN)
   Aureomycin® AS (Lederle CH, D)
2. Oxytetracyclin (INN)
   Terramycin® mit Neomycin AS (Pfizer D, CH)
3. Tetracyclin (INN)
   Achromycin® AS (Lederle CH, D)
   Dispatetrin® AT, AS (Dispersa D)

➤ Bacitracin (INN). Gegen grampositive Bakterien.
Nebacetin® mit Neomycin (AS Byk Gulden D, AT Lundbeck CH)
Neotracin® mit Neomycin AS (Dispersa D, CH)
Ophthalmyvet® mit Neomycin + Polymyxin-B AS (Chassot CH)
Polyspectran® mit Neomycin + Polymyxin-B AT, AS (Alcon-Thilo D)

➤ Chloramphenicol (INN). Sehr häufig gebraucht. Antibiotikum mit breitem Wirkungsspektrum, das interessant ist, weil das kleine Molekül sehr leicht die Hornhaut durchdringt. Wirksam gegen grampositive und gramnegative Erreger sowie gegen Rickettsien.
Aquamycetin® AT (Winzer D)
Spersanicol® AT, AS (Dispersa CH)
Thilocanfol® 1 % AT (Alcon-Thilo D)

➤ Framycetin (INN). Sehr breites Wirkungsspektrum, das mit demjenigen von Neomycin übereinstimmt.
Frakitacin® AT, AS (Novopharma CH)

➤ Gentamicin (INN)
Dispagent® AT, AS (Dispersa D)
Refobacin® AT, AS (Merck D)
Ophtagram® AT, AS (Novopharma CH)
Yedoc® AT, AS (Dispersa CH)

➤ Neomycin (INN). Wirksam gegen grampositive und gramnegative Erreger, besonders gegen Proteus. Ist für sich oder in Verbindung mit Polymyxin erhältlich. Kann Überempfindlichkeitsreaktionen hervorrufen.
Neotracin® mit Bacitracin AS (Dispersa D, CH)
Spersapolymyxin® mit Polymyxin-B AT (Dispersa D, CH)
Statrol® mit Polymyxin-B + Phenylephrin AT (Alcon CH)

➤ Polymyxin B (INN)
Polyspectran® mit Bacitracin + Neomycin AT, AS (Alcon-Thilo D)
Spersapolymyxin® mit Neomycin AT (Dispersa D, CH)
Statrol® mit Neomycin + Phenylephrin AT (Alcon CH)

➤ Rifampicin (INN). Wirksam gegen grampositive Keime, vor allem gegen Penicillin-resistente Staphylokokken und Streptokokken. Es besteht keine Kreuzresistenz mit den anderen Antibiotika.
Chibro-Rifamycine® AT (MSD, CH)

➤ Tobramycin (INN)
Tobramaxin® AT, AS (Alcon-Thilo D)

Die Palette der verfügbaren Antibiotika in Tropfenform genügt den Anforderungen nicht vollumfänglich. Es ist deshalb von Vorteil, weitere als subkonjunktivale Injektionen verwenden zu können, vorausgesetzt ihre Verträglichkeit sei gewährleistet.

Die folgenden Antibiotika benützen wir zur subkonjunktivalen Injektion:

➤ Ampicillin (INN). Gegen bestimmte gramnegative Erreger wirksam.
Totacillin® (Beecham CH)
Binotal® (Bayer D)
Amblosin® (Hoechst D)

➤ Cefaloridin (INN). Breites grampositives und gramnegatives Wirkungsspektrum.
Cephaloridin® (Glaxo CH)

➤ Chloramphenicol (INN). Gegen grampositive und gramnegative Erreger, Rickettsien.
Paraxin® (Boehringer D)

➤ Erythromycin (INN). Gegen Staphylokokken und Streptokokken wirksam.
Erythrocin® (Abbott D)

➤ Gentamicin (INN). Breites Wirkungsspektrum (Staphylokokken, Pyocyaneus).
Refobacin® (Merck D)

➤ Lincomycin (INN). Gegen Staphylokokken und Streptokokken wirksam.
Albiotic® (Upjohn CH, D)

■ Antivirale Medikamente

➤ Idoxuridin (INN). Seine Wirkung beschränkt sich auf das Herpesvirus bei Hund und Katze. Das Präparat muß unbedingt häufig verabreicht werden: ein Tropfen ist mindestens alle zwei Stunden und Gel 6stündlich anzuwenden. Es dürfen nicht gleichzeitig epithelisierende Tropfen eingeträufelt werden, die die Proteinsynthese fördern (Nucleosid-Augentropfen). Diese besitzen einen antagonistischen Effekt.
Herpidu® AT, AS (Dispersa CH)
Herpidu® Chloramphenicol AS (Dispersa CH)
Synmiol® AS (Winzer D)

➤ Trifluridin (INN)
TFT Thilo® 1 % AT (Alcon-Thilo D)
Triherpine® AT, AS (Dispersa CH)

➤ Vidarabin (INN)
Vidarabin 3 % Thilo® AS (Alcon-Thilo D)

■ Antimykotika

In der Augenheilkunde werden Antimykotika verwendet, die zwei Stoffklassen angehören: zum einen die zur Gruppe der Polyene gehörenden Antibiotika wie Amphotericin, Nystatin und Pimaricin, ferner die Imidazol-Derivate wie Clotrimazol und Miconazol.

Polyene sind reizende Substanzen. Ihre Indikation ist deshalb eingeschränkt. Nystatin ist angezeigt bei Candidose, Pimaricin wirkt fungistatisch gegenüber Aspergillus und Fusarium. Imidazol-Derivate weisen ein breites Wirkungsspektrum gegen Hefepilze und Dermatophyten sowie gegen grampositive Bakterien auf.

Pilzinfektionen scheinen in Europa weniger verbreitet zu sein als in den USA. Man hat allerdings den Eindruck, daß sie im Zunehmen begriffen sind.

➤ Amphotericin B (INN)
Amphotericin B (Squibb; Heyden D)

➤ Miconazol (INN)
Daktar® (inj., Janssen D)
Monistat® (inj., Janssen D, Cilag CH)
Gyno-Daktar® (Vaginalcreme, Janssen D)
Gyno-Monistat® (Vaginalcreme, Janssen D, Cilag CH)

➤ Nystatin (INN)
Ampho-Moronal® mit Amphotericin B (Squibb; Heyden D)

➤ Natamycin, Pimaricin
Pimagyn® (Creme, Doetsch-Grether CH)
Pimaricin-Augensalbe 1 % (Mycofarm CH)
Pima Biciron N® AS (Basotherm D)

Entzündungshemmende Substanzen

Zu diesem Indikationsbereich gehören zwei große Wirkstoffgruppen: die nichtsteroidalen Präparate und die Kortikosteroide.

Nichtsteroidale entzündungshemmende Therapeutika

Sie werden gegenwärtig systemisch entweder als Ergänzung zur Behandlung mit Kortikosteroiden verabreicht oder für sich allein, wenn diese kontraindiziert sind. Ihre Anwendung ist besonders angezeigt bei der Behandlung chronisch entzündlicher Erkrankungen wie z. B. bei chronischer Uveitis oder zur Verhinderung entzündlicher Reaktionen nach operativen Eingriffen. Die typische Komplikation bei der Verabreichung von nichtsteroidalen entzündungshemmenden Medikamenten ist das Erbrechen, bedingt durch die ungenügende Schleimsekretion und den mangelhaften Schutz der Magenschleimhaut. Die Dosierung darf deshalb nicht zu hoch sein, und die Präparate sind während oder kurz vor der Fütterung zu verabreichen. Die gebräuchlichen Medikamente sind:

- ➤ Phenylbutazon (INN) in zwei oder drei Einzeldosen. Kurzfristige Behandlung.
  Butazolidin® (inj., Drag., Geigy D, CH)
- ➤ Oxyphenbutazon (INN)
  Tanderil® AS (Dispersa CH, Gebro A)
- ➤ Indometacin (INN). 3 mg/kg beim Hund; auf drei Tagesdosen verteilt. Vor allem prä- und postoperativ im Gebrauch.
  Amuno® (MSD D)
  Indophtal® AT (Novopharma CH)
  Indoptic® AT (MSD CH)
- ➤ Diclofenac (INN)
  Voltaren® (Drag., Geigy)
  Voltaren® Ophtha AT (Dispersa CH)
- ➤ Acetylsalicylsäure: 30 mg/kg bei Hund und Katze; auf zwei oder drei Einzeldosen verteilt. Indiziert bei chronischer Uveitis. Vorsicht bei der Katze. Nach einer Woche Dosis auf 0,20 mg/kg reduzieren. Die injizierbare Form ist sehr gut verträglich und bewährt sich bei postoperativer Behandlung.
  Aspirin® (Tabl., Bayer D, CH)

Kortikosteroide

Die Möglichkeit der Lokalbehandlung verhindert die Folgen einer systemischen Kortikoid-Medikation und erlaubt, erfolgreich auf das Auge einzuwirken. Dennoch ist es wichtig, die Indikationen und Kontraindikationen der Anwendung von Kortikoiden in der Augenheilkunde genau zu kennen.

Indikationen: Kortikosteroide vermindern die Zell- und Gefäßinfiltration der Hornhaut und reduzieren die Durchlässigkeit der Gefäße der mittleren Augenhaut (Uvea). Sie sind deshalb indiziert bei:

- allen nichtinfektiösen Entzündungen der Bindehaut und Hornhaut, d. h. bei allen allergischen Entzündungen sowie bei übermäßigen Gefäßneubildungen oder granulomatösen Wucherungen in der Hornhaut;
- allen nichteitrigen Entzündungen der mittleren Augenhaut (Uvea), unabhängig von ihrer Ursache.

Kontraindikationen: Kortikoide besitzen infektionsfördernde Eigenschaften und sind bei allen infektiösen Augenerkrankungen kontraindiziert. Sie verzögern die Zellvermehrung und sind keinesfalls anzuwenden bei Hornhautgeschwüren, insbesondere nicht bei älteren.

Die einzige Ausnahme bildet die punktförmige Keratitis ulcerosa beim Langhaarteckel.

Kortikosteroide sind ferner beim Glaukom kontraindiziert, da sie den Augeninnendruck verstärken.

Die mit der Anwendung von Kortikosteroiden verbundenen Gefahren dürfen nicht unterschätzt werden. Im Zweifelsfall verzichtet man deshalb besser darauf.

Glaukom und Katarakt sind in der Ophthalmologie unter anderem als Sekundärwirkungen der Kortikosteroide bekannt. Aufgrund unserer Beobachtungen ist die Bildung einer Katarakt beim Hund allerdings wenig wahrscheinlich. Wir lassen nämlich seit Jahren Hunderte Deutscher Schäferhunde täglich mit Dexamethason-Augentropfen auf Keratitis superficialis chronica behandeln, ohne je eine Startrübung festgestellt zu haben.

Welche Kortikosteroide sollen angewendet werden? Die Wahl des Kortikoids ist nicht unwichtig. Die entzündungshemmende Wirkung jedes Moleküls wurde nachgewiesen. In Tabelle 7 ist die übliche Einteilung wiedergegeben. Im allgemeinen hängt die Wahl des Kortikosteroids von der Schwere der Entzündung und vom gewählten Behandlungsweg ab. Die entzündungshemmenden Augentropfen enthalten das eine oder andere der in dieser Tabelle genannten Kortikoide.

Tabelle 7: Entzündungshemmende Wirkung der Kortikosteroide

Kortikosteroid	Entzündungshemmende Wirkung
Hydrocortison	1
Prednisolon	4
Methylprednisolon	5
Triamcinolon	5
Betamethason	25
Dexamethason	58

Beispiel: Bei Keratitis superficialis chronica des Deutschen Schäferhundes genügt es meistens, 1–2mal täglich Dexamethason-Augentropfen einzuträufeln, um die Entzündung zu stabilisieren. Ein Prednisolon- oder Hydrocortisonpräparat muß demgegenüber unter sonst gleichen Bedingungen mindestens 4–6mal verabreicht werden.

Welcher Behandlungsweg ist zu wählen? Die subkonjunktivale Injektion mit einem rasch wirkenden Kortikoid entspricht der häufigen Einträufelung eines Tropfenpräparats oder einer 6maligen Salbenapplikation täglich.

Wenn eine Langzeitbehandlung nötig wird, scheint uns in der Veterinärmedizin die subkonjunktivale oder retrobulbäre Injektion eines Kortikoids mit Langzeitwirkung vorteilhaft.

Sie stellt die Wirksamkeit der Behandlung sicher. Gleichzeitig ist auch der Tierhalter beruhigt.

- ➤ Hydrocortison (INN)
  Hydrocortisone 1 % AS (Dispersa CH)
  Cortiphenol® H mit Chloramphenicol AS (Dispersa CH)
  Glycocortison® H mit Glucose 40 % AS (Dispersa D, CH)
  Terracortril® mit Oxytetracyclin (Pfizer AT, AS: D, Susps.: CH)
- ➤ Prednisolon (INN)
  Cetapred® mit Sulfacetamid AS (Alcon CH)
  Isopto® Cetapred mit Sulfacetamid AT (Alcon CH)
  Cortivet® ophthalm. mit Chloramphenicol AS (Chassot CH)
  Prednisolone 0,5 % AS (Dispersa CH)
  Prednitracin® mit Neomycin + Bacitracin AS (Dispersa D, CH)
  Ultracortenol® AT, AS (Dispersa D, CH; Gebro A)
- ➤ Methylprednisolon (INN)
  Medrate® Solubile (inj., Upjohn)
  Urbason® Solubile(inj., Hoechst)
  Depo-Medrate® (inj., Upjohn)
- ➤ Triamcinolon (INN)
  Ultevix® mit Gramicidin + Neomycin AS (Alcon-Thilo D)
- ➤ Betamethason (INN)
  Ophtason® mit Gentamycin AT, AS (Novopharma CH)
- ➤ Fluorometholon (INN)
  Flarex® 0,1 % AT (Alcon CH)
  Isopto®-Flucon AT (Alcon-Thilo D)
- ➤ Dexamethason (INN)
  Dexa Polyspectran® N mit Polymyxin-B + Neomycin AT (Alcon-Thilo D)
  Isopto®-Dex AT, AS (Alcon-Thilo D)
  Spersadex® AT (Dispersa D, CH)
  Spersadex® comp. mit Chloramphenicol AT (Dispersa D, CH)
  Frakidex® mit Framycetin AT, AS (Novopharma CH)

Regenerationsfördernde Wirkstoffe für die Hornhaut

Die Vernarbung eines Hornhautgeschwürs ist verschiedenen Mechanismen zuzuschreiben, die bei der Defektheilung zusammenwirken. Die Wiederherstellung erfolgt durch die Einwanderung von Epithelzellen und durch Zellvermehrung in der Umgebung des Geschwürs. Durch die Einsprossung von Blutgefäßen in die Hornhaut werden Bindegewebselemente und Zellen herangeführt, die den Defekt ausfüllen.

Das Gewebe ist sehr schnell wiederhergestellt, wenn kein schädigender Faktor die Entwicklung des Schutzmechanismus der Hornhaut verhindert.

Die Kortikosteroide verlangsamen den Heilungsprozeß in seinem Anfangsstadium. Sie haben einen infektionsfördernden Effekt und potenzieren die Wirkung der Kollagenasen. Aus diesen Gründen sind sie kontraindiziert. Die Kollagenasen sind Enzyme, die die Heilungsvorgänge hemmen. Sie werden entweder von Bakterien erzeugt oder vom Organismus am Ort des Gewebezerfalls. Die durch den Lidschlag bedingte Hornhaut-Erosion verhindert die Epithelisierung.

Schließlich muß darauf hingewiesen werden, daß eine ausreichende Befeuchtung der Hornhaut durch den Tränenfilm unbedingt notwendig ist (Heilung ist erschwert bei einem Tier mit Keratitis sicca).

Nachstehende Hinweise dienen dem besseren Verständnis der Geschwürsheilung.

Ein Geschwür kann nur heilen, wenn:

- die äußeren Bedingungen zufriedenstellend sind, d. h. Feuchtigkeit, Fehlen von Traumen, Reibung oder Infektion;
- schädigende Medikamente ferngehalten werden (Kortikosteroide lokal);
- schädigende Faktoren unterdrückt werden (Antikollagenase-Tropfen);
- anschließend die Regeneration beschleunigt wird durch Einträufeln von Substanzen, die die Vaskularisation der Hornhaut fördern, durch Kauterisation sowie durch Instillation von Medikamenten, die die Eiweißsynthese begünstigen (Nucleosid-Tropfen) oder durch Injektion eines anabolen Tristeroid-Komplexes.

➤ Nandrolon (INN)
Keratyl® AT (Novopharma CH)
➤ Methandriol (INN)
Metildiolo® (inj., Orma CH)

Antikollagenase-Tropfen und -Salbe: Indikation: Atone, rezidivierende Geschwüre, die keine Heilungstendenz zeigen.

➤ Acetylcystein (INN)
Cystein Augengel 2,4 % (Medipharm CH, Robugen D)

Vaskularisationsfördernde Tropfen: Trophisches Hormon aus Pankreasextrakt, das die Gefäßproliferation in der Hornhaut begünstigt. Täglich 4–6 Instillationen, bis die Vaskularisation den gewünschten Grad erreicht hat.

➤ Tolazolin (INN)
Priscol® (Dispersa inj.: D; AT, AS, inj.: CH)

Proteinsynthesefördernde Tropfen: Indiziert in allen Fällen von Hornhautgeschwüren. Die lokal zugeführten Nukleoside liefern den Zellen die nötigen Elemente zur Synthese. Kontraindikation: Derivate des Virostatikums Ioddesoxyuridin (IDU).

Kauterisation: Ätzen mit Trichloressigsäure 20 % oder mit reiner Jodtinktur.

Indikation: Atone (torpide) Geschwüre. Fördert die Heilung mit Hilfe einer Gefäßproliferation. Die Ätzungen werden alle drei Tage wiederholt bis zur Regeneration des Epithels (negativer Fluoreszeintest).

■ Andere Medikamente

Künstliche Tränenflüssigkeit: Wenn zu wenig Tränensekret gebildet wird, trocknet die Hornhaut aus, was zu Erosion und in chronischen Fällen zu Vaskularisation sowie später zu Pigmentierung führt. Häufig eingeträufelte künstliche Tränenflüssigkeit kompensiert das fehlende Tränensekret.

➤ Hypromellose (INN)
Oculotect® mit Retinol AT (Dispersa D, CH)
Isopto-Fluid AT (Alcon-Thilo D)
Isopto® Tears 0,5 % AT (Alcon CH)
➤ Carbomer (INN)
Thilo-Tears® Gel (Alcon-Thilo D, Alcon CH)
Viscotears® Tropfgel (Dispersa CH)
➤ Polyvidon (INN)
Liquifilm® Tears AT (Allergan CH)
Protagent® AT (Alcon-Thilo D)

■ Betarezeptorenblocker

Sie wirken antisekretorisch auf den Ziliarkörper und sind indiziert beim primären und sekundären Glaukom mit weitem oder engem Kammerwinkel. Die Anwendung erfolgt 2mal täglich. Sie können mit einem Miotikum und im Rahmen der Allgemeinbehandlung mit karboanhydrasehemmenden Medikamenten kombiniert werden. Die Wirkungen summieren sich.

➤ Timolol (INN)
Dispatim® 0,1–0,5 % AT (Dispersa D)
Timoptic® AT (MSD CH)
Timpilo® mit Pilocarpin AT (Chibret D)
➤ Betaxolol (INN)
Betoptic® 0,56 % AT (Alcon CH)
Betoptima® AT (Alcon-Thilo D)
➤ Metipranolol (INN)
Betamann 0,1–0,6 % AT (Mann D)
Turoptin® 0,1–0,6 % AT (Dispersa CH)
➤ Carteolol (INN)
Arteoptic® 1 %, 2 % AT (Dispersa D, Novopharma CH)

■ Glaukom Allgemeinbehandlung

➤ **Karboanhydrasehemmer.** Obwohl der Wirkungsmechanismus dieser Medikamente nur ungenügend bekannt ist, scheinen sie doch die Epithelzellen des Ziliarkörpers ausgeprägt zu beeinflussen. Sie bewirken jedenfalls eine Verminderung der Kammerwasserproduktion. Alle Präparate gibt es in Tablettenform. Die Dosierung von Acetazolamid beträgt 20 mg/kg, die von Dichlorphenamid 6 mg/kg pro Tag. Sie ist in drei Einzeldosen zu verabreichen. Nach drei Tagen wird die Dosierung gewöhnlich leicht herabgesetzt, um unerwünschte Nebenwirkungen zu vermeiden.

Die Nebenwirkungen hängen hauptsächlich mit der Azidose zusammen, die sich in Verbindung mit Natrium- und Kaliumverlust entwickelt. Diese metabolische Azidose wird meistens durch Hyperventilation kompensiert, die ihrerseits zu respiratorischer Alkalose führt. Dieses Ungleichgewicht kann sich bei Niereninsuffizienz verstärken und wiederholtes Erbrechen sowie Zittern hervorrufen.

Kontraindikationen: jede Form von Azidose, schwere Niereninsuffizienz, Nebennierenrindeninsuffizienz.

Behandlung in Notfällen: Acetazolamid injectabile parenteral. Acetazolamid kann intravenös injiziert werden in der Dosierung von 5 mg/kg. Der Augeninnendruck beginnt einige Minuten nach der Injektion zu sinken.

Acetazolamid (INN)
Diamox® (Tabl., inj., Lederle D, CH)
Glaupax® (Tabl., Dispersa D, CH)

➤ **Osmotische Diuretika zur Sofortbehandlung:** Die osmotischen Diuretika erhöhen die Osmolarität des Blutplasmas und bewirken dadurch eine Entwässerung des Augapfels. Das Kammerwasser dringt vom Augeninnenraum in das hyperosmotische Kreislaufsystem, so daß der Augeninnendruck sinkt. Wir haben am meisten Erfahrung mit 10%igen Mannitollösungen, in einer Dosierung von 10 ml/kg intravenös verabreicht. Die Abnahme des Augendrucks ist bereits 1/4 bis 1/2 Stunde nach der Injektion spürbar und hält ungefähr zwei bis drei Stunden an.

Indikationen: Akutes Glaukom, Vorbereitung intraokulärer Eingriffe, wenn die Gefahr eines Glaskörpervorfalls besteht.

Mannitol
Osmofundin® (Braun D)
Osmosteril® (Fresenius D)

A = Österreich
CH = Schweiz
D = Deutschland
AS = Augensalbe
AT = Augentropfen
MSD = Merck, Sharp & Dohme
INN = International Nonproprietary Names

1.3.2 Die Medikamente in der Augenheilkunde

■ Miotika

Miotika wirken auf die Iriswurzel ein, indem sie die Pupillenweite verengen. Sie öffnen den Kammerwinkel *(Angulus iridocornealis)* und werden deshalb bei der Glaukombehandlung verwendet. Kontraindiziert sind sie bei Iridozyklitis.

► Miotika mit Kurzzeitwirkung

▷ Eserin salizylat 0,25 %, 0,50 %. Wirkungsdauer kurz: 4 Stunden; wenig gebraucht.

▷ Pilocarpin 0,50 %, 1 %, 2 % und 4 %. Wirkungsdauer kurz: ca. 6 Stunden (direkt miotisch oder cholinergisch). Wird zur Glaukombehandlung 4mal täglich verabreicht. Es ist darauf hinzuweisen, daß dieses Präparat bei besonderer Empfindlichkeit eine starke Rötung des Auges hervorrufen kann. In diesem Fall muß Pilocarpin durch ein anderes Miotikum ersetzt werden.

► Miotika mit Langzeitwirkung

▷ Glaucostat® oder Azeclidin. hydrochloric. 2 %. Synthetisches Cholinergikum. Wirkungsdauer: 8 Stunden. 3 Instillationen täglich. Wird gut vertragen.

▷ Demecariumbromid, Cholinesterase-Hemmer in 0,25 %-Lösung. Wird vom Hund sehr gut vertragen. Dieses Miotikum hat den Vorteil, daß es während ca. 12 Stunden wirkt und keine Irisreizung hervorruft. Es wird von der Katze ebenso gut vertragen. (Weitere Cholinesterasehemmer: Mintacol®, DFP® und Tosmilen® 0,25 und 0,5 %).

■ Mydriatika

Mydriatika ermöglichen die Aufhebung einer durch Iritis (Uveitis) bedingten Miosis, indem sie die Pupille erweitern. Sie dienen auch der Erhaltung der prä- und postoperativen Mydriasis. Mydriatika sind kontraindiziert bei Glaukom. Es gibt zwei Medikamentengruppen, die zu den Mydriatika zählen: die parasympathikolytischen wie Atropin und die sympathikomimetischen.

► Parasympathikolytika

▷ Atropin: Augentropfen 0,50 % bis 2 %. Mydriatikum mit Langzeitwirkung. Durchdringt leicht die Horn- und Bindehaut. Große Affinität zu den Ziliarmuskeln. Hervorragende zykloplegische (pupillenerweiternde) Wirkung. Die Instillation erfolgt ein- bis zweimal täglich, wobei der mydriatische Effekt gelegentlich sehr lange anhält (bis zu 2 Wochen). Besonders angezeigt zur Behandlung der Iridozyklitiden wegen der stark zykloplegischen Wirkung, die den Ziliarspasmus und die damit verbundenen Schmerzen dämpft sowie zur prä- und postoperativen Behandlung. (Atropinol® und Boroatropin®).

▷ Homatropin, Augentropfen 1 %. Mydriatikum mit kürzerer Wirkung, die nicht über 36 Stunden anhält.

▷ Mydriaticum® »Roche«, Tropicamid, 1 %. Der mydriatische Effekt dieses Medikaments tritt nach 20 Minuten ein und nimmt innerhalb 2 bis 4 Stunden ab. Wird vor allem für diagnostische Zwecke und zur Fundusuntersuchung verwendet. Die Pupillenerweiterung erfolgt schnell und gefahrlos.

▷ Scopolamin (Scopolamin. hydrobromic.), 0,12 ‰. Wirkungsdauer 2–5 Tage. Eine subkonjunktivale Injektion präoperativ gewährleistet eine langanhaltende Mydriasis. Dieses Präparat wird vor allem vor Kataraktoperationen verwendet. (Boroscopol®, Scopos®).

► Sympathikomimetika

▷ Neosynephrin, 5 %-, 10 %- und 15 %-Lösungen. Mydrial® Augentropfen mit mydriatischer Wirkung. Wird synergistisch mit Atropin zur Vorbereitung von operativen Eingriffen verabreicht. Wegen seiner gefäßverengenden Wirkung ist diese Substanz in vielen Augentropfen enthalten. Wird zur symptomatischen Behandlung bei Nickhautvorfall verwendet. Wirkungsdauer: 5 bis 6 Stunden.

▷ Adrenalin: Dient als 1 % Augentropfen (oder Suprarenin 1 ‰) zur Differentialdiagnose bei kongestiver Injektion der Bindehaut- und Ziliargefäße. Nach dem Einträufeln verengen sich die erweiterten Bindehautgefäße sehr rasch. Beim Glaukom ist seine Anwendung beinahe risikolos, indem es die Kammerwasserbildung des Ziliarkörpers hemmt. In einer 1/10000-Verdünnung wird es intraoperativ zur Erhaltung einer guten Mydriasis verwendet.

■ Lokalanästhetika

Sie schalten das Schmerzgefühl der Bindehaut und der Hornhaut aus und erleichtern die Untersuchung der Tiere sowie kleine operative Eingriffe. Lokalanästhetika dürfen nie zu lange angewandt werden, denn sie schädigen alle die Epithelzellen und verlangsamen die Reepithelisierung oder Vernarbung von Hornhautverletzungen.

Als Oberflächenanästhetika sind gebräuchlich: Kerakain®, Novesin® 0,4 % und Ophtocain®.

Das Oxybuprocain (Novesin®) scheint das Epithel im Vergleich zu anderen Lokalanästhetika weniger zu schädigen.

► Desinfizientien, Antiseptika, Adstringentien

Diese Präparate sind indiziert bei der Vorbereitung von chirurgischen Eingriffen am Auge und bei der Behandlung von Infektionen ohne tierärztliche Aufsicht. Es gibt sie in Tropfen- und Salbenform.

▷ Zinksulfat-Augentropfen 0,2–0,5 % (Zincfrin®, Zinc bor i. d. Ophth.®, Oculosan®)

▷ Natrium propionat-Augentropfen 5 %

▷ Borsäure-Augentropfen 2 % (Bor-Zink-Augentropfen)

▷ Methylenblau-Augentropfen 0,5–1 %

▷ Silberpräparate 2 %-Lösung (Targesin®, Dulcargan®)

▷ Quecksilberoxydsalbe 1 % (gelbe und orangefarbene Augensalbe). In einigen Ländern nicht mehr zugelassen!

Wie bei allen Augentropfen mit vorwiegend lokaler Wirkung, müssen sie mindestens 6mal täglich verabreicht werden. Der Vorteil der Antiseptika im Gegensatz zu den Antibiotika ist, daß sie im Falle ungeeigneter Anwendung nicht zu Resistenz führen.

■ Sulfonamide

Die gebräuchlichen Sulfonamide beeinflussen vor allem grampositive Keime. Sie werden oft in Verbindung mit anderen Wirkstoffen verwendet.
Zu den am häufigsten angewandten Sulfonamiden gehören das Sulfazetamid in 10 %- oder in 30 %-Lösung und das Sulfafurazol (5 %). Aristamid®, Combiamid®, Gantrisin®, Irgamid®, Spersacet®. Nachdem sie über 10 Jahre kaum mehr beachtet wurden, setzt man sie jetzt wieder häufiger ein, seit immer mehr Mißerfolge bei der Verabreichung von Antibiotika auftreten.

■ Antibiotika

Antibiotika können in Tropfen- und Salbenform oder als subkonjunktivale Injektionen verabreicht werden. Dieselben Antibiotika lassen sich in Tropfen und Salben verwenden, weshalb sie in alphabetischer Reihenfolge aufgeführt sind:

- ► Aureomycin. Gehört zur Gruppe der Tetrazykline, deren große Moleküle die Hornhaut nicht durchdringen. Wirkungsvoll bei der Behandlung der Bindehautentzündungen, ist dieses Antibiotikum entweder für sich oder in Kombination erhältlich (Aureomycin®, Chrysomycin® 0,5 %, Terramycin®).
- ► Bacitracin. Gegen grampositive Bakterien wirksam, vor allem lokal (Bacitracin®, Neotracin®).
- ► Chloramphenicol. Sehr häufig gebraucht. Antibiotikum mit breitem Wirkungsspektrum, das interessant ist, weil das kleine Molekül sehr leicht die Hornhaut durchdringt. Wirksam gegen grampositive und gramnegative Erreger sowie gegen Rickettsien (Spersanicol®).
- ► Colimycin. Chemisch und pharmakologisch verwandt mit dem Polymyxin B. Ausgezeichnete lokale Wirkung gegen bestimmte gramnegative Bakterien. Mittel der Wahl bei Pseudomonas-Infektionen (Bacicoline®).
- ► Framycetin. Sehr breites Wirkungsspektrum, das mit demjenigen von Neomycin übereinstimmt (Frakitacine®).
- ► Neomycin. Wirksam gegen grampositive und gramnegative Erreger, besonders gegen Proteus. Ist für sich oder in Verbindung mit Polymyxin erhältlich. Kann Überempfindlichkeitsreaktionen hervorrufen (Cebemyxine®, Nebacetin®, Neotracin®, Spersapolymyxin®, Statrol®).
- ► Penicillin. Viele Bakterien sind gegenüber diesem Antibiotikum resistent geworden, so daß es nunmehr mit Streptomycin und Aureomycin oder mit Sulfonamiden kombiniert wird.
- ► Polymyxin B. Gleiche Indikationen wie für Colimycin (s. d.) (Spersapolymyxin®, Statrol®).
- ► Rifamycin. Wirksam gegen grampositive Keime, vor allem gegen Penicillin-resistente Staphylokokken und Streptokokken. Es besteht keine Kreuzresistenz mit den anderen Antibiotika (Chibro-Rifamycin®).
- ► Streptomycin. Wirksames Antibiotikum gegen eine Anzahl von grampositiven und gramnegativen Erregern. Zahlreiche Keime sind resistent geworden, weshalb Streptomycin nicht mehr für sich allein angewandt wird.

Die Palette der verfügbaren Antibiotika in Tropfenform genügt den Anforderungen nicht vollumfänglich. Es ist deshalb von Vorteil, weitere als subkonjunktivale Injektionen verwenden zu können, vorausgesetzt ihre Verträglichkeit sei gewährleistet.

Die folgenden Antibiotika benützen wir zur subkonjunktivalen Injektion:

- ▷ Ampicillin 100 mg (Totocillin®). Gegen bestimmte gramnegative Erreger wirksam.
- ▷ Cephaloridin 100 mg (Cephaloridin®-Glaxo). Breites grampositives und gramnegatives Wirkungsspektrum.
- ▷ Chloramphenicol 100 mg (Paraxin®-Boehringer; Chloramph. ophthalm.). Grampositive und gramnegative Erreger, Rickettsien.
- ▷ Erythromycin 100 mg (Erycinum®). Gegen Staphylokokken und Streptokokken wirksam.
- ▷ Gentamycin 10 mg (Retobacin®). Breites Wirkungsspektrum (Staphylokokken, Pyocyaneus).
- ▷ Lincomycin 150 mg (Albiotic®, Cillimycin®). Gegen Staphylokokken und Streptokokken wirksam.

■ Antivirale Medikamente

Als einziges Mittel wird Ioddesoxyuridin (IDU) in Tropfen- oder Gelform verwendet. Seine Wirkung beschränkt sich auf das Herpesvirus bei Hund und Katze. Das Präparat muß unbedingt häufig verabreicht werden: ein Tropfen ist mindestens alle zwei Stunden und Gel 6stündlich anzuwenden. Es dürfen nicht gleichzeitig epithelisierende Tropfen eingeträufelt werden, die die Proteinsynthese fördern (Nucleosid-Augentropfen). Diese besitzen einen antagonistischen Effekt.

■ Antimykotika

In der Augenheilkunde werden Antimykotika verwendet, die zwei Stoffklassen angehören: zum einen die zur Gruppe der Polyene gehörenden Antibiotika wie Amphotericin, Nystatin und Pimaricin, ferner die Imidazol-Derivate wie Clotrimazol und Miconazol.
Zur Zeit werden folgende Präparate zur Lokalbehandlung angewandt:

- ▷ Nystatin (3%-Salbe): Moronal®, Panalog®, Mycolog®, Pimatucin®, Pima-Bicison® und Pimaricin-Augensalbe.
- ▷ Miconazol-Augensalbe.

Polyene sind reizende Substanzen. Ihre Indikation ist deshalb eingeschränkt. Nystatin ist angezeigt bei Candidose, Pimaricin wirkt fungistatisch gegenüber Aspergillus und Fusarium.

Imidazol-Derivate weisen ein breites Wirkungsspektrum gegen Hefepilze und Dermatophyten sowie gegen grampositive Bakterien auf.

Pilzinfektionen scheinen in Europa weniger verbreitet zu sein als in den USA. Man hat allerdings den Eindruck, daß sie im Zunehmen begriffen sind.

■ Entzündungshemmende Substanzen

Zu diesem Indikationsbereich gehören zwei große Wirkstoffgruppen: die nichtsteroidalen Präparate und die Kortikosteroide.

► Nichtsteroidale entzündungshemmende Therapeutika. Sie werden gegenwärtig systemisch entweder als Ergänzung zur Behandlung mit Kortikosteroiden verabreicht oder für sich allein, wenn diese kontraindiziert sind. Ihre Anwendung ist besonders angezeigt bei der Behandlung chronisch entzündlicher Erkrankungen wie z. B. bei chronischer Uveitis oder zur Verhinderung entzündlicher Reaktionen nach operativen Eingriffen. Die typische Komplikation bei der Verabreichung von nichtsteroidalen entzündungshemmenden Medikamenten ist das Erbrechen, bedingt durch die ungenügende Schleimsekretion und den mangelhaften Schutz der Magenschleimhaut. Die Dosierung darf deshalb nicht zu hoch sein, und die Präparate sind während oder kurz vor der Fütterung zu verabreichen. Die gebräuchlichen Medikamente sind:

▷ Butazolidin: 40 mg/kg bei Pferd und Hund; in zwei oder drei Einzeldosen. Kurzfristige Behandlung.

▷ Indomethacin: 3 mg/kg beim Hund; auf drei Tagesdosen verteilt. Vor allem prä- und postoperativ im Gebrauch (Amuno®).

▷ Acetylsalicylsäure: 30 mg/kg bei Hund, Katze und Pferd; auf zwei oder drei Einzeldosen verteilt. Indiziert bei chronischer Uveitis. Vorsicht bei der Katze. Nach einer Woche Dosis auf 0,20 mg/kg reduzieren (Aspirin®). Die injizierbare Form ist sehr gut verträglich und bewährt sich bei postoperativer Behandlung.

► Kortikosteroide. Die Möglichkeit der Lokalbehandlung verhindert die Folgen einer systemischen Kortikoid-Medikation und erlaubt, erfolgreich auf das Auge einzuwirken. Dennoch ist es wichtig, die Indikationen und Kontraindikationen der Anwendung von Kortikoiden in der Augenheilkunde genau zu kennen.

Indikationen: Kortikosteroide vermindern die Zell- und Gefäßinfiltration der Hornhaut und reduzieren die Durchlässigkeit der Gefäße der mittleren Augenhaut (Uvea). Sie sind deshalb indiziert bei:

▷ allen nichtinfektiösen Entzündungen der Bindehaut und Hornhaut, d. h. bei allen allergischen Entzündungen sowie bei übermäßigen Gefäßneubildungen oder granulomatösen Wucherungen in der Hornhaut;

▷ allen nichteitrigen Entzündungen der mittleren Augenhaut (Uvea), unabhängig von ihrer Ursache.

Kontraindikationen: Kortikoide besitzen infektionsfördernde Eigenschaften und sind bei allen infektiösen Augenerkrankungen kontraindiziert. Sie verzögern die Zellvermehrung und sind keinesfalls anzuwenden bei Hornhautgeschwüren, insbesondere nicht bei älteren.

Die einzige Ausnahme bildet die punktförmige *Keratitis ulcerosa* beim Langhaarteckel.

Kortikosteroide sind ferner beim Glaukom kontraindiziert, da sie den Augeninnendruck verstärken.

Die mit der Anwendung von Kortikosteroiden verbundenen Gefahren dürfen nicht unterschätzt werden. Im Zweifelsfall verzichtet man deshalb besser darauf.

Glaukom und Katarakt sind in der Ophthalmologie unter anderem als Sekundärwirkungen der Kortikosteroide bekannt. Aufgrund unserer Beobachtungen ist die Bildung einer Katarakt beim Hund allerdings wenig wahrscheinlich. Wir lassen nämlich seit Jahren Hunderte Deutscher Schäferhunde täglich mit Dexamethason-Augentropfen auf *Keratitis superficialis chronica* behandeln, ohne je eine Startrübung festgestellt zu haben.

Welche Kortikosteroide sollen angewendet werden? Die Wahl des Kortikoids ist nicht unwichtig. Die entzündungshemmende Wirkung jedes Moleküls wurde nachgewiesen. In Tabelle 7 ist die übliche Einteilung wiedergegeben. Im allgemeinen hängt die Wahl des Kortikosteroids von der Schwere der Entzündung und vom gewählten Behandlungsweg ab. Die entzündungshemmenden Augentropfen enthalten das eine oder andere der in dieser Tabelle genannten Kortikoide.

Beispiel: Bei *Keratitis superficialis chronica* des Deutschen Schäferhundes genügt es meistens, 1–2mal täglich Dexamethason-Augentropfen einzuträufeln, um die Entzündung zu stabilisieren. Ein Prednisolon- oder Hydrocortisonpräparat muß demgegenüber unter sonst gleichen Bedingungen mindestens 4–6mal verabreicht werden.

Welcher Behandlungsweg ist zu wählen? Die subkonjunktivale Injektion mit einem rasch wirkenden Kortikoid entspricht der häufigen Einträufelung eines Tropfenpräparats oder einer 6maligen Salbenapplikation täglich.

Wenn eine Langzeitbehandlung nötig wird, scheint uns in der Veterinärmedizin die subkonjunktivale oder retrobulbäre Injektion eines Kortikoids mit Langzeitwirkung vorteilhaft (Methyl-Prednisolon-azetat, Triamcinolon-azetat; Depot Madinite®, Urbason®).

Sie stellt die Wirksamkeit der Behandlung sicher. Gleichzeitig ist auch der Tierhalter beruhigt.

Tabelle 7: Entzündungshemmende Wirkung der Kortikosteroide

Kortikosteroid	Entzündungshemmende Wirkung
Hydrocortison	1
Prednisolon	4
Methylprednisolon	5
Triamcinolon	5
Betamethason	25
Dexamethason	58

■ Regenerationsfördernde Wirkstoffe für die Hornhaut

Die Vernarbung eines Hornhautgeschwürs ist verschiedenen Mechanismen zuzuschreiben, die bei der Defektheilung zusammenwirken. Die Wiederherstellung erfolgt durch die Einwanderung von Epithelzellen und durch Zellvermehrung in der Umgebung des Geschwürs. Durch die Einsprossung von Blutgefäßen in die Hornhaut werden Bindegewebselemente und Zellen herangeführt, die den Defekt ausfüllen.

Das Gewebe ist sehr schnell wiederhergestellt, wenn kein schädigender Faktor die Entwicklung des Schutzmechanismus der Hornhaut verhindert.

Die Kortikosteroide verlangsamen den Heilungsprozeß in seinem Anfangsstadium. Sie haben einen infektionsfördernden Effekt und potenzieren die Wirkung der Kollagenasen. Aus diesen Gründen sind sie kontraindiziert. Die Kollagenasen sind Enzyme, die die Heilungsvorgänge hemmen. Sie werden entweder von Bakterien erzeugt oder vom Organismus am Ort des Gewebezerfalls. Die durch den Lidschlag bedingte Hornhaut-Erosion verhindert die Epithelisierung.

Schließlich muß darauf hingewiesen werden, daß eine ausreichende Befeuchtung der Hornhaut durch den Tränenfilm unbedingt notwendig ist (Heilung ist erschwert bei einem Tier mit *Keratitis sicca*).

Nachstehende Hinweise dienen dem besseren Verständnis der Geschwürsheilung.

Ein Geschwür kann nur heilen, wenn:

- die äußeren Bedingungen zufriedenstellend sind, d. h. Feuchtigkeit, Fehlen von Traumen, Reibung oder Infektion;
- schädigende Medikamente ferngehalten werden (Kortikosteroide lokal);
- schädigende Faktoren unterdrückt werden (mit Antikollagenase-Tropfen wie Cystein);
- anschließend die Regeneration beschleunigt wird durch Einträufeln von Substanzen, die die Vaskularisation der Hornhaut fördern (Troformone®), durch Kauterisation sowie durch Instillation von Medikamenten, die die Eiweißsynthese begünstigen (Nucleosid-Tropfen, Nandrolon®) oder durch Injektion eines anabolen Tristeroid-Komplexes (Trophobolen®).

Antikollagenase-Tropfen und -salbe. Indikation: Atone, rezidivierende Geschwüre, die keine Heilungstendenz zeigen. Acetyl-Cysteintropfen ab 20 % werden angewandt (Mucomyst®, Mycolytiam Lappe®), zu 1/4 in physiologischer Kochsalzlösung verdünnt, Acetyl-Cysteinsalbe® 5 % (Chauvin Blache) sowie Cystein-Gel.

Vaskularisationsfördernde Tropfen: Trophisches Hormon aus Pankreasextrakt, das die Gefäßproliferation in der Hornhaut begünstigt. Täglich 4–6 Instillationen, bis die Vaskularisation den gewünschten Grad erreicht hat (Priscol®, Dionin®).

Proteinsynthesefördernde Tropfen: Indiziert in allen Fällen von Hornhautgeschwüren. Die lokal zugeführten Nukleoside liefern den Zellen die nötigen Elemente zur Synthese. Kontraindikation: Derivate des Virostatikums Ioddesoxyuridin (IDU).

Kauterisation: Ätzen mit Trichloressigsäure 20 % oder mit reiner Jodtinktur.

Indikation: Atone (torpide) Geschwüre. Fördert die Heilung mit Hilfe einer Gefäßproliferation. Die Ätzungen werden alle drei Tage wiederholt bis zur Regeneration des Epithels (negativer Fluoreszeintest).

■ Andere Medikamente

Künstliche Tränenflüssigkeit: Wenn zu wenig Tränensekret gebildet wird, trocknet die Hornhaut aus, was zu Erosion und in chronischen Fällen zu Vaskularisation sowie später zu Pigmentierung führt. Häufig eingeträufelte künstliche Tränenflüssigkeit kompensiert das fehlende Tränensekret. Es handelt sich um Methylcelluloselösungen von 0,5 oder 1,0 % (Oculotect®, Methocel®, Protagent®, Dialens®, Isopto Tears®, Ultra Tears®).

Timolol: Dieser Wirkstoff gehört zu den Betablokkern. Er wirkt antisekretorisch auf den Ziliarkörper und ist indiziert beim primären und sekundären Glaukom mit weitem oder engem Kammerwinkel. Die Tropfen sind 2mal täglich einzuträufeln. Sie können mit einem Miotikum und im Rahmen der Allgemeinbehandlung mit karboanhydrasehemmenden Medikamenten kombiniert werden. Die Wirkungen summieren sich (Chibro-Timoptol®-Tropfen 0,25 % und 0,5 %, Arteoptic®-Tropfen 1 % und 2 %).

■ Augenwirksame Allgemeinbehandlung

Dieser Titel läßt vermuten, daß es zahlreiche Medikamente mit besonderer Affinität zum Auge gibt.

Eine Medikamentengruppe scheint diese Eigenschaft zu besitzen: es handelt sich um die Karboanhydrasehemmer. Daran können das Mannit und das Glycerin angeschlossen werden, die ebenfalls Bestandteile der Allgemeinbehandlung des Glaukoms sind.

Die anderen Medikamente werden nicht erörtert, da ihr Stoffaustausch im Auge kaum vom allgemeinen Stoffwechsel abweicht.

Die Karboanhydrasehemmer. Acetazolamid: Diamox®, Glaupax®. Methazolamid: Neptazan®. Dichlorphenamid: Oratrol® (Daranide®).

Obwohl der Wirkungsmechanismus dieser Medikamente nur ungenügend bekannt ist, scheinen sie doch die Epithelzellen des Ziliarkörpers ausgeprägt zu beeinflussen. Sie bewirken jedenfalls eine Verminderung der Kammerwasserproduktion. Alle Präparate gibt es in Tablettenform. Die Dosierung von Acetazolamid beträgt 20 mg/kg, diejenige von Methazolamid 10 mg/kg sowie die von Dichlorphenamid 6 mg/kg pro Tag. Sie ist in drei Einzeldosen zu verabreichen. Nach drei Tagen wird die Dosierung gewöhnlich leicht herabgesetzt, um unerwünschte Nebenwirkungen zu vermeiden.

Die Nebenwirkungen hängen hauptsächlich mit der Azidose zusammen, die sich in Verbindung mit Natrium- und Kaliumverlust entwickelt. Diese metabolische Azidose wird meistens durch Hyperventilation kompensiert, die ihrerseits zu respiratorischer Alkalose führt. Dieses Ungleichgewicht kann sich bei Niereninsuffizienz verstärken und wiederholtes Erbrechen sowie Zittern hervorrufen.

Kontraindikationen: jede Form von Azidose, schwere Niereninsuffizienz, Nebennierenrindeninsuffizienz.

Behandlung in Notfällen: Acetazolamid injectabile parenteral. Acetazolamid kann intravenös injiziert werden in der Dosierung von 5 mg/kg. Der Augeninnendruck beginnt einige Minuten nach der Injektion zu sinken.

Osmotische Diuretika zur Sofortbehandlung bei Glaukom: Die osmotischen Diuretika erhöhen die Osmolarität des Blutplasmas und bewirken dadurch eine Entwässerung des Augapfels. Das Kammerwasser dringt vom Augeninnenraum in das hyperosmotische Kreislaufsystem, so daß der Augeninnendruck sinkt. Zu den Substanzen, die eine diuretische Osmose bewirken, gehören Urea (Harnstoff) und Mannit (Mannitol). Wir haben am meisten Erfahrung mit 10 %igen Mannitlösungen, in einer Dosierung von 10 ml/kg intravenös verabreicht. Die Abnahme des Augendrucks ist bereits 1/4 bis 1/2 Stunde nach der Injektion spürbar und hält ungefähr zwei bis drei Stunden an.

Indikationen: Akutes Glaukom, Vorbereitung intraokulärer Eingriffe, wenn die Gefahr eines Glaskörpervorfalls besteht.

Glycerin in 50 %iger Lösung wurde früher wegen seines großen osmotischen Effekts empfohlen. Das Präparat wird peroral verabreicht, recht oft aber erbrochen, weil es die Hunde nur widerwillig zu sich nehmen. Der hypotonische Effekt ist nach einer Stunde erreicht und hält über mehrere Stunden an. Das Medikament scheint uns nicht sehr interessant, weshalb wir die Anwendung von osmotischen Diuretika bevorzugen.

1.3.3 Notfälle in der Augenheilkunde

■ Chemische oder thermische Verbrennungen

Am häufigsten sind chemische Verbrennungen. Säureverätzungen sind weniger schlimm als Laugenverätzungen. Säuren koagulieren die Hornhaut- und Bindehautproteine, wobei die Ausbreitung dieser Substanzen im Gewebe rasch zum Stillstand kommt.

Laugenverätzungen sind bedeutend schlimmer. Sie verbinden sich mit den Lipiden der Gewebe und breiten sich bis ins Hornhautstroma aus, manchmal sogar bis zur Vorderkammer und Iris.

Klinische Symptome: Lidkrampf, Lichtscheu, starke Schmerzen und Tränenfluß (Epiphora). Nach dem Einträufeln eines Lokalanästhetikums wird die Hornhaut sichtbar, die oft getrübt ist.

Die Anamnese ist für die Diagnose ausschlaggebend.

► Was zu tun ist

▷ Nach der Instillation eines Oberflächenanästhetikums ist das Auge unverzüglich und ausgiebig zu spülen, nötigenfalls in Narkose.

▷ Spülungen möglichst häufig wiederholen, mindestens 4–5mal im Laufe des Tages.

▷ Mydriatikum (Parasympathikolytikum) subkonjunktival injizieren (Atropin).

▷ Breitspektrales Antibiotikum subkonjunktival spritzen.

▷ Bei Laugenverätzung Antikollagenase-Augensalbe anwenden (Acetyl-Cysteinsalbe® 5%) oder eine Acetyl-Cysteinsuspension 10 % einträufeln.

▷ Bei einer Beteiligung der tieferen Schichten (bei Anzeichen von Iritis) Kortikosteroide parenteral verabreichen oder Analgetika injizieren (Acetyl-salicylat injectabile).

► Was nicht zu tun ist

▷ Abwarten.

▷ Versuch, mit neutralisierenden Substanzen zu spülen.

■ Hornhautgeschwür

Klinische Symptome: Lidkrampf, Epiphora, Lichtscheu, Fluoreszeintest positiv.

► Was zu tun ist

▷ Gründliche Untersuchung der Hornhaut unter Lokalanästhesie.

▷ Mydriatikum (Parasympathikolytikum) einträufeln (Atropin, Homatropin, Tropicamid, Mydriaticum®).

▷ Regenerationsförderndes Präparat einträufeln (Nucleosid-Tropfen, Nandrolon®, Troformone®).

▷ Breitspektrale Antibiotikum-Tropfen instillieren. Nötigenfalls ein Analgetikum parenteral verabreichen (Vetalgin®).

▷ Bei sehr tiefen Läsionen ist ein operativer Eingriff in Betracht zu ziehen.

► Was nicht zu tun ist

▷ Mehrmals ein Lokalanästhetikum einträufeln.

▷ Kortikosteroid-Tropfen oder -Salbe verwenden.

▷ Salbe anwenden, die die Ernährung des Epithels beeinträchtigt.

N. B.

1. Bei einem alten Geschwür sollte der periphere Epithelrand entfernt werden.
2. Es gibt eine Ausnahme der Kontraindikation von Kortikosteroiden: die allergische Keratitis ulcerosa beim Langhaarteckel.

■ Hyphaema

Ansammlung von koaguliertem oder nicht koaguliertem Blut in der vorderen Augenkammer. Die Ätiologie ist sehr unterschiedlich.

Verletzung als Ursache: Augenquetschung (z. B. durch Verkehrsunfall), intraokulärer Fremdkörper (z. B. Schrot).

Bei lokalen Entzündungen: Iritis, Iridozyklitis, Chorioiditis (Aderhautentzündung) mit Blutaustritt, Netzhautablösung.

Allgemeine Ursachen: Dicumarol-Vergiftung, Thrombopenie, Autoimmun-hämolytische Anämie, Hämophilie (weitere sichtbare Lokalisationen: Petechien, subkonjunktivale Blutungen).

► Was zu tun ist

▷ Symptomatische Behandlung (Vitamin C, K, Kalzium).

▷ Diagnose genauer bestimmen.

▷ Kortikosteroide anwenden, wenn eine lokale Entzündung vermutet wird.

▷ Ist ein Glaukom damit vergesellschaftet, ist eine Parazentese angezeigt.

► Was nicht zu tun ist

▷ Einträufeln von parasympathikomimetischen Miotika.

▷ Wiederholte Punktion der vorderen Augenkammer.

▷ Eine auf Anhieb günstige Prognose stellen.

Eine gutartige Blutung wird innerhalb von 10 Tagen resorbiert. Nach 2 Wochen ist ihr Fortbestehen als ungünstig zu beurteilen.

■ Quetschung des Auges

Eine Quetschung ist definitionsgemäß eine Läsion, die durch den Stoß eines stumpfen Gegenstandes bewirkt wird, ohne die Gewebe zu zerreißen.

Klinische Symptome: Der Stoß kann Veränderungen des Augapfels und der Nebenorgane bewirken wie

Blutungen, Lidhämatome, subkonjunktivale Blutungen, Hyphaema, Linsenluxation und Blutungen in Glaskörper und Netzhaut.

► Was zu tun ist

▷ Gründliche Untersuchung des Auges zur Feststellung des Schadens (schwerwiegende Netzhautblutung, Linsenluxation).

▷ Parenterale Verabreichung von Analgetika sowie lokale (retrobulbäre) Injektion von Kortikosteroiden, sofern weder ein Hyphaema noch ein Glaukom besteht.

▷ Einträufeln eines Parasympathikolytikums mit Kurzzeitwirkung, falls kein Glaukom vorhanden ist.

▷ Operation der Luxation.

▷ Bei der Prognose Zurückhaltung üben.

► Was nicht zu tun ist

Auf Anhieb eine günstige Prognose stellen. Unsere klinische Erfahrung zeigt, daß die häufigste und beständigste Komplikation die Atrophie des Ziliarkörpers darstellt, die eine Woche nach dem Unfall beginnt, zwei Wochen später offensichtlich wird und letzten Endes verantwortlich ist für die Atrophie des Augapfels.

■ Akutes Glaukom

Klinische Symptome: Schmerzen, Lichtscheu, Epiphora; starke episklerale Gefäßinjektion (Stauung); Hornhauttrübung »wolkigen« Aussehens; Mydriase; Augenüberdruck (digital oder tonometrisch nachweisbar); Verlust des Sehvermögens.

Die Glaukome sind beim Hund meistens sekundär bedingt, wobei die Anzeichen der Primärerkrankung feststellbar sind wie Iridozyklitis, Linsenluxation usw. Wir beschränken uns auf die Beschreibung der medikamentösen Behandlung des Glaukoms.

► Was zu tun ist

▷ Kammerwasserproduktion vermindern durch Verabreichung von Karboanhydrasehemmern und Einträufeln von Timolol-maleattropfen.

▷ Verminderung des Flüssigkeitsgehalts im Auge durch i. v. Injektion einer hypertonischen Lösung Mannit 10 %.

▷ Öffnung des Kammerwinkels durch Einträufeln von Miotika (Parasympathikomimetika) ist fragwürdig, da häufig eine Iridozyklitis das Glaukom verursacht.

► Was nicht zu tun ist

▷ Einträufeln von Mydriatika mit Lang- oder Kurzzeitwirkung.

■ Akute Iritis und Iridozyklitis

Klinische Symptome: Schmerzen, Lichtscheu, Epiphora; Miosis; matte, ödematöse Iris, Exsudat auf der Iris, Vasodilatation der Iris; Verwachsungen (Synechien); ziliare Injektion, Tyndall, Hypopyon, Präzipitate auf der Hornhautrückfläche; Hypotonie des Auges.

► Was zu tun ist

▷ Mydriatikum (Parasympathikolytikum) einträufeln oder subkonjunktival injizieren.

▷ Ätiologische Klärungen durchführen.

▷ Kortikosteroide injizieren (außer im Fall von Toxoplasmose).

▷ Kortikosteroide einträufeln.

► Was nicht zu tun ist

▷ Miotika (Parasympathikomimetika) einträufeln.

■ Panophthalmie

Klinische Symptome: Die Panophthalmie ist eine das ganze Auge erfassende Infektion. Bei der Untersuchung erscheinen Auge und Nebenorgane gerötet, kongestiv und gespannt. Hinter der oft ödematösen Hornhaut ist ein gelbes Depot zu erkennen. Die weitere Entwicklung führt unweigerlich zu einer Perforation des Augapfels.

Allgemeine Begleitsymptome sind erhöhte Körpertemperatur, Mattigkeit und Appetitlosigkeit.

Die starken Schmerzen lassen erst nach, wenn die Hornhaut perforiert ist und der Eiter durch die Wunde abfließt. Nach der Perforation läuft der Augeninhalt aus oder löst sich auf. Die Abheilung ist von einer Mikrophthalmie begleitet. Die innere Struktur geht verloren (Phthisis bulbi).

Die Panophthalmie ist selten, aber in den von uns beobachteten Fällen führte sie stets zur Zerstörung des Auges. Bei diesen Zuständen kann man sich fragen, ob die Enukleation nicht die beste Behandlung wäre.

► Was sofort zu tun ist

▷ Ein breitspektrales Antibiotikum gleichzeitig parenteral und lokal (subkonjunktival) injizieren. Injektionen morgens und abends wiederholen bis zur Heilung.

▷ Medikamentöse Behandlung durch einen chirurgischen Eingriff vervollständigen, sobald die Vorderkammer sich mit Eiter füllt. Diese Behandlung besteht in einer Ausweidung des Augapfels durch einen Skleraschnitt (s. Eviszeration).

► Was nicht zu tun ist

▷ Stellen einer günstigen Prognose.

1.4 Das chirurgische Instrumentarium

Die Augenchirurgie setzt bequeme Arbeitsbedingungen voraus, eine qualitativ gute und passende Ausrüstung sowie einwandfreies Nahtmaterial.

1.4.1 Der Operationsraum

Auch wenn sich dieser allgemein nicht von anderen Operationsräumen unterscheidet, lohnt es sich, auf die Nützlichkeit dreier Hilfsmittel hinzuweisen:

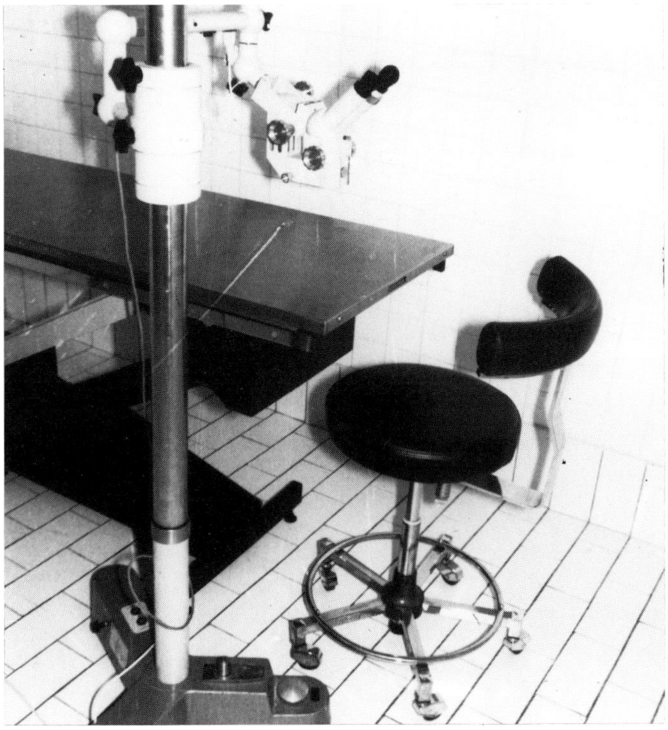

Abb. 32: Operationsstuhl

■ **Operationsstuhl** (Abb. 32)
Beweglich, in der Höhe verstellbar, der es dem Operateur erlaubt, die Unterarme waagrecht auf bequemer Höhe zu halten, ohne sich zu überanstrengen. Die Bewegungen der Hände werden dadurch präziser.

■ **Optisches Vergrößerungssystem**
Weil das Operationsfeld sehr klein ist, erweist sich eine Einrichtung zur Vergrößerung als nützlich. Eine übermäßig starke Vergrößerung ist nicht erforderlich. Lupenbrillen (4x, 6x) genügen zumeist. Sie sollten allerdings von guter Qualität sein. Das abgebildete Modell (Abb. 33) vergrößert 4x, und der Arbeitsabstand beträgt 33 cm. Ein Operationsmikroskop bietet noch mehr Möglichkeiten, ist indessen noch sehr teuer.

■ **Ophthalmologisches Elektrotom** (Stromstärke 100 mA)
In der Veterinärmedizin kann der gebräuchliche Appa-

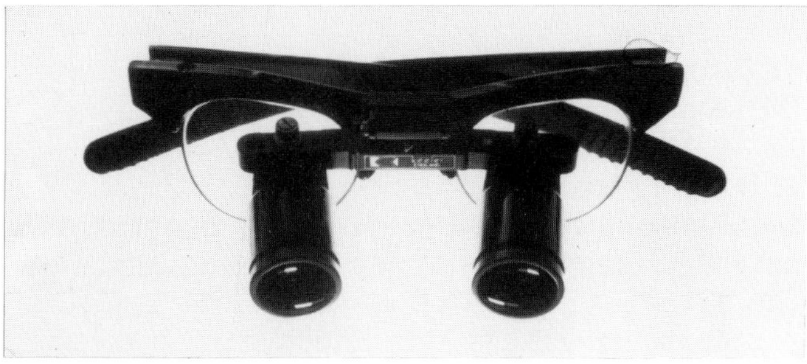

Abb. 33: Lupenbrille

rat über einen Umformer als Kauter und zum Schneiden verwendet werden. Andere Elektrokauter sind handlicher und speziell für die Augenheilkunde entwickelt worden (Abb. 34).

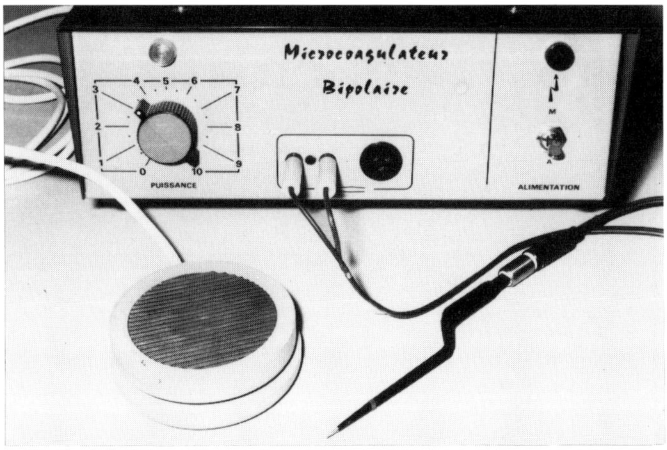

Abb. 34: Ophthalmologisches Elektrotom

1.4.2 Die Instrumente

Die Instrumente müssen immer in einwandfreiem Zustand gehalten werden. Wir legen ein Instrumentarium vor, das eine nach unseren Erfahrungen zusammengestellte Auswahl darstellt. Andere Ansprüche erfordern gegebenenfalls eine andere Zusammenstellung.

■ **Instrumente**
a) Nadeln
b) Schlinge
c) Skalpell
d) Spülkanülen
e) Scheren
f) Messer (schneidende Instrumente)
g) Haken
h) scharfe Löffel
i) Pinzetten für extraokuläre Eingriffe
j) Pinzetten für intraokuläre Eingriffe
k) Nadelhalter
l) Augenprothese-Injektor
m) Spatel
n) Trepan
o) Kapselsauger
p) Instrumenten-Schachtel

■ **Zubehör**
a) Saug- und Spülkanüle
b) Kryoextraktor
c) Elektrokauter
d) Vitrektom
e) Zellulose-Tupfer
f) Halskragen

a) Nadeln (Abb. 35a)
Die Fremdkörpernadeln nach Dupuytren sind dazu bestimmt, Fremdkörper in der Hornhaut zu entfernen (a1, a2).

Sie dienen vor allem zur Entfernung von abgebrochenen Dornen. In diesen Fällen verwendet man am besten kleinkalibrige Nadeln (a1). Die Nadel wird unter den Fremdkörper geschoben und vor diesem gegen die Hornhautoberfläche angehoben. Ihre Form ermöglicht beidseitiges Schneiden, so daß der eingeklemmte Fremdkörper freigelegt werden kann.

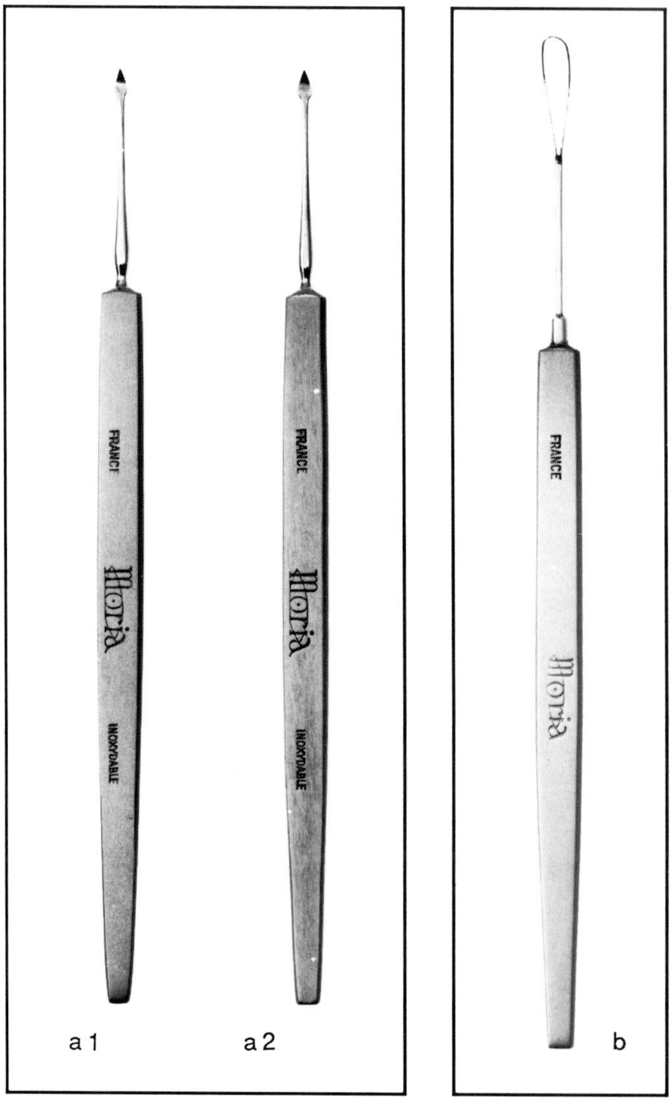

Abb. 35a,b: Fremdkörpernadeln (a) und Starschlinge (b)

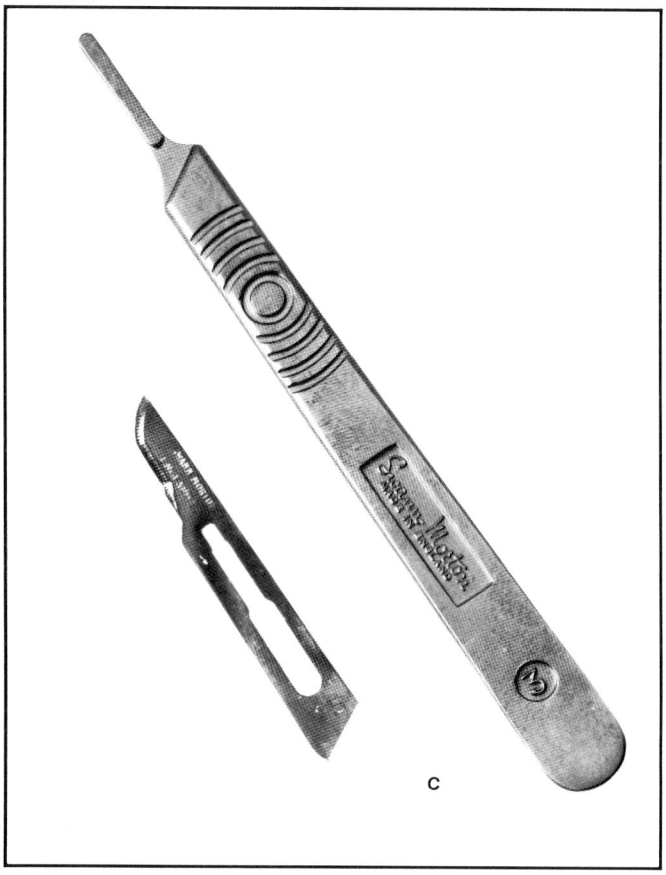

Abb. 35c: Skalpell

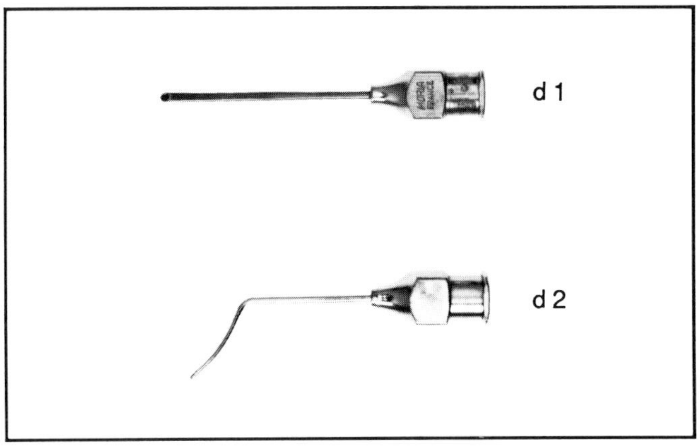

Abb. 35d: Spülkanülen; 1 gerade, 2 gebogen

b) Schlinge (Abb. 35b)
Die Starschlinge nach Snellen ist dazu bestimmt, die Linse oder ihren Kern zu extrahieren.

c) Skalpell (Abb. 35c)
Ein einwandfreies Skalpell ist unerläßlich, wobei zwei Instrumente dieser Anforderung entsprechen: einerseits das Einwegskalpell, andererseits auswechselbare, geballte Klingen (D15) mit Skalpellgriff (No. 3).

d) Spülkanülen (Abb. 35d)
Gerade (d1) oder gebogene Spülkanülen (d2) dienen zur Spülung des Auges und der Vorderkammer während der operativen Eingriffe. Die gewinkelten Kanülen sind praktischer (d2).

e) Scheren (Abb. 35e)
Außer den sonst in der Chirurgie gebräuchlichen Scheren ist es von Vorteil, Augenscheren zur Verfügung zu haben wie: eine Enukleationsschere (e1), stark gebogen, 13 cm; eine Sehnenschere nach Severin Stevens (e2) zur Tenotomie, starkes Modell, für alle Schnittführungen; eine Hornhautschere nach Castroviejo (e3), stark gebogen, mit weichen Blättern, die sich für alle Eingriffe an der Hornhaut eignet.

Die Nachstarschere nach Vannas (e4), gebogen und spitz, vervollständigt das Besteck bei Eingriffen im Zusammenhang mit sekundären Startrübungen.

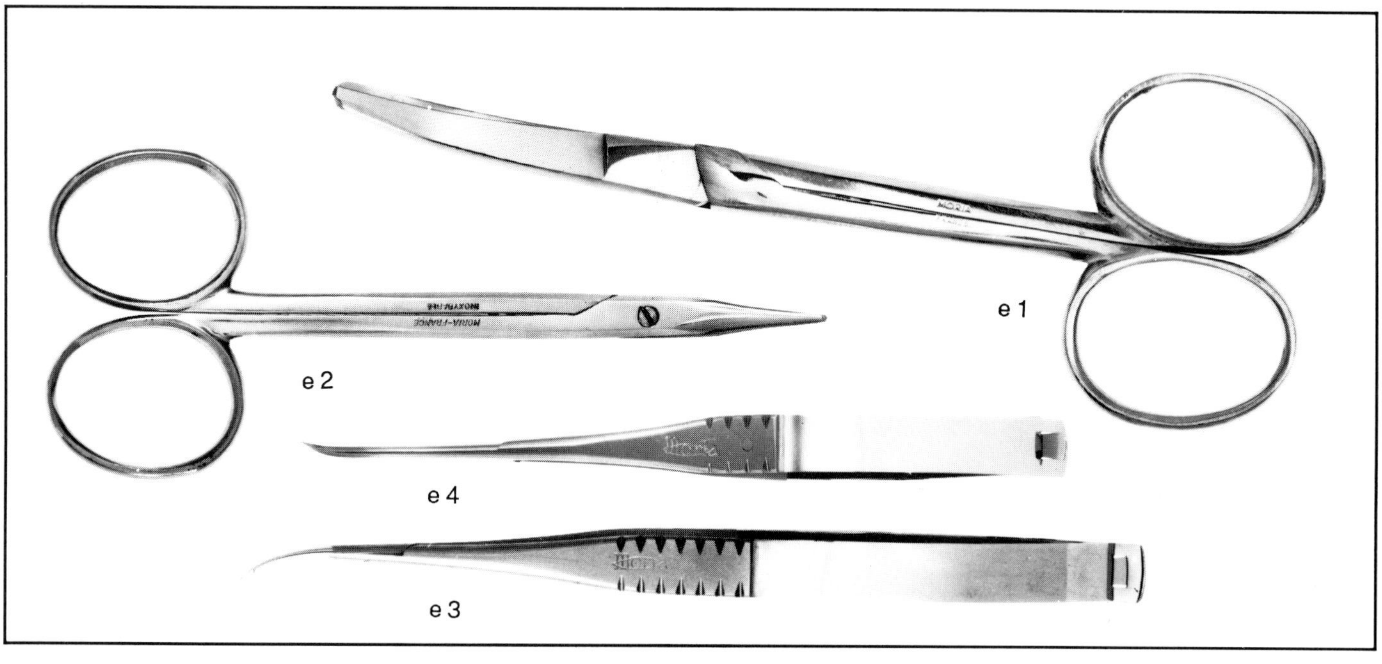

Abb. 35e: Scheren

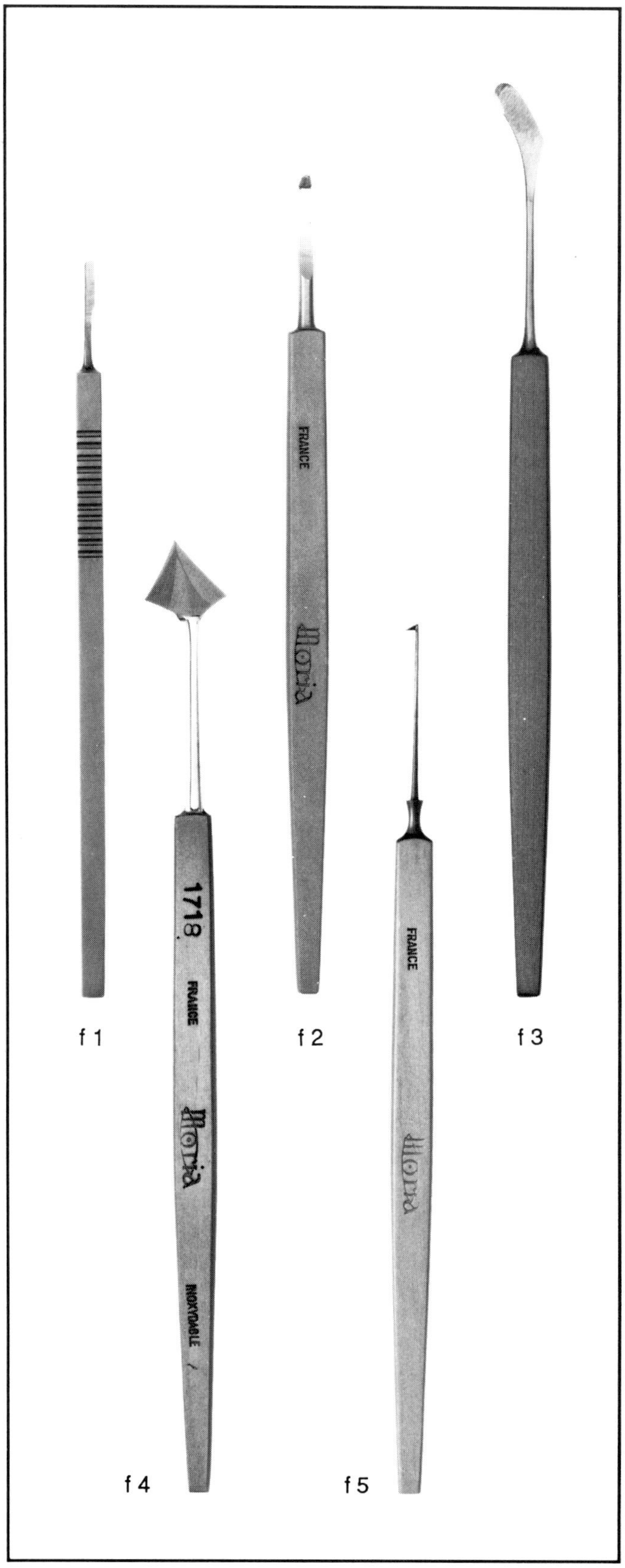

Abb. 35f: Messer

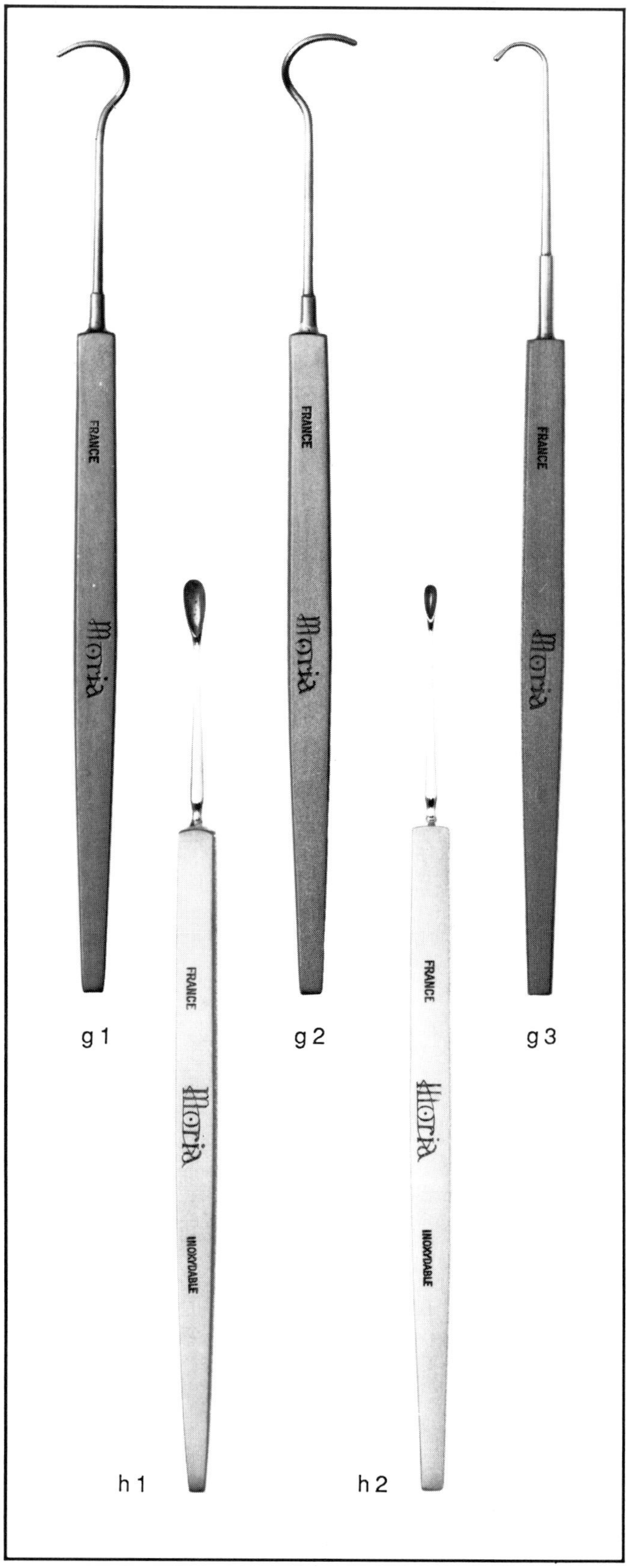

Abb. 35g, h: Haken (g) und scharfe Löffel (h)

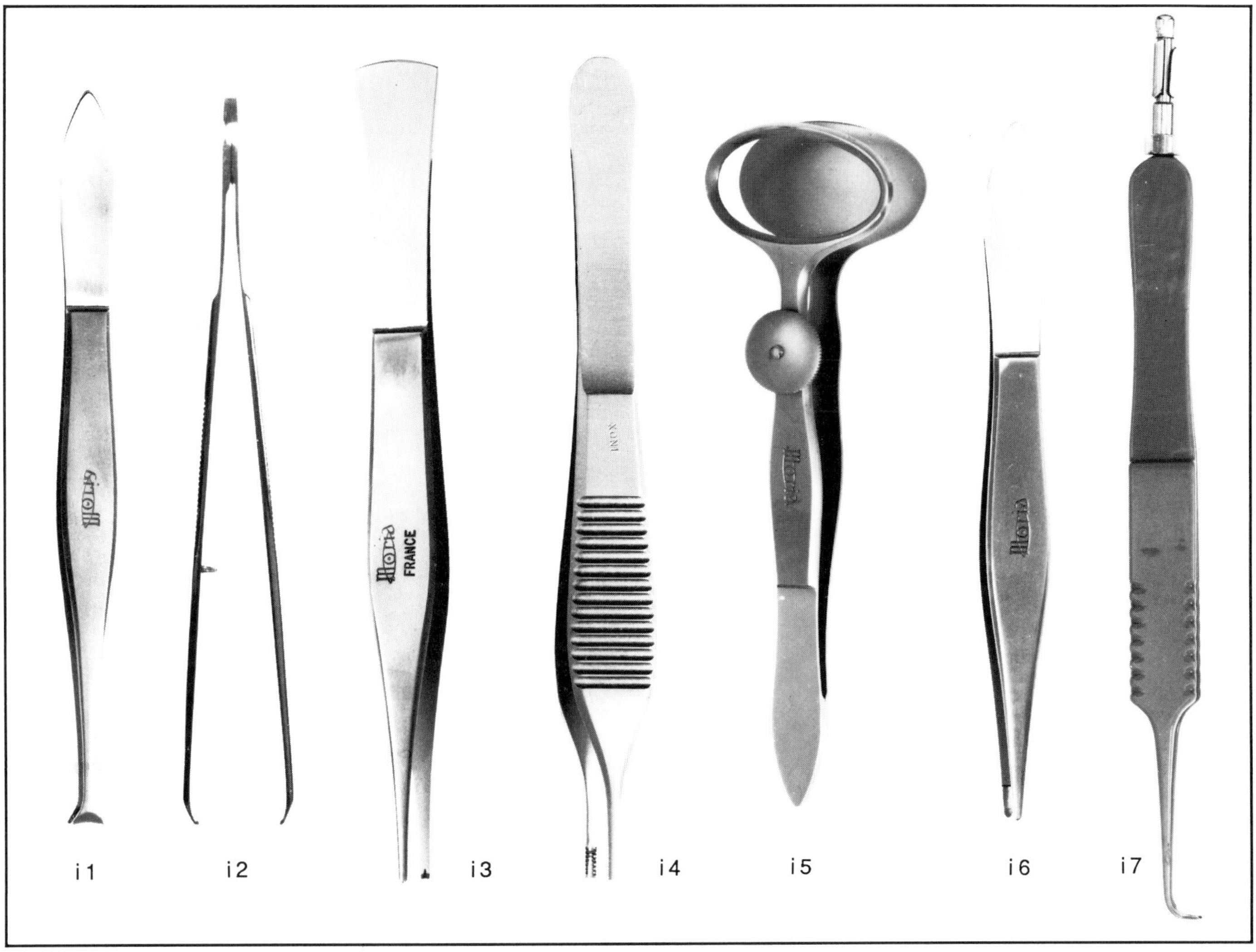

Abb. 35i: Pinzetten für extraokuläre Eingriffe

f) Messer – schneidende Instrumente (Abb. 35f)
Die ersten drei dargestellten Messer sind für die Durchtrennung der Hornhaut bestimmt.

Das Messer nach Arruga (f1) dringt sehr leicht zwischen die Hornhautschichten ein.

Das kniegebogene Keratoplastikmesser nach Paufique (f2) erlaubt eine Spaltung in der gewünschten Tiefe, und der Hornhautschaber (Skarifikateur) nach Desmarres-Paufique (f3) ermöglicht dank seiner abgerundeten Klinge eine schonende Ablösung des erkrankten Epithels (siehe Keratektomie, S. 153).

Die Lanze (f4) gestattet die Durchtrennung der Hornhaut in Limbusnähe. Sie verschafft den Zugang zur Vorderkammer. Sie muß vorzüglich geschliffen sein und demzufolge gut erhalten werden.

Das Zystotom nach Graefe (f5) dient zur Durchtrennung der Vorderkapsel im Laufe der extrakapsulären Linsenextraktion. Sowohl die Vorder- als auch die Rückseite der Spitze schneiden.

g) Haken (Abb. 35g)
Der Starhaken nach Arruga (g1 = rechts, g2 = links) erlaubt, während der Staroperation von außen Gegendruck auf die Linse auszuüben.

Das Häkchen nach Hugonnier (g3), 8 mm, wird bei der Enukleation unter die Augenmuskeln geführt.

h) scharfe Löffel (Abb. 35h)
Die scharfen Löffel nach Wecker (h1, h2) werden bei der Operation des Chalazions gebraucht.

i) Pinzetten für extraokuläre Eingriffe (Abb. 35i):

- ▷ Fixierpinzette nach Graefe (i1, i2) zur Fixation des Bulbus; chirurgische Augenpinzette (i3); Pinzette nach Adson Brown (i4). Sie dient zur Fixation des Augapfels und der Tenonschen Kapsel und ist sehr stabil.
- ▷ Die Operationen am Lidrand werden erleichtert durch die Chalazionpinzette nach Desmarres (i5), mit der sich das Lid flach fixieren läßt.
- ▷ Die Zilienpinzette (i6) mit einwandfrei aufeinander passenden Schenkeln zur Entfernung ektopischer Wimperhaare nach Kauterisation.
- ▷ Die sterilisierbare Bipolarpinzette zur Elektrokoagulation (i7) erlaubt Eingriffe an der Sklera und Iris mit großer Sicherheit und Genauigkeit.

j) Pinzetten für intraokuläre Eingriffe (Abb. 35j)
Sie müssen ihrem Zweck entsprechen. Drei Pinzetten scheinen uns unerläßlich: eine der beiden Nahtpinzetten, die Kapselfragmentpinzette und die Kapselpinzette nach Kalt.

▷ Nahtpinzette, rostfrei nach Paufique (j1);
▷ Fadenpinzette, nach Barraquer (j2);
▷ Kapselfragmentpinzette nach Arruga (j3);
▷ Kapselpinzette nach Kalt (j4).

k) Nadelhalter (Abb. 35k)
Die Größe des Nadelhalters und seiner Backen sollte der Nadelgröße angepaßt sein.

Für Eingriffe an den Lidern eignet sich der Nadelhalter nach Halsey, 14 cm. Es ist vorteilhaft, zusätzlich einen der folgenden Nadelhalter zur Verfügung zu haben: Einen feinen Nadelhalter nach Brégeat (k1), einen Nadelhalter nach Castroviejo (k2, k3) für die Hornhautchirurgie ganz allgemein und einen feinen Nadelhalter nach Castroviejo (k4) für die Keratoplastik.

l) Augenprothese-Injektor (Abb. 35l)
Zusätzlich zum klassischen Operationsbesteck wird folgendes spezielles Instrument benötigt: ein Injektor für Silikon-Implantate (l1). Er ermöglicht die Implantation trotz sehr kleiner Korneoskleral-Inzision.

Mit Implantaten von 14, 16, 18, 20 oder 22 mm Durchmesser (l2) läßt sich das Bulbusinnere ausfüllen.

m) Spatel (Abb. 35m)

▷ Irisspatel nach Wecker: Diese sehr weichen Spatel erlauben es, die Iris ohne Verletzung zu mobilisieren (m1, m2).
▷ Spatel nach Charleux (m3): Der Spatel nach Charleux wurde von uns im Zusammenhang mit der Keratektomie verwendet. Dieser modifizierte Spatel mit einem Krümmungsradius, der demjenigen der Hornhaut des Hundes angepaßt ist, ermöglicht eine ausgezeichnete Spaltung der Stromaschichten.

n) Trepan (Abb. 35n)
Der Trepan nach Franceschetti ist ein teures und empfindliches Instrument. Er dient zur Entnahme des Hornhaut-Transplantats wie auch zur Vorbereitung der Empfänger-Hornhaut (siehe Keratoplastik, S. 159).

o) Kapselsauger (Abb. 35o)
Die Kapselsauger werden für die Extraktion der Linse bei der intrakapsulären Staroperation wie bei Linsenluxation verwendet.

Beim Hund ist es vorteilhaft, einen Sauger mit großem Silikonball zu benutzen, da die Größe der Linse

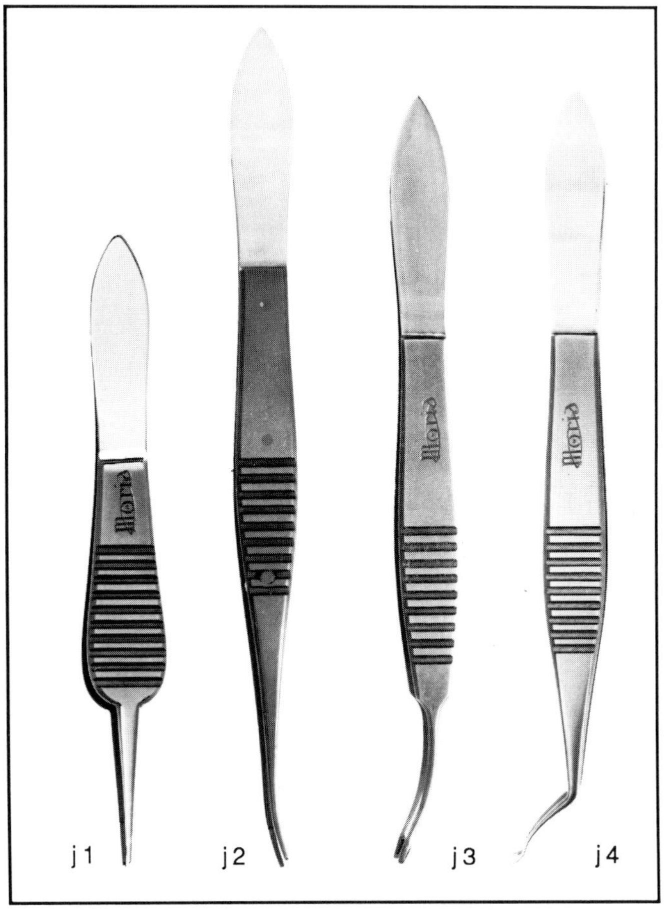

Abb. 35j: Pinzetten für intraokuläre Eingriffe

Abb. 35k: Nadelhalter

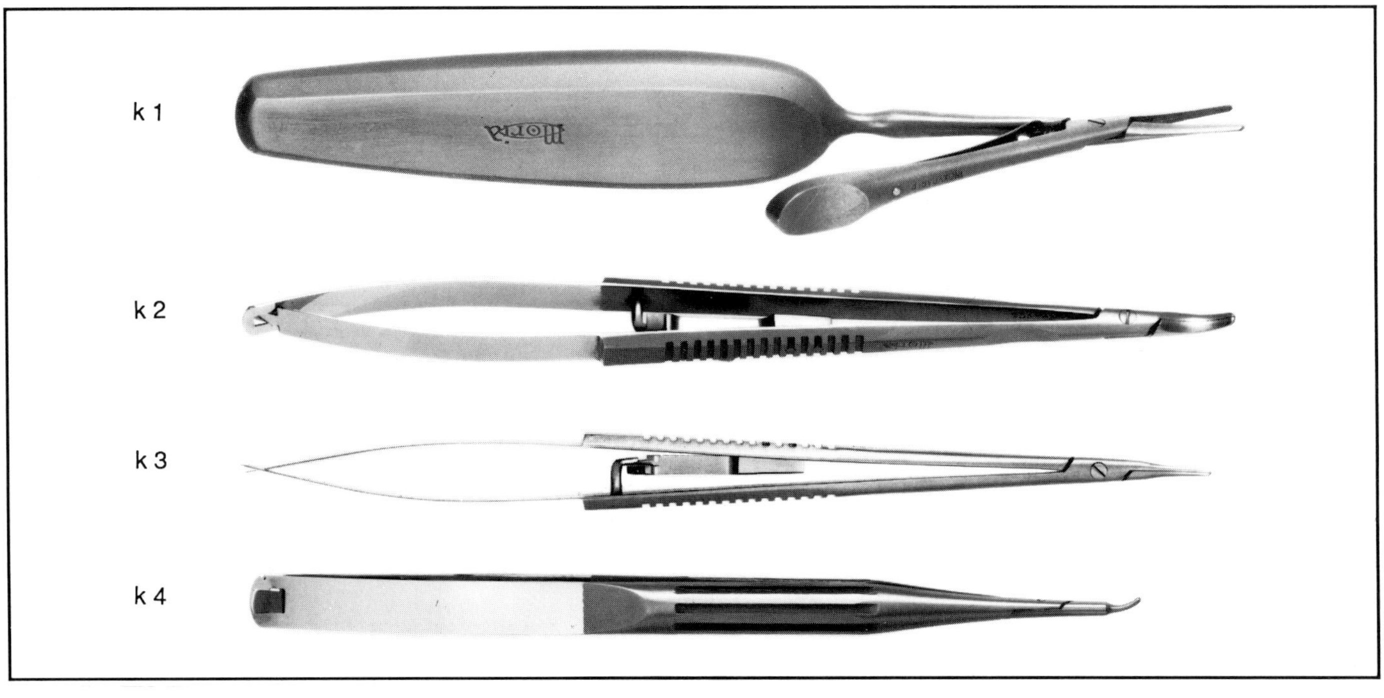

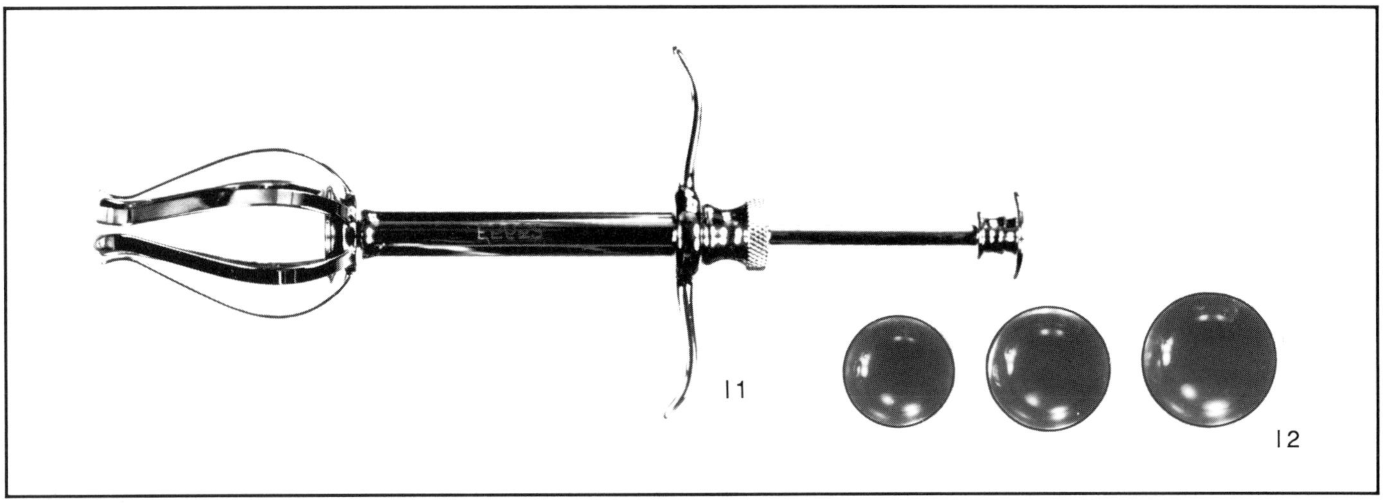

Abb. 35l: Augenprothesen-Injektor und Implantate

eine starke Saugwirkung erfordert. Anstelle dieses Instruments kann der Kryoextraktor verwendet werden.

p) Instrumenten-Schachtel (Abb. 35p)

Es empfiehlt sich, die ophthalmologischen Instrumente in Dosen mit Bänkchen aufzubewahren, da diese die Lebensdauer des Instrumentariums beträchtlich verlängern. Das Bänkchen faßt 8, 10 oder 12 Instrumente.

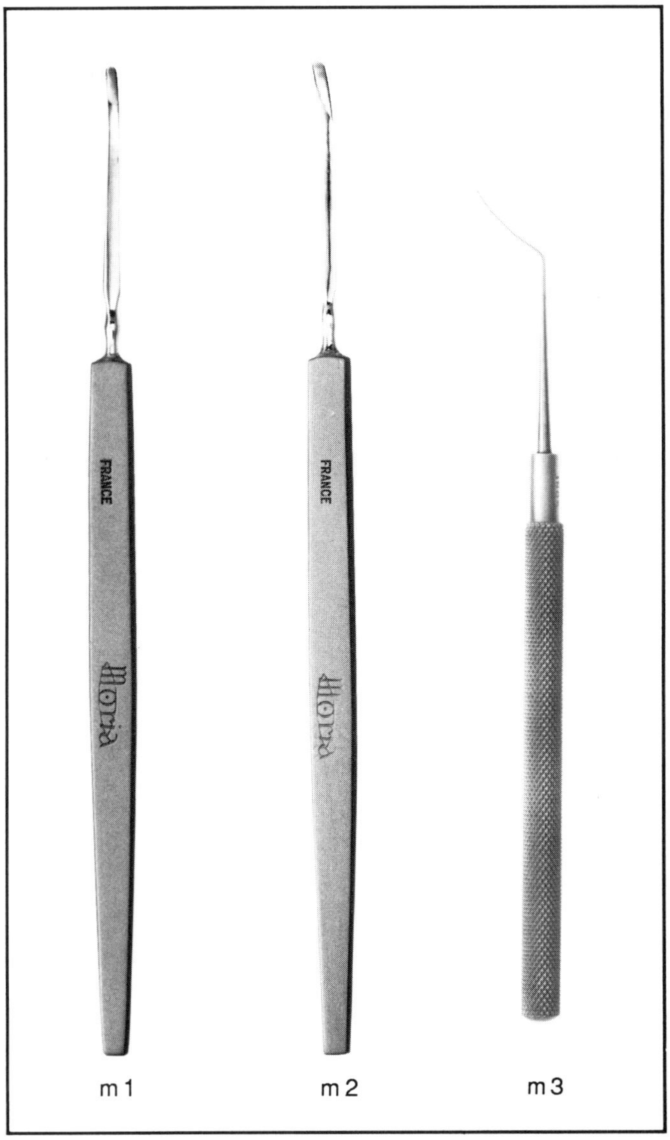

Abb. 35m: Spatel nach Wecker (1, 2) und nach Charleux (3)

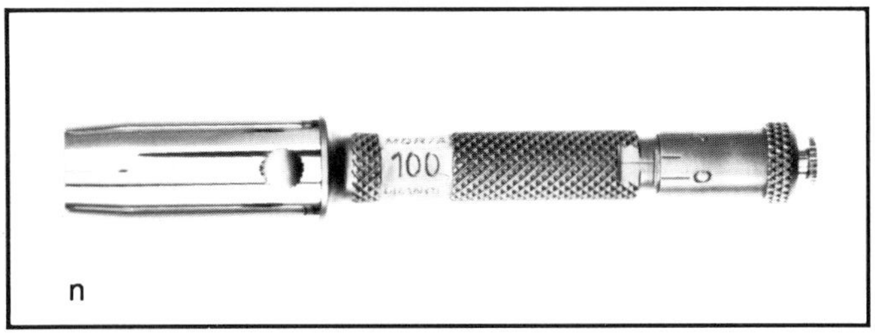

Abb. 35n: Trepan nach Franceschetti

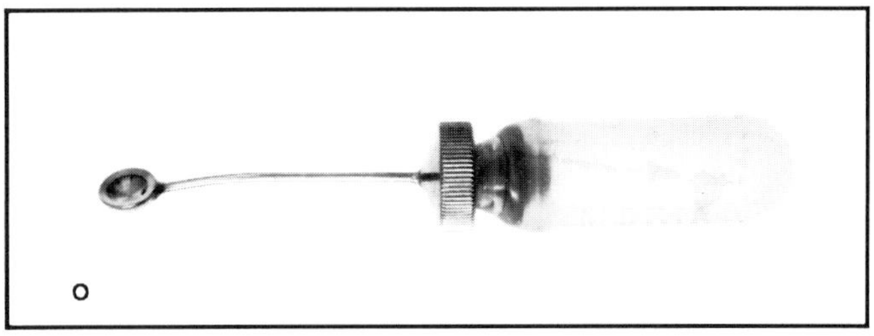

Abb. 35o: Kapselsauger

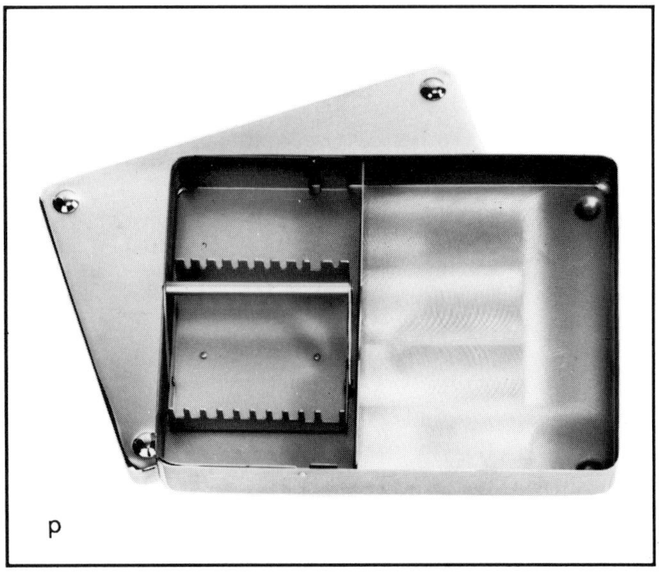

Abb. 35p: Instrumenten-Schachtel

■ Zubehör

Die Augenchirurgie beinhaltet spezifische Eingriffe, die in Verbindung mit der Größe des Operationsfeldes ein entsprechend angepaßtes Zubehör verlangen.

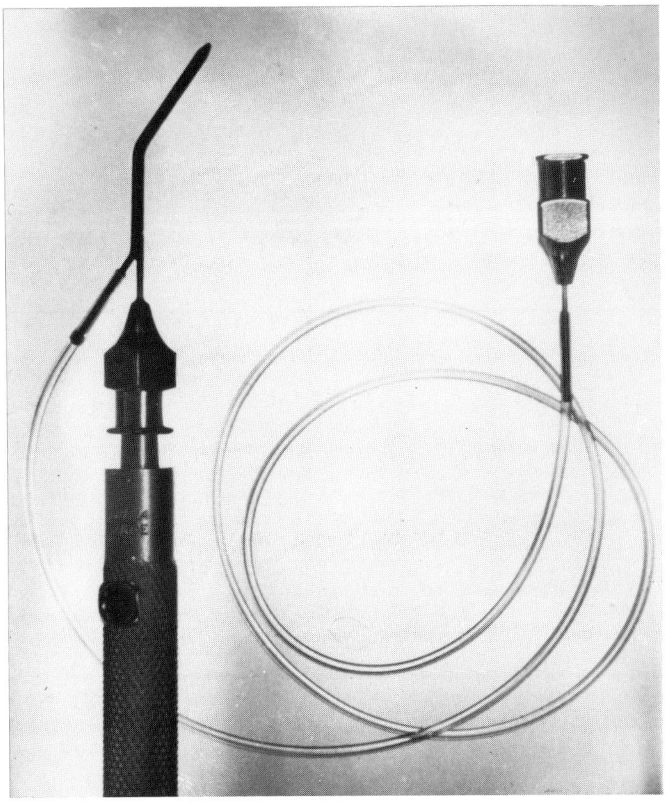

Abb. 36: Saug- und Spülkanüle

Abb. 37: Kryoextraktor

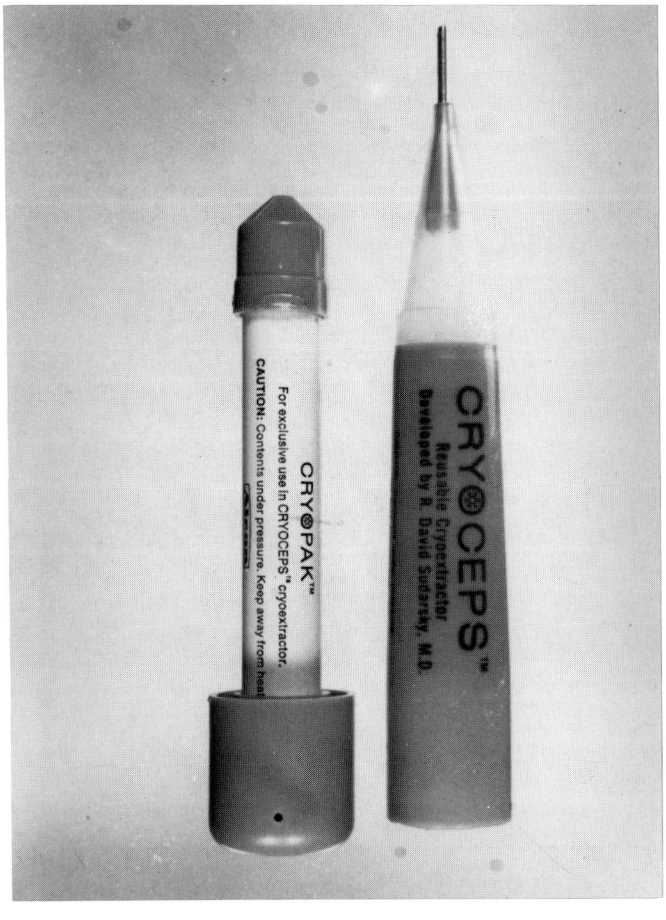

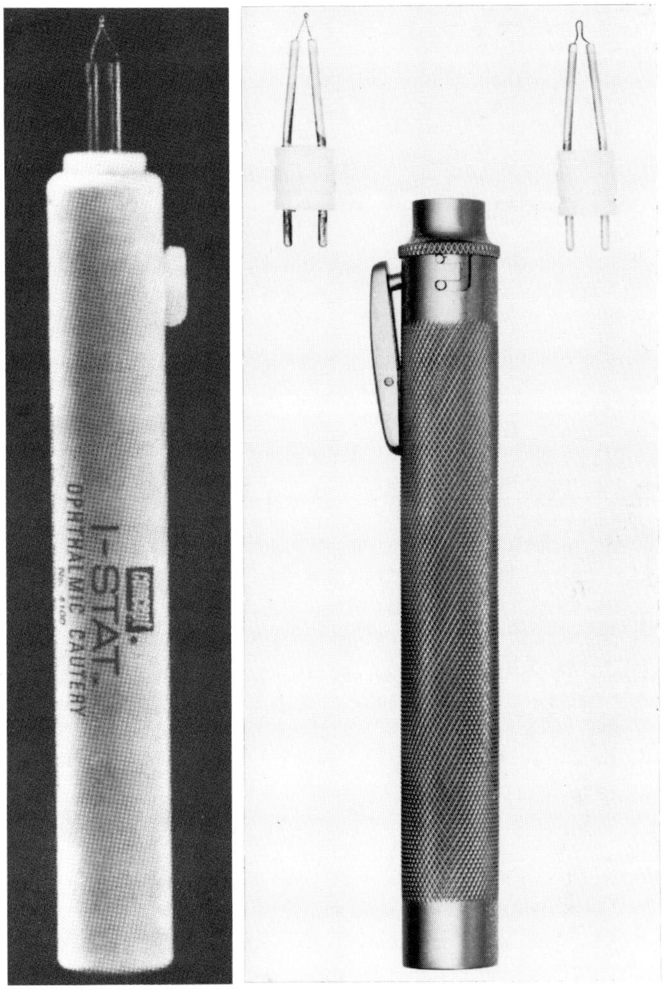

Abb. 38: Elektrokauter

In der Veterinärmedizin sind die Eingriffe angesichts des mäßigen Kostenrahmens beschränkt. Mit Rücksicht auf ihren angemessenen Preis stellen wir nachfolgend jene Fabrikate vor, die sich beim Vergleich von Qualität und Kosten als wirtschaftlich erweisen.

a) Saug- und Spülkanüle (Abb. 36)

Die hier dargestellte Kanüle erlaubt das Absaugen von Linsensubstanz im Anschluß an die Extraktion des Kerns. Der seitliche Ansatz ist mit einer Spritze verbunden, in der sich physiologische NaCl-Lösung befindet, mit der die eröffnete Linsenkapsel ausgespült werden kann.

Die Spülkanülen nach Strampelli-Barraquer sind einfacher zu handhaben, erlauben aber nur die Spülung.

b) Kryoextraktor (Abb. 37)

Der kleine Kryoextraktor mit Patrone der Firma ALCON ist dazu bestimmt, die Linse herauszuziehen.

Die durch das entweichende Gas sich bildende Kälte läßt die Linse an der Spitze des Kryoextraktors anfrieren.

c) Elektrokauter (Abb. 38)

Die sehr schwache Stromstärke erlaubt nicht nur episklerale Gefäße, sondern auch Irisgefäße zu kauterisieren. Es sind ein Wegwerfmodell sowie ein wiederverwendbares Modell mit Batterie dargestellt.

d) Vitrektom (Abb. 39)

Glaskörpervorfälle sind häufig nach intrakapsulärer Starextraktion wie auch bei der Entfernung einer luxier-

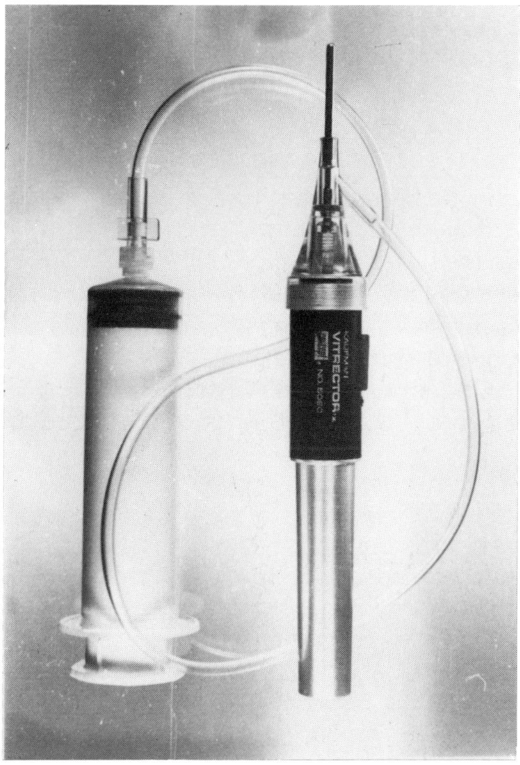

Abb. 39: Vitrektom

ten Linse. Der vorgefallene Teil muß ohne Zug auf die Masse des Glaskörpers entfernt werden. Das Vitrektom ermöglicht die Zerkleinerung des Glaskörpers, ohne auf diesen Zug auszuüben. Dadurch lassen sich Netzhautablösungen verhindern. Dieses Modell macht einen Assistenten erforderlich, der das nötige Vakuum mit der Spritze erzeugt, während der Operateur das Ende des Vitrektoms führt.

e) Zellulose-Tupfer (Abb. 40)

Für die gesamte Augenchirugie leisten die abgebildeten Stäbchentupfer ebenfalls wertvolle Dienste bei der Behandlung des Glaskörpervorfalls. Die Tupfer sind handlich genau anwendbar und von beachtlicher Saugfähigkeit. Man kann sie sich selbst aus künstlichen Schwammtüchern herstellen und anschließend sterilisieren (Abb. 40 b).

f) Halskragen (Abb. 41)

Abschließend ist der Halskragen zu erwähnen. Das dargestellte Modell ist äußerst leicht und ausreichend widerstandsfähig. Die verschiedenen Breiten von 5–30 cm erlauben, den Schutz der Größe des Tieres anzupassen. Eine zusätzliche Einrichtung ermöglicht, die hintere Öffnung auf den Hals des Tieres einzustellen. Nach 24 Stunden hat sich das Tier an den Kragen gewöhnt. Man muß während dieser Zeit den Harnabsatz überwachen, da die Hunde anfänglich oft gehemmt sind.

Schließlich bewirkt die Einengung häufig Ohrenentzündungen, die rechtzeitig erkannt und behandelt werden müssen. Die durch den Kragen erreichte Ruhigstellung wiegt aber alle Nachteile bei weitem auf.

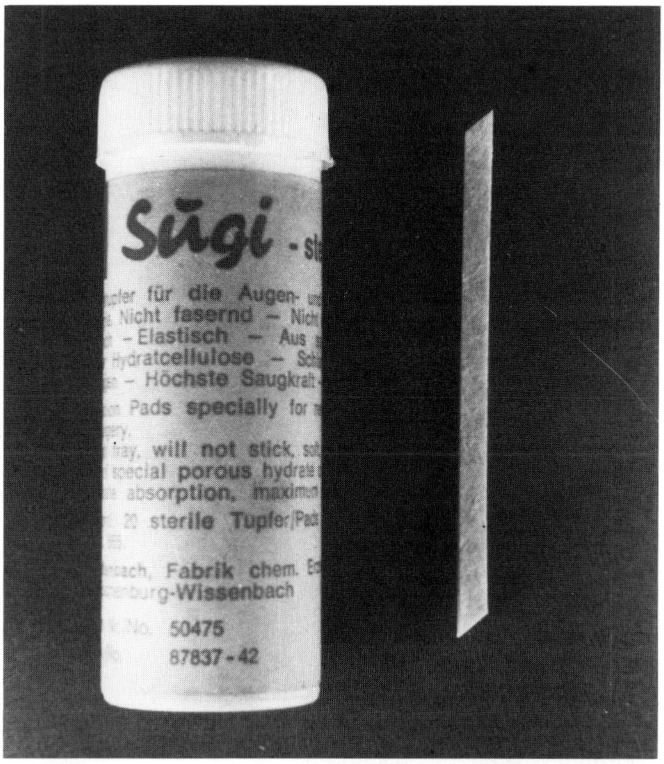

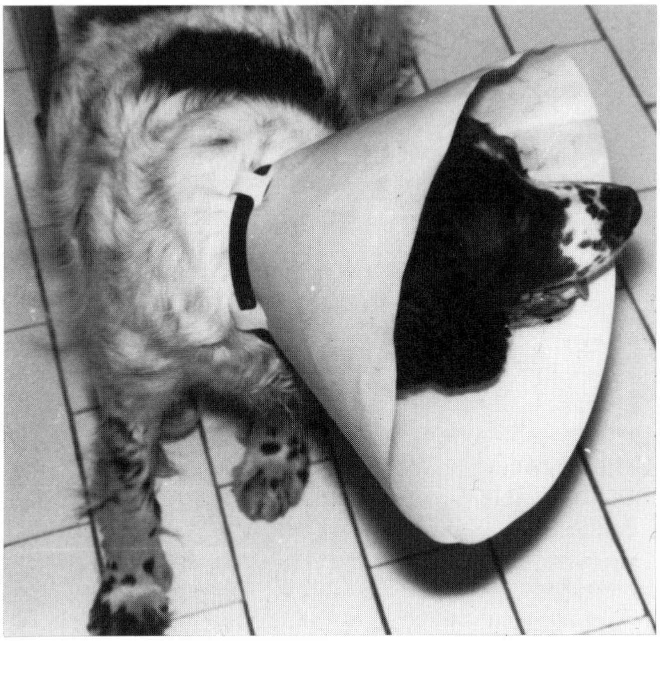

Abb. 40a: Zellulose-Tupfer

Abb. 40b: Schwammtuch

Abb. 41: Halskragen

1.4.3 Zusammensetzung der gebräuchlichen Instrumenten-Sätze

► **Grundbesteck**
Dieses Besteck erlaubt alle Operationen der Adnexen:
1 Skalpell (Griff Parker Gillette No. 3 und Klingen);
1 Nadelhalter nach Halsey, 14 cm;
1 Chalazionpinzette nach Snellen oder nach Desmarres, 28 mm;
1 Schere nach Mayo oder Metzenbaum;
1 Sehnenschere nach Severin-Stevens;
1 Fixierpinzette nach Graefe, ohne Schloß;
1 Pinzette nach Adson-Brown;
3 Pinzetten, gebogen, nach Kelly.
► **Ergänzungs-Bestecke**
▷ **Enukleation**
1 Enukleationsschere, stark gebogen;
1 Haken nach Hugonnier, 8 mm;
1 Diathermie-Pinzette, fein, bipolar (nach Wahl).
▷ **Augenprothese**
1 Diathermie-Pinzette, bipolar;
1 Nahtpinzette nach Paufique;
1 Nadelhalter nach Brégeat;
1 Prothesen-Injektor;
1 Silikon-Implantat von 14, 16 oder 18 mm Durchmesser.
▷ **Transposition des Stenonschen Kanals** *(Ductus parotidicus)*
1 Tränenwegsonde nach Dachaume;
1 Polyamidfaden, monofil, schwarz oder blau;
1 zweite Sehnenschere nach Severin-Stevens (zur Verwendung in der Maulhöhle);
1 zweite Fixierpinzette nach Graefe (zur Verwendung in der Maulhöhle);
1 Fadenpinzette nach Barraquer;
1 Nahtpinzette nach Paufique;
1 Nadelhalter nach Brégeat oder nach Castroviejo, stark;
2 Pinzetten nach Kelly, gerade.
▷ **Keratektomie – Dermoid**
1 Spatel, kniegebogen nach Paufique;
1 Spatel nach Charleux, modifiziert nach Clerc;
1 Hornhautschaber (Skarifikateur) nach Desmarres, 6 oder 8 mm (1 Schere nach Castroviejo);
1 Nahtpinzette nach Paufique;
1 Instrumentendose mit Bänkchen für 8 Instrumente.
▷ **Keratoplastik**
1 Spatel, kniegebogen nach Paufique;
1 Spatel nach Charleux, modifiziert nach Clerc;
1 Hornhautschaber (Skarifikateur) nach Desmarres, 6 mm;
1 Schere nach Castroviejo;
1 Nahtpinzette nach Paufique;
1 Fadenpinzette nach Barraquer;
1 Trepan nach Franceschetti, 6, 7, 8 oder 10 mm Durchmesser (nach Bedarf);
1 Mikropinzette, Modell Bonn, ohne Zähne;
1 Fixierpinzette nach Dujardin, 12 Zähne;
1 Instrumentendose mit Bänkchen für 12 Instrumente.
▷ **Staroperation**
1 Hornhautmesser oder Lanze, 10 mm;
1 Schere nach Castroviejo, gebogen;
1 Nahtpinzette nach Paufique;
1 Nadelhalter nach Castroviejo;
1 Zystotom nach Graefe;
1 Kapselpinzette nach Kalt;
1 Kapselfragmentpinzette nach Arruga;
1 Starschlinge nach Snellen;
1 Starhaken nach Arruga, rechts (1 Starhaken nach Arruga, links);
1 Spülkanüle, gewinkelt;
1 Kapselsauger
(1 Irisspatel, 1 Irispinzette nach Hess, 1 Luftkanüle nach Rycroft, 1 Irisschere nach Wecker);
1 Instrumentendose mit Bänkchen für 8 bis 10 Instrumente.
▷ **Tränenkanäle**
Tränenwegsonden, geknöpft nach Galezowski No. 1, 2, 3, 4;
Tränenwegkanüle nach Anel, für Kleinkinder, gerade oder gebogen, stumpfe Messingspitze.

1.4.4 Chirurgisches Nahtmaterial

Die Fäden unterscheiden sich durch ihre Beschaffenheit und ihr Kaliber.

■ **Das Kaliber**
Die Nomenklatur der Fäden hat sich 1973 geändert. Die Ziffern der neuen Dezimal-Numerierung bedeuten 1/10 des Minimaldurchmessers des Fadens in Millimetern.

Beispiel: Ein Faden mit der Ziffer 1,5 hat einen Durchmesser von 0,15 mm. Die alte Nomenklatur ist heterogen, weshalb für jeden Fadentyp eine Vergleichs-Tabelle benötigt wird (vgl. Tab. 8).

Das verwendete Nahtmaterial wird aufgrund seiner Beschaffenheit, Resorbierbarkeit und Struktur klassifiziert. Es wird ferner zwischen monofilen und geflochtenen sowie nach dem Herstellungsverfahren unterschieden.

a) Resorbierbare Naturfäden: Catgut und Kollagen
Catgut ist sehr steif und muß in wäßriger Alkohollösung aufbewahrt werden, um ihn geschmeidig zu erhalten. Er wird durch Phagozytose schnell resorbiert und verliert dadurch innerhalb kurzer Zeit seine Zugfestigkeit. In der

Tabelle 8: Vergleichstabelle der in der Augenheilkunde verwendeten Fäden

Neue Nomenklatur	Kollagen chromiert	Catgut	Synthetisch resorbierbar	Nylon	Seide schwarz	Polyester geflochten
0,2				10/0		
0,3			9/0	9/0		
0,4			8/0	8/0		
0,5	8/0		7/0	7/0	6/0	
0,7	7/0	7/0	6/0	6/0	5/0	6/0
1,0	6/0	6/0	5/0	4/0	4/0	5/0
1,5	5/0	5/0	4/0	3/0	3/0	4/0
2,0	4/0	4/0	3/0	2/0	2/0	3/0

Augenheilkunde wird er für die tieferen Gewebsschichten verwendet.

Kollagen ist dank seiner parallel angeordneten Moleküle ein bemerkenswerter Faden. Es fehlt ihm zwar etwas an Biegsamkeit, dafür ist er zugfester als Catgut und verursacht im Vergleich zu diesem geringere entzündliche Reaktionen. In der Augenchirurgie ist Kollagen vielseitig verwendbar, besonders zur Naht der Bindehaut, der Sklera und der Hornhaut.

b) Resorbierbare Fäden aus Kunststoff

Die synthetisch hergestellten, resorbierbaren Fäden als Derivat der Polyglycolsäure bedeuten für die Chirurgie einen großen Fortschritt. Sie sind geschmeidig, der Knoten hält sehr gut, und die Resorption erfolgt langsam durch Hydrolyse in 1 bis 2 Monaten. Die entzündliche Reaktion ist gering. Sie sind sehr vielseitig verwendbar.

c) Monofile, nichtresorbierbare Fäden aus Kunststoff

Sie sind widerstandsfähig, elastisch und geschmeidig, doch die Knoten halten unvollkommen. Ihre Gewebsverträglichkeit dagegen ist hervorragend. Aufgrund dieser Eigenschaft wird ganz feiner Nylon in der Keratoplastik verwendet.

d) Geflochtene oder gedrehte nichtresorbierbare Fäden

In der Augenchirurgie ist nur die Seide gebräuchlich. Sie zeichnet sich durch große Geschmeidigkeit und Knotenfestigkeit aus. Der Nachteil dieses Fadens ist die starke entzündliche Gewebsreaktion. Seine Geschmeidigkeit erlaubt sehr feine und genaue Nahtverfahren. Polyesterfäden (Dacron®, Monolene®, Novolene®, Tergal®) eignen sich für Hautnähte. Diese Polyesterfasern sind sehr fest und gleichmäßig. Für die Lidchirurgie sind die feinen Fäden vorteilhaft, die seit einigen Jahren erhältlich sind.

Tabelle 9: Wahl der Nähte

Keratoplastik	*Nylon* (0,2–0,3) *
Staroperation	*Kollagen* (0,5) * *Polyglaktin* (0,4–0,5) Seide, schwarz (0,5) Naturseide (0,4) *
Nähte tiefer Schichten	*Catgut* (1,5–2) *Polyglaktin* (0,7–1,5)
Hautnähte	*Polyester, geflochten* (1–1,5–2) Seide (1–1,5) *Polyglaktin* (1,5–2)

Die von uns bevorzugten Fäden sind kursiv geschrieben.
* bedeutet, daß beim Nähen eine Vergrößerung notwendig ist

1.4.5 Die Nadeln

Die Verwendung atraumatischer Nadeln verursacht weniger Gewebeschäden und scheint somit unerläßlich. Das Ausmaß der Verletzung hängt weitgehend von der Form der Nadel ab. Im ausgesprochen zarten Gewebe wie Hornhaut und Sklera bewähren sich Nadeln mit trapezoidem Querschnitt, während für die anderen Gewebe runde oder dreikantige Nadeln empfohlen werden. Die Bedeutung des Verletzungsgrades zeigen die nachfolgenden Abbildungen.

■ **Spezialnadeln für die Augenheilkunde**
Es braucht spitze, jedoch flache Nadeln, werden sie doch in dünnen Geweben verwendet. Ferner sind durchstechende Nähte zu vermeiden, die zu Tunnelbildungen Anlaß geben. Würde man den Nadeln die erforderliche Feinheit geben, wären sie außerordentlich zerbrechlich. Deshalb sind kräftigere Nadeln mit trapezoidem Querschnitt gebräuchlich. Die Länge beträgt 6,5 bis 9 mm (Abb. 42).

▷ **Runde Nadeln mit weicher Spitze**
Ihre runde Spitze erlaubt, sehr zarte Gewebe zu durchdringen, unter weitgehender Schonung kleiner Gefäße. Länge: 13 mm (Abb. 43).

▷ **Dreikantige Nadeln**
Abgeleitet von Sattlerwerkzeugen haben diese Nadeln im schneidenden Teil einen dreieckigen Querschnitt. Die Ecken dieses Dreiecks schneiden das Gewebe sternförmig. Ihre Form ist deshalb in festen Geweben besonders wirksam. Es ist indessen darauf zu achten, daß eine der schneidenden Kanten nicht das Gewebe zerreißt. Um diese Gefahr einzuschränken, haben die meisten dreikantigen, gebogenen Nadeln die schneidende Kante an der Außenseite des Bogens. Ihr Gebrauch bleibt auf die Hautnähte beschränkt. Länge: 13 mm (Abb. 44).

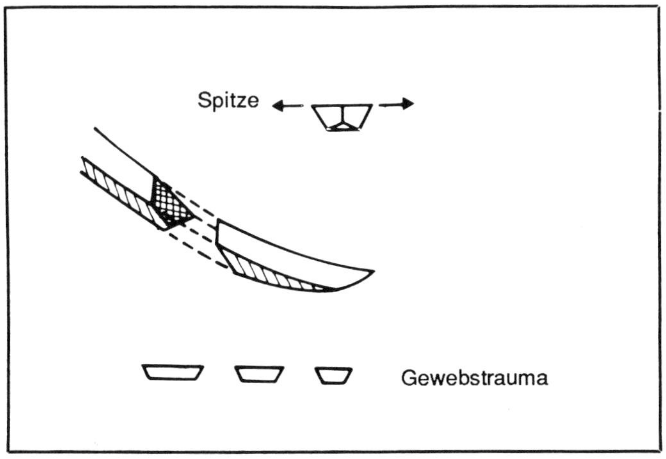

Abb. 42

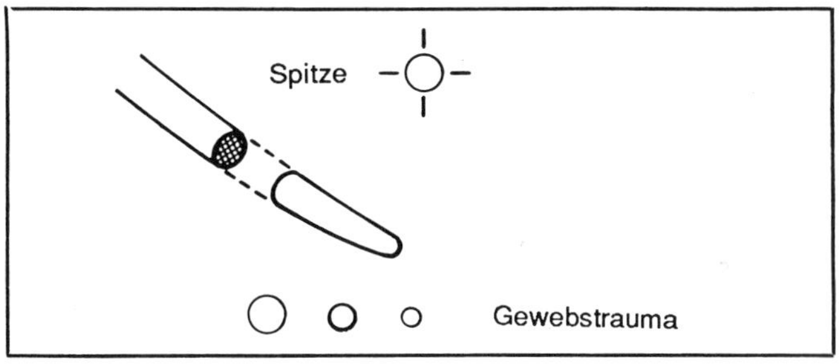

Abb. 43

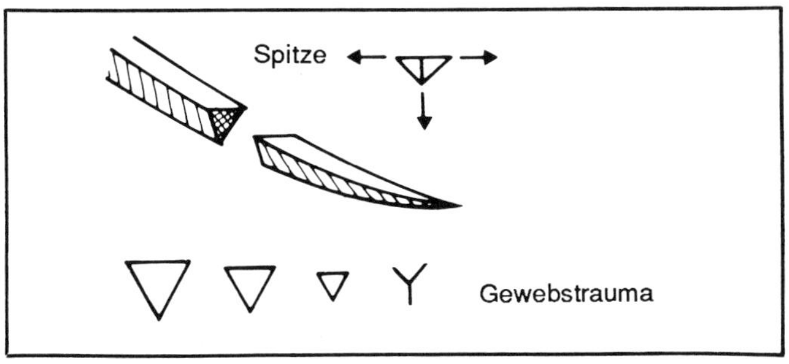

Abb. 44

1.5 Einfache chirurgische Techniken

Dieses kurze Kapitel soll die einfachen Eingriffe, die in der Augenheilkunde laufend vorgenommen werden, in Erinnerung rufen. Diese Handlungen ermöglichen den Zugang zum Auge, dessen Ruhigstellung, Schutz und Behandlung. Wir werden nacheinander folgende Techniken darlegen:

1. Die Fixation eines Dauerkatheters zur Spülbehandlung.
2. Die subkonjunktivale Injektion.
3. Die retrobulbäre Injektion.
4. Die Vorderkammerpunktion (Parazentese).
5. Die Fixation der Lider.
6. Die Fixation des Bulbus.
7. Die Kanthotomie.
8. Die Nickhautschürze.
9. Der Lidverschluß (Blepharorrhaphie).
10. Der Schutz des Auges.

1.5.1 Die Fixation eines Katheters

Manchmal werden wiederholte und häufige Augenbehandlungen notwendig. Bei widerspenstigen Tieren oder bei Hunden, deren Auge schmerzt, können sie mit Schwierigkeiten verbunden sein. Die Fixation eines Katheters, dessen Ende bis in den oberen Bindehautsack reicht, erweist sich als vorteilhaft. Das Präparat kann dank des Katheters direkt in den Bindehautsack eingebracht werden.

Zwei Techniken werden hier beschrieben: Die eine, sehr einfache, ist mit gewissen Gefahren für die Hornhaut verbunden. Die zweite ist vollkommen sicher, jedoch etwas komplizierter.

■ **Katheterfixation** (1. Verfahren) (Abb. 45, 1–3)
Nach der Anästhesie des Tieres wird eine dicke Injektionsnadel (15/10 mm) in den oberen Bindehautsack eingeführt. Das Oberlid wird rasch durchstochen (1). Das untere Katheterende wird in die Nadelöffnung eingeführt und weiter in den Metallzylinder. Danach wird die Nadel zurückgezogen (2). Sodann wird der Katheter mit 4 Knopfnähten an der Haut befestigt (3). Tropfen- und Salbenpräparate können nunmehr sehr leicht in den Bindehautsack injiziert werden. Den Nachteil dieser einfachen Technik bildet die ständige Präsenz eines Fremdkörpers im Bindehautsack, der auf die Dauer die Hornhaut verletzen kann.

■ **Katheterfixation** (2. Verfahren) (Abb. 45, 4–6)
Der erwähnte Nachteil wurde zum Anlaß, eine atraumatische Methode zu entwickeln.

Ein Katheter mit einem schräg zugeschnittenen Ende wird mit Hilfe eines Cyanacrylklebers auf ein Polyäthylenblättchen fixiert (4).
Um die Permeabilität des Katheters wieder herzustellen, wird das Polyäthylen auf Höhe der Katheteröffnung mit dem Elektrokauter weggebrannt. Der Katheter wird auf ähnliche Weise wie schon zuvor beschrieben angebracht. Diesmal muß aber die Nadel unbedingt das Lid von außen nach innen durchstoßen, um in den Bindehautsack zu gelangen.

Das freie Katheterende wird in die Nadelöffnung geschoben. Danach kann man einen Aufsatz anbringen (5). Der Katheter mit seinem kleinen Kragen wird sodann mit einigen Knopfnähten an der Haut fixiert (6). Dieses Verfahren ermöglicht die wiederholte Injektion von Medikamenten über mehrere Tage.

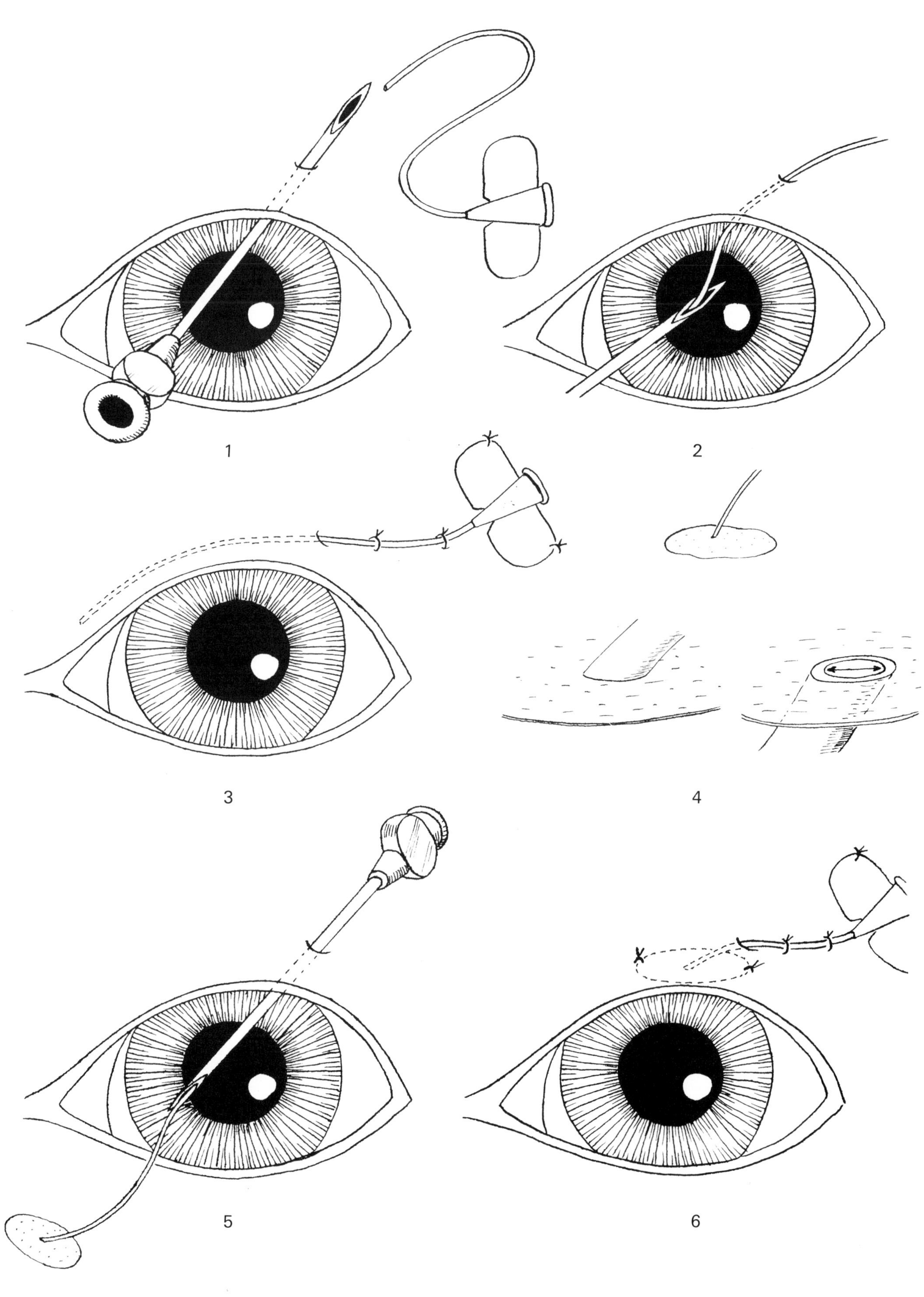

Abb. 45: Fixation eines Katheters

1.5.2 Die subkonjunktivale Injektion

Die Injektion von Medikamenten unter die Augenbindehaut *(Conjunctiva bulbi)* ermöglicht ihre länger andauernde Ausbreitung, vorzugsweise auch in Richtung Augapfel. Sie ist das Mittel der Wahl bei infektiösen Augenkrankheiten.

► Zu beachten: Die Injektion von Medikamenten mit Langzeitwirkung (z. B. Prednisolon Methylazetat) läßt Depots oft lange fortbestehen, die nur sehr langsam resorbiert werden. Die Injektion von Lösungen auf Lipid- oder Propylen-Glykolbasis wird oft schlecht ertragen.

■ Technik der subkonjunktivalen Injektion (Abb. 46)

Die subkonjunktivale Injektion ist beim Hund oder sogar bei der Katze im wachen Zustand mit oder ohne Zwangsmittel durchführbar.

Die Darstellung zeigt die Injektionstechnik am linken Auge:

1. Zeigefinger und Daumen der linken Hand spreizen die Lider, so daß die obere Augenbindehaut sichtbar wird. Die für die subkonjunktivale Injektion verwendete Nadel (6/10 mm Durchmesser) wird tangential von der Seite her der Bindehaut angenähert, die geschliffene Seite der Spitze nach oben gedreht. Die Nadel wird sodann mit einem kurzen Stoß in die Bindehaut eingestochen und weitergeführt.
2. Der Spritzeninhalt (ca. 1 ml) wird unter die Bindehaut injiziert, die dadurch angehoben wird. Es bildet sich eine subkonjunktivale »Blase«.
3. Die Nadel wird zurückgezogen, die Verformung bleibt bestehen. Die eingespritzte Flüssigkeit wird innerhalb einiger Stunden resorbiert.

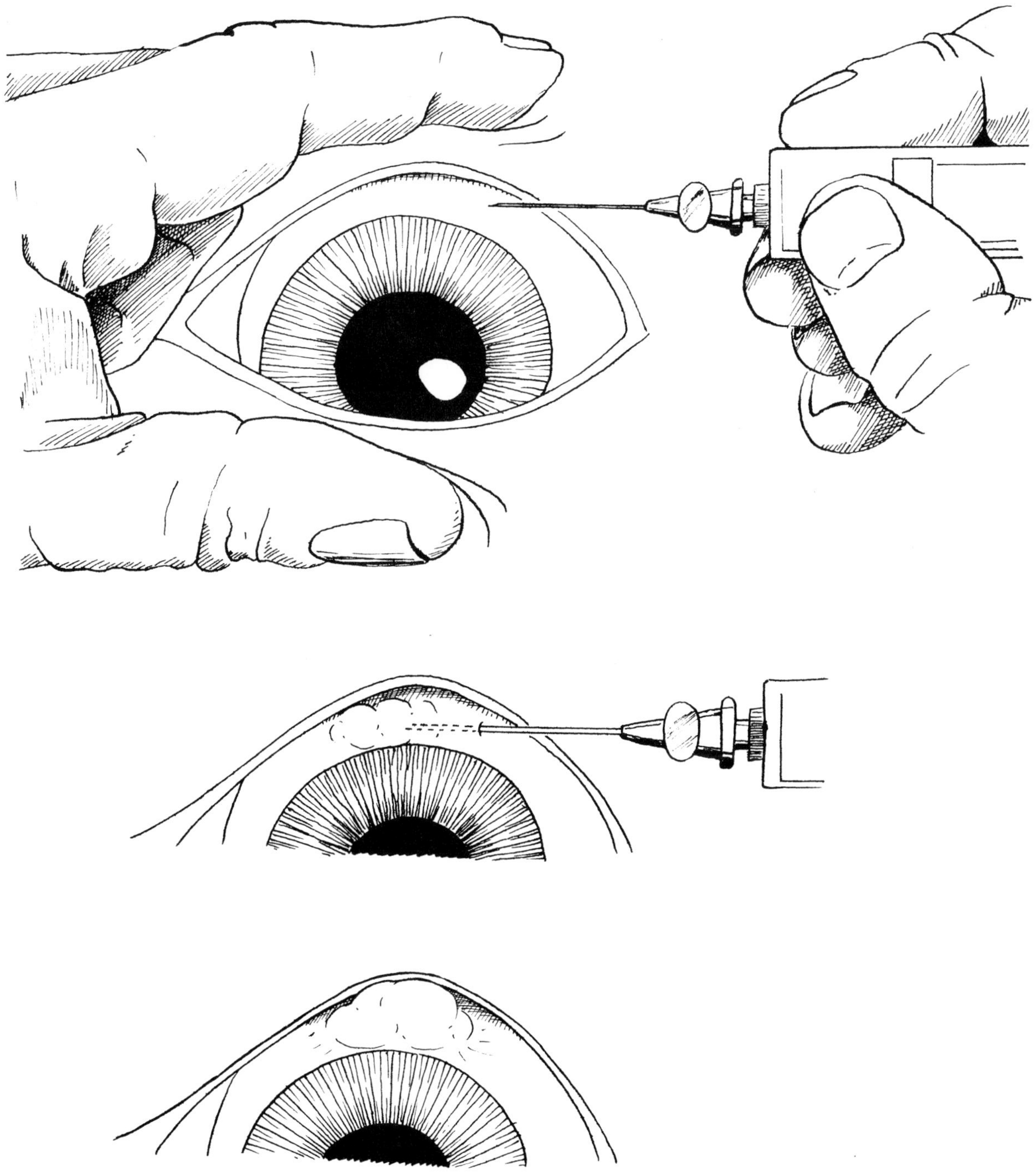

Abb. 46: Subkonjunktivale Injektion

1.5.3 Die retrobulbäre Injektion

In diesem Fall werden Präparate hinter den Augapfel injiziert (Abb. 47). Die Injektion dient meistens therapeutischen Zwecken, mitunter soll damit der Augapfel nach vorne verlagert werden.

Möglich wird diese Injektion dank des Größenunterschieds zwischen der Orbitalhöhle und dem darin liegenden Augapfel. Eine Nadel kann demzufolge leicht in Richtung Sehnervenstrang eingeführt werden (1).

Der Nachteil dieser Methode besteht in der ungleichmäßigen Ausbreitung des injizierten Medikaments.

■ Technik der retrobulbären Injektion

Die Nadel wird im temporalen unteren Quadranten zwischen Augapfel und Orbitalrand eingeführt (2). Die Größe des Hundes bestimmt die Kanülenlänge. Eine 25 mm lange Nadel genügt bei einem Zwerg, während bei sehr großen Rassen 40-mm-Nadeln nötig sind. Mit einer feinen Nadel von 6/10 mm ist die Injektion am wachen Tier problemlos durchführbar.

Im Normalfall sitzt das Tier auf dem Untersuchungstisch. Ein Gehilfe hält den Kopf des Tieres. Dem Hund wird ein Maulkorb angelegt. Die Bindehaut wird durch das Einträufeln eines Oberflächenanästhetikums unempfindlich gemacht. Der Tierarzt hält die aufgezogene Spritze gegenüber dem Tierauge, die Nadel ist gegen den äußeren Lidwinkel gerichtet. Die Nadelspitze durchquert die Bindehaut, wird sodann dem Augapfel entlang geführt. Nach dem Äquator ist die Nadelrichtung zu ändern (3). Die Nadelspitze wird gegen den Sehnervenstrang gerichtet.

Sobald die Nadelspitze sich hinter dem Augapfel befindet oder den Grund der Augenhöhle berührt, wird angehalten. Im letztgenannten Fall ist die Nadel leicht zurückzuziehen.

Anschließend erfolgt die Injektion. Zur Behandlung sind gewöhnlich 0,5 bis 1 ml erforderlich. Zur Verlagerung des Augapfels nach vorne sind 2 bis 5 ml zu injizieren. Das einzige Mittel zur Beurteilung des Ergebnisses sind indessen die Beobachtung der Verlagerung des Augapfels sowie die Palpation des Auges, mit welcher der retrobulbäre Gewebsdruck ermittelt werden kann. Eine größere Injektion ist nur am sedierten Tier möglich. Bei ausreichender Sedation bzw. Ruhigstellung kann eine beliebige Injektionsstelle innerhalb des beschriebenen Hautbezirks gewählt werden (2). Die Einstichstelle beeinflußt die Lage der Injektion und demzufolge die endgültige Stellung des Augapfels.

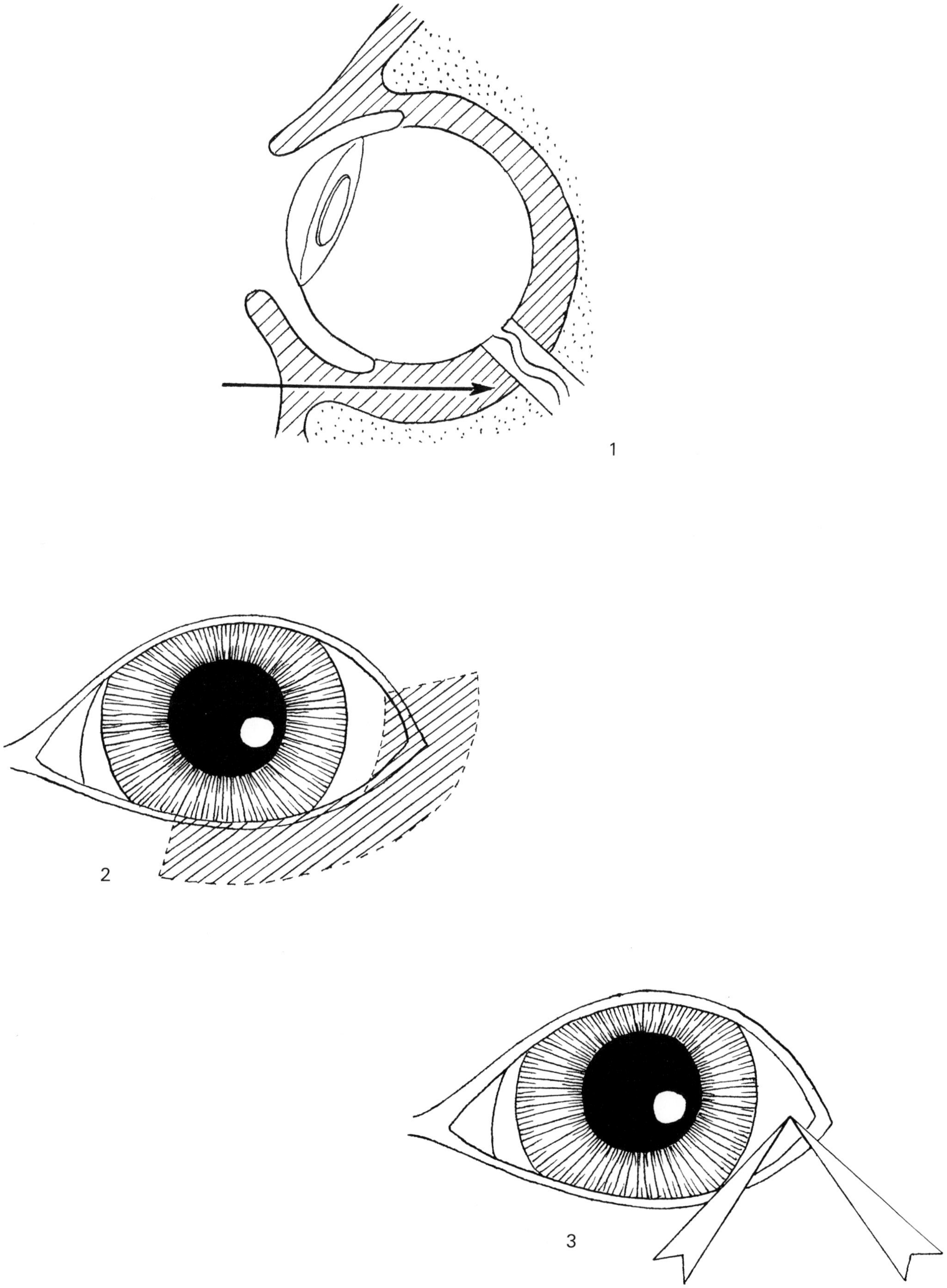

Abb. 47: Retrobulbäre Injektion

1.5.4 Die Punktion der Vorderkammer (Parazentese)

Ziel des Eingriffs ist, Kammerwasser abzulassen mit der Möglichkeit, dieses durch ein Medikament zu ersetzen. Eine feine Nadel wird durch die Hornhaut in die Vorderkammer eingeführt, und zwar parallel zur Iris, um diese nicht zu verletzen. Nach Aspiration von Flüssigkeit und deren teilweisem Ersatz wird die Nadel zurückgezogen. Das Hornhautödem schließt die Punktionsstelle ohne Verzug. Die Vernarbung erfolgt problemlos.

Zwei Regeln sind unbedingt zu beachten:

Der Kopf des Hundes muß einwandfrei ruhiggestellt und der Augapfel mit einer Bindehautpinzette sicher fixiert bleiben.

Sind diese Bedingungen erfüllt, ist die Parazentese gefahrlos (Abb. 48).

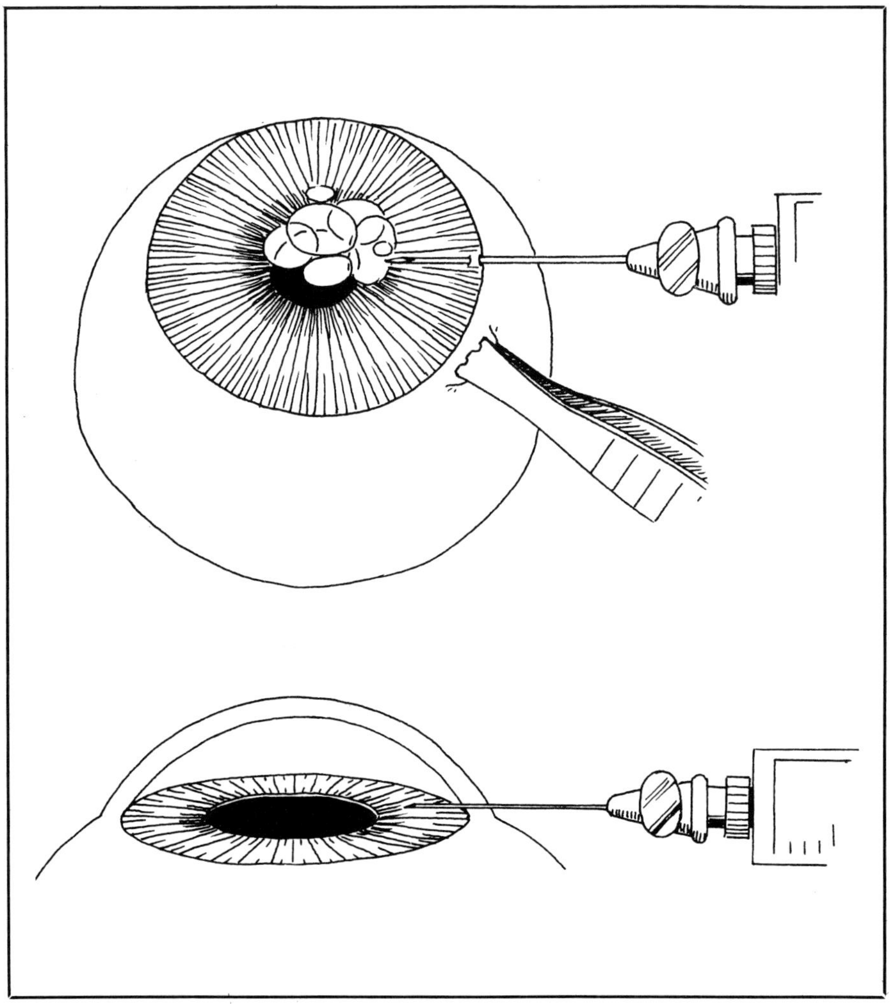

Abb. 48: Punktion der Vorderkammer (Parazentese)

1.5.5 Die Fixation der Lider

Die Fixation der Lider (Abb. 49) erlaubt den gewünschten Zugang zum Augapfel während eines Eingriffes und kann entweder mit Hilfe eines Lidspreizers (1, 2) oder einfacher durch zwei Zügelfäden erfolgen (3). Massive Lidsperrer beeinträchtigen die Übersicht und deswegen auch operative Eingriffe. Die Fäden erfassen die ganze Dicke der Lidhaut und werden durch das Gewicht kleiner Gefäßklemmen unter Spannung gehalten.

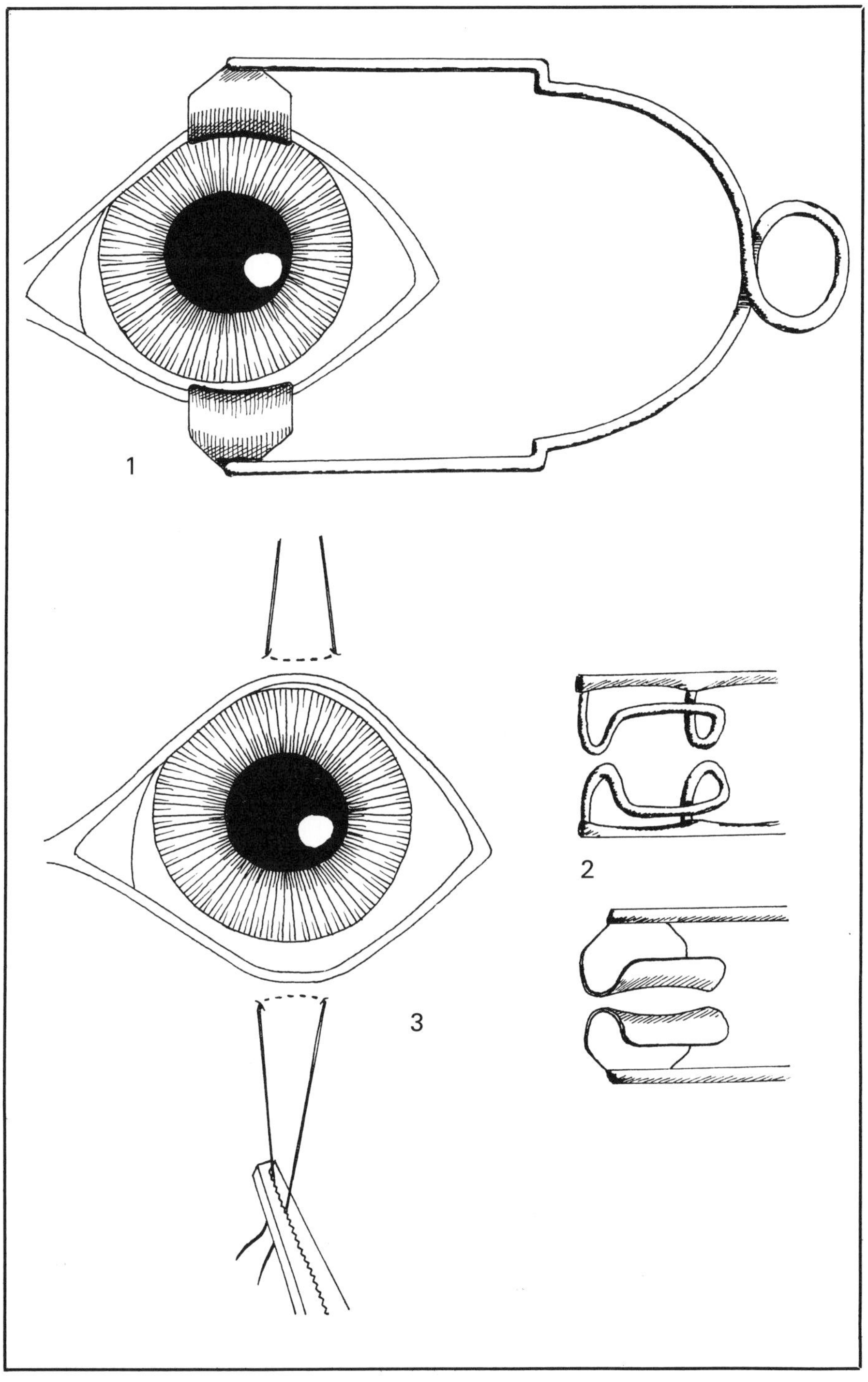

Abb. 49: Fixation der Lider

1.5.6 Die Fixation des Augapfels

Sie ist oft unerläßlich bei operativen Eingriffen, da der Augapfel während der Anästhesie nach unten gleitet, so daß ein Bereich unzugänglich wird, der für den Operateur besonders wichtig ist.

Wir haben schon auf die Möglichkeit hingewiesen, diese Rotation des Augapfels durch eine retrobulbäre Injektion teilweise zu verhindern (Kap. 1.5.3). Im Interesse eines zuverlässigen Eingriffs ist jedoch die Fixation unumgänglich (Abb. 50).

Es sei daran erinnert, daß der unversehrte Augapfel eine starre Kugel ist, die ohne große Vorsichtsmaßnahmen mit einer Klemme manipuliert werden kann. Das eröffnete Auge ist demgegenüber sehr weich und verformbar. Während intraokulärer Eingriffe muß es deshalb mit äußerster Sorgfalt behandelt werden.

Im letztgenannten Fall werden zwei Zügelfäden ganz nahe am Limbus unter die bulbäre Bindehaut eingezogen und durch ophthalmologische Fadenpinzetten fixiert.

Die Bindehaut haftet in Limbusnähe am Augapfel und ist in diesem Bereich auch wenig dehnbar (2). Deshalb wählen wir zur Fixation diese Stelle. Die Fadenpinzetten sind leicht, so daß die Verformung des Augapfels vermieden wird.

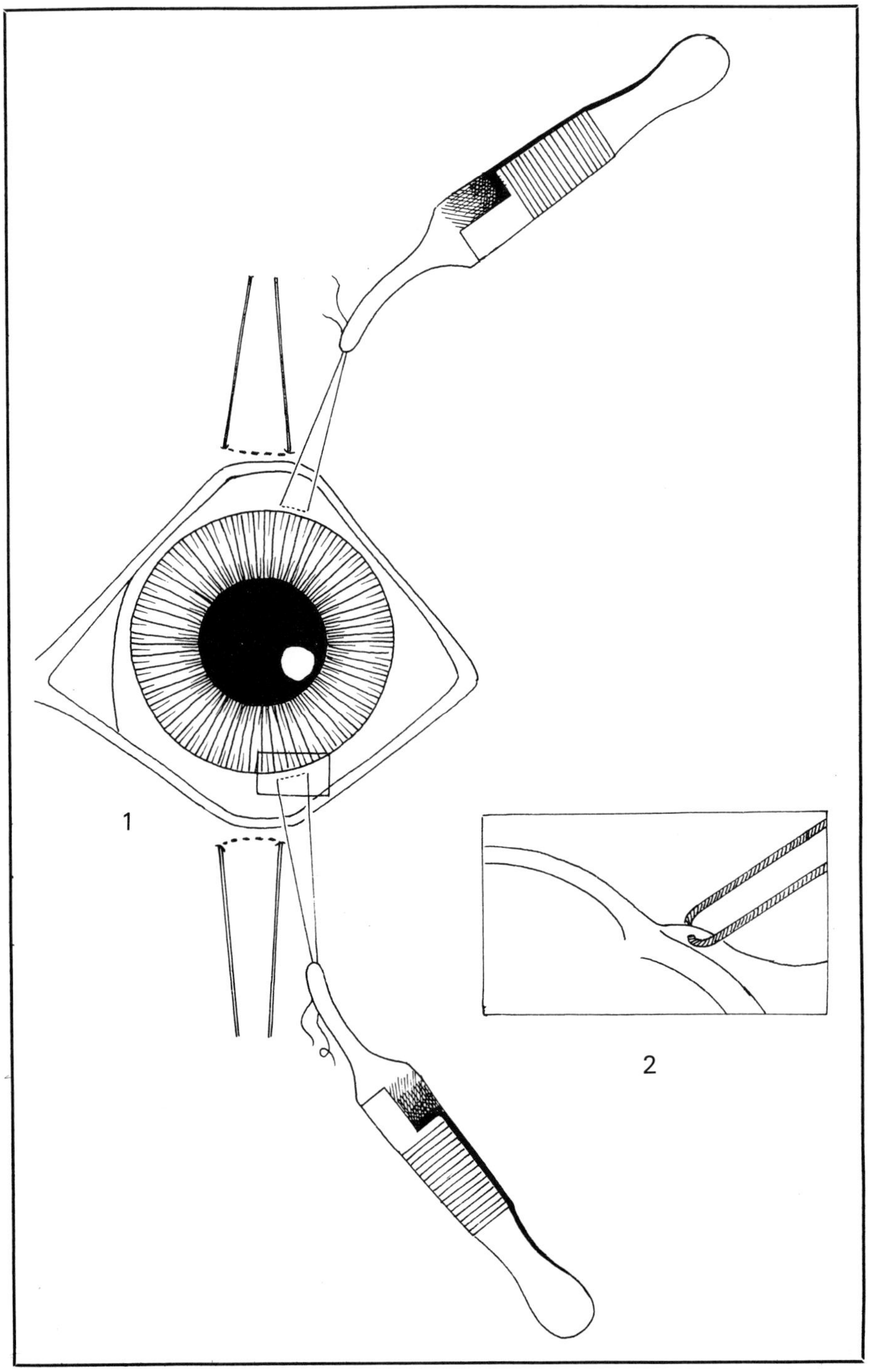

Abb. 50: Fixation des Augapfels

1.5.7 Die Kanthotomie

Sie ergänzt die vorher beschriebenen Techniken (Abb. 51).

Die Erweiterung der Lidspalte im äußeren (temporalen) Winkel ermöglicht einen besseren Zugang zum Augapfel. Diese Technik ist besonders nützlich bei Hunderassen mit enger Lidspalte (Deutsche Bracke, Teckel und Foxterrier). Sie ermöglicht den Zugang zum hinteren Teil des Augapfels. Der äußere Lidwinkel wird mit Hilfe eines Scherenschlags eingeschnitten.

Nach der Operation werden die Wundränder mit Knopfnähten und dünnem Faden (4/0) vereinigt. Ohne übermäßigen Druck auf die Wundränder auszuüben, sind diese einander gut anzunähern. Eine Naht in zwei Etagen ermöglicht eine bessere Annäherung der Wundränder.

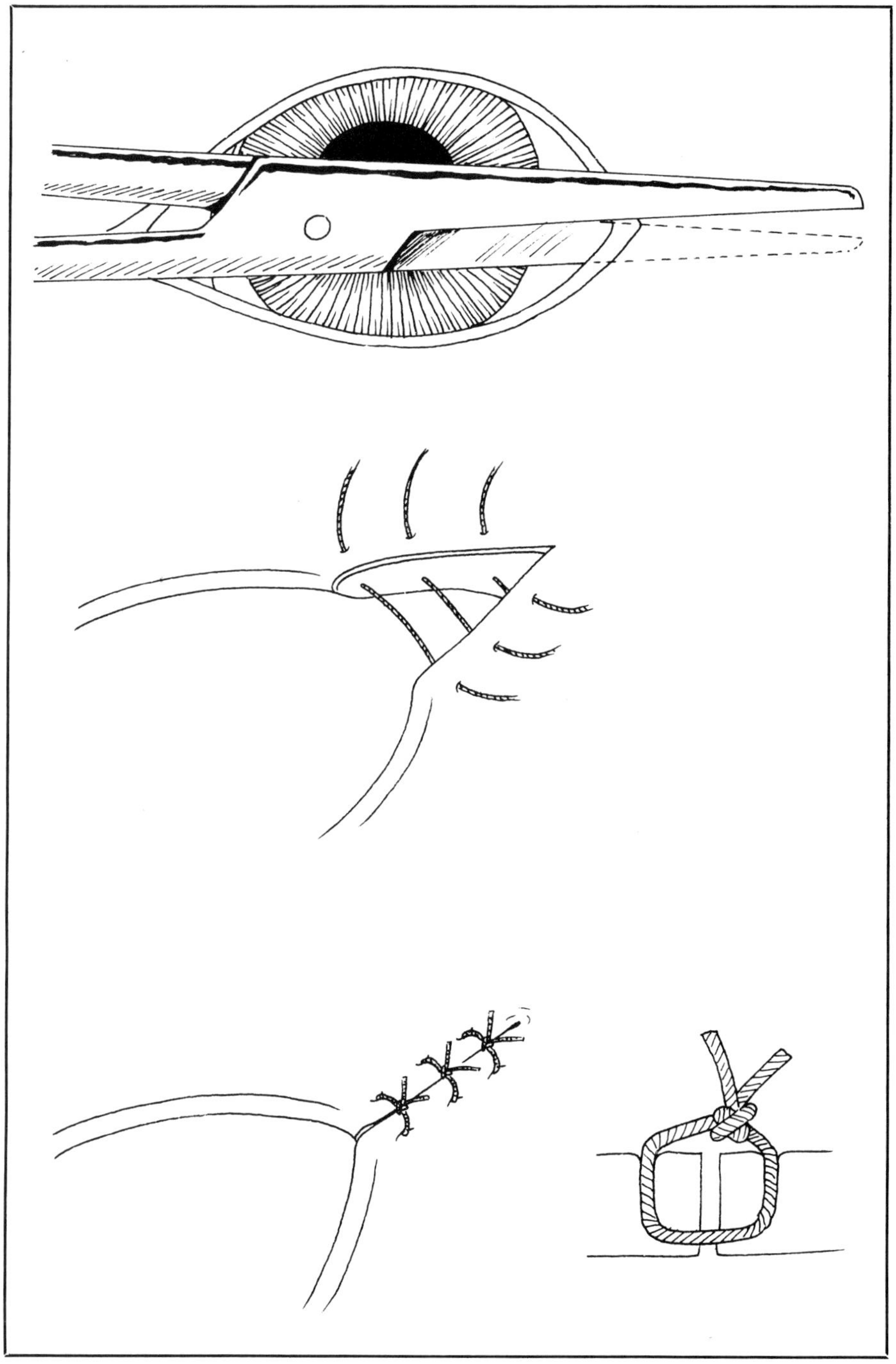

Abb. 51: Kanthotomie

1.5.8 Die Nickhautschürze

Diese Operation besteht im Annähen der Nickhaut am Oberlid, wobei der Faden zwischen der äußeren Bindehaut, der Nickhaut und dem Knorpel durchgezogen wird. Mit diesem Eingriff können der Augapfel und vor allem die Hornhaut geschützt werden.

Drei U-Nähte bilden die Grundlage der Operation. Es ist nichtresorbierbares, atraumatisches Nahtmaterial 4/0 zu verwenden. Die drei Nähte werden vorgelegt und erst später angezogen. Ein Zelluloseschwämmchen sorgt dafür, daß diese Fäden nicht direkt auf die sehr empfindliche Haut des Oberlids drücken. Diese Vorrichtung übt außerdem einen gleichmäßigen Druck auf das Lid aus.

■ **Technik der Nickhautschürze** (Abb. 52)

Die atraumatische Nadel wird durch das Zelluloseschwämmchen und dann durch das Lid geführt (1), hierauf um den Hals des Blinzknorpels (2) und schließlich wieder durch das Oberlid und das Schwämmchen (3).

Wichtig ist:

- ▷ die Nickhaut nicht vollständig zu durchstechen,
- ▷ die drei Nähte vorzulegen, bevor sie angezogen und geknotet werden (4).

Die drei Knoten werden anschließend geknüpft (5) und das Zelluloseschwämmchen befeuchtet (6). Sein Aufquellen gewährleistet einen gleichmäßigen, sanften Zug auf die Nähte. Nach 10 bis 15 Tagen werden die Fäden gezogen.

Bei sehr kurzer Nickhautschürze von 2 bis 3 Tagen ist das Anbringen eines Zellulosebändchens nicht nötig.

Dieser Eingriff kann durch einen Lidverschluß ergänzt werden.

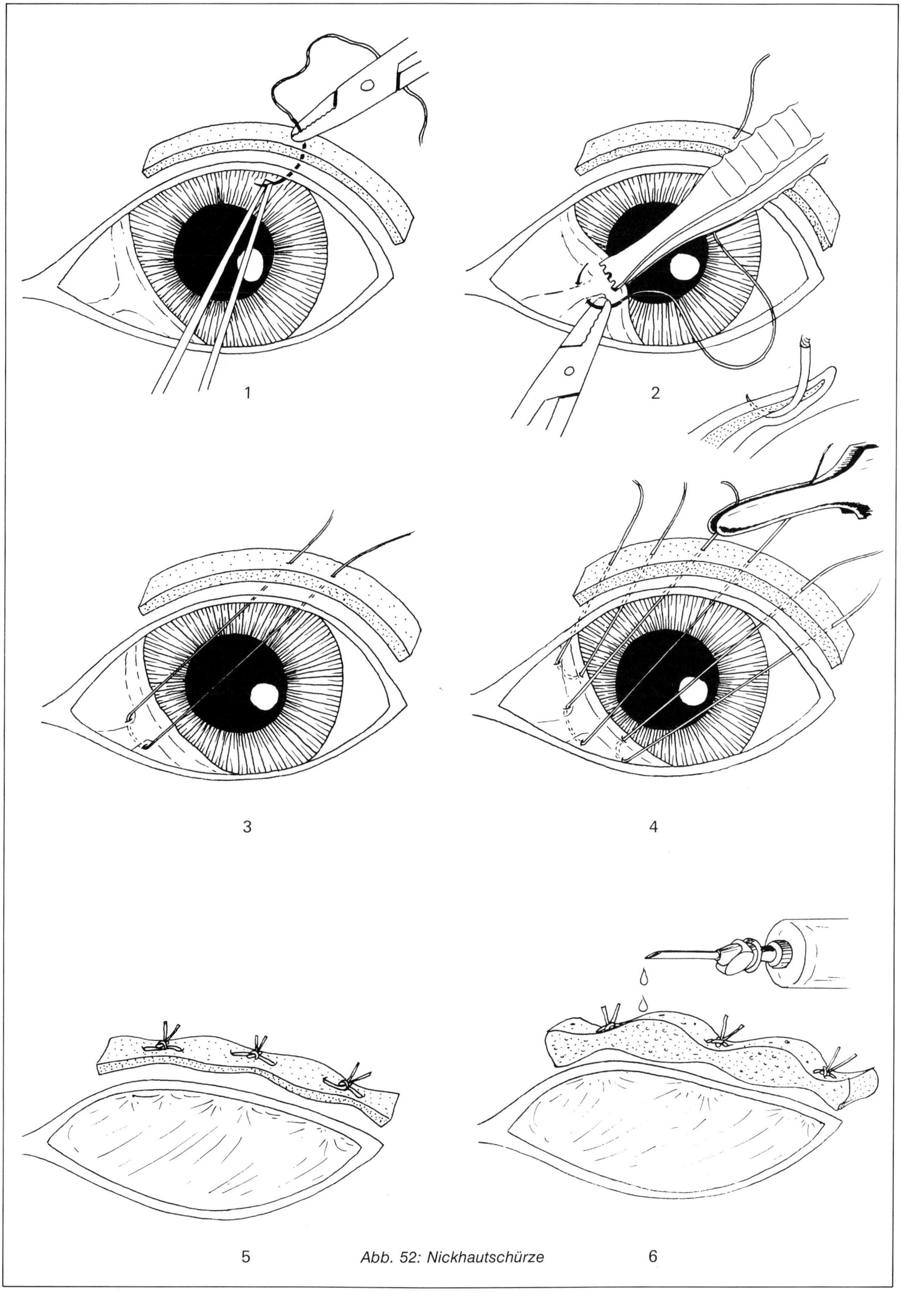

Abb. 52: Nickhautschürze

1.5.9 Der Lidverschluß (Blepharorrhaphie)

Der Eingriff besteht im gegenseitigen Annähern von Unter- und Oberlid, um die Lidspalte zu schließen und damit das Auge zu schützen.

Drei horizontale U-Nähte werden im Lidgewebe gesetzt, um Unter- und Oberlid anzunähern. Es gibt noch andere Techniken. Die vorliegende hat einen entscheidenden Vorteil: die Fäden berühren die Hornhaut nie und können so keine Erosion hervorrufen.

■ **Technik der Blepharorrhaphie** (Abb. 53)
Es wird atraumatisches Nahtmaterial 4/0 verwendet. Die Nadel wird im Abstand von etwa 3 mm vom Lidrand eingestochen (1) und innerhalb des Lidgewebes weitergeführt, bis sie am Lidrand wieder austritt. Im Unterlid ist der Verlauf symmetrisch. Der Faden wird durchgezogen und parallel zur vorhergehenden Richtung wieder eingestochen (2).

Drei Nähte werden auf diese Weise vorgelegt, anschließend die Lider einander angenähert und die Fäden verknotet (5). Dieser einfache Verschluß bietet einen guten Schutz für die Dauer von 4–5 Tagen. Bei längerer Anwendung reißen die Nähte, bedingt durch das Blinzeln. Soll der Verschluß länger andauern, so muß dem Knoten ein Zelluloseplättchen unterlegt werden (7, 8).

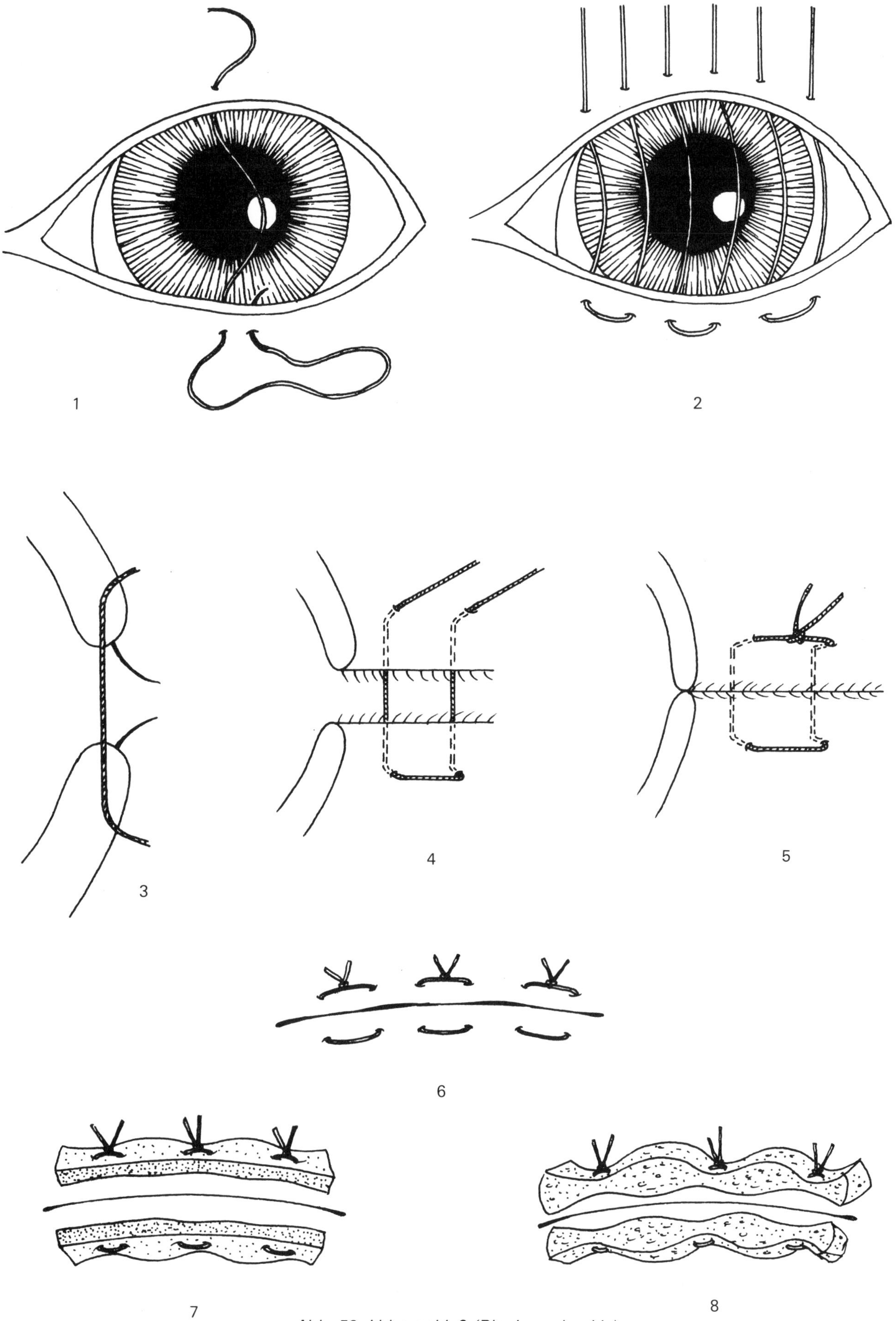

Abb. 53: Lidverschluß (Blepharorrhaphie)

1.5.10 Der Augenschutz

Der Schutz beschränkt sich auf das Tragen eines Halskragens. Tatsächlich verwenden wir außer dem Lidverschluß und/oder der Nickhautschürze keine anderen Schutzverbände.

Der Halskragen schützt wirkungsvoll gegen das Anstoßen und Kratzen und bewährt sich nach intraokulären Eingriffen. Allerdings verträgt ihn nicht jeder Hund.

Nachstehendes Foto zeigt einen Hund mit einem solchen Halskragen, der am Halsband befestigt ist. Man muß wissen, daß diese »Beleidigung« das Verhalten des Tieres gewöhnlich einen Tag lang verändert. Die Hunde urinieren nicht mehr und setzen keinen Kot ab. Diuretika und Glyzerinzäpfchen können das Harn- und Kotverhalten beheben. Der Hundehalter muß über diese möglichen Reaktionen im Bilde sein, damit er das nötige Verständnis aufbringt. Der Halskragen ist trotz dieses Nachteils ein nützliches Hilfsmittel, das sowohl den Hundebesitzer als auch den Praktiker zu beruhigen vermag. Jedenfalls überwiegen die Vorteile.

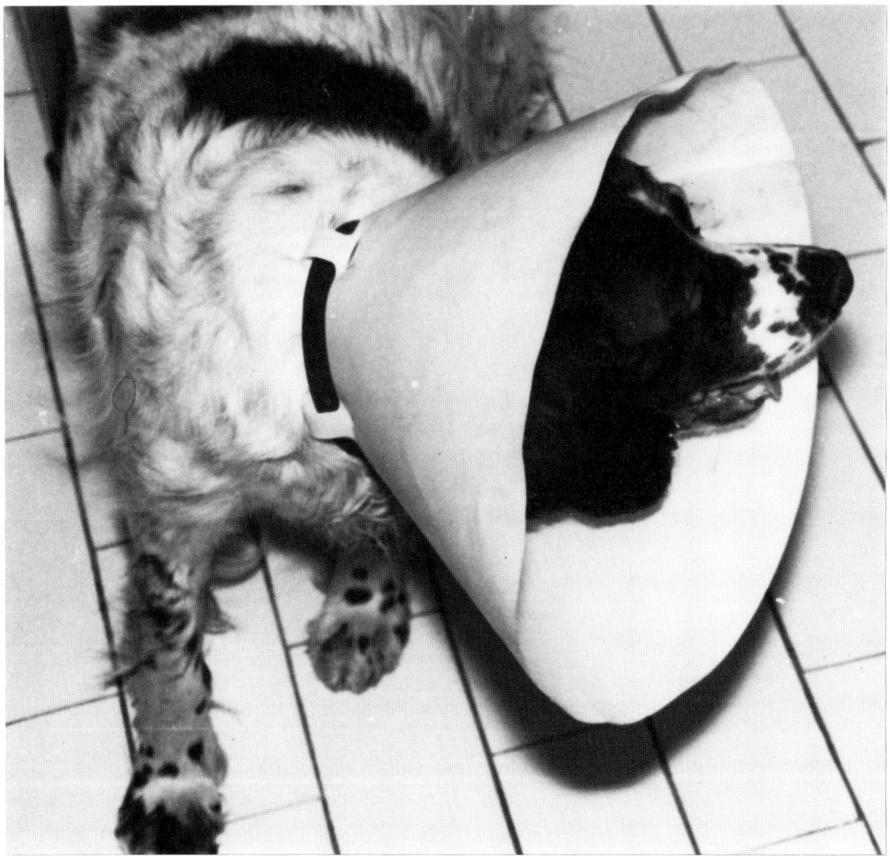

Abb. 54: Augenschutz (Halskragen)

1.6 Notfallchirurgie in der Augenheilkunde

Der chirurgische Notfall beinhaltet eine unverzügliche operative Behandlung. Zu diesem Zweck muß man über das entsprechende Instrumentarium verfügen und das Vorgehen bei den verschiedenen pathologischen Zuständen kennen.

In der Ophthalmologie umfassen die chirurgischen Notfälle Verletzungen des Augapfels und seiner Nebenorgane, Fremdkörper, Vorfälle des Augapfels und tiefe Substanzverluste in der Hornhaut.

Wenn ein Tier mit einer Augenverletzung in der Praxis vorgestellt wird, sind zuerst das Auge und seine Umgebung mit physiologischer Kochsalzlösung zu reinigen, die Haare zu scheren, die Bindehautsäcke mit der gleichen Lösung zu spülen und schließlich ein Lokalanästhetikum einzuträufeln, das die Untersuchung des Auges erlaubt.

Nach der mechanischen Reinigung sind die Verletzungen ausgiebig mit Betadine (Vetedine®) zu desinfizieren. Wenn ein Eingriff notwendig ist, wird das Tier narkotisiert und ein Augenabdecktuch plaziert.

■ **Notfallinstrumentarium bei Augenverletzungen**

Für die Beschreibung der Instrumente verweisen wir auf das Kapitel 1.4.2, »Die Instrumente«. Ein Notfallbesteck kann folgende Instrumente enthalten:

1 Schere nach Sevrin-Stevens zur Tenotomie;
1 Hornhautschere nach Castroviejo;
1 Skalpellgriff (Typ Parker No. 3) mit auswechselbaren Klingen (z. B. D15);
1 Lidsperrer nach Mawas oder Desmarres;
1 Bindehautpinzette nach Graefe;
1 Nahtpinzette nach Paufique (für die Hornhautnaht);
1 Spülkanüle;
1 Nadelhalter nach Barraquer oder Brégeat;
1 Irisspatel nach Wecker;
1 Fremdkörpernadel nach Dupuytren;
+ Zellulosetupfer,
+ atraumatisches Nahtmaterial:
Tergal, gezwirnt 4/0 für die Haut,
Polyglykolsäure 5/0, 6/0, 7/0,
Kollagen 6/0;
1 Abdecktuch für Augen.

1.6.1 Lidverletzungen

Eine Besonderheit, an die sich der Operateur zu erinnern hat, ist die, daß die Lider aus zwei voneinander ziemlich unabhängigen Gewebsschichten bestehen. Die äußere Schicht setzt sich zusammen aus der Haut und dem Ringmuskel *(M. orbicularis oculi)*. Die tiefere Schicht wird gebildet von der Bindehaut und dem Tarsus (bei Fleischfressern schwach entwickelt).

■ **Wiederherstellung der Lider nach Rißverletzung** (Abb. 55)

Ist die Lidverletzung kurz, ohne Substanzverlust, genügt eine Naht der Haut mit nichtresorbierbarem Faden, wobei die Wundränder genau aneinanderliegen müssen.

Ist der Riß lang, unregelmäßig und mit Substanzverlust verbunden, so wird nach Spaltung der Lider mit der Schere in zwei Ebenen genäht (2). Die tiefe Naht erfolgt mit Kollagen 6/0. Die Knoten sind subkonjunktival zu versenken (3). Einzelknopfnähte aus nichtresorbierbarem Material bilden die äußere Naht (4), wobei die Nahtlinie gegenüber der tieferen verschoben sein soll. Ist der Substanzverlust bedeutend, kann die fehlende Bindehaut durch ein Bindehautstück des anderen Lides ersetzt werden. Der Hautverlust ist durch Verschiebung auszugleichen (siehe Operationstechniken nach Exzision von Lidtumoren, S. 113 + 115).

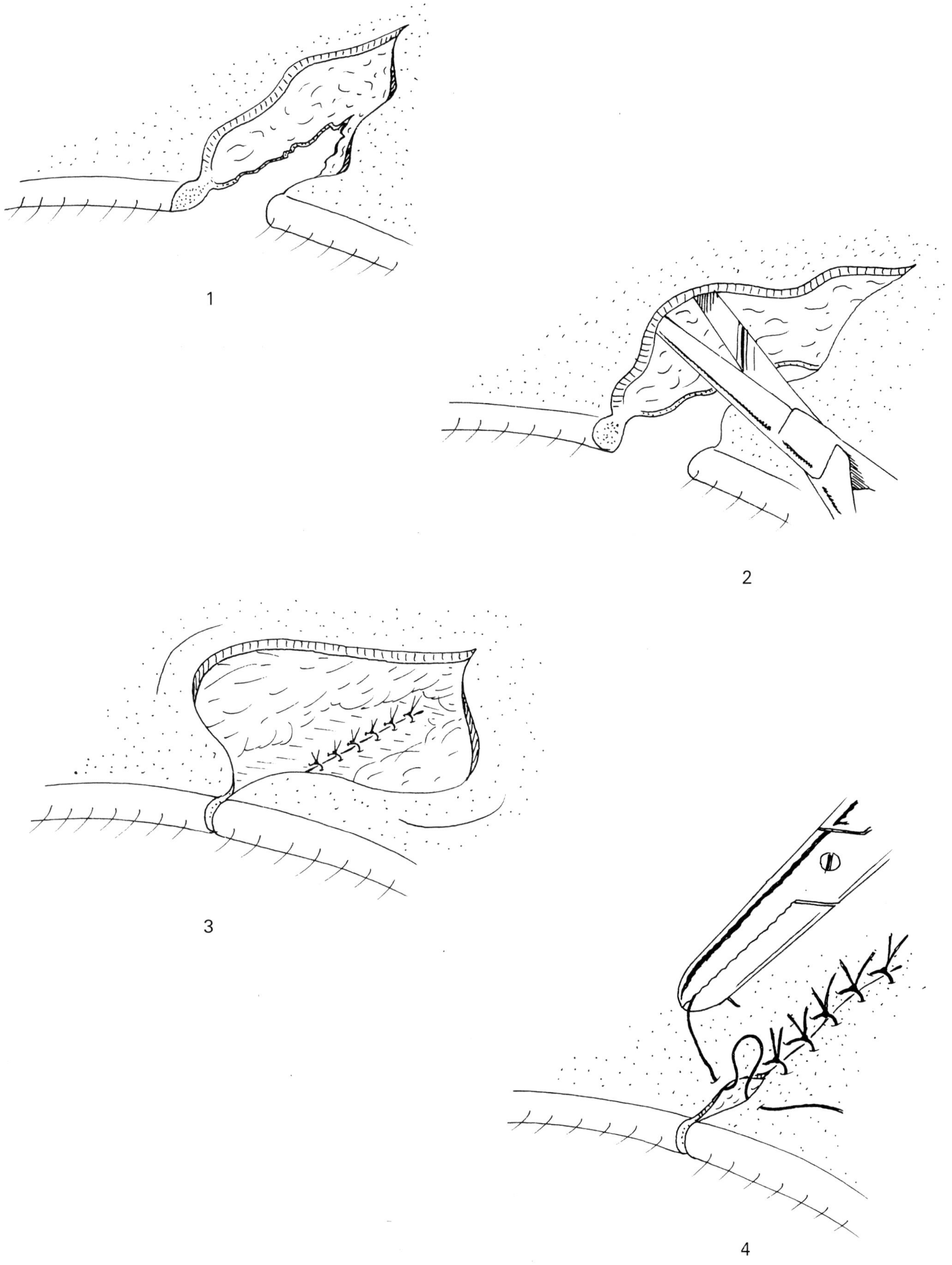

Abb. 55: Wiederherstellung der Lider nach Rißverletzung

1.6.2 Hornhautverletzungen

Ist die Hornhaut aufgerissen oder bis in eine Tiefe von mehr als 50 % ihrer Dicke verletzt, so muß sie unverzüglich mit resorbierbarem Nahtmaterial (Polyglaktin 7/0) genäht werden.
In schwerwiegenden Fällen wie Iriseinklemmung ist die Technik entsprechend schwieriger. In allen Fällen soll der Eingriff möglichst frühzeitig erfolgen.

■ **Wiederherstellung von Hornhautverletzungen** (Abb. 56)
Die wasserdichte Naht erfolgt mit Einzelknopfnähten (2, 3). Ein frühzeitiger Verschluß ist Voraussetzung für gute Ergebnisse.

Es sollte möglichst feines Nahtmaterial verwendet werden, das allerdings optische Vergrößerung erfordert. Es ist daran zu erinnern, daß die Wundränder nur dann einwandfrei aufeinanderpassen, wenn die Nähte tief genug im Hornhautstroma sitzen, die Hornhaut jedoch nicht perforieren (siehe Kap. 2.5.8, Keratoplastik, S. 158).

Die Vorderkammer ist nach dem Eingriff wiederhergestellt.

■ **Verschluß von Hornhautverletzungen, kompliziert durch Iriseinklemmung**
Die Iris wird mittels eines Irisspatels nach Wecker von Fibrin und vom Wundrand gelöst, in dem sie eingeklemmt war (4, 5) und hierauf reponiert (6). Anschliessend wird die Hornhautverletzung revidiert und genäht (7).
Ist die Einklemmung bereits alt, ist es nicht mehr möglich, die Iris zu reponieren. Der prolabierte Teil muß in der Folge mit dem Thermokauter und der Schere abgetragen werden. Dieser Eingriff bewirkt eine stärkere Entzündung. Die Hornhautwunde wird sodann vernäht.

Eine elegantere, allerdings auch kompliziertere Methode besteht darin, daß man den Teil der Hornhaut rund um das Irisstaphylom exzidiert, die eingeklemmte Iris reseziert und eine Hornhauttransplantation anschließt. Diese umfangreiche Technik zeitigt gute Ergebnisse (siehe Kap. 2.5.8, Keratoplastik, S. 158).

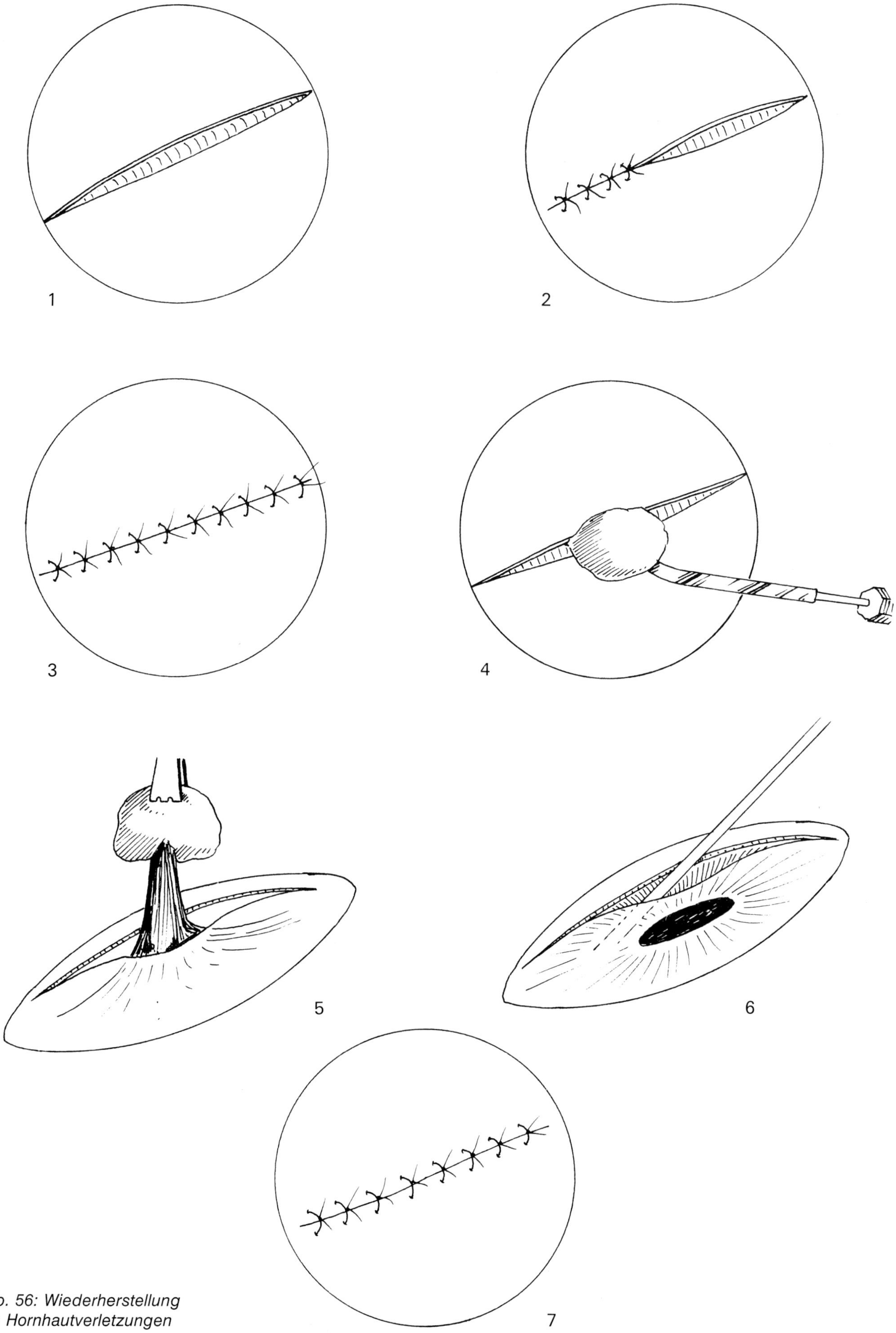

Abb. 56: Wiederherstellung von Hornhautverletzungen

1.6.3 Vorfall des Augapfels (Luxatio bulbi)

Der Bulbus tritt aus der Augenhöhle hervor bis vor die Lider. Dieser Zustand tritt bei kurzköpfigen Hunderassen häufiger auf. Die Folgen dieser Verlagerung des Augapfels sind:

a) Austrocknung des Auges und vor allem der Hornhaut;
b) Dehnung des Sehnervs;
c) Verschluß des venösen Ziliargefäßsystems, der zu einer okulären Blutstauung und zu einer Vergrößerung des Augapfels führt.

Es ist notwendig, den Augapfel zu reponieren, um die Symptome zum Abklingen zu bringen.

Das Fortbestehen krankhafter Veränderungen hängt ab von der Dauer des Vorfalls und vom Ausmaß der Dehnung.

Bevor man sich zum operativen Eingriff entschließt, ist im Hinblick auf die Narkose dem Allgemeinzustand des Tieres sowie dem Zustand des Auges (Vorfall des Augeninhalts) Rechnung zu tragen.

■ **Operationstechnik** (Abb. 57)

▷ Anästhesie.
▷ Zügelfäden an den Lidern (1).
▷ Kanthotomie im äußeren Lidwinkel.
▷ Benetzung des Augapfels mit phys. NaCl-Lösung (2).

Keinesfalls den Augapfel zur Herabsetzung seines Volumens punktieren (die plötzliche Senkung des Augendruckes würde eine innere Blutung hervorrufen).

▷ Retrobulbäre Injektion von 5 mg Methyl-Prednisolonazetat (3).
▷ Reposition durch Zug an den Lidern und sanften Druck auf den Bulbus (4).
▷ Nickhautschürze (5, 6).
▷ Lidverschluß (7).

Nickhautschürze und Lidverschluß werden 14 Tage belassen. Eine medikamentöse Allgemeinbehandlung mit Antibiotika und nicht-steroidalen Entzündungshemmern ist sicherzustellen. Hinzu kommt die lokale Applikation von Atropin und Antibiotika sowie eines Kortikosteroids in Salben- oder Tropfenform. Die Nähte werden nach 14 Tagen entfernt, sobald sich das periokuläre Ödem zurückgebildet hat. Sollte die Entzündung länger dauern, sind die Nähte zu erneuern und weitere 10 Tage zu belassen.

Sehr häufig bleibt ein *Strabismus divergens* (Schielen nach außen).

N. B.: Der Gebrauch von Kortikosteroiden ist mit Rücksicht auf ihre infektionsfördernde Wirkung vielleicht diskutabel. Die Vorteile ihres entzündungshemmenden Effekts überwiegen unseres Erachtens aber diesen möglichen Nachteil.

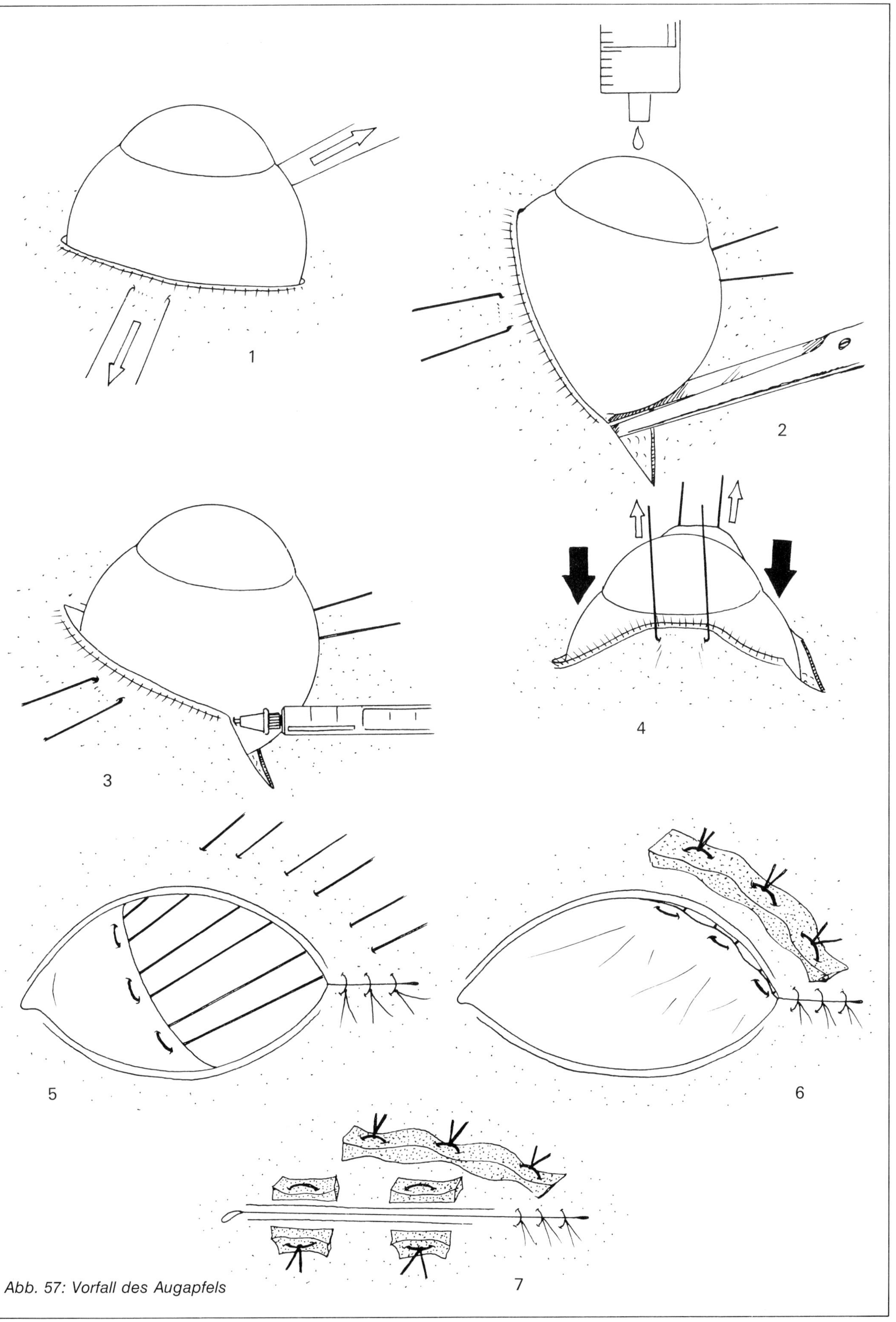

Abb. 57: Vorfall des Augapfels

1.6.4 Fremdkörper im Auge

Wir rufen in Erinnerung, daß die Instillation von Atropin-Augentropfen stets die erste therapeutische Handlung sein sollte, wenn eine Hornhautperforation oder eine Irisverletzung vorliegt (siehe Notfälle, Kap. 1.3.3). Atropin wirkt pupillenerweiternd und akkommodationslähmend (zykloplegisch).

Perforierende Verletzungen der Hornhaut durch spitze Fremdkörper (Dornen, Katzenkrallen) ebenso wie Augenverletzungen durch Feuerwaffen werden hier nicht behandelt. Diese Notfälle verlangen vor allem eine medikamentöse Behandlung. Die Versorgung der Hornhautverletzung ist demgegenüber von sekundärer Bedeutung.

Im Falle von perforierenden Stichverletzungen stehen die Iris- und Linsenläsionen im Vordergrund (Pupillenerweiterung sowie antibiotische und antiphlogistische Behandlung).

Bei Verletzungen durch Feuerwaffen sind die Läsionen direkt durch das Geschoß sowie durch die Schockwelle bedingt, die Quetschungen bewirkt. Die Folgen einer derartigen Schockwirkung sind für die Prognose von entscheidender Bedeutung (Atrophie des Ziliarkörpers). Auch in diesem Falle steht die medikamentöse Behandlung gegenüber der operativen im Vordergrund.

■ Fremdkörper in der Hornhaut

Zur Vermeidung einer chronisch entzündlichen Reaktion mit Gefäßproliferation und einer Infektion ist jeder Fremdkörper zu entfernen.

Das Instrument der Wahl ist die Fremdkörpernadel. Am anästhesierten Tier wird die Hornhaut fixiert und die Nadel unter den Fremdkörper geschoben, so daß dieser durch die Verletzung herausgehoben werden kann.

■ Fremdkörper in der Vorderkammer

Wenn der Fremdkörper infolge seiner Eigenschaft entzündungserregend ist (Eisen, Stahl, Aluminium, Blei), soll er entfernt werden.

Manchmal erlaubt die Hornhautverletzung eine Extraktion. Häufiger muß die Vorderkammer eröffnet, der Fremdkörper entfernt und die Inzisionsstelle nach Wiederherstellung der Vorderkammer genäht werden.

Man sollte den Nutzen eines solchen Eingriffs sorgfältig abwägen, wenn das Auge sonst noch schwerwiegend verletzt ist. In einem solchen Fall ist die medikamentöse Behandlung dringender als die operative.

■ Fremdkörper im hinteren Augenabschnitt

Medikamentös zu behandelnder Notfall. Nicht operieren, da der bereits eingetretene Schaden durch einen Eingriff noch verschlimmert würde.

1.6.5 Tiefe Substanzverluste der Hornhaut

Diese sind häufig die Folge atonischer oder trophischer Hornhautgeschwüre.

■ Substanzverlust ohne Perforation der Hornhaut

Nach Einleitung einer medikamentösen Behandlung wird der Substanzverlust durch Bindehaut abgedeckt oder durch eine Hornhautplastik ersetzt. In der Praxis scheint uns die Abdeckung mit einem gestielten Bindehautlappen das Verfahren der Wahl zu sein (siehe Kap. 2.5.13, Hornhautgeschwür, S. 169).

■ Substanzverlust mit Perforation der Hornhaut

Die Iris ist stets mitbeteiligt, und vor dem Verschluß der Lücke muß sie freigelegt werden. Die Therapie der Wahl scheint uns im Falle größerer Substanzverluste die Hornhauttransplantation zu sein (siehe lamelläre Keratoplastik, S. 160).

2 Erkrankungen des Augapfels und seiner Nebenorgane

2.1 Erkrankungen der Lider und der Hautfalten

Die Hornhaut, das Fenster des Auges, ist sehr empfindlich. Ihre Transparenz und ihr Glanz sind nur durch das Vorhandensein der Lider gewährleistet, die in ihrem Aufbau dieser Funktion besonders gut entsprechen.

Die Lider stellen somit Schutzelemente des Auges dar. Sie bedecken teilweise die Hornhaut und verteilen beim Blinzeln den präkornealen Tränenfilm. Im Idealfall liegt das Lid der Hornhaut vollständig und flach auf. Daher ist auch leicht verständlich, weshalb jegliches Einwärtsrollen des Lids (Entropium) oder Auswärtsdrehen (Ektropium) den präkornealen Tränenfilm störend beeinflussen. Die nachfolgend beschriebenen Operationstechniken sollen durchweg den Idealzustand zwischen Lid und Hornhaut wiederherstellen.

Die chirurgischen Eingriffe sind einfach durchzuführen. Die einzige Schwierigkeit besteht in der Wahl der geeigneten Technik und in der Bedeutung der Schnittführung. Die Wahl ist stets am unbetäubten Tier zu treffen. Tatsächlich verändern sich die anatomischen Verhältnisse am narkotisierten Tier. Erschwert wird die Beurteilung auch durch das bereits intraoperativ auftretende Ödem, das in diesem reich vaskularisierten Gewebe besonders in Erscheinung tritt und die Lider deformiert.

Alle Operationen werden unter Vollnarkose durchgeführt.

2.1.1 Entropium (1)

Entropium (Abb. 58) ist die Einwärtsdrehung des Lidrandes. Es gibt drei Techniken, um ein Entropium zu berichtigen:
1. Kauterisation,
2. Exzision eines kreisförmigen Hautstücks,
3. Exzision eines halbmondförmigen Hautlappens.

Die Kauterisation oder die Injektion sklerosierender Präparate dient einzig dazu, das Lid zu verfestigen, wenn dieses dünn ist und sich nur zeitweise einstülpt, wie es vor allem bei jungen Hunden beobachtet werden kann. Zur Injektion eines Tropfens Alkohol als Sklerotherapeutikum bedarf es keiner Anästhesie.

Die Exzision eines kreisförmigen Hautstücks ist angezeigt, wenn das Entropium sich auf einen Teil des Lids beschränkt wie bei Hunderassen mit langen und schlaffen Lidern (Bloodhound, Bleu d'Auvergne).

Die Exzision eines halbmondförmigen Hautlappens stellt das klassische Verfahren dar, mit dem sich alle größeren Fehlstellungen korrigieren lassen.

■ Die Kauterisation

Zum Schutz der Hornhaut wird zwischen Lid und Augapfel ein Spatel in den unteren Bindehautsack eingelegt. In einem Abstand von ca. 3 mm zwischen den einzelnen Punkten erfolgt sodann die Kauterisation, und zwar auf ein oder zwei Linien in einem Abstand von 3 mm vom freien Lidrand. Mit Hilfe eines Kauters mit stumpfer Spitze wird tief kauterisiert, ohne jedoch die Bindehaut zu schädigen.

Anmerkung: Diese Technik ist sehr einfach, läßt aber nur leichte Korrekturen zu. Außerdem ist sie ungenau.

■ Injektion von sklerosierenden Mitteln

Die Injektion einer Mischung aus gleichen Teilen Alkohol 90 % und Lidocain besitzt die gleiche entzündungsfördernde Wirkung und ruft eine Lidsklerose hervor.

Die Injektion von ein oder zwei Tropfen der Mischung in die Lidhaut ermöglicht die Korrektur eines temporären Entropiums.

■ Exzision eines kreisförmigen Hautlappens

Das Gewebe wird mit einer Adrenalinlösung 1/1000 infiltriert (1), anschließend ein kreisförmiger Hautlappen unter Zuhilfenahme eines Trepans von 6 mm Durchmesser herausgeschnitten. Sodann werden die oberen und unteren Wundränder mit feinen Knopfnähten vereinigt (2, 3).

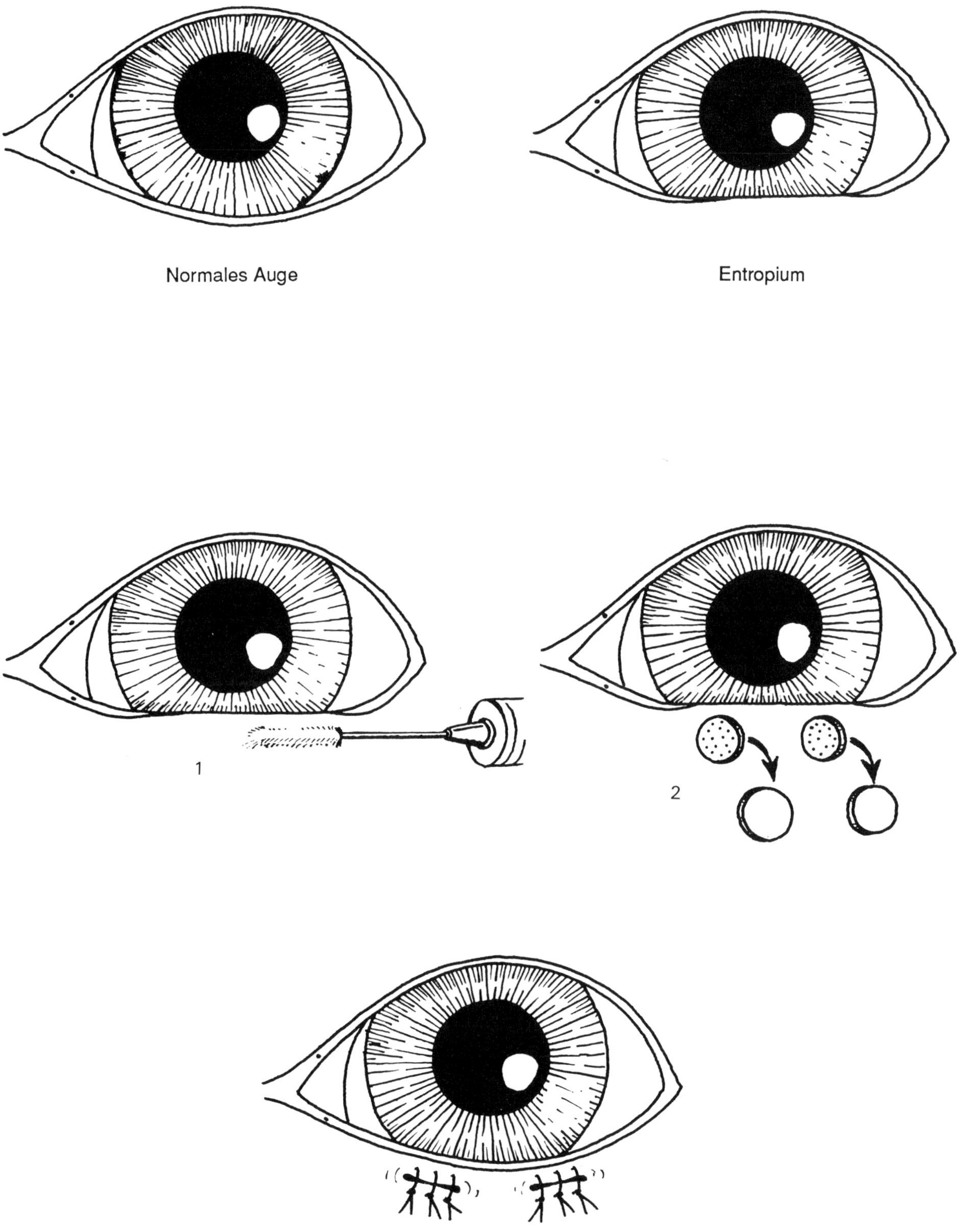

Abb. 58: Entropium: Exzision eines kreisförmigen Hautlappens

2.1.2 Entropium (2)

Im Falle eines bedeutenden Entropiums wird die Technik der Exzision eines halbmondförmigen Hautlappens vorgezogen. Dies betrifft die meisten angeborenen (Chow-Chow) oder schweren sekundären Formen. Die Lage der Exzision hängt von der Lokalisation des Entropiums ab. Die ersten fünf Abbildungen beziehen sich auf ein Entropium am Unterlid. Betrifft die Einwärtsrollung auch den äußeren Lidwinkel, wird ein pfeilförmiges Hautstück entfernt (6).

Ein Entropium am Oberlid kann in ähnlicher Weise korrigiert werden.

■ Exzision eines halbmondförmigen Hautlappens

Infiltration der Lidbindehaut mit einer Lösung aus Lidocain und Adrenalin (Lidocain 2 % : 2 ml; Adrenalin 1 ‰ : 1 ml).

Mit dem Skalpell werden die Umrisse des Halbmonds gekennzeichnet und anschließend zwei Klemmen an der Exzisionsstelle angebracht. Nach dem Hautschnitt wird ein Streifen des Augenringmuskels *(M. orbicularis)* reseziert. Der Wundverschluß erfolgt mit Einzelknopfnähten, die nach einer Woche gezogen werden können. Normale postoperative Behandlung. Unmittelbar nach der Operation ist zum Schutz ein Halskragen zu verwenden.

Anmerkung: Die Größe des zu entfernenden Hautlappens muß am wachen Tier festgelegt werden, da die Anästhesie die Einwärtsrollung der Lider verändert. Die Korrektur des Entropiums ist um so größer, je näher die Inzision am freien Lidrand vorgenommen wird. Gewöhnlich wird ein Hautstreifen von höchstens 2 bis 3 mm Breite entfernt. Zu großzügige Exzisionen ziehen ein Ektropium nach sich!

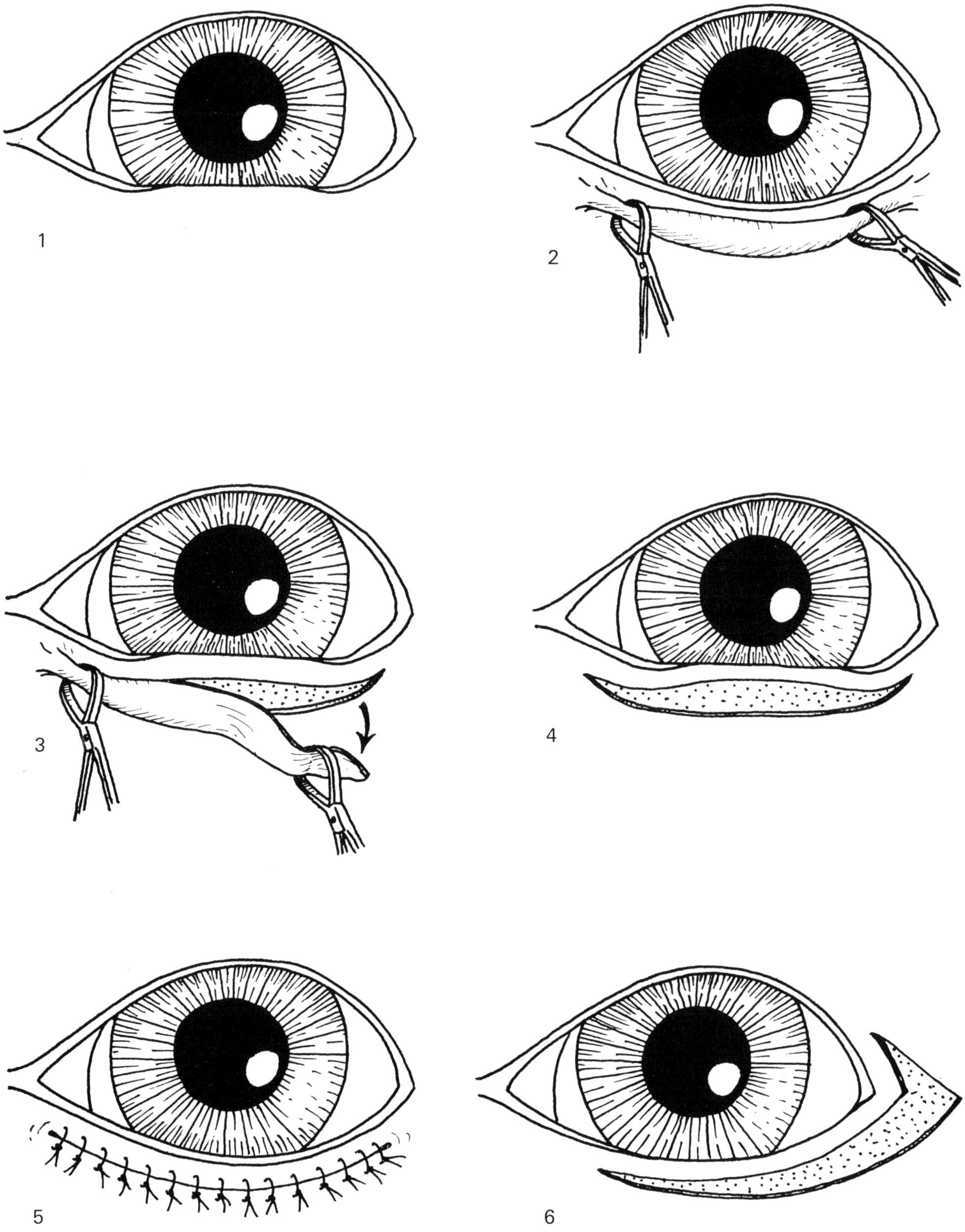

Abb. 59: Entropium: Exzision eines halbmondförmigen Hautlappens

2.1.3 Ektropium (1)

Ektropium entspricht der Auswärtskehrung des Lides. Die damit verbundene Freilegung der Lid- und Augenbindehaut zieht eine Konjunktivitis nach sich.

Es gibt verschiedene Techniken zur Korrektur eines Ektropiums. Sie richten sich nach dessen Grad und Ursache.

Drei Techniken stehen im Vordergrund: Die Korrektur durch Hautschnitte, wenn nur ein Teilstück des Lides betroffen ist. Die V-Y-Korrektur im Falle ausgedehnter Umstülpung. Die Lidverkürzung bei Hunden mit langen und schlaffen Lidern oder bei unfallbedingten Rißverletzungen.

Technik 2 und 3 können bei demselben Tier angewandt werden, wenn es sich um ein hochgradiges Ektropium handelt.

■ **Korrektur durch Haut-Resektion oder -Inzision**
Bestimmt zur Berichtigung eines leichtgradigen Ektropiums bei normaler Lidlänge. Es können die beiden Techniken entsprechend der Abb. 60, 1–4 angewandt werden. Nach der einen Methode wird ein kreisförmiges Hautstück unter Zuhilfenahme eines Trepans exzidiert und der Defekt, wie dargestellt, mit Einzelknopfnähten geschlossen. Die andere Technik beinhaltet eine horizontale Inzision mit anschließender Naht der Wundränder wie in Abbildung 60, 4 angegeben. Dieses Verfahren zeitigt größere Wirkung als das vorhergehende.

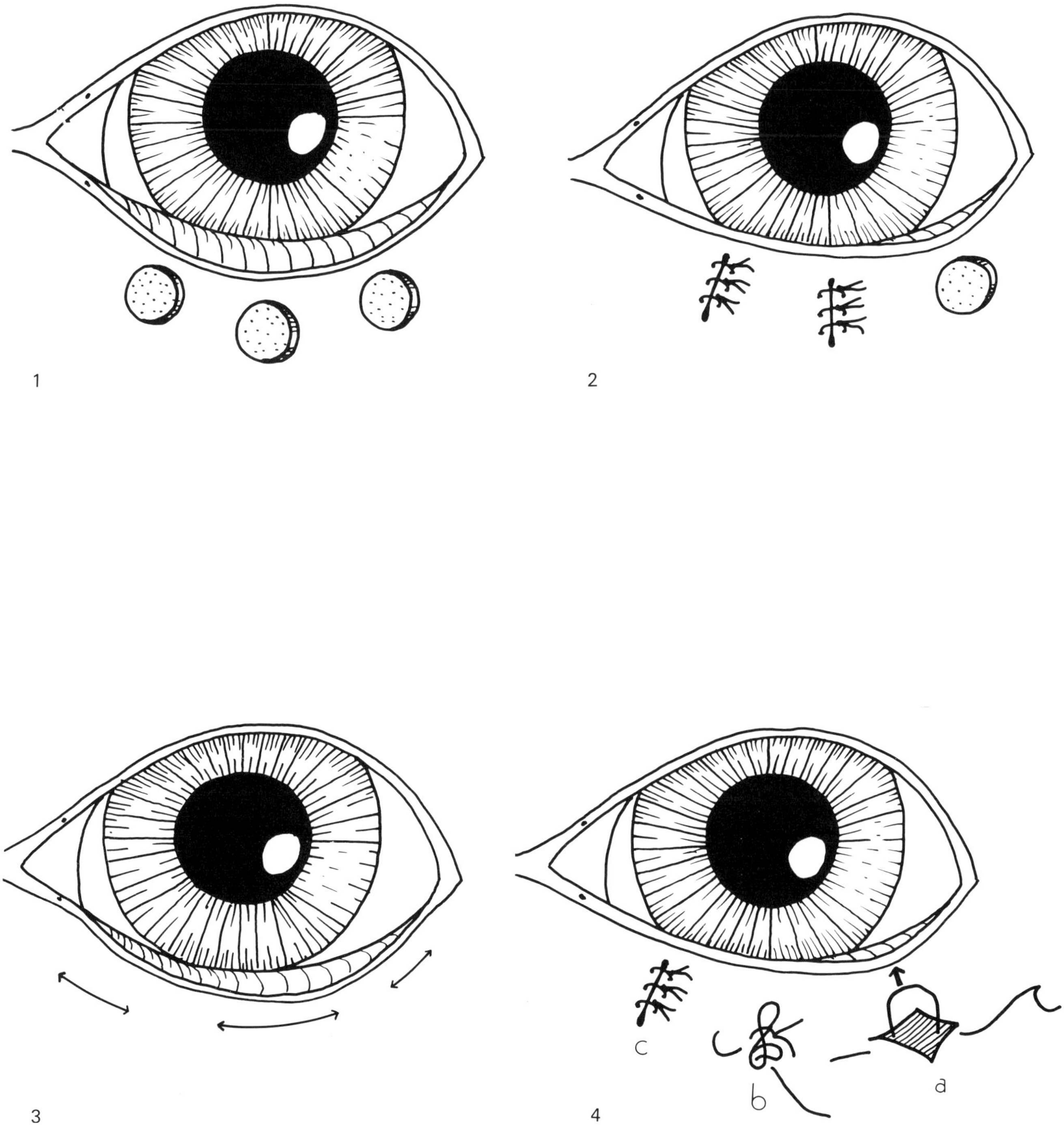

Abb. 60: Ektropium: Korrektur durch Haut-Resektion oder -Inzision

2.1.4 Ektropium (2)

Die Technik der Lidverschiebung ermöglicht die Korrektur von hochgradigen Ausstülpungen. Die Schnittlänge hängt vom Grad des Ektropiums ab.

■ **Korrektur durch Lidverschiebung** (auch V-Y-Technik genannt) (Abb. 61)

Im Anschluß an die Infiltration des Lides mit einer Lidocain-Adrenalin-Lösung wird eine V-förmige Inzision ausgeführt, deren Schenkel das ektropionierte Lidstück umgeben. Die unteren Ränder des V werden einander angenähert, so daß die beiden oberen Lefzen angehoben werden. Das Ektropium wird auf diese Weise korrigiert. Die Wundränder werden mit Einzelknopfnähten vereinigt. Die Inzision hat nunmehr die Form eines Y. Nach einer Woche können die Fäden gezogen werden.

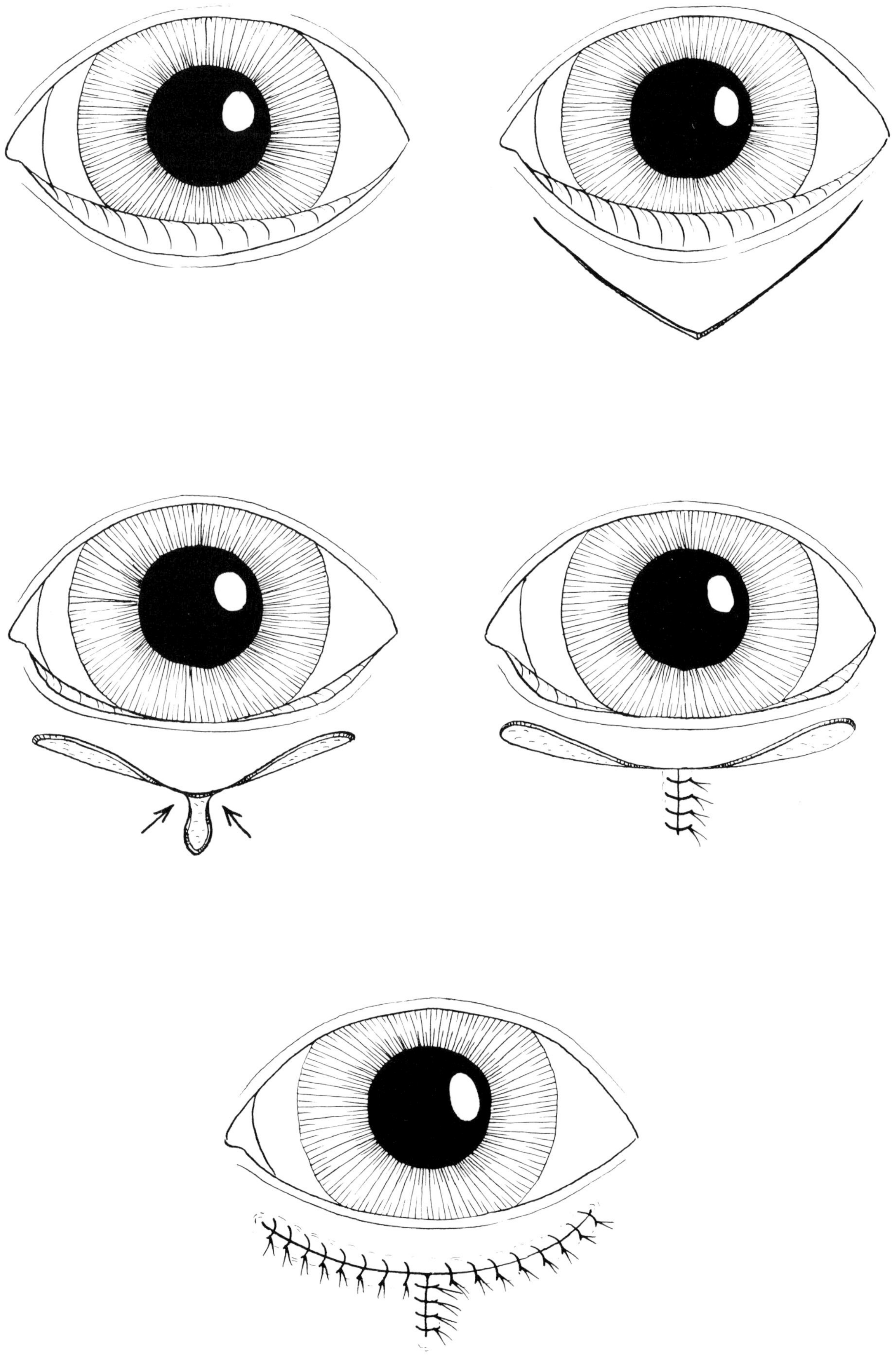

Abb. 61: Ektropium: Korrektur durch Lidverschiebung (V-Y-Technik genannt)

2.1.5 Ektropium (3)

Form der Ausstülpung infolge mangelhafter Lidspannung. Die Verkürzung des Lids stellt die fehlende Spannung her und berichtigt damit dessen Stellung.

■ **Korrektur durch Verkürzung des Unterlids**
Der Eingriff erfolgt immer im äußeren (temporalen) Lidwinkel. Entweder schließt er den äußeren Kanthus ein (2) oder nicht (4).

Die Schnittführung hat im rechten Winkel zum Lidrand zu erfolgen, damit die Kante der Lider beim Zusammenziehen genau aufeinanderpaßt. Gewöhnlich wird ein 4–5 mm langes Lidstück entfernt.

Ein wichtiges technisches Detail zeigt der Ausschnitt von Abb. 62, 2. Ein beidseitig armierter Faden ermöglicht es, die Wundränder genau am Lidrand durchzustechen, so daß die Lefzen einwandfrei aufeinanderpassen. Auf diese Weise findet eine primäre Wundheilung statt. Der Faden wird durchgezogen und nur mit leichtem Zug geknotet.

Die Naht ist mit zwei Knopfnähten zu beginnen, welche die beiden Wundränder einwandfrei vereinigen. Die Kanthusnaht wird als erste geknüpft. Die Fäden werden nach acht Tagen gezogen.

Anmerkung: Diese Operationstechnik kann mit der Resektion des unteren Bindehautsackes verknüpft werden.

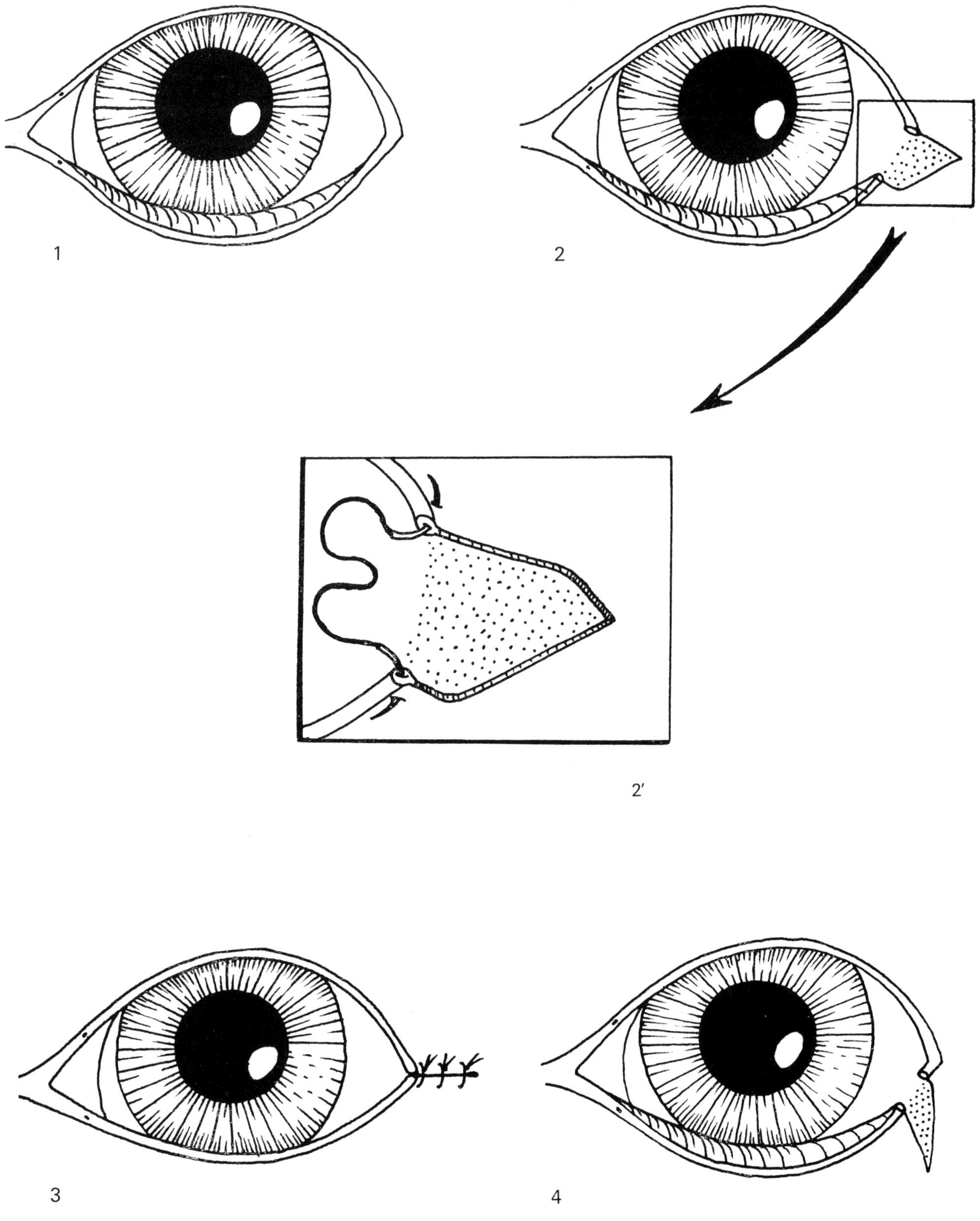

Abb. 62: Ektropium: Korrektur durch Verkürzung des Unterlids

2.1.6 Die Lidspalte

Bei bestimmten Hunderassen mit lockerer Bindehaut und langen, losen Lidern, die die Entstehung eines Ektropiums begünstigen, kommt es oft vor, daß die Öffnung der Lidspalte verkleinert werden muß. Die übermäßige Länge der Lider erweitert die Lidspalte derart, daß die Bindehäute der Reizwirkung der Luft und die Hornhaut der Austrocknung ausgesetzt sind. Die Hunde werden wegen rezidivierender Konjunktivitis vorgeführt. Wenn die üblichen Ursachen einer chronischen Konjunktivitis ausgeschlossen worden sind wie *Konjunktivitis follicularis*, Infektion und *Keratokonjunktivitis sicca*, ist an diese häufige Grundursache zu denken. Folgende Hunderassen sind am meisten betroffen: Cocker Spaniel, Setter, Deutsche Dogge und Bloodhound. Hinzuzufügen ist, daß diese Operation bei Pekinesen gute Dienste leisten kann, bei denen ein Teil der Konjunktivitiden durch eine zu starke Exposition der Augen bedingt ist.

■ **Verlängerung der Lidspalte**
Siehe Kap. 1.5.7, Kanthotomie, S. 79.

■ **Verengung der Lidspalte** (Abb. 63)
Die Technik ist einfach: Unter Narkose wird nach der üblichen Vorbereitung des Operationsgebiets der Rand der Lider im Bereich des äußeren (temporalen) Kanthus entfernt. Die Länge der Exzision richtet sich nach dem vorgesehenen Ergebnis (1).

Der Lidrand wird fast rechtwinklig zum Lid durchtrennt. Dann wird ein Gewebsstreifen aus dem Ober- und dem Unterlid bis zum äußeren Lidwinkel exzidiert (2). Die Naht des neuen Kanthus wird ganz genau im Zentrum des Lidrands gesetzt, jedoch noch nicht geknüpft.

Die Wundränder werden mit gezwirntem Nahtmaterial vereinigt wie z. B. Tergal (4). Die Kanthusnaht wird als letzte geknüpft (5). Acht Tage später können die Fäden gezogen werden.

Anmerkung: Dieser Eingriff ist der Ektropiumsoperation (3. Technik) sehr ähnlich. Der einzige Unterschied besteht darin, daß hier die Exzision sowohl am Ober- als auch am Unterlid vorgenommen wird.

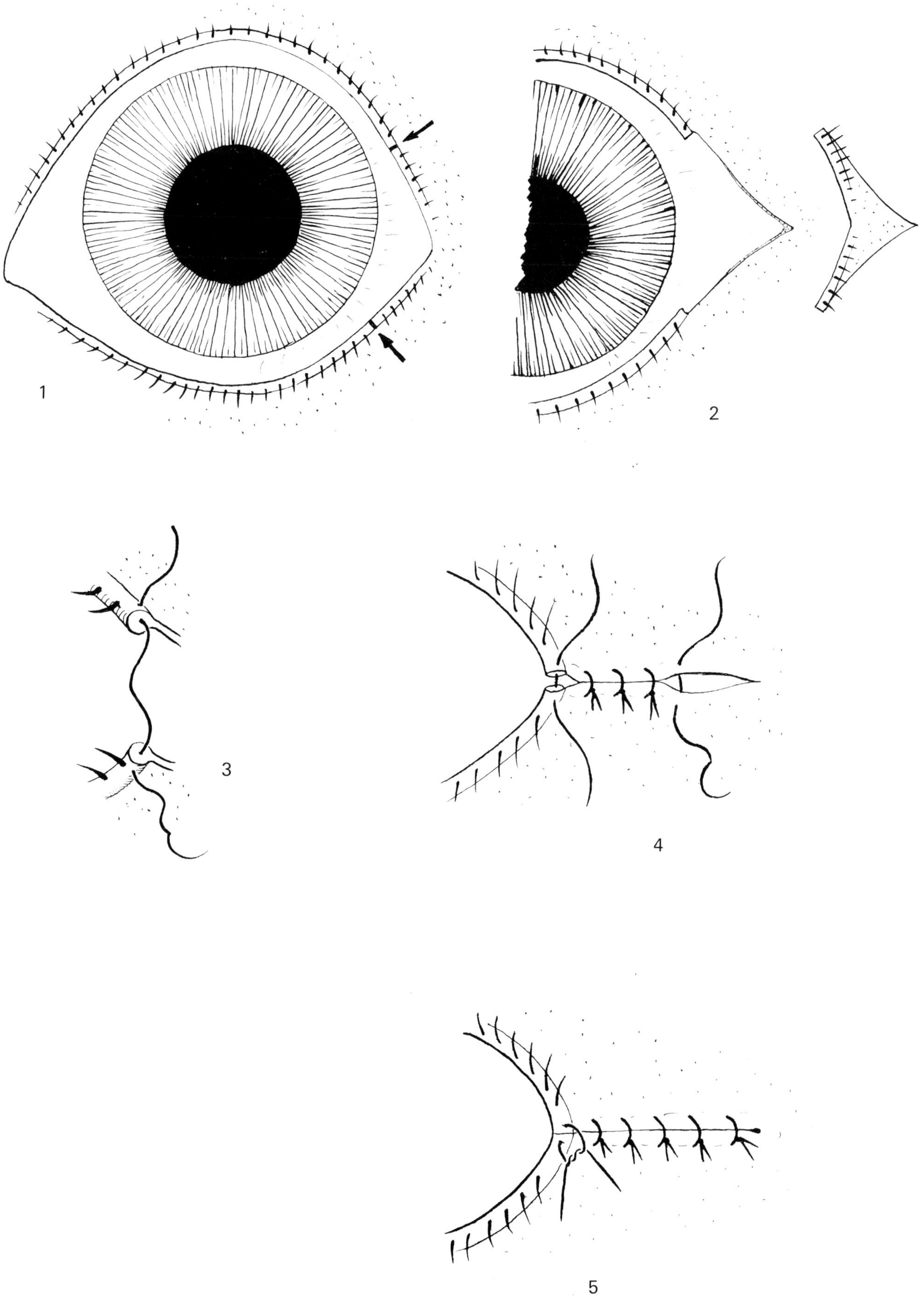

Abb. 63: Verengung der Lidspalte

2.1.7 Fehlstellungen der Wimpern (1)

Beim Hund befinden sich am Rand des Oberlids Wimpern (Zilien), die nach vorne gerichtet sind. Die Haarfollikel öffnen sich am äußeren Lidrand (1).

Im Falle ektopischer Zilien sowie bei Trichiasis und Distichiasis reiben die falsch gestellten Wimpern auf der Hornhaut und bewirken Keratitis, die ihrerseits Schmerzen und Tränenfluß hervorruft. Die entzündliche Reizung führt entweder zur Geschwürsbildung oder zu chronischer Keratitis, die an der Vaskularisierung und Pigmentierung der Hornhaut erkennbar ist. Die Distichiasis ist erblich bedingt.

■ Indikation der Operation

Der chirurgische Eingriff ist jedesmal indiziert, wenn falsch gestellte Wimpern auf der Hornhaut reiben und eine chronische Keratokonjunktivitis bewirken.

Oft bleiben derartige Mißbildungen unbemerkt, weil die Zilien sehr fein und mit dem bloßen Auge nur schwer erkennbar sind. Deshalb sollte der Lidrand stets sorgfältig mit der Lupe untersucht werden, sobald eine Keratokonjunktivitis vorliegt.

Falls nur vereinzelte Wimpern falsch gestellt sind, ist die Elektroepilation angezeigt.

Ist eine mehr oder weniger ausgeprägte Wimpernreihe vorhanden, ist die operative Behandlung vorzuziehen, bei der ein Streifen Lidrand reseziert wird.

■ Elektroepilation

Die benötigte Apparatur besteht aus einer Epilationselektrode, die in einem Griff montiert und an einen elektrochirurgischen Generator angeschlossen ist (Abb. 65). Man kann auch einen kosmetischen Elektroepilator verwenden (Abb. 66). Das Lid wird üblicherweise in einer Chalazion-Pinzette festgehalten, so daß die Lidstellung unter Kontrolle bleibt. Die Elektrode wird der Wimper entlang in den Haarfollikel bis auf den Grund eingeführt. Die Elektrolyse dauert 3–10 Sekunden. Die Wimper bleibt gewöhnlich an der Elektrode kleben und läßt sich mit dieser zusammen ohne Schwierigkeiten herausziehen.

Der Vorteil dieser Technik ist ihre Einfachheit. Allerdings kann es vorkommen, daß die Elektroepilation wiederholt werden muß, falls der Haarfollikel nicht verödet, sondern lediglich das Haar an seiner Basis abgesetzt wurde.

Die Schwierigkeit der Elektroepilation besteht in der Genauigkeit des Eingriffs. Man sollte deshalb eine Lupe (mit mindestens 4facher Vergrößerung) oder noch besser ein Operationsmikroskop benutzen. Es darf nur Schwachstrom verwendet werden (100 mA, Dauer 10 sec). Zu starker Strom bewirkt Lidnekrose und Narbenbildung.

■ Definitionen

Ektopie: Eine oder mehrere Wimpern wachsen innerhalb der normalen Zilienreihe (2).

Trichiasis: Fehlstellung von Wimpern nach entzündlichen Prozessen oder Verletzungen am Lidrand (3).

Distichiasis: Verdoppelung der normalen Wimpernreihe. Die zusätzlichen Zilien wachsen auf einer Linie, die gewöhnlich von den Ausführungsgängen der Meibomschen Drüsen gebildet wird (4).

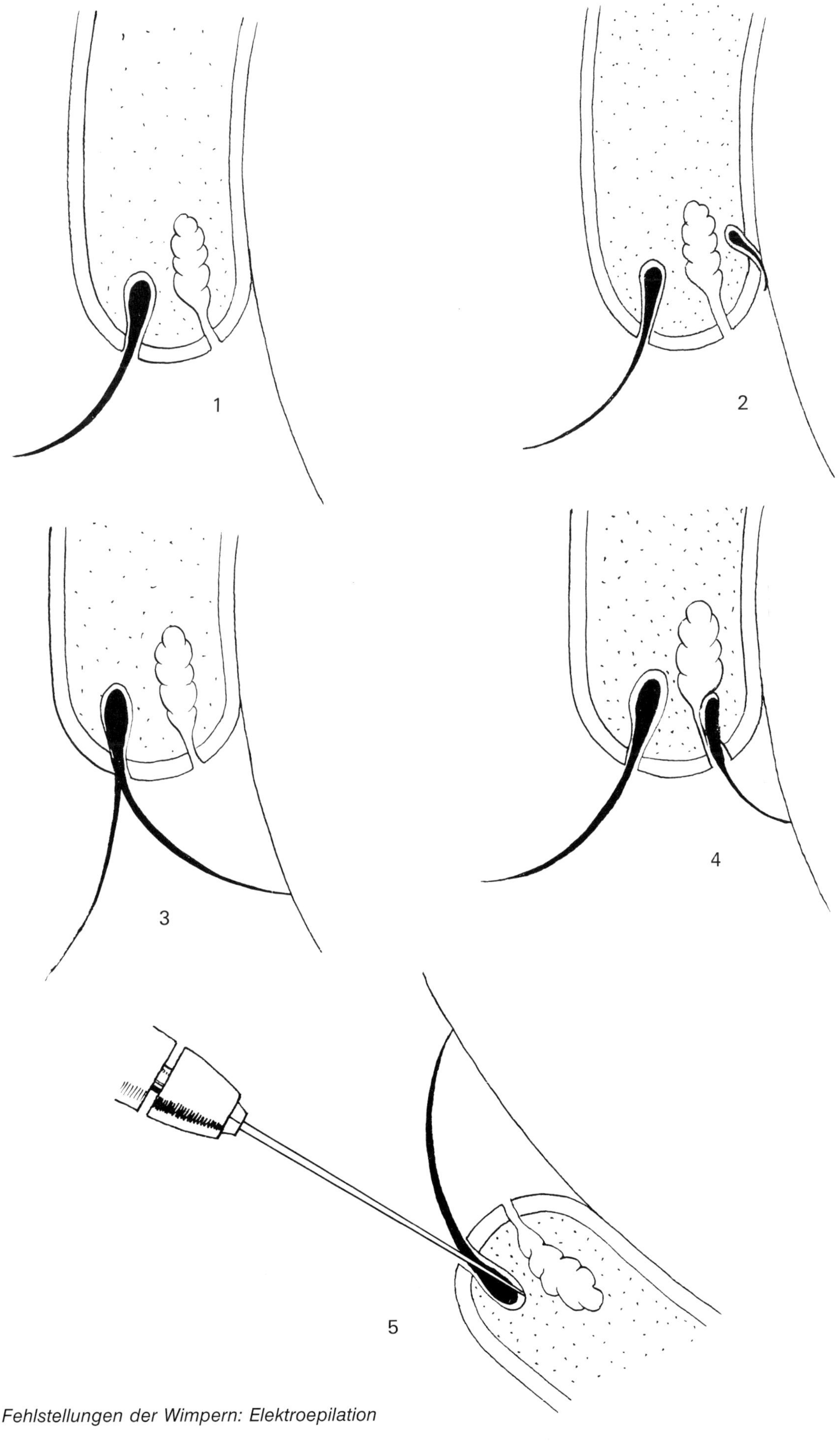

Abb. 64: Fehlstellungen der Wimpern: Elektroepilation

2.1.8 Fehlstellungen der Wimpern (2)

Ziel der Operation ist es, die Lidpartie zu resezieren, in der die zusätzlichen Wimpern und Haarfollikel sitzen, wie die Abbildung 67, 1 und 2 zeigt. Der Eingriff ist einfach, bedarf aber besonderer Sorgfalt.

■ Chirurgische Behandlung der Distichiasis

Der Lidrand mit den zusätzlichen Wimpern wird in einer Chalazion-Pinzette fixiert und mit einem Einweg-Skalpell Nr. 15 oder einem Rasiermesser nach Beaver bis in eine Tiefe von ungefähr 4 bis 5 mm inzidiert. Die longitudinale Spaltung des Lids erfolgt auf der gewünschten Länge (3).

Der innere Lidlappen wird dann unter Zuhilfenahme einer feinen Pinzette umgeklappt und mit einer feinen Bindehautschere abgetrennt (4). Anschließend wird die Chalazion-Pinzette entfernt und das Lid nimmt seine normale Stellung wieder ein. Die postoperative Behandlung ist einfach: es genügt, mehrmals täglich antibiotische Augentropfen mit Kortikosteroidzusatz einzuträufeln oder zweimal täglich eine Kortisonsalbe anzuwenden. Die Vernarbung beansprucht etwa zehn Tage, wobei die entzweigeschnittenen Meibomschen Drüsen oftmals weiter sezernieren, so daß der Lidrand von einem weißlichen Belag überzogen wird. Diese unerwünschte Absonderung versiegt nach ungefähr zwei Wochen.

Die regelmäßige Anwendung einer entzündungshemmenden Salbe verringert die Entzündung der Meibomschen Drüsen. Die einzigen Kontraindikationen sind Augeninfektionen und Hornhautgeschwüre.

Eine ziemlich häufig auftretende Komplikation ist das sekundäre Entropium als Reaktion auf die Entzündung des Ringmuskels *(M. orbicularis)*. Zur Verhinderung des Lidkrampfes empfiehlt es sich, das Lid erneut bis zur Hälfte seiner Dicke zu rezesieren. Es scheint, daß der Lidkrampf bei einer anfänglich allzu begrenzten Resektion häufiger auftritt.

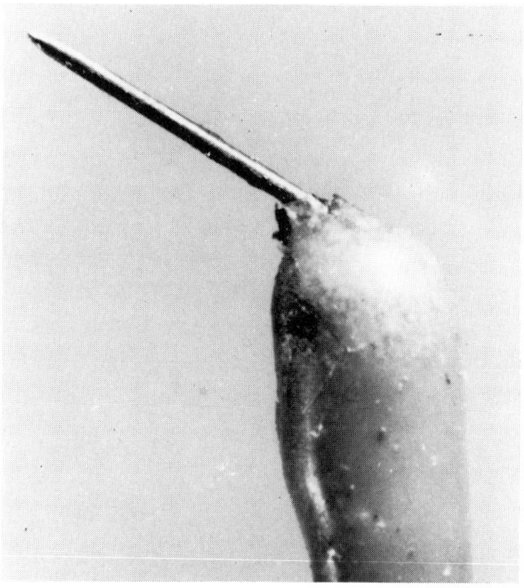

Abb. 65: Wimpernelektrode

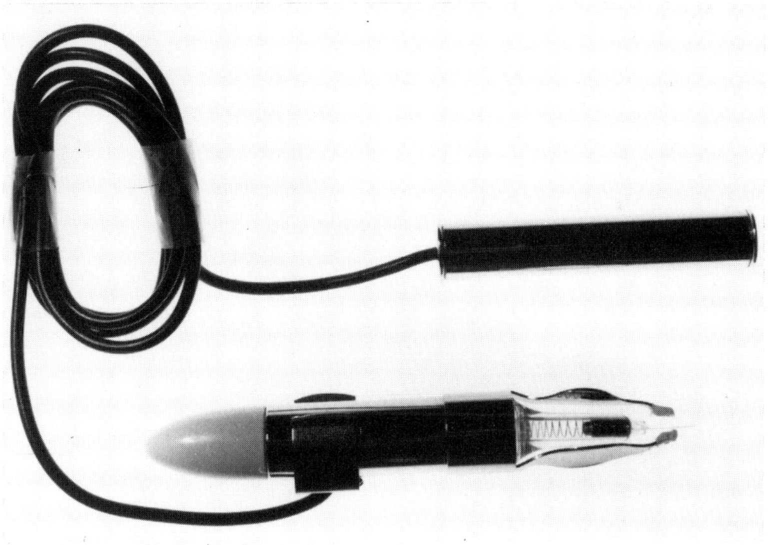

Abb. 66: Kosmetik-Elektroepilator

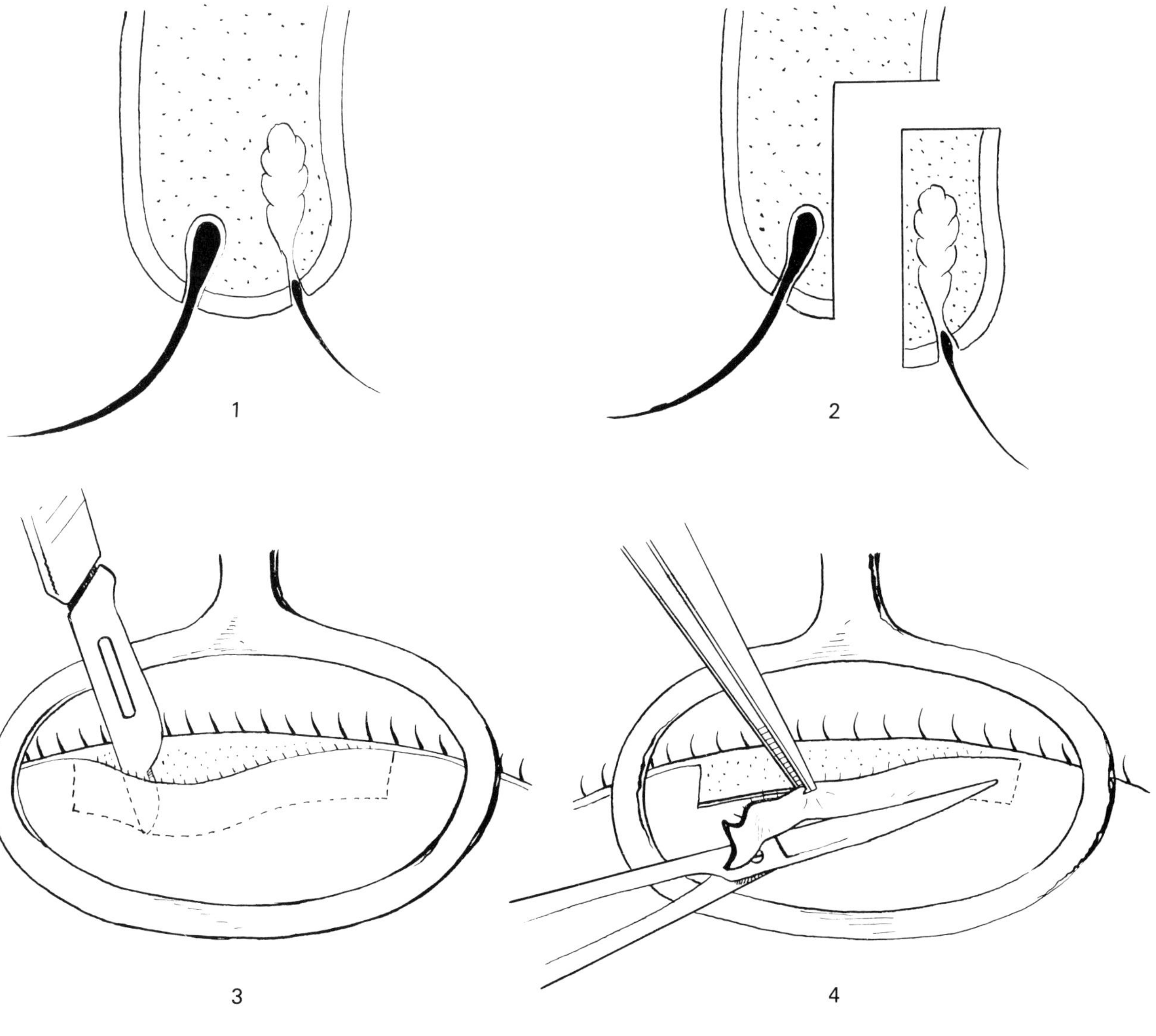

Abb. 67: Chirurgische Behandlung der Distichiasis

2.1.9 Das Chalazion (Hagelkorn)

Das Chalazion entsteht durch Sekretverhaltung in den Meibomschen Drüsen infolge chronischer Entzündung, die den Drüsenausgang verstopft. Die erweiterte Drüse deformiert das Lid und bewirkt eine Lidentzündung. Das Chalazion ist besser sichtbar, wenn man das Lid umdreht (ektropioniert).

■ Chalazionoperation

Der Eingriff ist in allen Fällen indiziert, da nur dadurch ein zufriedenstellendes Ergebnis erzielt werden kann. Das Prinzip ist denkbar einfach: Eröffnung der Drüsenhöhle und vollständige Auskratzung (Kürettage) derselben.

Das Lid wird umgestülpt und in einer Chalazion-Pinzette fixiert. Die Bindehaut wird mit einem feinen Skalpell rechtwinklig zum Lidrand inzidiert, ebenso die Drüsenhöhle. Durch die genügend weite Öffnung wird ein scharfer Löffel nach Volkmann eingeführt und das angesammelte Sekret samt Granulationsgewebe und Kapsel möglichst vollständig entfernt.

Das Behandlungsergebnis ist stets zufriedenstellend.

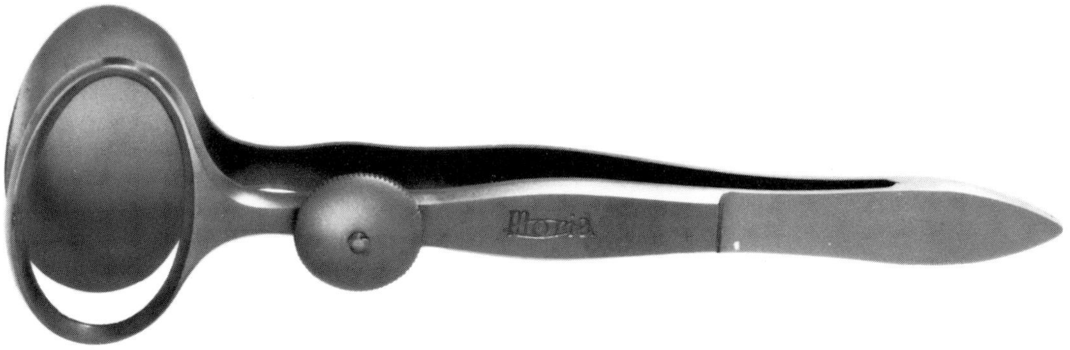

Abb. 68: Chalazion-Pinzette

Abb. 69: Chalazionoperation

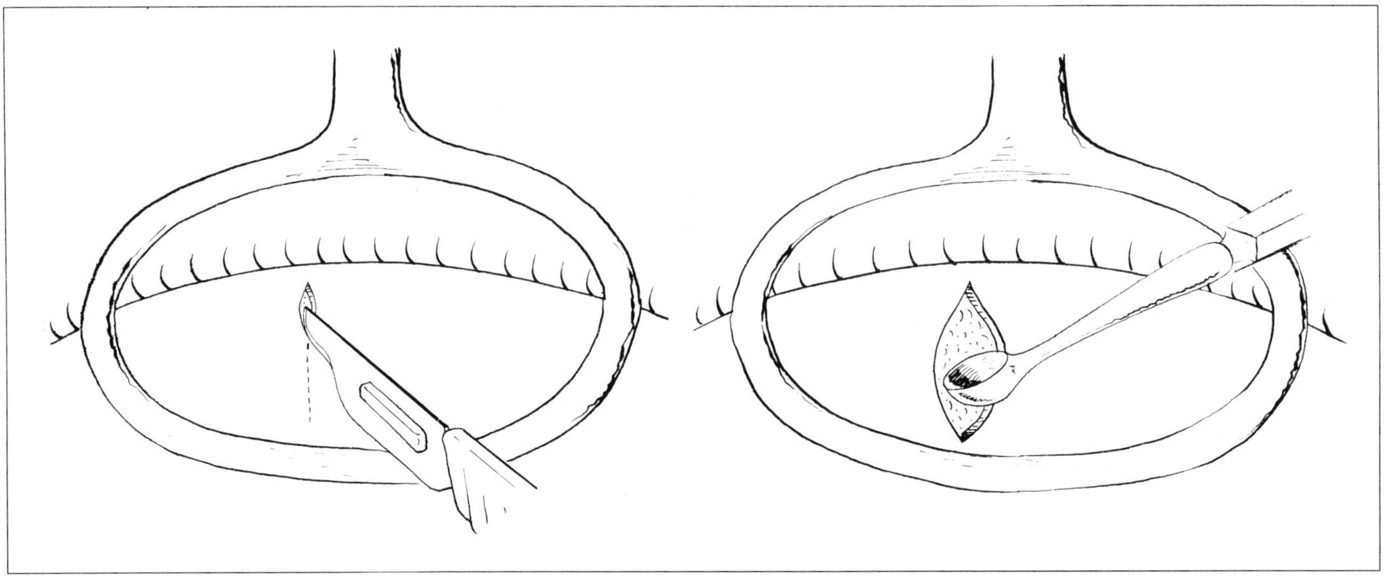

2.1.10 Das Lidpapillom (1)

Um ein Papillom zu entfernen, muß das Lid in seiner ganzen Dicke reseziert werden. Das Ausmaß der Resektion hängt von der Geschwulstgröße ab. Jeder Versuch, den Lidrand zu erhalten, läßt unweigerlich einen kleinen Überrest des Papilloms zurück, das später rezidiviert.

Drei Techniken werden beschrieben. Ihre Anwendung hängt von der Größe und Lokalisation der Wucherung ab.

Die Vorbereitung des Tieres und seine Anästhesie sind standardmäßig und bedürfen keiner weiteren Erklärung.

■ Einfache Resektion eines Lidpapilloms

Im Falle eines kleinen Papilloms wird die Länge des Lids nicht wesentlich verändert. Das Tier gehört zu einer Rasse mit geschmeidiger und dehnbarer Haut (z. B. Cocker Spaniel).

Das Lid wird mit einer anatomischen Pinzette erfaßt und beidseits des Papilloms mit einer Mayo-Schere V-förmig inzidiert (2).

Die beiden Wundränder werden aneinanderliegend mit Einzelknopfnähten vereinigt unter Verwendung von nichtresorbierbarem Nahtmaterial (z. B. Tergal) 4/0 (3, 4).

Die Fäden werden nach acht Tagen gezogen.

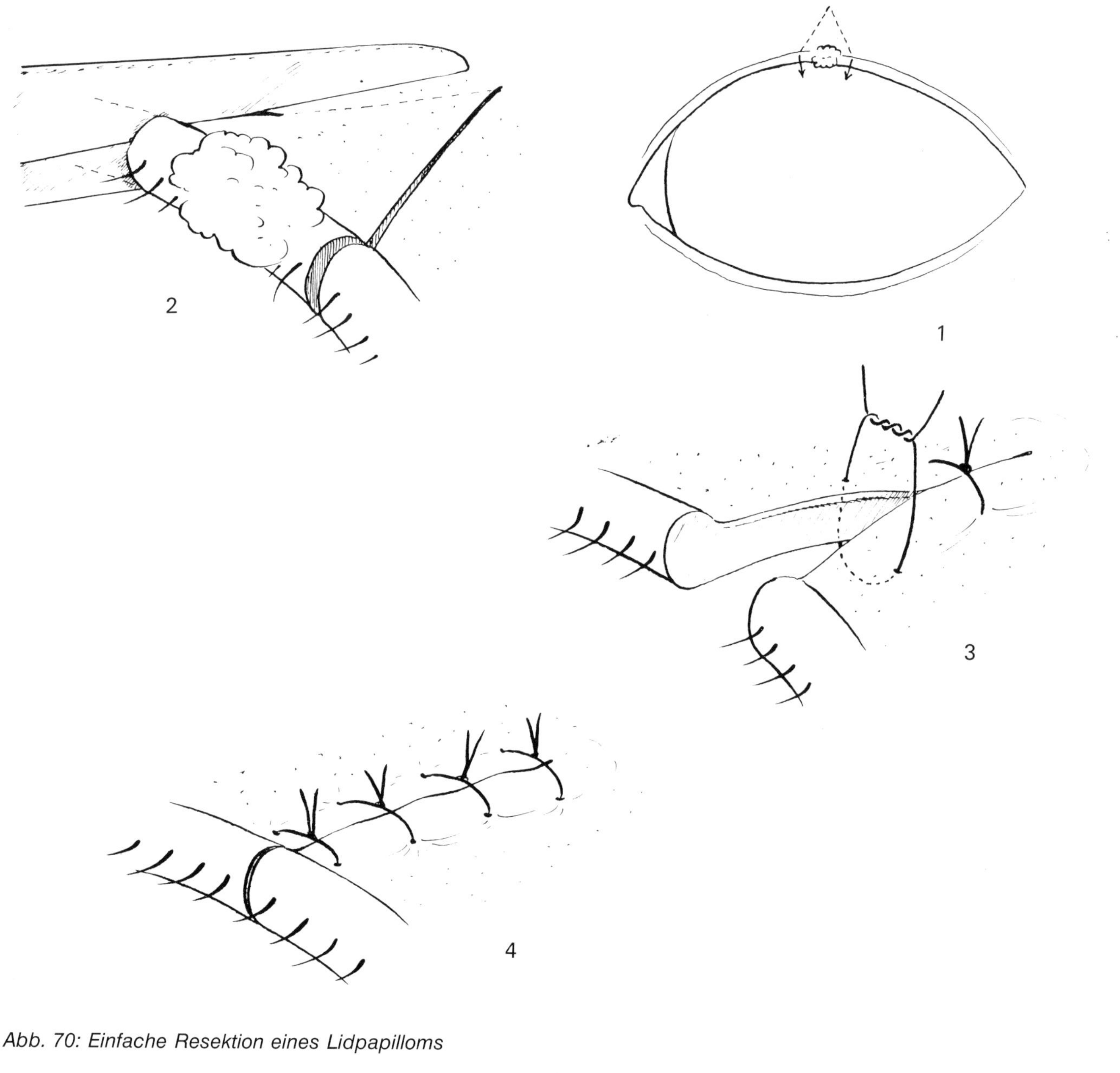

Abb. 70: Einfache Resektion eines Lidpapilloms

2.1.11 Das Lidpapillom (2)

Die Resektion großer Papillome, die im mittleren oder temporalen Liddrittel lokalisiert sind, muß durch eine Lidverlängerung ergänzt werden.

■ Resektion eines Lidpapilloms mit Lidverlängerung

Die Resektion wird zu Beginn gleich ausgeführt wie zuvor beschrieben, wird dann aber durch eine Lidverlängerung vervollständigt.

In der Abb. 71 (1) und (2) ist das Prinzip dargestellt. Ein dreieckiges Hautstück wird entfernt (3), das dieselbe Größe aufweist wie das am Oberlid exzidierte.

Die oberen und unteren Wundränder werden mit Einzelknopfnähten vereinigt (4, 5). Es ist nicht nötig, Haut und Bindehaut der neugeschaffenen Lidpartie zu vernähen. Die Fäden werden nach acht Tagen gezogen. Das Ergebnis ist in allen Fällen ausgezeichnet.

Allerdings ist diese Technik nicht angezeigt bei Tumoren, die sich im nasalen Bereich des Lidrandes befinden.

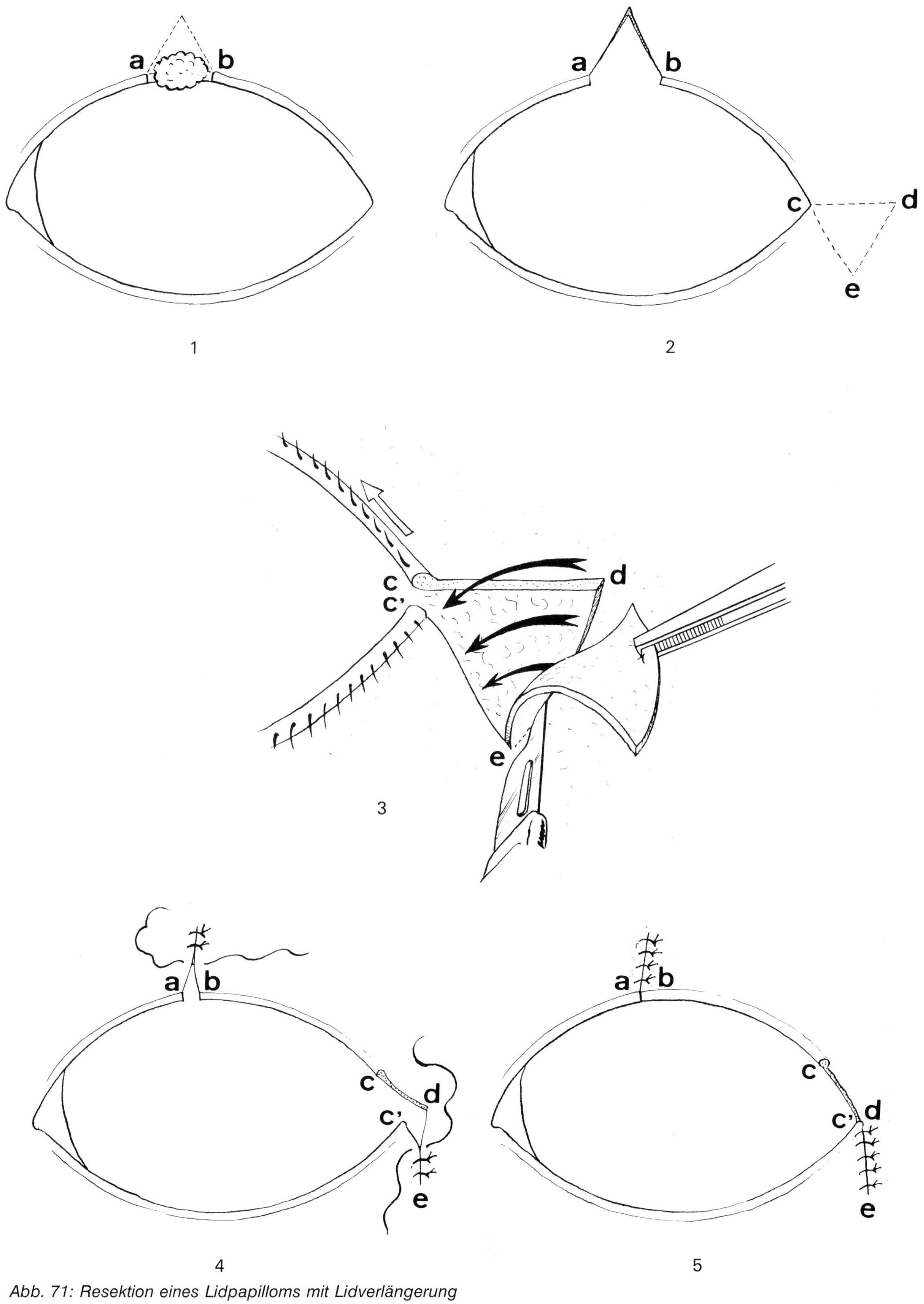

Abb. 71: Resektion eines Lidpapilloms mit Lidverlängerung

2.1.12 Das Lidpapillom (3)

Die hier vorgestellte Resektionstechnik ist vor allem indiziert bei Papillomen, die im Bereich des inneren (nasalen) Liddrittels auftreten. Sie kann auch ganz allgemein zur Wiederherstellung eines Lides angewandt werden.

Es sind drei Techniken zunehmender Komplexität dargestellt worden. Die Wahl der anzuwendenden Technik wird von zwei Kriterien bestimmt: von der Größe und von der Lokalisation des Lidtumors.

■ Resektion mit Hautverschiebung zur Wiederherstellung des Lids

Das Lid wird rechts und links sowie hinter dem Papillom inzidiert (1), dasselbe entfernt, wobei möglichst viel Bindegewebe und Bindehaut zu belassen sind (2). Sie dienen als Unterlage für den Hautlappen.

Dann wird die Haut oberhalb des Lids entlang zwei parallelen Linien inzidiert, anschließend gespalten und vom darunterliegenden Bindegewebe losgelöst.

Die Hautverschiebung wird erst möglich, nachdem beidseits zwei dreieckige Hautstücke entfernt worden sind (3). Der Hautlappen kann nach vorne gezogen und die Lücke geschlossen werden unter Verwendung von 4/0 Nahtmaterial. Die Fäden sind nach acht Tagen zu ziehen.

Anmerkung: Es sollte nicht versucht werden, den Hautlappen und das darunterliegende Bindegewebe am Lidrand zu fest aneinanderzuheften. Der Hautlappen ist sehr weich, so daß selbst ein geringer Zug in Richtung Augapfel die Gefahr der Verformung in sich birgt. Die gegen die Hornhaut gerichteten Haare würden eine Erosion hervorrufen.

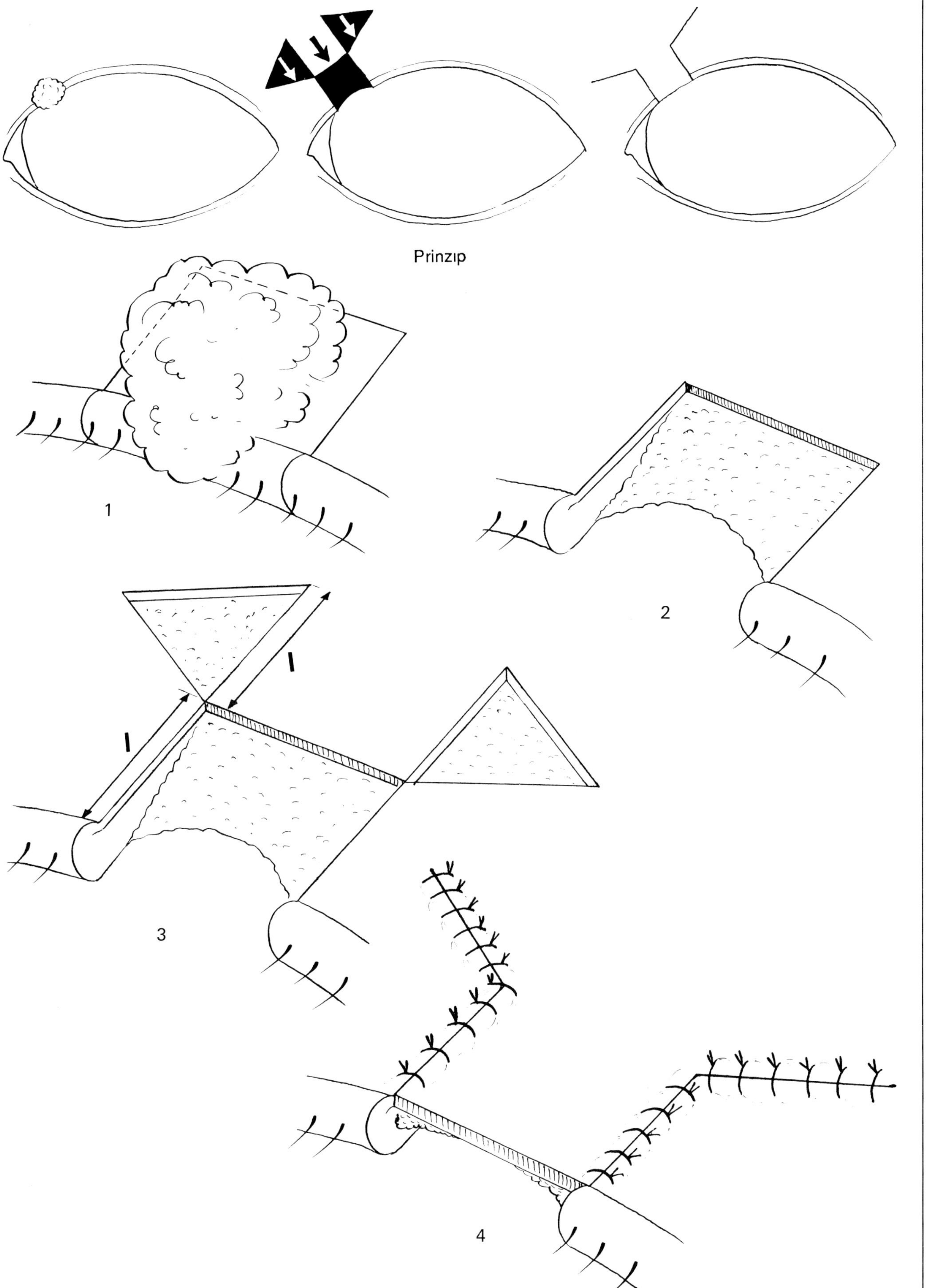

Abb. 72: Resektion mit Hautverschiebung zur Wiederherstellung des Lids

2.1.13 Hautfalten

Die Nasenfalten verursachen bei brachyzephalen Hunderassen wie Pekinese, Shi-Tzu usw. häufig Keratitis.

Anmerkung: Die Ursachen der Keratitiden beim Pekinesen sind komplexer Natur.

Die präoperative Untersuchung muß sehr sorgfältig erfolgen. Es gilt festzustellen, ob eine Distichiasis vorliegt oder ob der Tränenfilm unterbrochen ist (als Folge der vorstehenden Augen), die ebenfalls eine chronische Keratitis hervorrufen können.

Andere Ursachen chronischer Keratitis sind chronische Hornhautinfektionen im Zusammenhang mit Lagophthalmus, Fazialislähmung und allergischer Keratitis.

Für die Differentialdiagnose s. Kapitel 2.5.1.

■ Abtragung der Nasenfalten

Die Operation wird unter Intubationsnarkose vorgenommen. Die Hautfalte wird mit einer kräftigen Pinzette nach Allis gefaßt und dann mit einer geraden Mayo-Schere abgesetzt.

Die Wundränder werden mit atraumatischem, nichtresorbierbarem, gezwirntem Nahtmaterial mit Einzelnähten vereinigt.

Nach zehn Tagen werden die Fäden gezogen. Die operationsbedingte, eher geringe Blutung kann durch vorherige Adrenalininfiltration verringert werden.

Das Ergebnis des Eingriffs ist stets ausgezeichnet. Die Fadenenden dürfen nicht zu lang sein, da sie die Hornhaut reizen könnten.

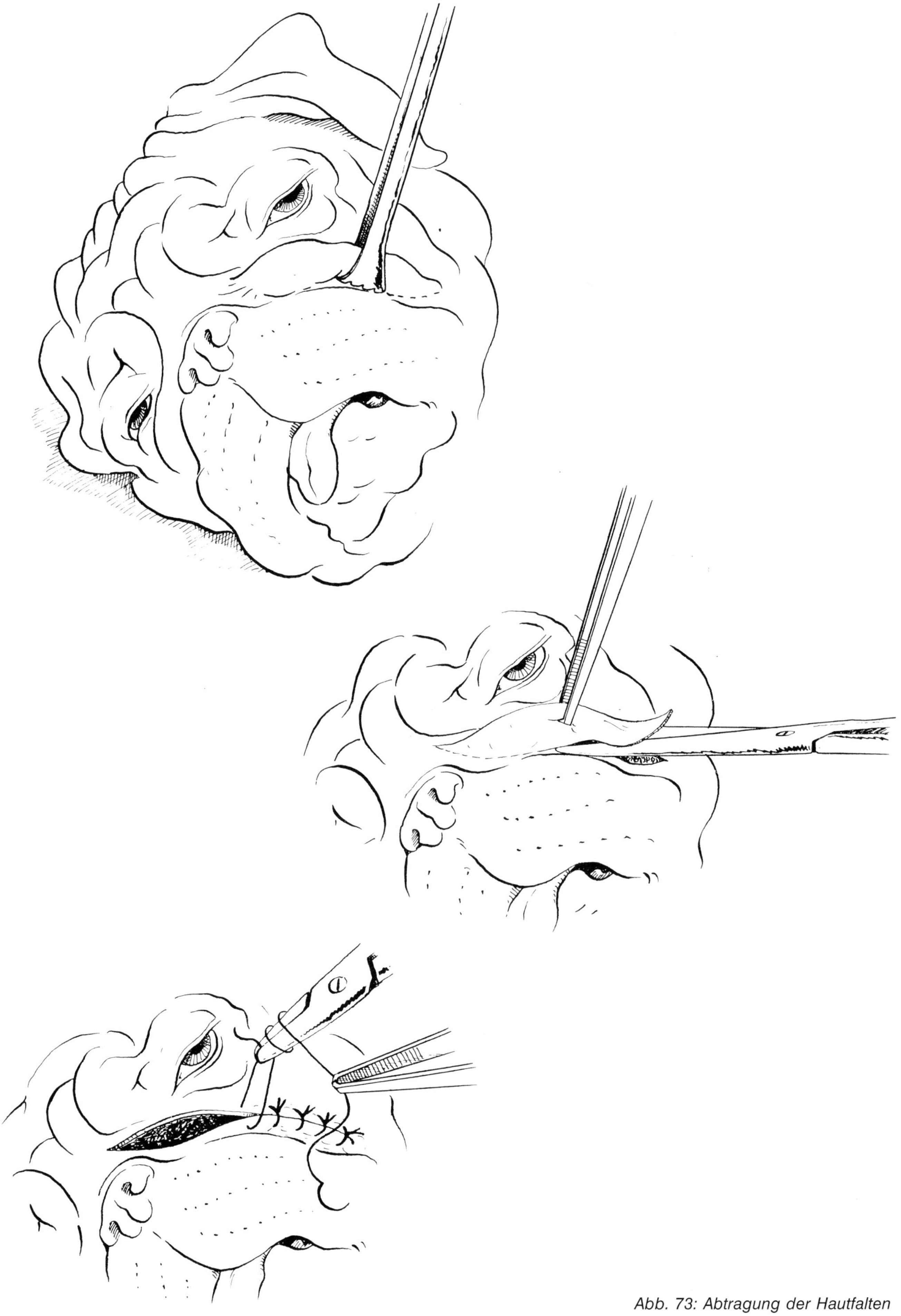

Abb. 73: Abtragung der Hautfalten

2.2 Erkrankungen der Nickhaut und der Nickhautdrüse

Die Nickhaut, auch 3. Augenlid genannt, ist bei den Fleischfressern besonders gut entwickelt. Sie bildet einen sehr nützlichen mechanischen Schutz des Auges und sollte deshalb möglichst nicht entfernt werden. Ein kurzes Repetitorium ihrer Struktur und Aufgabe scheint uns angebracht zu sein.

In Analogie zur Drüse gleichen Namens beim Menschen wird die Nickhautdrüse fälschlicherweise oft auch Hardersche Drüse genannt.

2.2.1 Nickhaut und Nickhautdrüse

■ **Einige Aspekte der Nickhaut- und Nickhautdrüsenerkrankungen**

Nickhaut und Nickhautdrüse gehören zu den Schutzeinrichtungen des Augapfels. Dank seiner Form liegt das Lid der Hornhaut eng an und gewährleistet so deren gleichmäßige Benetzung. Der Nickhautvorfall verhindert diese Funktion. Infolge ihrer Umhüllung mit Bindehaut ist die Nickhaut sehr empfindlich gegen Umwelteinflüsse wie Allergene und andere Reizstoffe. Daher kommt es häufig zu entzündlichen Erkrankungen (Hyperplasie der Lymphfollikel, allergische Infiltration). Die Nickhautdrüse steht ebenfalls in enger Beziehung zum Lid und ist Gegenstand krankhafter Veränderungen, deren Ätiologie nur wenig bekannt ist. Die Farbabbildungen 42–47 veranschaulichen die verschiedenartigen Krankheitsbilder.

Farbabb 42: Nickhautvorfall (mit Umstülpung des Blinzknorpels)
Bei Hunden großer Rassen ist der Augapfel im Vergleich zur Augenhöhle relativ klein. Der innere Lidrand ist nach außen gedreht und demzufolge sichtbar (Deutsche Dogge, 1 Jahr)

Farbabb. 43: Plasmazelluläre Infiltration der Nickhaut
Die Nickhautentzündung ist allergisch bedingt, es kommt zu einer mononukleären Infiltration. Diese Erkrankung kann für sich oder zusammen mit einer Keratitis superficialis chronica in Erscheinung treten. Ihr Auftreten gestaltet die Kortikoidbehandlung schwieriger (Deutscher Schäferhund, 2 Jahre)

Farbabb. 44: Conjunctivitis follicularis
Die Innenseite der Nickhaut ist normalerweise perlmuttartig weiß und glatt. In diesem Fall ist sie rot. Die Oberfläche ist körnig und unter der Bindehaut sieht man ein stärkeres Gefäß. Im Bereich des oberen, inneren (nasalen) Winkels fällt ein Bläschen auf als eher seltene Veränderung

Farbabb. 45: Behandlung der Conjunctivitis follicularis
Die Behandlungsmethode ist dem Grad der entzündlichen Reaktion anzupassen. Wenn nur einige Follikel hyperplastisch sind, genügt eine Kürettierung mit dem Skalpell. Bei stärkerer follikulärer Reaktion ist entweder chemische Kauterisation mit CuSO4 oder Elektrokauterisation notwendig

Farbabb. 46: Nickhautdrüsen-Vorfall bei einem jungen Collie
Die symmetrische Veränderung der inneren Lidwinkel ist auffallend. Die Drüsen sind stark entzündet. Dieser Zustand darf nicht mit dem Nickhautvorfall verwechselt werden, der vor allem bei Hunden großer Rassen zu sehen ist. Eine genaue Untersuchung erlaubt die Differentialdiagnose, wie Farbabb. 47 zeigt

Farbabb. 47: Nickhautdrüsen-Vorfall, Nahaufnahme
Dieses Foto zeigt die gegenseitige Lage von Nickhautdrüse und Blinzknorpel, der die Drüse teilweise bedeckt. Der operative Eingriff ist sehr einfach: Die Nickhautdrüse wird mit einer Pinzette erfaßt und nach Infiltrationsanästhesie mit Adrenalinzusatz an ihrer Basis mit einer Schere abgesetzt. Eine leichte Blutung steht nach wenigen Minuten

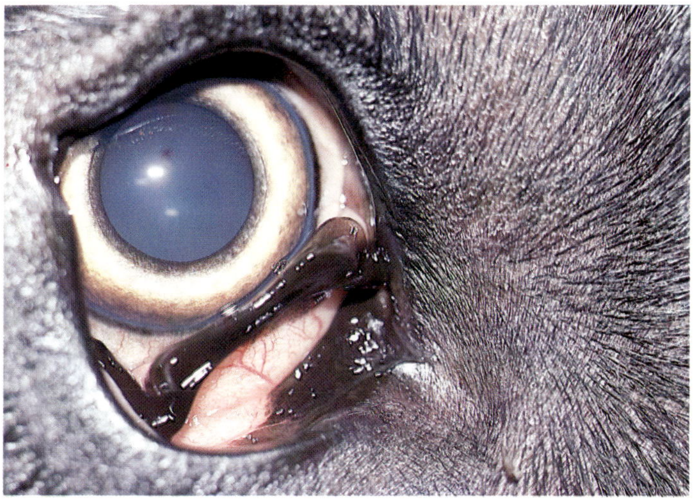

42

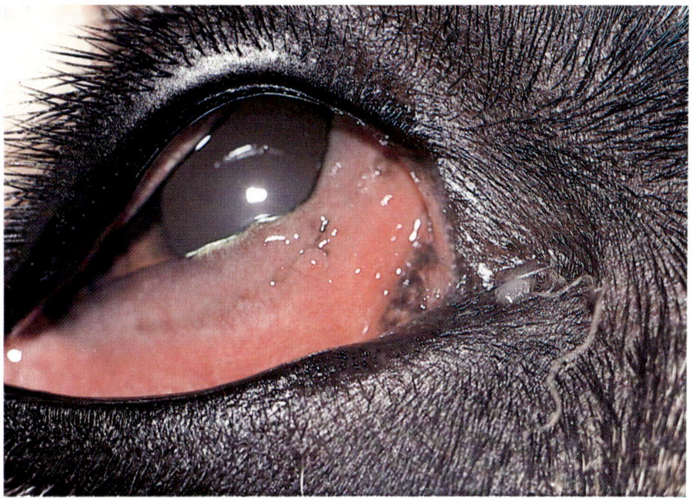

43

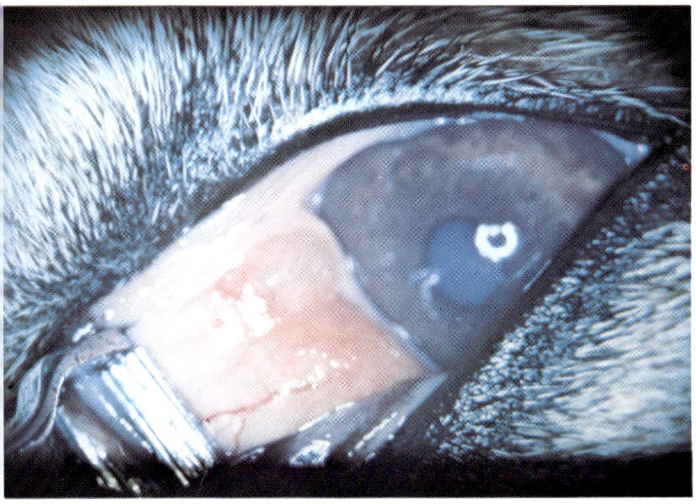

44

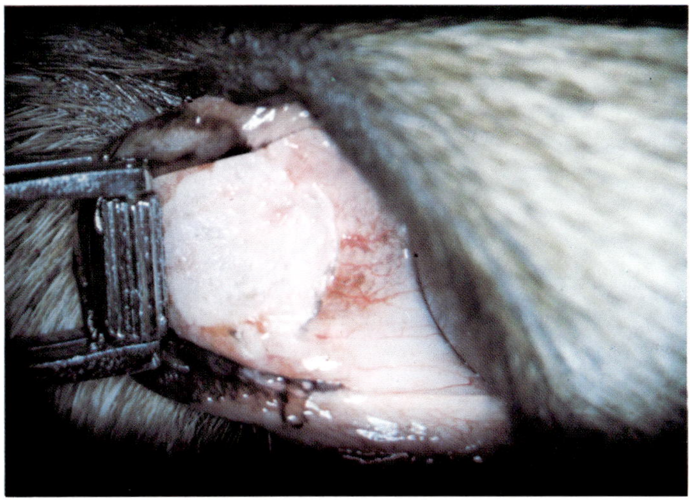

45

46

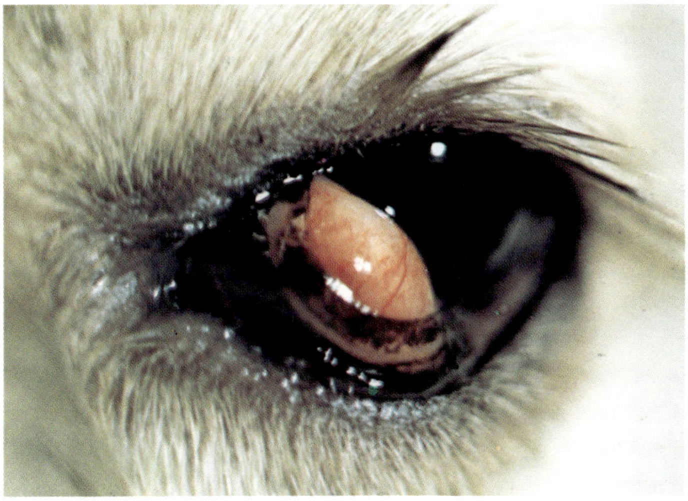

47

2.2.2 Die Nickhaut

Die Nickhaut ist bei den Fleischfressern besonders gut entwickelt. Sie schützt das Auge mechanisch und sollte nie vollständig entfernt werden.

Anatomisches Repetitorium

Im Ruhezustand wird das 3. Augenlid größtenteils durch den nasalen Lidwinkel verdeckt. Die Abbildung 74 gibt die Anatomie dieses Organs wieder. Das Schema (A) und der Schnitt (B) zeigen den Blinzknorpel in T-Form, der die Nickhaut stützt: die Flügel des T (1) und der dickere Stiel (2) des Knorpels. Der Knorpel ist von Bindegewebe umgeben. Der Schnitt zeigt überdies das Vorhandensein zahlreicher Lymphfollikel an der Innenseite der Nickhaut (4).

Die Nickhautdrüse, ein wichtiges Drüsenelement, befindet sich innen und am Grund der Nickhaut (3); normalerweise ist sie nicht sichtbar. Eine Schleimhaut überzieht das 3. Augenlid vollständig und geht gleichmäßig in die Lid- und Augenbindehaut über. Mit Rücksicht auf diese Beschaffenheit kann sich die Nickhaut auf zwei Arten krankhaft verändern: eine Knorpelverformung, der Nickhautvorfall und eine Entzündung der Lymphfollikel, genannt *Conjunctivitis follicularis*.

Die Nickhaut ist dem Augapfel vorgelagert und steht mit ihm in enger Beziehung. Ihre normale Lage ist das Ergebnis eines harmonischen Gleichgewichts zwischen den Druckkräften in der Augenhöhle und der Kontraktion der sympathisch innervierten glatten Muskeln.

Es genügt, daß sich die Druckkräfte ändern oder daß der vegetative Tonus gestört ist, und schon fällt die Nickhaut vor. Jeder Nickhautvorfall verlangt eine Diagnose, die der Ätiologie Rechnung trägt.

Die Nickhautdrüse, die anatomisch mit dem 3. Augenlid verbunden ist, kann vorfallen oder sich hyperplastisch verändern. Diese Umfangsvermehrung läßt sich nur chirurgisch richtig beheben.

Der Bau der Nickhaut

Die Nickhaut ist normalerweise nicht sichtbar und wird nur durch die Kontraktion des Zurückziehers *(M. retractor)* nach vorne und seitlich über die Hornhaut vorgelagert. Diese Lage der Nickhaut ist unüblich.

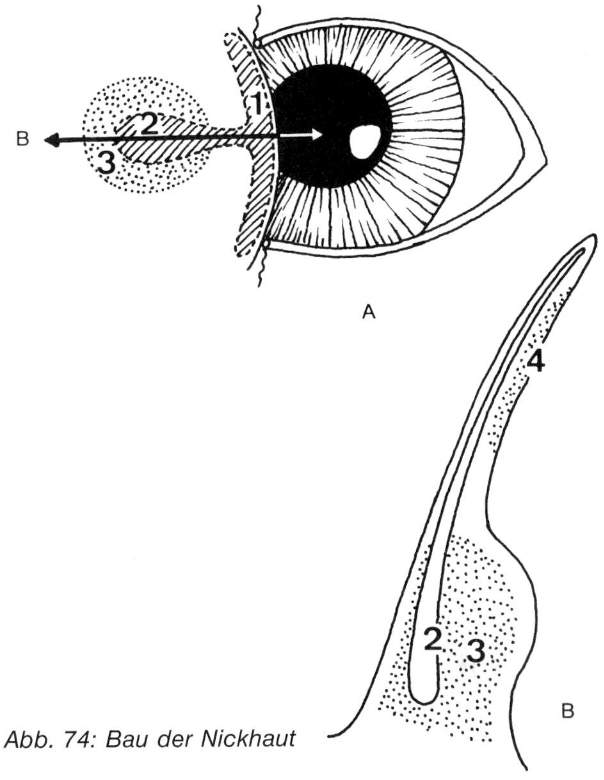

Abb. 74: Bau der Nickhaut

■ Nickhautvorfall

▷ Vorfall mechanischen Ursprungs

Die Vorfälle mechanischen Ursprungs sind die Folge eines Ungleichgewichts der Kräfte, die die Nickhaut in ihrer üblichen Lage halten. Normalerweise besteht ein Gleichgewicht zwischen den verschiedenen Komponenten, wobei jede zur Harmonie der Kräfte in der Augenhöhle beiträgt, die eine starre Hülle darstellt. Wenn sich eines der Füllelemente der Augenhöhle verändert, kommt es zum Nickhautvorfall.

▷ Neurogener Vorfall

Im Normalfall wird die Nickhaut durch die Kontraktion der glatten Zurückzieher des 3. Augenlids in ihrer nasalen Lage gehalten. Diese Muskeln sind sympathisch innerviert. Eine Störung des neurovegetativen Gleichgewichts kann einen Nickhautvorfall bewirken. Bei Katzen ist dies häufig der Fall. Die Anomalie ist gewöhnlich auf eine Vagotonie zurückzuführen, und der Nickhautvorfall erklärt sich als ein antagonistischer Effekt gegenüber dem lokalen Sympathikus. Die medikamentöse Behandlung besteht in der Instillation von sympathomimetischen Augentropfen (Neosynephrin 5 % oder 10 % alle 6 Stunden). Für den Kliniker ist die Erkennung einer Vagotonie von besonderem Interesse, legt sie doch eine Störung des parasympathischen Systems im thorakalen oder abdominalen Bereich nahe, die oft mit einer Enteritis, mit Endoparasiten oder mit einem Bauchhöhlentumor zusammenhängt.

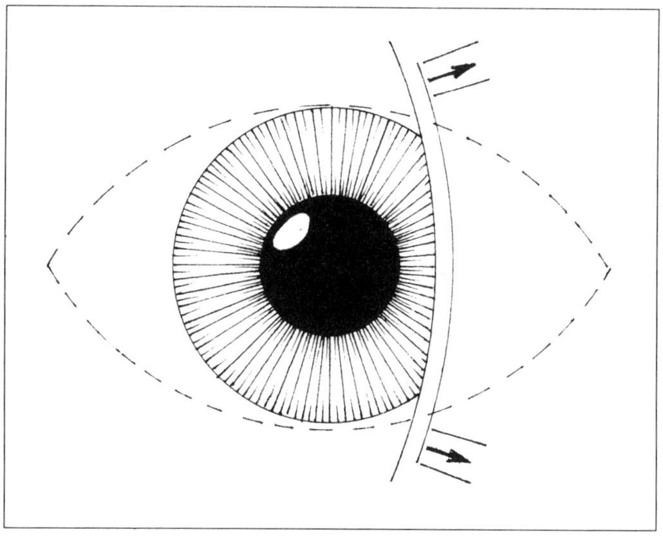

Abb. 76: Neurogener Nickhautvorfall

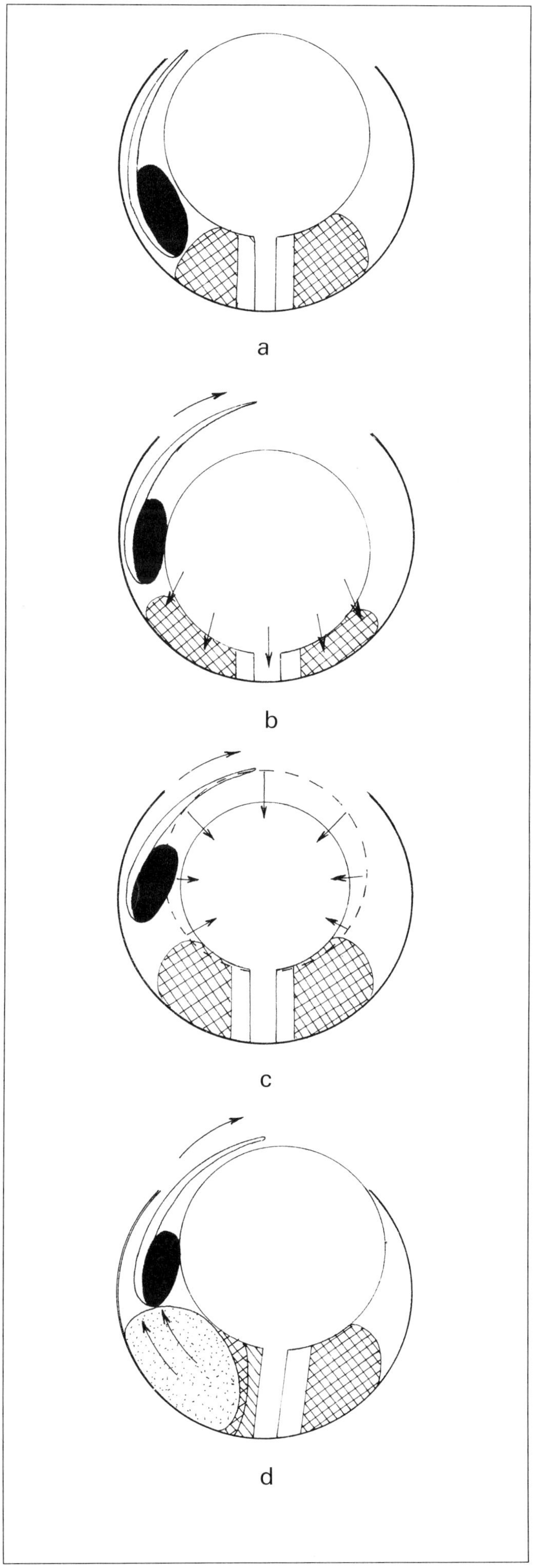

Abb. 75: Nickhautvorfall mechanischen Ursprungs
a) normales Auge
b) Rückbildung des retrobulbären Fettgewebes, der Augapfel zieht sich zurück, Vorfall der Nickhaut
c) Mikrophthalmie: die Nickhautdrüse wird nicht mehr in der Augenhöhle zurückgehalten und schiebt die Nickhaut nach vorne
d) Retrobulbärer Tumor: die abnormale Masse drückt die Nickhautdrüse samt Nickhaut nach vorne. Das Bild dieser Störung hängt von der Lokalisation des Tumors ab

2.2.3 Umstülpung des Blinzknorpels

Prädisponiert sind große Rassen wie Bernhardiner, Pyrenäenhund, Neufundländer, Labrador, Deutscher Schäferhund sowie verunfallte Hunde (Durchtrennung der Retraktormuskeln).

Die Umstülpung entsteht infolge einer ungenügenden Spannung am freien Nickhautrand und/oder wenn die Flügel des Blinzknorpels sehr dünn oder mißgebildet sind.

► **Indikationen zur Operation**

▷ Das Vorhandensein einer chronischen Konjunktivitis.

▷ Aus Gründen der Zweckmäßigkeit.

► **Grundsatz**

Abtragung des umgestülpten Teils: Es sollte nie die ganze Nickhaut entfernt werden, da mit der Entstehung eines Entropiums zu rechnen ist, das sich nur schwer korrigieren läßt.

Die Nickhaut kann ohne weiteres 2 bis 3 mm unterhalb des umgestülpten Knorpelstücks abgetragen werden. Die Vernarbung gestaltet sich allerdings manchmal schwierig.

■ **Resektion des umgestülpten Blinzknorpelstücks** (Abb. 77)

Die empfohlene Technik ist die folgende: Der Eingriff erfolgt unter Vollnarkose und wird lokal wie bei jeder anderen ophthalmologischen Operation vorbereitet.

▷ Inzision der Schleimhaut an der Innen- und Außenseite des 3. Augenlids, entlang einer konkaven Linie unweit des freien Nickhautrandes (Gillette-Klinge D. 15).

▷ Ablösen der zwei Schleimhautlappen vom Blinzknorpel mit dem Skalpell (2).

▷ Durchtrennen des Knorpelstils in seinem Mittelteil.

▷ Fortlaufende Naht der beiden Schleimhautränder mit atraumatischem Catgut 5/0. Die Nahtenden sind zu versenken, um jede Hornhautreizung zu vermeiden (3).

▷ Postoperative Anwendung einer antibiotischen Augensalbe dreimal täglich während vier Tagen.

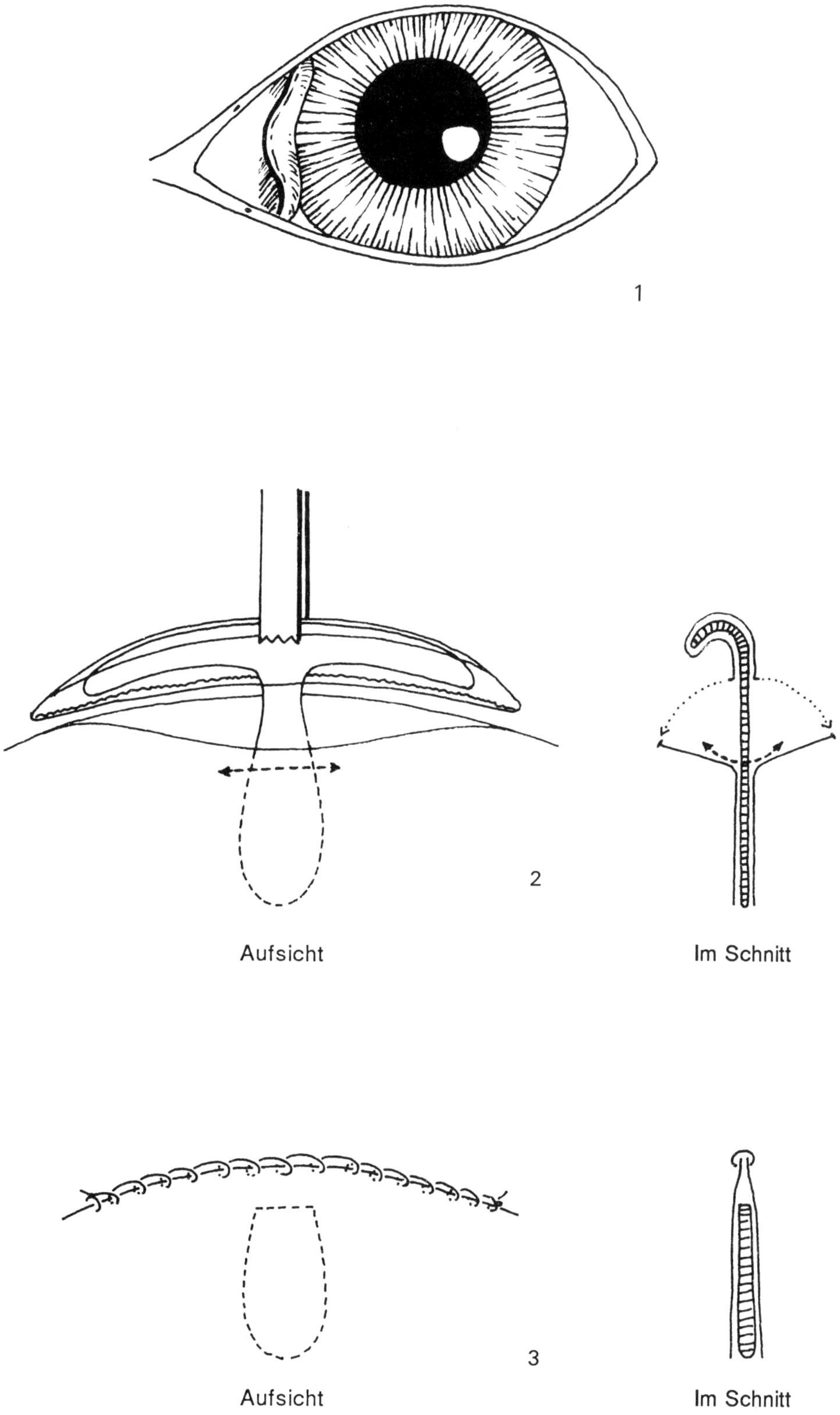

Abb. 77: Resektion des umgestülpten Blinzknorpels

2.2.4 Nickhautdrüsenvorfall (-prolaps)

Die Diagnose des Nickhautdrüsenvorfalls ist offensichtlich. Das 3. Augenlid wird durch die hypertrophierte Nickhautdrüse nach vorne und seitwärts abgedrängt (1).

In Westeuropa kommt diese Erkrankung häufiger bei Boxern, Cocker Spaniels und Teckeln vor.

Auch wenn die Entzündung und die Hypertrophie unter dem Einfluß von entzündungshemmenden Präparaten und Antibiotika im Laufe einiger Tage nachlassen kann, führt doch nur die operative Behandlung zum Ziel.

■ **Entfernung der prolabierten Nickhautdrüse** (Abb. 78)

Der Eingriff ist sehr einfach und in kurzer Vollnarkose durchführbar.

Die Nickhautdrüse wird mit einer Pinzette erfaßt und an ihrer Basis abgesetzt.

Die auftretende Blutung wird mit Hilfe eines in physiologischer NaCl-/Adrenalinlösung getränkten Tupfers gestillt. Nach ungefähr 20 Minuten hört die Blutung spontan auf. Der Stumpf kann ebensogut kauterisiert werden.

Operationsfolgen: keine.

Drei Tage lang sind sechsmal täglich Antibiotikum-Tropfen einzuträufeln.

Hinweis: Die mit dem operativen Eingriff verbundene Blutung ist ungefährlich. Um einer starken Blutung vorzubeugen, kann die Basis der Nickhautdrüse präoperativ mit einer Adrenalinlösung 1 ‰ infiltriert werden.

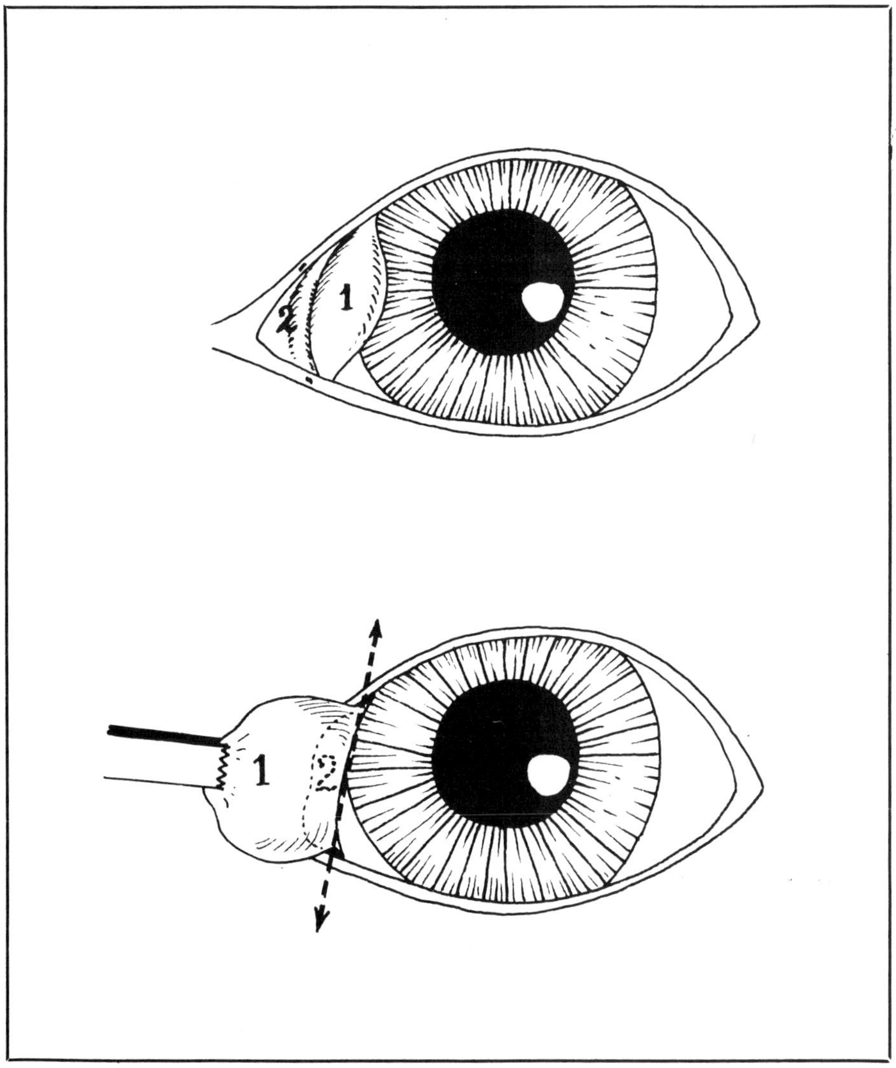

Abb. 78: Entfernung der prolabierten Nickhautdrüse

2.2.5 Hypertrophie der Lymphfollikel

Es besteht die Auffassung, daß die Hyperplasie des lymphatischen Gewebes an der Innenseite des 3. Augenlids als Folge einer Abwehrreaktion auf eine chronische Infektion, eine chronische Reizung durch Pollenstaub oder andere Allergene auftritt.

Ungeachtet der Ursache bleibt die Abwehrreaktion bestehen und unterhält allein durch ihr Vorhandensein eine chronische Konjunktivitis. Es empfiehlt sich, die hyperplastischen Lymphfollikel zu entfernen, sofern die Konjunktivitis nicht eitrig ist. Andernfalls muß zuerst die eitrige Infektion behandelt werden.

1. Hyperplasie leichten Grades: Auftreten plattenförmig geschwollener Lymphknötchen. Abschaben mittels eines scharfen Augenlöffels bzw. einer Kürette nach Oberflächenanästhesie der Nickhaut.
2. Hyperplasie mittleren Grades: Thermische oder chemische (Kupfersulfat-) Kauterisation.
3. Hochgradige Hyperplasie: Entfernung der hypertrophierten Follikel mit der Schere unter Vollnarkose mit anschließender Elektrokauterisation. Beschrieben wird nur die Kauterisationstechnik.

■ **Die Kauterisation der Lymphfollikel**

► **Vorbereitung des Tieres:** Sedation und Ruhigstellung des Tieres sowie Lokalanästhesie (Tetracain-Tropfen 1 %) oder Kurznarkose und Lokalanästhesie.

▷ Ausstülpung der Nickhaut mit Hilfe einer breit fassenden Fixations-Pinzette.
Die Follikel werden mit dem kaum rot-glühenden Thermokauter touchiert. Sie verschwinden, so daß die Nickhaut-Oberfläche wieder glatt wird. Die Vernarbung erfolgt innerhalb von 5 bis 6 Tagen.

► **Vorsichtsmaßregeln:**

▷ Der Kauter darf nur knapp rot erhitzt werden, um die Nickhaut nicht in der Tiefe zu koagulieren.

▷ Die Lidöffnung durch digitale Okklusion geschlossen halten, um die Hornhaut zu schützen.

▷ Den Kauter mit der abgestützten Hand führen, damit die Manipulationen genauer erfolgen.

▷ Die Nickhaut nach der Kauterisation spülen, um sie vor dem Zurückgleiten in die normale Lage abzukühlen.

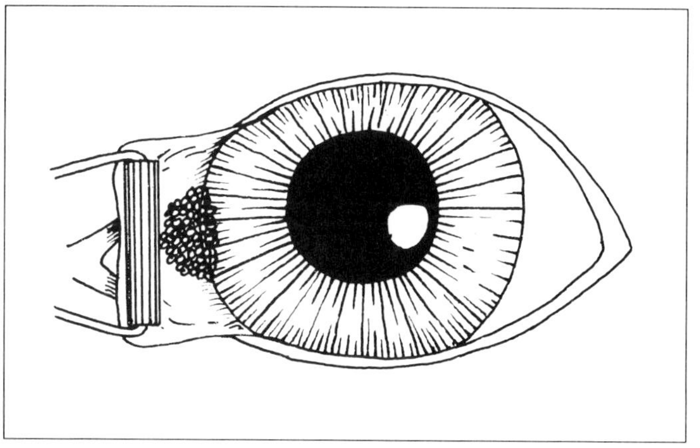

Abb. 79: Kauterisation der Lymphfollikel

► **Komplikationen:**

▷ Verbrennung der Hornhaut. Ist die Folge einer ungenügenden Ruhigstellung des Tieres oder der Anwendung eines zu heißen oder zu nahe an die Hornhaut herangeführten Kauters. Die Verbrennung ist als weiße Linie oder als weißer Fleck erkennbar. Diese Läsionen sind gewöhnlich nicht schwerwiegend, indem sie innerhalb 10 Tagen ohne Spätfolgen verschwinden, vorausgesetzt, eine antibiotische Lokalbehandlung ist gewährleistet. Der Tierhalter muß darauf angesprochen und beruhigt werden.

▷ Tiefgehende Verbrennung der Nickhaut. Die postoperative Entzündung (gerötete Bindehaut), die sonst nach 48 Stunden spontan verschwindet, dauert an. In diesem Fall ist die antibiotische Lokalbehandlung durch die Instillation eines Kombinationspräparats (Antibiotikum/Kortikosteroid) zu ersetzen wie z. B. Neomycin-Hydrocortison 6mal täglich.

► **Postoperativer Verlauf:**
Die reaktive Entzündung bildet sich innerhalb von 48 Stunden zurück. Eine ausreichende antibiotische Lokalbehandlung während mindestens 5 Tagen ist sicherzustellen: Tropfen 6mal täglich oder Augensalbe 3mal täglich.

2.3 Bindehauterkrankungen

Die Bindehaut überzieht die Lider (Conjunctiva palpebrarum), die Nickhaut und die vordere Fläche der Sklera (Conjunctiva bulbi).

Die Bindehauterkrankungen umfassen im wesentlichen die akuten und chronischen Konjunktivitiden.

2.3.1 Die Bindehautentzündungen (Konjunktivitiden)

Die Bindehaut ist die Membran, die die Lider als Lidbindehaut (Conjunctiva palpebrarum), die Nickhaut und die vordere Fläche der Sklera als Bulbusbindehaut (Conjunctiva bulbi) auskleidet.

Die Bulbusbindehaut ist im Hinblick auf den klinischen Untersuchungsgang von besonderem Interesse. Normalerweise ist sie fast durchsichtig, sehr dünn und elastisch. Durch sie hindurch erkennt man die Tenonsche Kapsel, die Sklera (Lederhaut) und einige sehr feine Blutgefäße. Ihre Farbe ist gewöhnlich hellrosa. Die Untersuchung der Bulbusbindehaut ist deshalb interessant, weil sich ihre Farbe verändern kann, sei es infolge einer lokalen Entzündung, einer allgemeinen Entzündung oder einer Organerkrankung, die die Farbe aller Schleimhäute beeinflußt (z. B. Gelbfärbung bei Ikterus). Schließlich kann man durch die Bindehaut hindurch Veränderungen des episkleralen Gefäßnetzes erkennen (z. B. beim Glaukom, bei Iridozyklitis). Die Untersuchung der Bulbusbindehaut sollte deshalb immer gründlich und gezielt vorgenommen werden.

Die Pathologie der Bindehaut umfaßt im wesentlichen die Konjunktivitiden. Aus klinischer Sicht erscheint es wichtig, zwischen den akuten und chronischen Bindehautentzündungen zu unterscheiden.

Für die akuten Formen ist die Prognose gewöhnlich sehr günstig, wogegen sie für die chronischen Entzündungen allgemein viel ungünstiger ausfällt.

Die allgemeinen Symptome der Konjunktivitiden sind die folgenden:

- ▷ diffuse Rötung der Bulbusbindehaut und Schwellung infolge Entzündung;
- ▷ seröse, muköse oder eitrige Sekretion;
- ▷ leichtgradige oder keine Schmerzhaftigkeit.

Im Laufe einer chronischen Konjunktivitis kommt es als Folge der Reizung häufig zu einem Lidkrampf (Blepharospasmus). Bei chronischer Konjunktivitis kommt es außerdem zu einer Hyperplasie der Lymphfollikel hauptsächlich an der Innenseite der Nickhaut, gelegentlich aber auch an der Außenseite. Schließlich bewirkt die chronische Entzündung eine Verdickung der Bindehaut, so daß es manchmal zu regelrechter Faltenbildung unter den Lidern kommt.

■ Akute Konjunktivitiden

► Ätiologie

Die akuten Konjunktivitiden sind bei Fleischfressern meistens infektiösen oder allergischen Ursprungs.

▷ Hund

Beim gesunden Hund kommt häufig eine Bakterienflora vor, die auch pathogene Keime enthält. Der Bakterienreichtum in den Bindehautsäcken wird dem Mangel an Lysozym im Tränensekret des Hundes zugeschrieben.

Die bakteriellen Konjunktivitiden gehen mit eitriger Sekretion einher. Sie sind häufig sekundär zu einer

Infektion in der Umgebung (Lid), einer mechanischen Reizung (Entropium, Ektropium, Distichiasis, Fremdkörper) oder einer Virusinfektion. Bei den isolierten Bakterien handelt es sich meistens um Staphylokokken.

Die viralen Konjunktivitiden werden durch das Staupevirus beziehungsweise durch Adenoviren verursacht (Rubarth: CAV1, CAV2). Die Konjunktivitis ist mit seröser Sekretion verbunden. Das Vorkommen rein viraler Konjunktivitiden konnte bisher beim Hund nicht nachgewiesen werden.

Allergische Konjunktivitiden: Auch bei diesen Bindehautentzündungen ist die Sekretion serös. Erst bei bakterieller Sekundärinfektion wird sie eitrig. Die Konjunktivitis rezidiviert zu bestimmten Jahreszeiten oder in einer besonderen Umgebung. Die Chemosis bzw. das Ödem der Bulbusbindehaut kann beträchtliche Grade erreichen.

Mykotische Konjunktivitiden treten nach unserer Erfahrung nur ausnahmsweise auf.

▷ **Katze**

Bei dieser Tierart können bakterielle oder allergische Konjunktivitiden auftreten. Es gibt jedoch eine gewisse Anzahl spezifischer Ursachen. Die häufigste ist die Infektion mit dem felinen Herpesvirus bei infektiöser Rhinotracheitis.

Weitere Viren wie das Picornavirus beim Katzenschnupfen und das feline Reovirus können verantwortlich sein, ebenso Mykoplasmen. Die Infektion mit dem Rhinotracheitis-Virus ist sehr hartnäckig, indem sie einige Monate anhält. Spätfolgen sind Symblepharon, Bindehautverwachsungen und Geschwüre. Die Tränenkanäle stenosieren oft durch Gewebsumbildungen.

Diese Keratokonjunktivitiden müssen spezifisch behandelt werden. Ihre Erkennung ist deshalb ausschlaggebend. Das Mittel der Wahl ist Idoxuridin bzw. Ioddesoxyuridin (IDU) wie Dendrid®, Herpidu® oder Spersidu®. Trotz dieser Behandlung ist die Prognose ungünstig, denn die Spätfolgen sind häufig. Während der akuten Entzündung ist die Anwendung von Kortikosteroiden kontraindiziert, da sie die Läsionen verschlimmern.

Die anderen spezifischen Bindehautentzündungen der Katze, verursacht durch Chlamydien und Mykoplasmen, sind in West- und Mitteleuropa recht selten.

► **Diagnose**

Die Diagnose der Bindehautentzündungen der Fleischfresser stützt sich auf folgende Klärungen:

- ▷ Untersuchung des Auges und seiner Nebenorgane (mechanische Konjunktivitis, Fremdkörper usw.);
- ▷ Untersuchung des Sekrets; eitrige Sekretion ist bakteriell bedingt, eine seröse ist viral, allergisch oder mechanisch;
- ▷ Untersuchung eines Bindehautabstrichs auf virale Einschlüsse, polynukleare Zytologie oder Lymphozyten;
- ▷ bakteriologische Untersuchung des Sekrets.

Die richtige Interpretation eines bakteriologischen Untersuchungsergebnisses hängt von verschiedenen Vorsichtsmaßnahmen ab. Die Probeentnahme hat vor jeder anderen Untersuchung zu erfolgen, und das Tier muß mindestens zwei Tage lang unbehandelt geblieben sein.

Der Abstrich muß sofort dem Labor übergeben werden, das eine direkte Untersuchung durchführt und eine Kultur anlegt.

Der Nachweis von pathogenen Bakterien schließt nicht eo ipso das gleichzeitige Bestehen anderer Ursachen aus. Selbst beim gesunden Hund finden sich in der Kultur pathogene Keime.

Es konnte gezeigt werden, daß 91 % der Kulturen von offensichtlich gesunden Hunden positiv ausfielen. Bei den isolierten Keimen handelte es sich um pathogene Staphylokokken, hämolysierende Streptokokken, Mikrokokken und sogar Pseudomonas. Dies zeigt, wie schwierig es ist, den bakteriologischen Untersuchungsbefund eines Augenabstrichs richtig zu interpretieren. Die Lokalbehandlung dient eher dazu, die Bakterienflora unter Kontrolle zu bringen und zu reduzieren, als sie vollständig zu unterdrücken.

Die Diagnose stützt sich im wesentlichen auf den klinischen Befund. Bakterienkultur und Antibiogramm beeinflussen die Wahl des Antibiotikums.

Die Diagnose der allergischen Bindehautentzündungen ist schwierig. Sie stützt sich vor allem auf die Anamnese.

■ Chronische Konjunktivitiden

Außer den üblichen Symptomen, wie sie bei akuten Bindehautentzündungen auftreten, ist bei chronischen Entzündungen gewöhnlich mit Komplikationen zu rechnen wie chronischer Keratitis, Hyperplasie des Bindehautgewebes und sehr häufig mit einer bakteriellen Sekundärinfektion, bedingt durch das Kratzen des Tieres.

► **Ätiologie**

Die Ursachen chronischer Keratokonjunktivitis sind mechanischer, allergischer oder infektiöser Natur. Eine besondere Entzündung stellt die *Keratoconjunctivitis sicca* dar.

- ▷ Mechanische Keratokonjunktivitis: Die Ursache ist anfänglich unauffällig, wobei ein leichtes Entropium, Distichiasis, eine ektopische Wimper auf der Innenseite der Lider oder ein Fremdkörper wie z. B. Spelze in Frage kommt.
- ▷ Infektiöse Keratokonjunktivitis: Gewisse Bakterien sind besonders resistent gegenüber gebräuchlichen oder unsachgemäß angewendeten Antibiotika. Weitere, eher seltene Ursachen wie Virus- oder Pilzinfektion können den Mißerfolg gebräuchlicher Präparate erklären.
- ▷ Allergische Keratokonjunktivitis: Es gibt spezifisch allergische Keratokonjunktivitiden wie die *Keratoconjunctivitis superficialis chronica* beim Deutschen Schäferhund und verwandten Rassen, die allergische Konjunktivitis oder plasmazelluläre Infiltration der Nickhaut sowie andere, die weit weniger spezifisch sind.

Die *Keratoconjunctivitis sicca* ist sodann eine Entzündung, die auf das Versiegen der Tränensekretion zurückzuführen ist und Austrocknung der Bindehaut und der Hornhaut bewirkt. Ätiologisch ist wenig bekannt. Es kommen traumatische oder virale Ursachen in Frage (Staupevirus). Meist bleibt die Veranlassung unbekannt, und es wird eine chronische Tränendrüsenentzündung immunitären Ursprungs erwogen.

▶ Diagnose

Jede Differentialdiagnose chronischer Bindehautentzündungen setzt einen genauen Untersuchungsbefund voraus:

- ▷ Sorgfältige Untersuchung des Auges und seiner Nebenorgane, um mechanisch bedingte Entzündungen auszuschließen.
- ▷ Messen der Tränensekretion mittels des Schirmer-Tests, um eine *Keratoconjunctivitis sicca* auszuschließen.
- ▷ Ausschluß von spezifisch bedingten, allergischen Entzündungen bei gewissen Hunderassen (Deutscher Schäferhund, Malinois, Tervueren).
- ▷ Alle anderen Fälle sind mit Schwierigkeiten verbunden, wobei Laboruntersuchungen unumgänglich sind: Bindehautzytologie, Bakteriologie, Mykologie und Virologie.

■ Behandlung der Bindehautentzündungen

Mechanische Ursachen werden operativ behandelt.

▷ **Die Bindehautentzündungen infektiöser Genese** werden mit adäquaten Antiseptika behandelt (vgl. Kapitel 1.3.2). Wir möchten jedoch daran erinnern, daß Augentropfen häufig verabreicht werden müssen (mindestens 6mal täglich) und daß die subkonjunktivale Injektion eine ausgezeichnete Methode zur Verwendung von Antibiotika darstellt. Kortikosteroide in Verbindung mit Antibiotika sind bei der Behandlung von Bindehautentzündungen viralen und unbekannten Ursprungs kontraindiziert.

▷ **Allergische Bindehautentzündungen** klingen im Laufe einer Langzeitbehandlung mit Kortikoiden ab, wobei diese lokal oder sogar allgemein erfolgen kann. Es können zwei Möglichkeiten in Betracht gezogen werden:

Es handelt sich um eine Sensibilisierung auf ein Allergen, mit dem das Tier nur gelegentlich in Berührung kommt (z. B. Pollen, Zementstaub), oder es liegt ganz einfach eine Entzündung vor, die durch Reizstoffe ausgelöst wurde. Entzündungshemmende Augentropfen auf Kortikoidbasis werden angewandt, solange die Entzündung anhält. Sie mildern die Heftigkeit der Reaktion und ersparen so dem Tier zusätzliche Verletzungen durch Reiben und Kratzen.

Es handelt sich um eine allergische Erkrankung, die rassegebunden ist oder bei bestimmten Tieren der betreffenden Rasse auftritt (plasmazelluläre Infiltration der Nickhaut beim Deutschen Schäferhund). Oft tritt diese Erkrankung in Verbindung mit einer allergischen Keratitis auf. Die Ätiologie dieser Entzündungen, die durch eine histiolymphozytäre Infiltration der Gewebe charakterisiert sind, ist noch nicht genau bekannt. In diesen seltenen Fällen muß ständig mit einem Kortikoidpräparat in möglichst geringer Dosierung lokal behandelt werden. Eine regelmäßige Kontrolle des Auges ist unerläßlich. Beim Auftreten eines Geschwürs oder einer Infektion muß die Behandlung unverzüglich abgesetzt werden.

▷ *Keratoconjunctivitis sicca:* Die medikamentöse Behandlung besteht darin, die Tränendrüsenfunktion zu stimulieren, solange noch eine reduzierte Sekretion vorhanden ist (Pilocarpin-Tropfen per os). Das fehlende Sekret ist durch ein Ersatzpräparat zu substituieren (künstliche Tränenflüssigkeit, Vitamin A-Augentropfen, Silikontropfen). (Dazu s. Kapitel 1.3 sowie Kapitel 2.5.3 über Keratoconjunctivitis sicca-Hornhaut).

2.4 Erkrankungen des Tränenapparates

Die Hauptfunktion des Tränenapparates besteht in der Produktion und der Erhaltung des Sekretfilms, der die Hornhaut schützend überzieht.

Der Tränenfilm besteht aus mehreren Schichten: einer äußeren Lipidschicht, einer serösen Mittelschicht und einer mukösen Schicht in der Tiefe. Das Sekret wird hauptsächlich von der Tränendrüse gebildet, welche sich unterhalb des Orbitalrandes befindet, von der Nickhautdrüse sowie von den akzessorischen Tränendrüsen der Lidbindehaut (muköse Drüsen) oder des Lidrandes (Meibomsche Drüsen). Die zwei erstgenannten Drüsen produzieren 90 % der Tränenflüssigkeit (Tränendrüse: 60 %, Nickhautdrüse: 30 %).

Das Tränensekret wird durch den Lidschlag auf der Hornhaut verteilt. Die überschüssige Flüssigkeit gelangt durch die Tränenröhrchen in den bei den Fleischfressern nur wenig entwickelten Tränensack, dann in den Tränennasengang, der in die Nasenhöhle mündet.

Als Praktiker wird man oft wegen einer offensichtlichen Überproduktion von Tränensekret konsultiert, hingegen nur selten wegen ungenügender Sekretion, deren klinische Anzeichen viel unauffälliger sind. Dennoch ist die unzureichende Tränensekretion, die für die *Keratoconjunctivitis sicca* verantwortlich ist, an sich nicht so selten. Diese Erkrankung wird im Kapitel 2.5 über die Hornhautentzündungen behandelt.

Das Überlaufen der Tränen über den Lidrand auf die Wangen, Epiphora, ist entweder die Folge einer Tränenüberproduktion oder einer Abflußbehinderung.

Als diagnostische Hilfsmittel stehen zwei einfache Untersuchungsmethoden zur Verfügung: der Fluoreszein-Test zum Nachweis des Abflusses sowie der Schirmer-Test.

Das Fluoreszein ist ein leicht erkennbarer Farbstoff. Sehr wenig davon genügt schon, um Flüssigkeiten damit ausgiebig zu färben.

Der Schirmer-Test besteht darin, einen Fließpapierstreifen mit einer Maßeinteilung in den unteren Bindehautsack einzuführen. Das umgebogene Streifenende wird auf eine Länge von 5 mm in den Bindehautsack

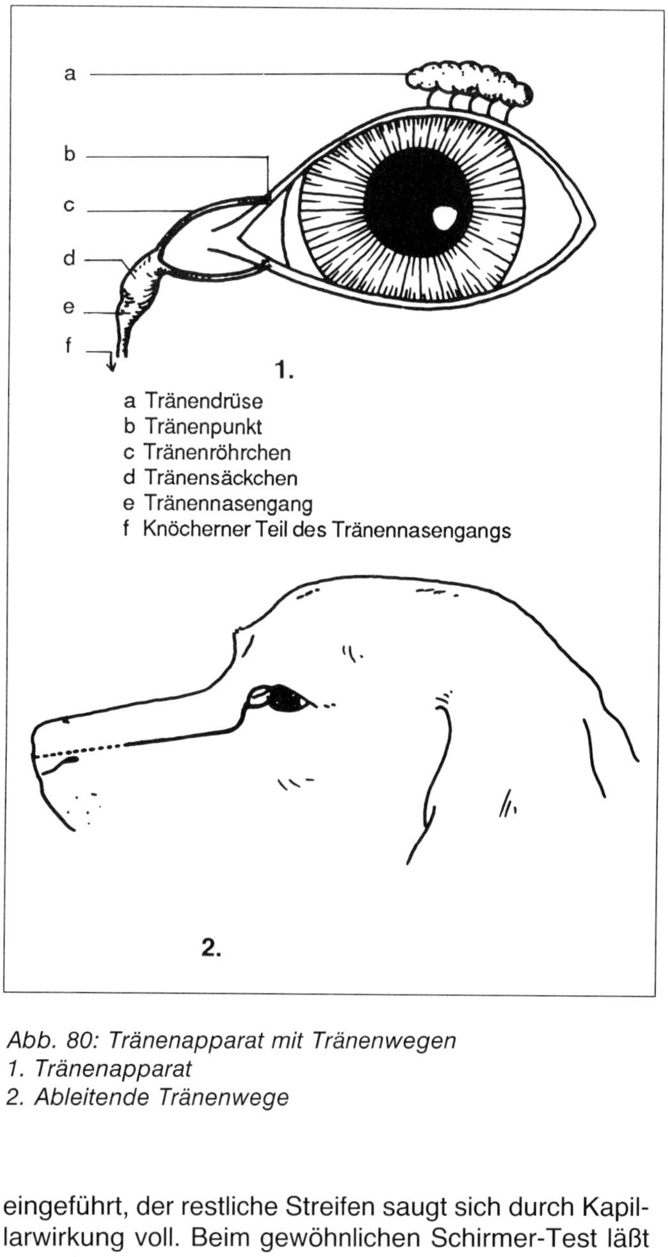

Abb. 80: Tränenapparat mit Tränenwegen
1. Tränenapparat
2. Ableitende Tränenwege

eingeführt, der restliche Streifen saugt sich durch Kapillarwirkung voll. Beim gewöhnlichen Schirmer-Test läßt man das umgebogene Ende eine Minute lang im Bindehautsack. Danach wird die Länge des vollgesogenen Streifens außerhalb der 5-mm-Markierung gemessen. Im Normalfall ist ein Meßwert von 14 mm feststellbar; bei Werten unter 10 mm liegt eine Hyposekretion vor, oberhalb 18 mm eine Hypersekretion.

Überproduktion besteht bei einem schnellen Abfluß des Fluoreszeins (′ 1 min) und bei Schirmer-Testwerten von mehr als 18 mm. Abflußbehinderungen manifestieren sich durch einen verzögerten oder ausbleibenden Fluoreszeinabfluß bei normalem Schirmer-Testwert.

2.4.1 Abflußbehinderungen

Der Tränenabfluß kann im Falle von angeborener Tränenkanalverengung, Verstopfung oder Atresie behindert oder unterbrochen sein.

■ **Stenose der ableitenden Tränenwege**
Außer den üblichen Symptomen der Abflußbehinderung wie negativer Fluoreszein-Test und trockener Nasenspiegel ergibt die klinische Untersuchung oder die Anamnese eine Bindehautentzündung als Ursache der Verstopfung. Die Konjunktivitis muß mitbehandelt werden.

■ **Atresie des Tränenkanals** (Abb. 81)
Es handelt sich um eine Atresie des Tränenröhrchens, wobei gewöhnlich das untere betroffen ist. Die Injektion von physiologischer NaCl-Lösung durch das obere Tränenpünktchen balloniert den unteren Lidrand an der Stelle, wo sich das Tränenpünktchen befinden sollte (5).

■ **Angeborene Enge der Tränenwege**
Diese Anomalie ist besonders häufig bei Klein- und Mittelpudeln anzutreffen.
► **Diagnose**
Sie beruht auf folgenden Veränderungen: ständiger Tränenfluß ohne Entzündung, beidseitige Erkrankung, verzögerter Fluoreszeinabfluß. Die Injektion von physiologischer NaCl-Lösung unter leichtem Druck in die Tränenwege ist ziemlich leicht durchführbar.

■ **Wiederherstellung der Durchgängigkeit der Tränenwege** (Abb. 81)
Zur Spülung werden Tränenwegkanülen nach Anel für Kinder verwendet, mit einem Durchmesser von 6/10 mm. Wir bevorzugen Metallkanülen mit stumpfem Ende.

Unter Druck wird physiologische NaCl-Lösung oder eine Chymotrypsin-Lösung (5 Einheiten CHB in 5 ml) injiziert. Mittels einer Injektionsspritze und mäßigem Druck ist es uns immer gelungen, die durch abnorme Sekretmassen verstopften Tränenwege durchgängig zu machen (4). Wir ziehen diese Technik der Sondierung mit einem weichen Katheter vor, die eher zu Verletzungen führt.
► **Nachbehandlung**
Nach dem Eingriff ist drei Stunden lang alle 10 Minuten Chymotrypsin-Lösung einzuträufeln. Die Konjunktivitis muß ebenfalls behandelt werden.

■ **Behandlung der Atresie des Tränenkanals**
Eröffnung und Inzision des Lidrands mit Hilfe einer feinen Schere nach Metzenbaum (6).
► **Nachbehandlung**
Die Instillation eines Kombinationspräparats (Antibiotikum-Kortikosteroidtropfen) ermöglicht eine Abheilung ohne Narbenretraktion.

■ **Dilatation der ableitenden Tränenwege**
Sorgfältige Dilatation der verengten oberen Tränenwege unter Zuhilfenahme einer Tränensonde aus Silber (nach Bowman, Bangerter) oder Polyäthylen.
► **Nachbehandlung**
Instillation eines Kombinationspräparats (Antibiotikum-Kortikosteroidtropfen), um die entzündliche Reaktion nach dem Eingriff zu verringern.

N. B.: Das gewünschte Resultat tritt allgemein nicht gleich nach dem ersten Eingriff ein. Zwei Wochen später wird häufig ein zweiter Eingriff notwendig. Enge Tränenkanäle neigen zur Stenosierung, die wie oben angeführt behandelt werden muß.

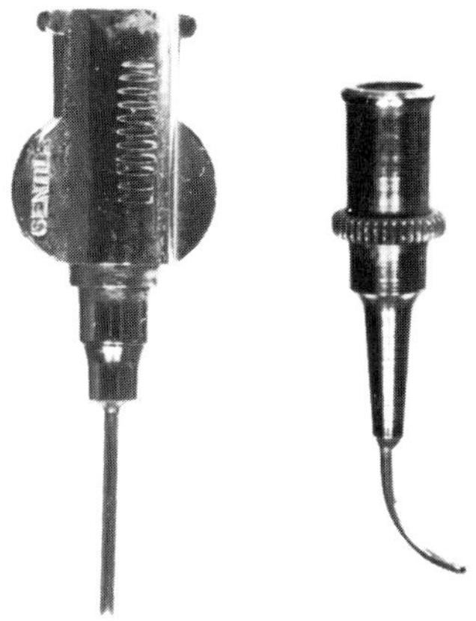

1. Tränenwegkanülen nach Anel, gerade und gebogen

2. Tränensonden

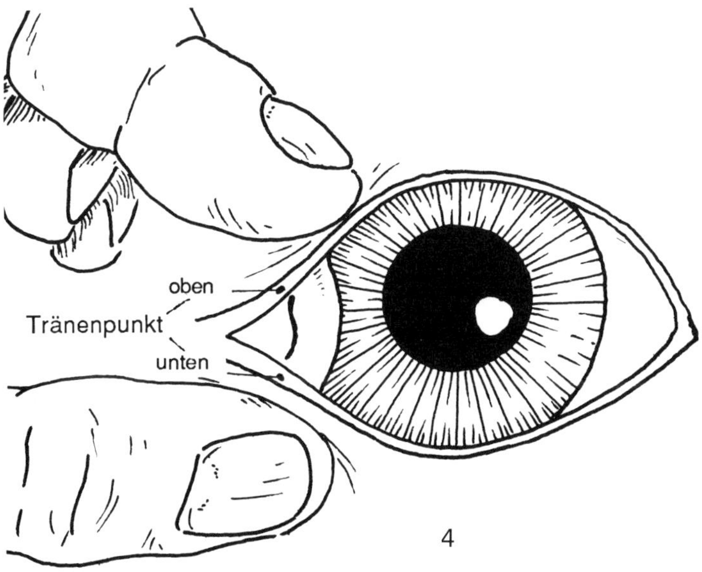

4

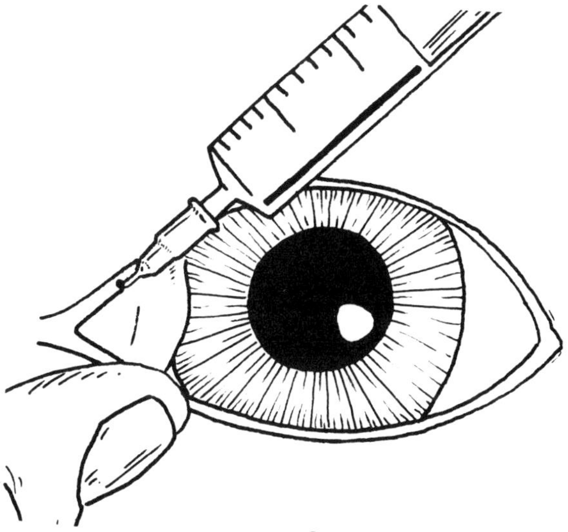

3

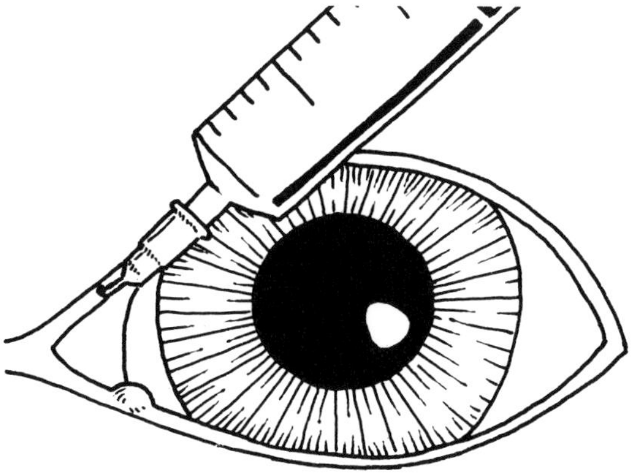

5

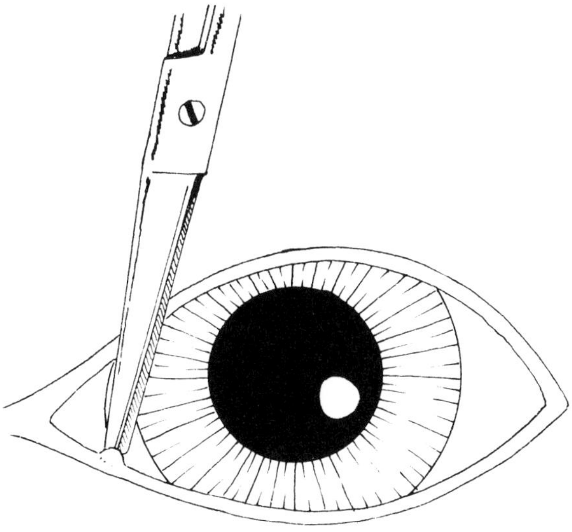

6

Abb. 81: Behandlung von Abflußbehinderungen

2.4.2 Stenose des Tränennasengangs

Die Katheterisierung ist angezeigt bei angeborener Enge der Tränennasenkanäle. Sie eignet sich ebenso zur Behandlung einer erworbenen Verengung nach infektiöser Dakryozystitis infolge viraler Rhinitis wie Herpes bei der Katze oder nach gewöhnlicher Entzündung des Tränensäckchens beim Hund. (Wir haben diese Technik auch beim Fohlen mit Erfolg angewandt).

Ein großkalibriger Katheter wird unter Anästhesie in den Tränennasengang eingeführt, wo er mehrere Tage liegenbleibt. Das Einträufeln entzündungshemmender Augentropfen gewährleistet die Durchgängigkeit des Kanals nach dem Entfernen der Sonde.

Dieses Verfahren wird gut ertragen und stellt eine dauerhafte Durchgängigkeit des Tränenkanals sicher. Es handelt sich dabei um die einzig wirksame Behandlung tiefsitzender Entzündungen und Verengungen.

Eine bereits vorhandene Infektion bedeutet kein wesentliches Hindernis für das Setzen des Polyäthylen-Katheters. Diese Technik wird in Verbindung mit der medikamentösen Tropfenbehandlung der chronisch infektiösen Dakryozystitis angewandt*. In diesem Fall wird ein fenestrierter Katheter verwendet.

* MURPHY, J. M., G. A. SEVERIN & J. D. LAVACH, 1977: Nasolacrymal catheterization for treating chronic dacryocystitis. Vet. Med. Small Anim. Clin., 883–887.

■ Katheterisierung des Tränennasengangs (Abb. 82)

Ein monofiler Polyäthylenfaden wird vorsichtig durch das obere Tränenpünktchen eingeführt, durchquert das Tränenröhrchen und den Tränennasengang, bis er am Nasenloch wieder austritt (2).

Der Faden wird ober- und unterhalb des Tränenkanals mit einer Klemme fixiert. Ein Polyäthylen-Katheter wird anschließend dem Faden entlang geschoben, bis er ebenfalls aus dem Nasenloch austritt. Der Durchgang ist manchmal etwas schwierig, weshalb das Zurückgleiten des Katheters durch eine am Faden fixierte Klemme verhindert werden muß (3). Der Zug auf den unteren Teil des Fadens ist dadurch erleichtert. Er hat indessen stets behutsam zu erfolgen (4).

Der letzte Schritt besteht in der Fixation des Katheters. Die von uns verwendeten Katheter sind im allgemeinen ziemlich starr, so daß sich die beiden Katheterenden ganz einfach durch Heftpflaster aneinander und zum Teil an die Haut kleben lassen (5). Diese Vorrichtung wird vom Tier viel besser ertragen, als man annehmen könnte. Es ist jedoch konsequent ein Halskragen anzuwenden, um einen zusätzlichen Schutz zu gewährleisten.

N. B.: Ein weicherer Katheter könnte mit gezwirntem Tergal 4/0 an die Haut genäht und mehrere Wochen fixiert bleiben (6). Eine einwöchige Frist scheint allerdings im Normalfall zu genügen.

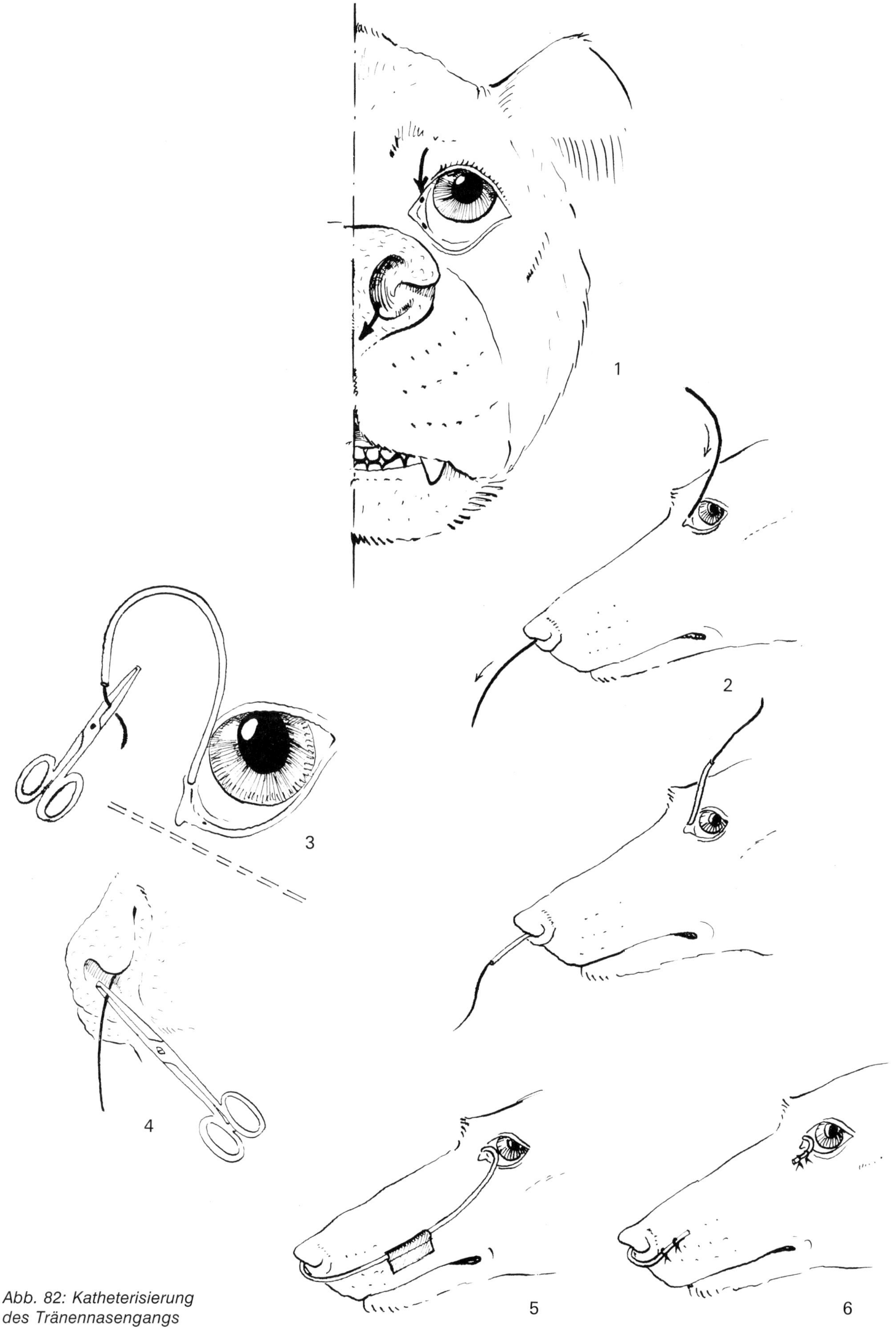

Abb. 82: Katheterisierung des Tränennasengangs

2.4.3 Hypersekretion der Tränendrüsen

Die Gründe für diese Überproduktion sind schon erwähnt worden. Doch selbst wenn alle heilbaren Ursachen ausgeschlossen wurden und die Tränenwege durchgängig sind, gibt es noch eine gewisse Anzahl Fälle, bei denen es scheint, daß die Tränendrüsen zuviel Sekret produzieren. In diesem Fall, und nur in diesem, ist der chirurgische Eingriff angebracht, um die Hypersekretion zu reduzieren.

Der chirurgische Zugang zur Nickhautdrüse ist sehr einfach. Da sie bei den Fleischfressern für die Tränenproduktion eine große Rolle spielt, kam es zu der im folgenden beschriebenen Operationstechnik. Ein mehr oder weniger großer Teil der Drüse wird entfernt, wobei die Größe des resezierten Stücks vom gewünschten Resultat abhängt.

■ **Operative Behandlung der Tränenhypersekretion** (Abb. 83)

Der Eingriff erfolgt in Kurznarkose. Die Nickhautdrüse umschließt teilweise die Basis des Blinzknorpels. Der Hauptteil der Drüse ragt über den Knorpel hinaus in die Tiefe (1).

Die Nickhaut wird umgestülpt und genügend weit nach außen gezogen, bis die Vorwölbung der Nickhautdrüse an der Nickhautbasis sichtbar ist (2).

Mit einem Skalpell D 15 wird die Bindehaut an dieser Stelle 5 mm lang inzidiert (3). Die dunkelrosa gefärbte Drüse wird sichtbar und quillt hervor (4).

Nun wird sie mit einer Bindehautpinzette erfaßt, aus ihrer bindegewebigen Umhüllung herauspräpariert und mit der Schere abgesetzt (5). Es kommt öfters zu einer Blutung, sobald die Nickhaut auf die Hornhaut zurückgeklappt wird.

Es wird nicht genäht. Die Blutung ist nach zehn Minuten unter Kontrolle, wenn mit Kompressen leichter Druck ausgeübt und eine Adrenalinlösung (1/100) instilliert wird.

Entzündungshemmende Tropfen sind postoperativ noch fünf Tage lang anzuwenden.

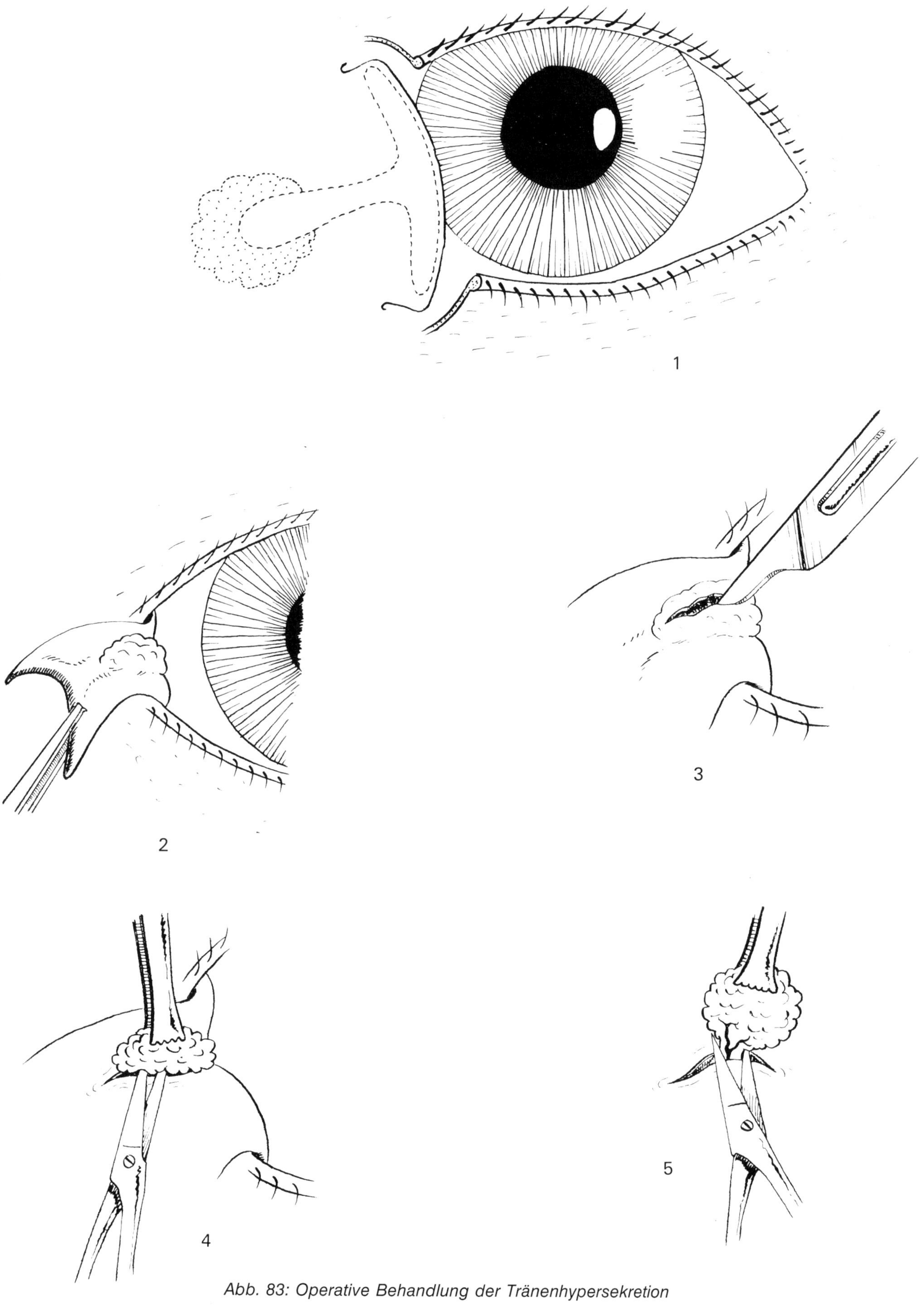

Abb. 83: Operative Behandlung der Tränenhypersekretion

2.5 Erkrankungen der Hornhaut

Die Erkrankungen der Hornhaut hängen eng mit deren Struktur (Abb. 84) zusammen. Jeder chirurgische Eingriff hat sie bestmöglich zu berücksichtigen.

Die Hornhaut besteht aus mehreren Schichten. Ihre Gesamtdicke ist unterschiedlich und beträgt nach Prince im Zentrum zwischen 0,73 und 0,95 mm; Messungen am lebendigen Tier ergeben Werte zwischen 0,5 und 0,7 mm. Ein Schnitt durch die Hornhaut zeigt von außen nach innen die verschiedenen durchsichtigen Schichten, die an ihrem Aufbau beteiligt sind.

Der präkorneale Film setzt sich aus dem Sekret der Tränendrüsen und der sogenannten akzessorischen Tränendrüsen (Zeis, Moll, Meibom) zusammen. Der von den akzessorischen Drüsen sezernierte Lipidüberzug verhindert das Eintrocknen des Tränenfilms. Eine muköse Schicht ermöglicht den Kontakt mit den Epithelzellen.

- ▷ Das Hornhautepithel: Es besteht aus mehreren Plattenepithelzell-Schichten, die am Rand gleichmäßig in die Zellen der Bindehaut übergehen. Das Epithel liegt einer Basalmembran auf (0,08 mm dick), die es vom Stroma trennt.
- ▷ Die vordere Grenzmembran *(Lamina limitans anterior)* oder Bowmansche Membran (1,5 μ dick).
- ▷ Das Hornhautstroma: Es besteht aus transparenten Faserbündeln von 0,5 bis 0,6 mm Dicke beim Hund (9/10 der gesamten Hornhautdicke).
- ▷ Die innere Grenzmembran *(Lamina limitans posterior)*, auch Descemetsche Membran genannt, reich an Kollagen, ist elastisch und sehr widerstandsfähig gegen Infektionen (14 μ dick).
- ▷ Das Hornhautendothel grenzt die Hornhaut nach hinten ab. Sie besteht aus einer einzigen Zellschicht.

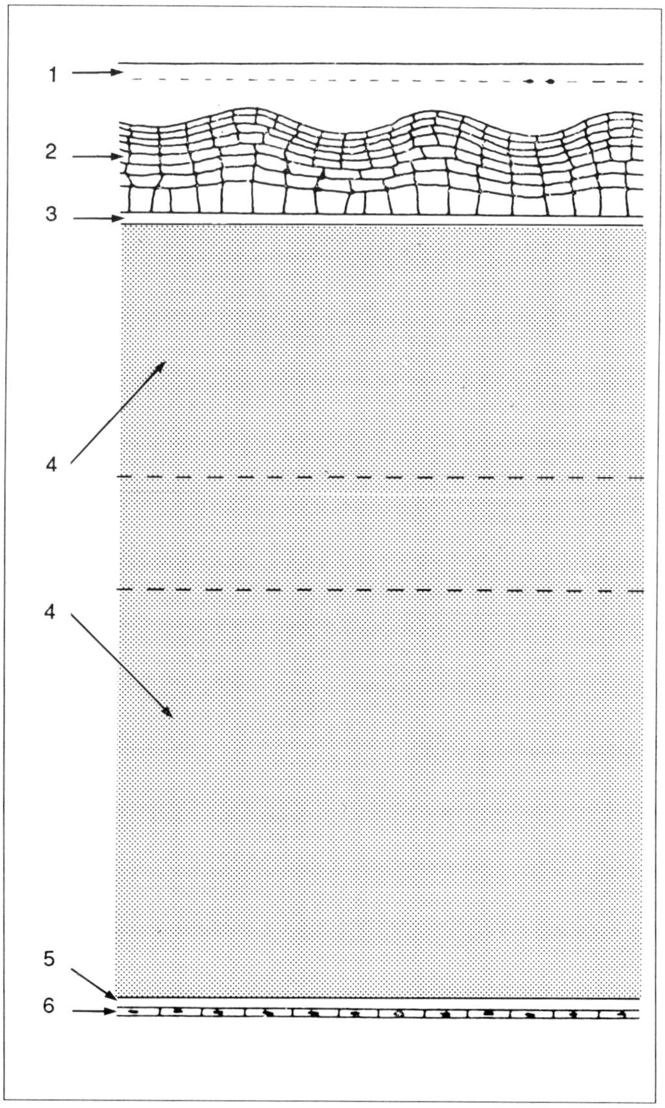

Abb. 84: Aufbau der Hornhaut
1 Präkornealer Film, 2 Hornhautepithel, 3 Bowmansche Membran, 4 Stroma, 5 Descemetsche Membran, 6 Hornhautendothel

2.5.1 Die Hornhauterkrankungen (1)

Sie umfassen:

▶ **Hornhautmißbildungen:**

▷ Hornhautdermoid (s. Kapitel 2.5.7)

▶ **Hornhautödeme**

▶ **Hornhautdystrophien:**

▷ Lipidosen;

▷ Kalzifikationen;

▷ Hornhautsequestrierung bei der Katze;

▷ bläschenförmige Dystrophie (s. Ödem).

▶ **Hornhautentzündungen:**

▷ Infektiöse Keratitiden (s. infektiöse Konjunktivitiden);

▷ unspezifische allergische Keratitiden (s. allergische Bindehautentzündungen);

▷ *Keratitis superficialis chronica* beim Deutschen Schäferhund;

▷ allergische Keratitis punctata beim Teckel;

▷ *Keratoconjunctivitis sicca*;

▷ Geschwürsbildungen.

■ Die Hornhautödeme

▶ **Erklärung der Hornhauttransparenz:** Das mehrschichtige Epithel ist beim Hund acht- bis zehnschichtig. Dieses gut entwickelte Epithel erhält seine Transparenz dank des präkornealen Tränenfilms.

Das Hornhautstroma besteht aus ähnlichen histologischen Elementen wie andere Gewebe, die jedoch nicht transparent sind (wie z. B. die Sklera). Die Transparenz ergibt sich aus der streng geometrischen Anordnung dieser Elemente. Außerdem trägt die laufende Dehydratation zur optischen Beschaffenheit der Hornhaut bei.

Die Kollagenfasern, die das Stromagerüst bilden, sind äußerst regelmäßig angeordnet. Das Licht wird im Hornhautstroma gebrochen, doch aufgrund eines Interferenzphänomens kommt es zur Wiederherstellung des Lichtstrahls.

Der zweite wichtige Aspekt des Hornhautstoffwechsels betrifft die biochemischen Vorgänge. Dank des Endothels befindet sich die Hornhaut laufend in einem Zustand der Entquellung, der sich durch die Feststellung nachweisen läßt, daß ein isoliertes Hornhautstück ohne Endothel oder mit abgetöteten Endothelzellen Wasser aufnimmt und trübe wird. In den Endothelzellen herrscht ein reger Stoffwechsel, der dem Hornhautstroma das Wasser entzieht und es an die Vorderkammer abgibt. Diese Aktivität ist möglich aufgrund des hohen Stoffwechsels der Endothelzellen, der seinerseits mit den zahlreichen Mitochondrien zusammenhängt. Dieser Mechanismus der Entquellung funktioniert nur richtig unter bestimmten Druckverhältnissen.

Zusammenfassend können wir festhalten, daß die Transparenz der Hornhaut auf einer konstanten Stoffwechselaktivität beruht, die mit dem Vorhandensein von »biologischen Pumpen« im Endothel zu tun hat sowie mit der besonderen Struktur des Epithels und des Stromas, dessen Fibrillen äußerst regelmäßig angeordnet sind. Nachfolgend werden wir auf die Bedingungen eingehen, unter denen die Transparenz infolge eines Hornhautödems verlorengeht.

Drei wichtige Umstände begünstigen das Auftreten eines Ödems. In jedem Fall wird der Zusammenbruch eines Mechanismus abgeklärt, der vorher die Transparenz der Hornhaut gewährleistet hat.

▶ **Entzündliches Ödem**

Die Mehrzahl dieser Hornhautödeme ist auf Strukturveränderungen zurückführbar. Man kann von Hornhautödemen entzündlichen Ursprungs sprechen, weil sie das Ergebnis einer abnormen Anordnung der Epithelzellen oder der Stromafibrillen sind. Das typische Beispiel ist das Hornhautgeschwür.

Im Falle einer Strukturveränderung zieht der zu beobachtende Zerfall der Epithelzellen, wie beispielsweise bei Geschwürsbildung, den Verlust der Transparenz nach sich. Noch deutlicher sichtbar ist der Verlust der Durchsichtigkeit, wenn der entzündliche Prozeß die Stromafibrillen in Mitleidenschaft zieht, so daß diese unter dem Einfluß des Ödems zerfallen und der Abstand zwischen den Fibrillen größer als 7 μ wird und die Hornhaut das Licht nicht mehr vollständig durchläßt. Es entsteht eine Trübung.

▶ **Ödem infolge Durchtränkung** (Imbibition)

Der zweite Umstand, der zur Entstehung eines Hornhautödems führt, hat mit der Schädigung der Endothelzellen zu tun, die in der Veterinärmedizin häufig im Laufe der bekannten »blauen« Keratitiden bei Virus-Hepatitis festgestellt wird. Dabei werden Endothelzellen durch das Rubarthsche Virus zerstört.

▶ **Ödem durch intraokulären Überdruck**

Der dritte Umstand, der Transparenzverlust der Hornhaut bewirkt, hängt mit einer Veränderung des Augeninnendrucks zusammen, welche die Aktivität der endothelialen Mitochondrien beeinflußt, vor allem bei intraokulärem Überdruck. Diesem besonderen Umstand begegnet man vor allem im Verlaufe eines Glaukoms.

Die Abgrenzung der hauptsächlichen Mechanismen, die für eine ödembedingte Veränderung der Hornhauttransparenz verantwortlich sind, gestatten eine klinische Klassifikation der Ödeme und die Wahl der entsprechenden Therapie (vgl. Kapitel 1.3: Die medikamentöse Behandlung in der Augenheilkunde).

■ Die Hornhautdystrophien

Sie sind das Ergebnis von Ernährungsstörungen der Hornhaut.

▶ **Lipid-Dystrophien:** Es handelt sich um Erkrankungen, die sich klinisch beim erwachsenen Hund als Lipideinlagerungen im Zentrum oder am Rand der Hornhaut manifestieren. Sie treten gelegentlich einseitig, häufiger beidseitig und symmetrisch auf. Der Abbau der oberflächlichen Stromaschichten durch die Fetteinlagerungen kann peripher eine Hornhautvaskularisierung nach sich ziehen. Die Ursachen dieser Dystrophien sind unterschiedlich. Man unterscheidet derzeit drei Arten von Lipidosen (Fettstoffwechselstörungen):

▷ *Arcus senilis* (Greisenbogen): Hier handelt es sich

um eine ringförmige Lipidinfiltration des peripheren Hornhautstromas. Anfänglich oft unvollständig, entwikkelt sich der Ring sehr langsam, wobei er in gewissen Fällen ziemlich auffällig wird. Er tritt ein- oder beidseitig auf. Falls beidseitig, kann die Infiltration am einen Auge nur leicht und diffus in Erscheinung treten.

Die Häufigkeit dieser Veränderung läßt sich beim Hund nur schwer festlegen. Sie hängt mit dem Alter des Tieres zusammen. Beim Hund besteht keine Beziehung zwischen dieser Erkrankung und einer Hyperlipämie. Alle medikamentösen Behandlungsversuche sind unwirksam. Mit Rücksicht auf die geringe Ausdehnung der Veränderung ist aber auch von operativen Maßnahmen abzusehen.

▷ Die primäre Lipid-Dystrophie: Die ring- oder fleckenförmige Lipidinfiltration der Hornhaut ist selten. Sie hängt mit einer Hyperlipidämie unbekannter Genese zusammen. In einem mitgeteilten Fall betrug die Lipidämie mehr als 7,2 g. Bei strenger Diät bildet sich die Infiltration zurück.

▷ Die sekundären Lipid-Dystrophien: Sie sind häufiger und auf zwei Hauptursachen zurückzuführen. Eine Hornhautentzündung, die den normalen Lipidstoffwechsel zwischen Epithel und Stroma verändert, führt zu einer ein- oder beidseitigen Lipidinfiltration, ohne mit einer Änderung der biochemischen Blutparameter einherzugehen.

Eine Hypothyreose, die für eine Störung des Lipidstoffwechsels verantwortlich ist, bewirkt eine Hornhautinfiltration. Diese Lipidose geht mit den klinischen Erscheinungen der Hypothyreose einher. Es besteht eine Hypercholesterinämie und -lipämie, und der Index des freien Thyroxins ist erhöht. In diesem Fall bewirkt die Behandlung der Hypothyreose innerhalb einiger Monate eine Rückbildung der Augenveränderungen. Zusammenfassend kann man sagen, daß beim Vorhandensein von Lipideinlagerungen in der Hornhaut hauptsächlich die Blutlipide untersucht werden müssen.

Die medikamentöse Behandlung richtet sich nach dem Untersuchungsergebnis der biochemischen Parameter, das die Einteilung der Lipidosen erlaubt. Tabelle 10 stellt das Vorgehen bei der Behandlung dar.

Tabelle 10: Therapeutisches Vorgehen aufgrund der Laborbefunde

Blutlipidwerte		Krankheit	Behandlung
	N	Älteres Tier, ringförmige Einlagerung	Keine
		Folge von Keratitis, Vaskularisierung	Kortikoide lokal
Cholesterin (1,5–2,5 g/l)		Ursache unbekannt	?
Gesamtlipide (4,7–7,2 g/l)	↗	Essentielle Hyperlipidämie	Permanente Diät
		Hypothyreose (T4 ↗)	Schilddrüsenextrakte Thyroxin

N = normal, ↗ = erhöht

► **Hornhautkalzifikationen:** Sie sind seltener als die Lipidosen. Klinisch läßt sich eine subepitheliale Kalkeinlagerung feststellen, deren Mechanismus bis heute unbekannt geblieben ist. Diese Form der Dystrophie scheint mit chronischen Hornhautentzündungen einherzugehen.

Dank der Anwendung von Kortikoidaugentropfen ist es möglich, die Ausdehnung der Trübungen zu stabilisieren und die Kalkplaque anschließend durch Keratektomie zu entfernen. Allerdings ist die Anzahl der beobachteten Fälle dieser Dystrophieform nach wie vor sehr gering.

► **Hornhautsequestrierung bei der Katze** (Hornhautnekrose): Diese selten vorkommende Erkrankung ist mit einer Nekrose der oberflächlichen Stromaschichten vergesellschaftet und klinisch am Auftreten eines schwarzen Flecks im Hornhautzentrum erkennbar. In einem späteren Stadium erfaßt die Nekrose tiefere Stromaschichten und nimmt an dieser Stelle einen braun-schwärzlichen Farbton an. Schließlich wird die Oberfläche der Läsion unregelmäßig. Weitlumige Blutgefäße dringen in die Hornhaut ein und umgeben die Nekrose ringförmig.

Ätiologie und Pathogenese dieser Erkrankung sind unbekannt. Sie wurde zuerst bei Persern beobachtet, doch haben wir sie auch bei Siamesen und bei europäischen Rassen festgestellt mit mehreren Fällen in einer Gruppe von Persern. Severin bringt sie mit herpetischen Geschwüren bei der Katze in Zusammenhang.

Die histologische Untersuchung ergab das Vorhandensein verhornender, nekrotisierender Zellen. Trotzdem läßt sie kein besseres Verständnis der Ätiologie zu. Aus diesem Grunde bleibt die Behandlung vorläufig symptomatisch.

Sobald die Veränderungen eine gewisse Ausdehnung erreicht haben, muß die Keratektomie vorgenommen werden. Die Hornhaut verheilt ohne jede Komplikation.

Kortikoidaugentropfen bringen die Hornhautgefäße zur Rückbildung. Sie scheinen in keinem Fall die Läsionen verschlimmert zu haben. Es kommt jedoch häufig zu Rezidiven.

► **Bläschenförmige Keratopathie:** Diese Dystrophie, die klinisch an der Bläschenbildung unter dem Hornhautepithel und im oberflächlichen Stroma erkennbar ist, beruht auf der Zerstörung des Hornhautendothels.

Eine direkte Folge davon ist das Eindringen von Kammerwasser in das Stroma (vgl. Ödem). Das überschüssige Kammerwasser durchdringt das Stroma und staut sich unter dem Epithel, bis es abgehoben wird. Die Bläschen entleeren sich, sobald das Epithel platzt. Das gleiche Phänomen wiederholt sich später an einer benachbarten Stelle. Die medikamentöse Behandlung ist gleich wie bei Ödemen. Sie ist wenig erfolgreich, wenn die endotheliale Schädigung bestehen bleibt. In solchen Fällen ist die chirurgische Behandlung in Form einer perforierenden Keratoplastik die logische Konsequenz. Sie ist allerdings sehr heikel und deshalb in der Praxis nicht ohne weiteres durchführbar.

■ Die Hornhautentzündungen

Da das Hornhautepithel direkt an die Bindehaut

anschließt, greifen deren Entzündungen auf die Hornhaut über. Aus diesem Grund sind die Kapitel über die infektiösen und einfachen, allergischen Hornhautentzündungen nichts anderes als die Übertragung des Kapitels über die Bindehautentzündungen. Hierzu ist es zweckmäßig, an dieser Stelle die spezifischen Hornhauterkrankungen zu behandeln: die *Keratitis superficialis chronica* beim Deutschen Schäferhund und die allergische *Keratitis punctata* beim Teckel. Außerdem wird hier die *Keratoconjunctivitis sicca* besprochen, bei der die Komplikationen vor allem die Hornhaut und weniger die Bindehaut betreffen.

Die Substanzverluste der Hornhaut, die *Keratitis ulcerosa* und die Geschwüre vervollständigen die Übersicht der Entzündungen, auch wenn nicht alle Erkrankungen entzündlichen Ursprungs sind.

► **Die Keratitis superficialis chronica beim Deutschen Schäferhund** (*Keratitis pigmentosa* – Keratitis nach Überreiter): Die *Keratitis superficialis chronica* findet man hauptsächlich, wenn auch nicht ausschließlich, beim Deutschen Schäferhund. Das Alter der Tiere zum Zeitpunkt der ersten klinischen Erscheinungen ist unterschiedlich, doch handelt es sich bei den erkrankten Hunden meistens um junge erwachsene Tiere, die sonst gesund sind. Die Hornhautentzündung fängt in der Regel am Hornhautrand (Limbus) im äußeren (temporalen) Lidwinkel beider Augen an. Die Entzündung bleibt oberflächlich und ist von Anfang an chronisch. Bei der direkten Untersuchung stellt man drei Elemente fest: eine Gefäßkomponente, ein zelliges Element und eine Pigmentkomponente.

Die gewundenen, weitlumigen und stark verzweigten Blutgefäße proliferieren vom temporalen Limbus in die Hornhaut. Die Gefäße sind von einer gräulichen Trübung umgeben und außerhalb des vaskularisierten Bereichs erkennt man kleine, rundliche graue Flecken. Später dringt Melanin in die Hornhaut ein. Diese Veränderungen breiten sich mehr oder weniger schnell über die gesamte Hornhaut aus. In einigen Fällen wird diese vollständig trübe.

Die Bindehaut ist ebenfalls entzündet und im temporalen Quadranten vaskularisiert und pigmentiert. Es ist zu bemerken, daß die Hornhaut das Fluoreszein im Anfangsstadium der Erkrankung nicht annimmt. Die Untersuchung des Epithels mit der Spaltlampe läßt eine unregelmäßige Oberfläche erkennen, doch besteht keine Unterbrechung.

Die oben beschriebenen Veränderungen sind am häufigsten. Sie entwickeln sich in einigen Monaten oder zwei bis drei Jahren. In den meisten Fällen erblindet der Hund nach einem Jahr.

Klinisch unterscheidet man drei Entwicklungsstadien mit drei histologisch verschiedenen Erscheinungsformen, auf welche die Therapie Rücksicht zu nehmen hat.

Im Anfangsstadium ist die Erkrankung durch eine subakute Entzündung des temporalen Hornhautquadranten gekennzeichnet. Dem Limbus entlang wird die Hornhaut leicht trübe.

Das nächste Stadium ist durch eine viel stärkere Infiltration der Hornhaut charakterisiert sowie durch eine umfangreiche Vaskularisierung und das Auftreten einiger Melaninflecken.

Im fortgeschrittenen Stadium der Erkrankung ist die oberflächliche Hornhautschicht vollständig verändert und von Melanin durchsetzt. Die Vaskularisierung nimmt ab, und es sind nur noch wenige, dafür weitlumige Gefäße sichtbar. Das Melanin bildet große, schwarze Flecken, die schwere Sehstörungen verursachen.

So gut das klinische Erscheinungsbild der Erkrankung bekannt ist, so bleiben im Hinblick auf die Ätiologie noch immer viele Fragen offen.

▷ Ätiologie: Die Ursachen der Keratitis nach Überreiter sind noch wenig erforscht. Man weiß jedoch, daß außer der rassebedingten Prädisposition (Deutscher Schäferhund und verwandte Rassen) äußere Ursachen für die Auslösung der Erkrankung verantwortlich sind. Staub und Pollen sind Faktoren, die Keratitisschübe bewirken können.

Außerdem hat man die wichtige Rolle des Sonnenlichts festgestellt, indem die *Keratitis pigmentosa* viel häufiger während oder nach dem Sommer auftritt.

Der histopathologische Befund der Veränderungen in Form der histio-lympho-plasmozytären Infiltration spricht ferner zugunsten einer Immunreaktion. Andere Befunde sind Ausdruck einer Autoimmunreaktion. Diese Auffassung wird durch die ausgezeichneten Resultate der Kortikoidtherapie unterstützt.

▷ Medikamentöse Behandlung: Die Therapie der Wahl ist entzündungshemmend und antiallergisch. Zahlreiche Behandlungsmethoden zur Verminderung der Hornhautentzündung wie Betatherapie und Peritomie wurden mit einem gewissen Erfolg versucht. Die Behandlung stützt sich hauptsächlich auf die Kortikoide. Wir weisen nachstehend auf das Behandlungsschema hin, das üblicherweise an der Klinik von Alfort angewandt wird.

Anläßlich der ersten Konsultation injizieren wir bei akuten Entzündungen beidseits 5 mg Methyl-Prednisolonazetat subkonjunktival. Gleichzeitig verschreiben wir Kortikoidaugentropfen mit stark entzündungshemmender Wirkung (Decadron, Dexamethason), die dreimal täglich zu instillieren sind.

Der Hund ist 10 Tage nach der ersten Injektion zu kontrollieren. Gewöhnlich hat die Keratitis deutlich abgenommen. Wird die Rückbildung als unzureichend beurteilt, ist eine weitere subkonjunktivale Injektion eines Kortikoids mit Retardwirkung in gleicher Dosierung wie das erste Mal angezeigt. Die Augentropfen sind weiterhin zu verabreichen. Die Häufigkeit der Instillationen (drei-, zwei- oder einmal) richtet sich nach der klinischen Reaktion (Tabelle 11). Die Instillationen dürfen nicht unterbrochen werden. In einigen Fällen war es allerdings möglich, die Kortikoidtherapie während der

Tabelle 11: Schema der Kortikoidtherapie

Tag	Injektionen	Instillationen
1	Subkonjunktival, Retard-Kortikoid	3 x täglich
+10	Subkonjunktival, Retard-Kortikoid	3, 2 oder 1 x täglich
+40	Kontrolle	3, 2 oder 1 x täglich

Wintermonate abzusetzen, solange das Sonnenlicht schwach war. Im Frühling muß die Behandlung jedoch fortgesetzt werden.

Das Ziel der medikamentösen Behandlung besteht in der Stabilisierung der Läsionen, nachdem die akute Entzündung abgeklungen ist. Es scheinen keine Komplikationen aufzutreten, die auf die lokale Langzeitbehandlung mit Kortikoiden zurückgeführt werden könnten. Unsere Beobachtungen beziehen sich dabei auf Fälle, die bis acht Jahre zurückliegen.

Trotzdem muß sorgfältig darauf geachtet werden, daß kein Geschwür und keine Infektion vorliegt!

Die Kortikoidbehandlung bringt jedoch das Melanin nicht zum Verschwinden. Hier kann nur ein chirurgischer Eingriff abhelfen. Für sich allein ist die operative Behandlung nicht erfolgreich. Sie ergänzt vielmehr die medikamentöse Behandlung und führt nur mit dieser zusammen zum Ziel.

Die einzig anwendbare Operationstechnik ist die oberflächliche Keratektomie, die sich einfach durchführen läßt. Sie ist bei allen proliferativen Hornhautentzündungen indiziert, die mit starker Pigmentierung einhergehen. Die Melaninflecken beeinträchtigen das Sehvermögen ganz beträchtlich. Die Entfernung des trüben Hornhautschleiers ist deshalb unerläßlich. Dieser Eingriff muß jedoch durch eine lokale Kortikoidbehandlung vorbereitet werden, welche die Neovaskularisation verhindert und den Eingriff erleichtert.

Die Operationstechnik ist im Kapitel über die Hornhautchirurgie genau beschrieben. Bei dieser Keratitisform unterstützen sich die regenerationsfördernden Augentropfen und die Kortikoide gegenseitig bis zur vollständigen Abheilung.

► **Die Keratitis punctata beim Teckel:** Diese Erkrankung ist charakterisiert durch das Auftreten punktförmiger Geschwürsbildungen an der Hornhautoberfläche. Sie tritt hauptsächlich beim Langhaarteckel auf, viel seltener beim Drahthaar- und beim Kurzhaarteckel. Eine Infiltration von mononukleären Zellen bewirkt Hornhauttrübung, und ein feines, dichtes Gefäßnetz umgibt die Läsionen. Der Verlauf ist vorwiegend chronisch mit akuten Schüben, die nach einigen Wochen zu einer mehr oder weniger starken Pigmentierung der Hornhaut führen, wie man sie bei allen chronischen Entzündungen feststellt. Manchmal beobachtet man nach mehreren Monaten scheinbarer Heilung Rückfälle, die vermutlich mit besonderen Umwelteinflüssen zu tun haben (Pollen, Licht).

Die Ätiologie dieser Keratitis ist unbekannt, doch können wir das Vorhandensein einer allergischen Komponente bestätigen, indem wir nach der Verabreichung von proteinhaltigen Augentropfen wie Troformone regelmäßig Rückfälle beobachtet haben. Eine andere Erklärung ergibt sich aus dem ausgezeichneten Behandlungsergebnis, das mit der subkonjunktivalen Injektion oder Instillation von Kortikoiden erzielt wird und die zur Heilung führt, selbst wenn die Fluoreszeinprobe anfänglich positiv ausfällt. Wir haben außerdem festgestellt, daß die mehrmonatige Verabreichung von Kortikoidaugentropfen zweimal täglich die Erkrankung sehr gut stabilisiert. Unseres Erachtens sind diese Hornhautentzündung und die *Keratitis superficialis chronica* beim Deutschen Schäferhund ätiologisch verwandt.

► **Die Keratoconjunctivitis sicca:** Vergleiche Kapitel 2.5.3–2.5.5.

2.5.2 Die Hornhauterkrankungen (2)

An dieser Stelle ist an einige anatomisch-physiologische Besonderheiten zu erinnern, die von großer Bedeutung sind.

- ► Die Hornhaut ist normalerweise gefäßlos.
- ► Die Vaskularisierung und Pigmentierung als Folge einer Hornhautentzündung sind oberflächlich. Sie erreichen die tieferliegenden Stromaschichten nicht.
- ► Die Innervation der Hornhaut erfolgt durch oberflächliche Nervengeflechte. Im tiefen Stroma gibt es keine Nerven. Das Stroma besitzt eine lamelläre Struktur, welche die operative Spaltung erleichtert.

Die chirurgischen Techniken berücksichtigen diese Besonderheit. Wir besprechen sie der Reihe nach.

- ▷ Die Transposition des Stenonschen Kanals, die den präkornealen Tränenfilm wiederherstellt.
- ▷ Die Keratektomie und die Behandlung der Hornhautdermoide, welche die lamelläre Struktur des Stromas ausnützt.
- ▷ Die Hornhauttransplantation, die dank der fehlenden Vaskularisation möglich ist.
- ▷ Die Behandlung der Hornhautgeschwüre, die ein gutes Verständnis des Hornhautstoffwechsels voraussetzt.

■ Einige Aspekte der Hornhautpathologie

Die Hornhaut ist das Fenster des Auges. Als schützendes Element ist sie allen schädigenden Einflüssen der Umwelt ausgesetzt. Eine akute Entzündung oder eine Infektion verändern den präkornealen Tränenfilm, mitunter bringen sie ihn sogar zum Verschwinden. Diese Einflüsse verursachen auch eine Zerstörung des Epithels sowie eine Veränderung des Hornhautstromas. Ein Hornhautödem begleitet das Geschwür. Die elastische Descemetsche Membran widersteht der Infektion (Farbabb. 48). Das differenzierte Hornhautgewebe ist zur Regeneration fähig, an der zwei sich ergänzende Prozesse beteiligt sind: eine Einschmelzung der Zellen des benachbarten Stromas, die das Geschwür ausfüllen, sowie eine Einlagerung von Narbengewebe durch die neugebildeten Gefäße (Farbabb. 52).

Die Reaktion der Hornhaut auf eine chronische Schädigung verläuft oft ganz anders. Die Einsprossung von neugebildeten Gefäßen führt in der Hornhaut zur Ablagerung von Zellen, Melanin und Pigment mit anschließendem Hämoglobinabbau. Auf diese Weise entsteht eine chronische *Keratitis pigmentosa* (Farbabb. 49).

Durch ihre Beziehung zum Augeninneren kann die Hornhaut ihre Transparenz nur durch die dauernde Aktivität der Endothelzellen aufrechterhalten. Diese Zellen verhindern aktiv die Durchtränkung des Hornhautstromas mit Tränensekret. Wenn die Endothelzellen zerstört oder geschädigt sind, wird die Hornhaut ödematös. Das bläuliche Aussehen der Hornhaut hat zur (fälschlichen) Bezeichnung »Blaue Keratitis« Anlaß gegeben (Farbabb. 51).

Diese Hornhautödeme bilden sich oft zurück. Das Endothel gewinnt seine ursprünglichen Eigenschaften zurück. In anderen Fällen sind die Läsionen irreversibel, das Auge behält ein bläuliches Aussehen (Farbabb. 53).

Farbabb. 48: Tiefes Hornhautgeschwür
Die Ausdehnung des Geschwürs ist gut sichtbar. Sein auffälliger Rand läßt den Epithel- und Stromaverlust im Zentrum erkennen. Die Descemetsche Membran bildet den Boden des Defekts. Ein entzündliches Ödem hat die Hornhaut infiltriert

Farbabb. 49: Chronische Keratitis pigmentosa
In das Hornhautepithel sind Bindegewebszellen sowie Melanin und Hämatin eingewandert. Das Epithel ist erheblich verdickt. Die Hornhautoberfläche ist trocken. Der präkorneale Flüssigkeitsfilm fehlt

Farbabb. 50: Narbenbildung
Narbenbildung, angestrebt und begünstigt durch das Touchieren der Geschwürsränder mit reiner Trichloressigsäure. Die kurze Berührung bewirkt sofort eine Weißfärbung der Hornhaut. Die Reaktion verschwindet innerhalb von drei Tagen

Farbabb. 51: Keratitis parenchymatosa (»Blue eye«) bei einem Hund mit Hepatitis contagiosa canis
Das Ödem ist gleichmäßig. Feine, parallelverlaufende, kurze und nicht verzweigte Gefäße am Rande der Hornhaut lassen erkennen, daß die Ursache tiefer liegt (Entzündung des Hornhautendothels und von Teilen der mittleren Augenhaut)

Farbabb. 52: Narbengewebe hat das Geschwür ausgefüllt
Im Zentrum ist es gut sichtbar, wobei es nach und nach durch klares Gewebe ersetzt wird. Ein starkes Hornhautgefäß läßt die vaskuläre Reaktion erkennen, die im Abklingen begriffen ist

Farbabb. 53: Persistierendes Hornhautödem
Die Zerstörung der Endothelzellen ist irreversibel. In diesem Fall zeigte der niedrige Augeninnendruck, daß sich die pathologischen Veränderungen nicht allein auf das Hornhautendothel beschränkten

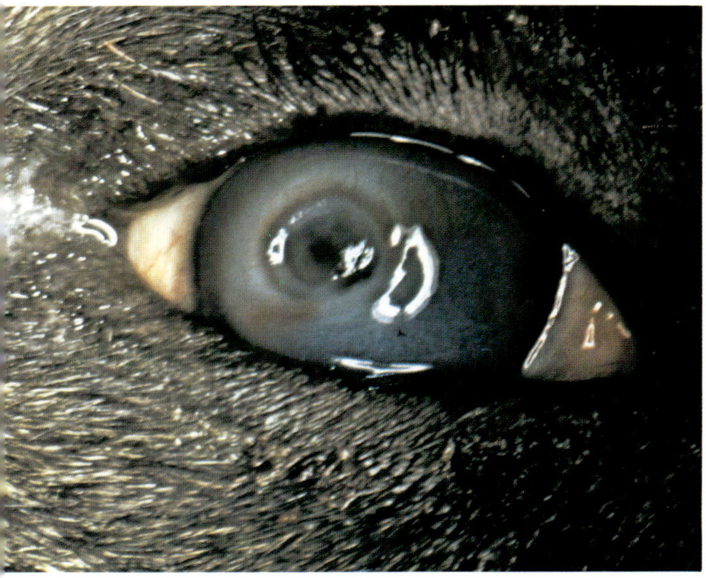

48

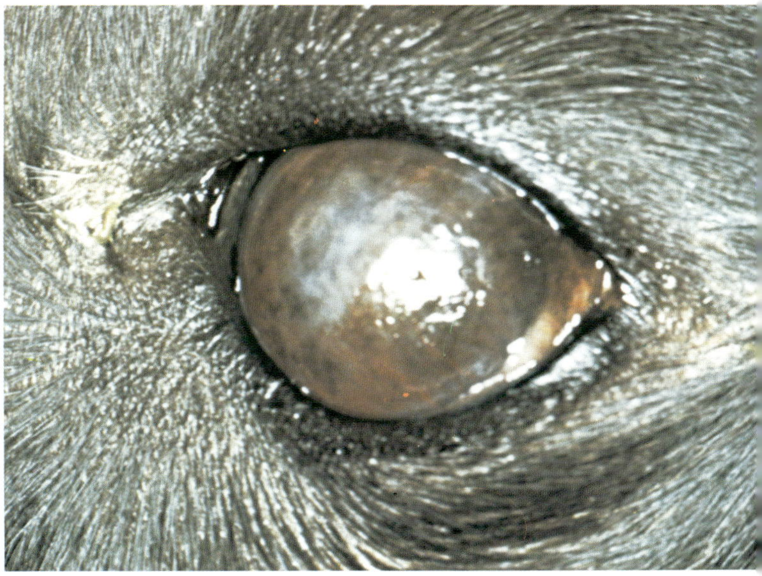

49

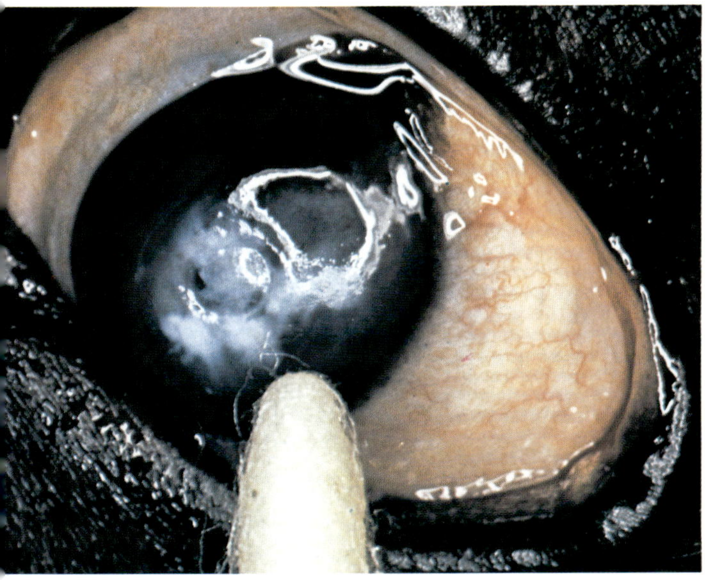

50

51

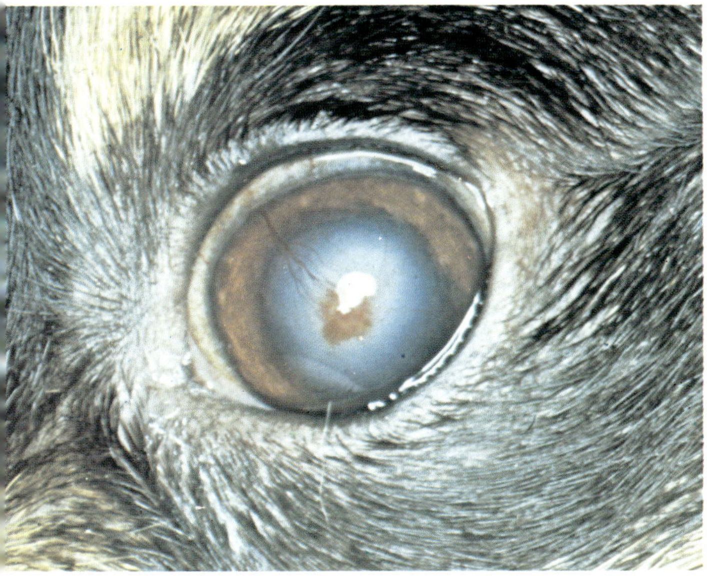

52

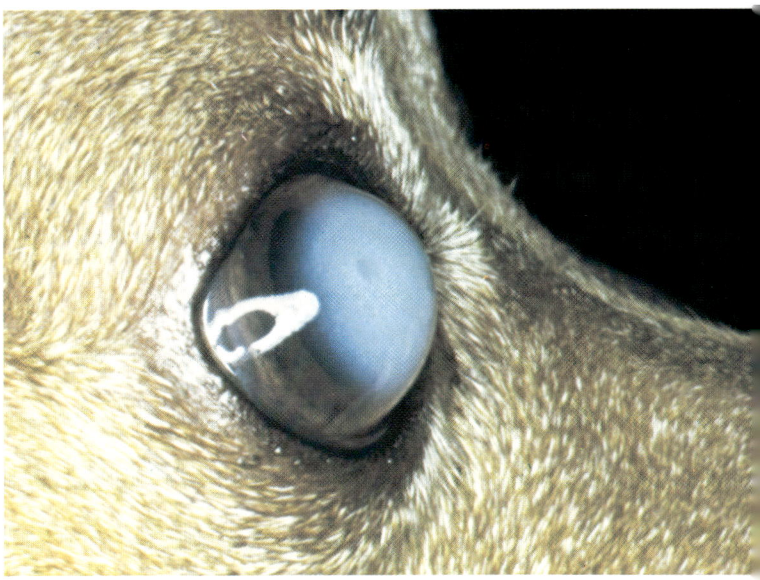

53

2.5.3 Die Keratoconjunctivitis sicca (K. C. S.) (1)

Die *Keratoconjunctivitis sicca* (K. C. S.) in ihren verschiedenen Erscheinungsformen ist eine Entzündung der Hornhaut und der Bindehäute als Folge einer starken Verminderung oder eines gänzlichen Versiegens der Tränensekretion. Die K. C. S. offenbart die Notwendigkeit und die Bedeutung des präkornealen Tränenfilms als Schutz der Hornhaut. Man muß wissen, daß das Fehlen des präkornealen Films einen beinahe vollständigen Ausfall der akzessorischen Tränensekretion verrät. Im Anschluß an die experimentelle Zerstörung der Tränendrüsen oder der akzessorischen Drüsen entwickelt sich keine K. C. S.

Obwohl die K. C. S. beim Hund selten vorkommt (ca. 3 % der augenkranken Tiere), muß der Praktiker wissen, wie eine sichere Diagnose gestellt werden kann, denn jede andere Behandlung als die spezifische Therapie bleibt erfolglos.

■ Ätiologie

Es scheint eine rassenspezifische Prädisposition vorzuliegen, denn bei einem Drittel unserer Patienten handelt es sich um Kurzhaarteckel und bei einem weiteren Drittel um Cocker Spaniel. Im übrigen sind Zwergschnauzer, Zwergpinscher, Yorkshire Terrier und Chihuahua betroffen.

Gewisse Fälle von K. C. S. haben eine bestimmte Ätiologie:

- ▷ Folge einer Augeninfektion.
- ▷ Vergiftung mit einem Medikament wie Belladonna, Atropin oder Sulfadiazin.
- ▷ Polyglanduläre Erkrankung, analog zum Sjögren-Syndrom beim Menschen. Hierbei handelt es sich um eine Atrophie der Speicheldrüsen, verbunden mit einer Degeneration der Tränendrüsen.

In den meisten Fällen bleibt die Ätiologie jedoch unbekannt.

■ Diagnose

Die Diagnose stützt sich auf die Erkennung der Symptome und auf das Vorliegen eines positiven Schirmer-Tests.

Die wichtigen Symptome sind in der Abbildung 85.1 dargestellt.

a) Das Auge ist schmerzhaft, die Lidspalte verengt, die Bindehäute sind stark gerötet und trocken mit schleimig-eitrigem Belag. Bei der Spreizung der Lider mit den Fingern klebt die Bindehaut an der Hornhaut. Diese ist matt und glanzlos. In perakuten Fällen beobachtet man im allgemeinen ein großes, zentrales Geschwür sowie ein deutliches Hornhautödem. Bei den chronischen Formen finden sich kleine Geschwüre über die Hornhaut verteilt, ferner lange, gewundene und verzweigte Gefäße sowie melanotisches Pigment.

b) Die Wange: der Kliniker muß nach negativen Zeichen suchen wie dem Fehlen von Tränensekret auf der Wange, da die Keratokonjunktivitiden sonst gewöhnlich von einer deutlichen Epiphora begleitet sind.

c) Die Nase ist trocken und krustig, wenn die Tränensekretion vollständig versiegt. Dies ist ein typisches Anzeichen. Nicht alle Fälle von K. C. S. sind mit einer trockenen Nase vergesellschaftet. Sobald ein Verdacht besteht, muß auf den Schirmer-Test zurückgegriffen werden.

Abbildung 85.2 zeigt die Anwendung des Schirmer-Tests mit Hilfe eines Filterpapierstreifens (Schirmer-Test, U. V., Laboratoire Faure, Route de Californie F-07100 Annonay). Verwendbar ist auch Lackmuspapier.

Der Teststreifen wird an der vorgesehenen Stelle gefaltet. Das umgebogene Ende wird am Übergang des mittleren und temporalen Liddrittels in den unteren Bindehautsack eingeführt.

Der Teststreifen bleibt eine Minute in situ, bis die befeuchtete Länge in Millimetern von der Markierung an gemessen wird. Im Normalfall liegen die Werte oberhalb 14 mm.

Bei Werten unter 9 mm hat man eine K. C. S. in Erwägung zu ziehen. Erhält man in zweiwöchigem Abstand zwei Messungen unter 5 mm, hat man die K. C. S. als schwer und irreversibel zu beurteilen.

Liegen die Werte zwischen 5 und 9 mm, kann man sich mit einer medikamentösen Behandlung begnügen. Dazu gehört die Instillation von Pilocarpin-Augentropfen 1 % 3mal täglich und die noch häufigere Einträufelung von Tropfen, die das Austrocknen verhindern und damit die Hornhaut schützen wie künstliche Tränenflüssigkeit (Oculotect®, Isopto Tears®, Ultra Tears®, Vidisept in der Ophtiole®) oder Methylzelluloselösung.

Zusätzlich ist eine antibiotische Lokalbehandlung angezeigt.

Erst die Kenntnis dieser Beurteilungskriterien erlaubt, die Indikation zum operativen Eingriff in Form der Transposition des Stenonschen Kanals *(Ductus parotidicus)* festzulegen.

■ Operationsprinzip

Abbildung 85.3 zeigt das Prinzip des chirurgischen Eingriffs. Bei der Transposition des Stenonschen Kanals wird dessen Ausgang in den Bindehautsack verlegt. Die Tränenflüssigkeit wird damit durch das Sekret der Ohrspeicheldrüse ersetzt. Dessen chemische Zusammensetzung gleicht derjenigen des Tränendrüsensekrets.

■ Chirurgische Indikationen

Bei der Beurteilung sind zwei Aspekte zu berücksichtigen. Die Abnahme der Tränensekretion muß:

- ▷ bedeutend sein ($L < 5$ oder 6 mm) sowie
- ▷ chronisch.

Ein beachtlicher Prozentsatz der Keratoconjunctivitis sicca-Fälle – 14 % nach Rubin – ist reversibel. Wir meinen allerdings, daß sie es nach einem Monat nicht mehr sind.

In jedem Fall sollte zuerst die medikamentöse Behandlung versucht werden. Erst bei einem Mißerfolg und chronischem Verlauf drängt sich die Operation auf, vorausgesetzt, die Speicheldrüsen sezernieren.

In einem gewissen Maße muß auch dem Wunsch des Hundehalters Rechnung getragen werden, der eine wirksame, jedoch anspruchsvolle Behandlung umgehen will.

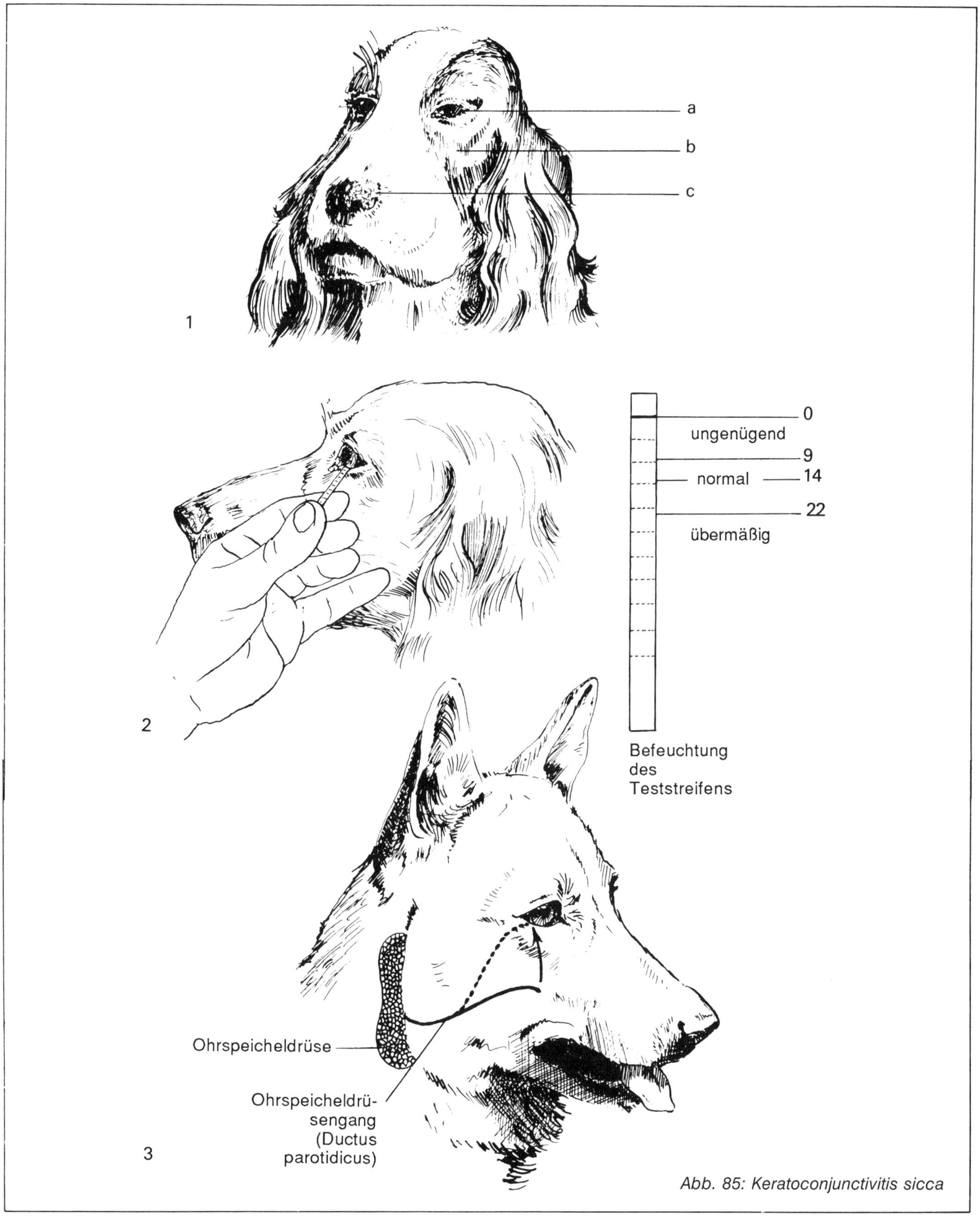

Abb. 85: Keratoconjunctivitis sicca

2.5.4 Die Keratoconjunctivitis sicca (K. C. S.) (2)

Der narkotisierte Hund wird in Seitenlage gebracht, mit der zu operierenden Kopfseite nach oben. Backe und Augengegend werden weitflächig geschoren, rasiert und mit Jodtinktur desinfiziert. Die Lefze der zu operierenden Seite wird angehoben und die Schleimhaut der Backenfalte ebenfalls desinfiziert. Die Abdecktücher werden plaziert. Trotz dieser Vorsichtsmaßnahmen ist es unmöglich, in der Maulhöhle eine völlige Asepsis zu erreichen. Dieser Nachteil bedingt eine schwierige Instrumentierung. Die Operationsstelle wird mit einer 1 ‰-Adrenalinlösung infiltriert.

■ Instrumentarium

Das Operationsbesteck wird nach dem Eingriff in der Maulhöhle ausgewechselt.

► Das 1. Besteck enthält:

▷ Tuchklemmen, eine Pinzette zur Bulbusfixation, eine stumpfe Bindehaut-Pinzette, eine stumpfe Bindehautschere nach Streiff, ein Dilatator nach Dachaume (Abb. 86.1) für Speicheldrüsengänge.

► Das 2. Besteck enthält:

▷ ein feines Skalpell, eine Mayo-Schere, eine Pinzette zur Bulbusfixation, eine stumpfe, feine Pinzette, eine gerade Klemme nach Kelly, einen feinen Nadelhalter.

► Als Nahtmaterial werden zwei verschiedene Qualitäten verwendet:

▷ ein atraumatischer Tergalfaden 2,5 (2/0) für die Hautnaht mit gebogener Nadel (3/8kreisförmig, 18 oder 23 mm Bogenlänge);

▷ ein atraumatischer Polyglykolfaden 0,7 (6/0) für die Naht der Papille im Bindehautsack.

■ Transposition des Stenonschen Kanals *(Ductus parotidicus)* (1. Operationstechnik)

Sie umfaßt zwei Operationsphasen:

1. Operation in der Maulhöhle

Sie verläuft in drei Phasen:

▷ Die Katheterisierung der Papille mittels des Dilatators nach Dachaume. Man erkennt die Papille an ihrem Aussehen (Abb. 86.2) und an ihrer Lage etwa 1 cm vom Zahnfleischrand entfernt, hinter dem Reißzahn und oberhalb. Die Öffnung des Stenonschen Kanals darf nicht mit den Mündungen der Jochbogendrüse *(Gl. zygomatica)* verwechselt werden. Der Dilatator wird nach und nach eingeführt und in dieser Lage belassen.

▷ Die Isolierung der Papille geschieht mit Hilfe der Schere nach Streiff und der Fixationspinzette. Dabei wird ein Gewebsstück von ca. 6 mm Durchmesser rund um die Papille freipräpariert, wobei darauf zu achten ist, daß der Stenonsche Kanal nicht durchstochen wird (Abb. 86.4).

▷ Die Isolierung des Stenonschen Kanals *(Ductus parotidicus)*: Unter leichtem Druck ist es möglich, den Kanal auf ungefähr 2 cm Länge freizulegen. Das Bindegewebe, das mit dem Kanal verbunden ist, sollte soweit wie möglich entfernt werden, um eine nachträgliche Narbenretraktion zu vermeiden (Abb. 86.5).

2. Operation an der Backe

▷ Inzision der Backe: Die Haut, das Bindegewebe und die Hautmuskeln werden durchtrennt, bis man den Kanal erreicht, dessen Lage vorher mittels Palpation durch die Backe hindurch ermittelt wurde. Die Kenntnis der anatomischen Gegebenheiten (Abb. 86.3) hilft bei der Lokalisierung des Kanals. Er wird noch besser freigelegt, falls es sich als notwendig erweist. Sobald das freipräparierte Stück genügend lang ist, wird ein Durchgang im Bindegewebe geschaffen, in den der Stenonsche Kanal zu liegen kommt.

▷ Tunnelierung: Nach der Kanthotomie wird im subkutanen Bindegewebe mit Hilfe der geschlossenen Pinzette nach Kelly ein Gang angelegt (Abb. 86.6/7). Mit derselben Pinzette erfaßt man sodann das Ende des Stenonschen Kanals, das anschließend in den Bindehautsack gezogen wird (Abb. 86.8/9).

▷ Nun wird die Papille mit vier einfachen Knopfnähten aus resorbierbarem Faden im Bindehautsack eingenäht (Abb. 86.10).

▷ Anschließend werden die Kanthotomie und der Backenschnitt geschlossen.

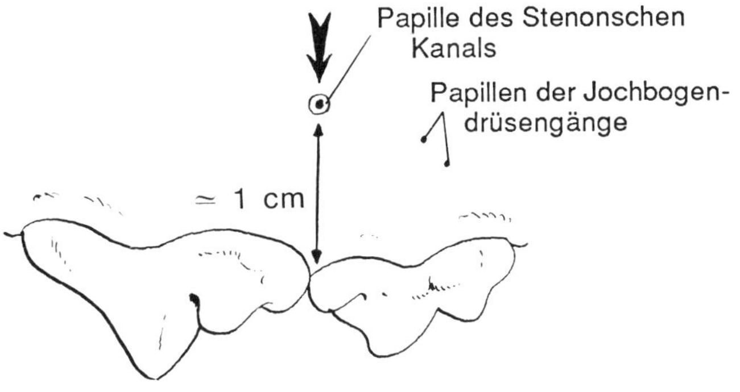

2

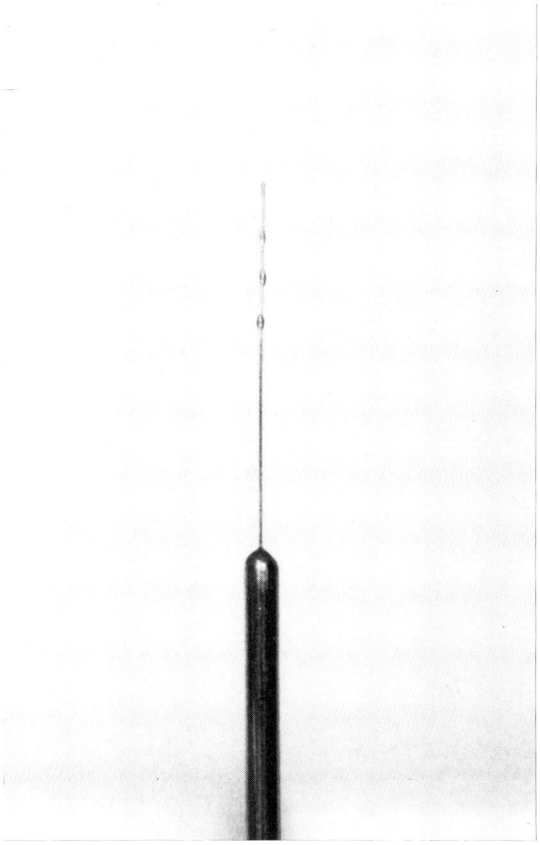

1 Dilatator nach Dachaume

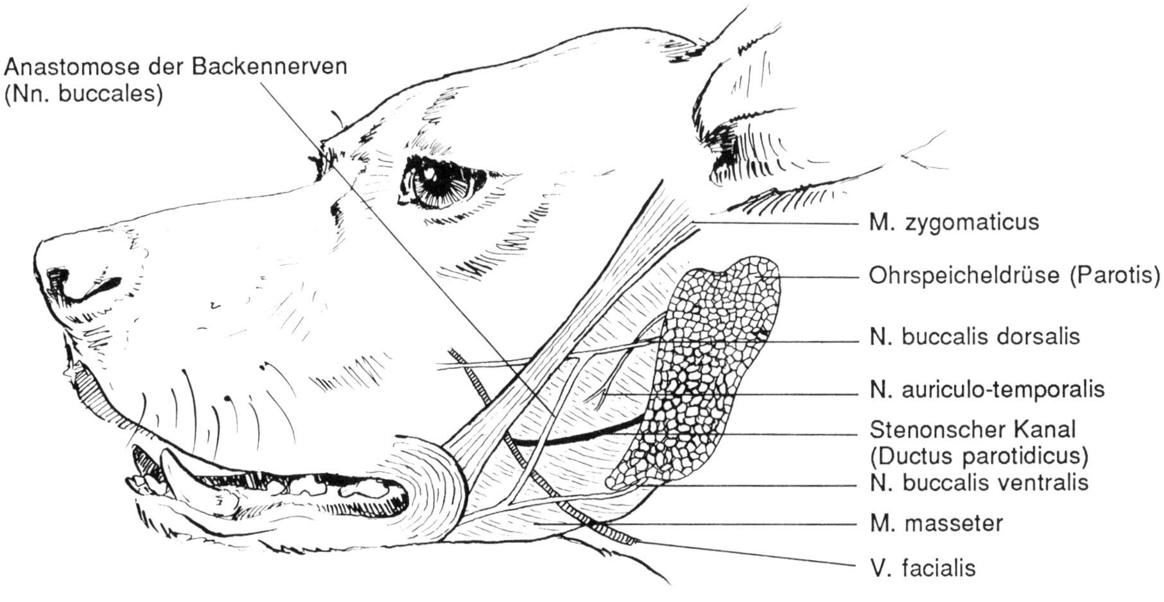

3

Abb. 86: Transposition des Stenonschen Kanals (1. Operationstechnik)

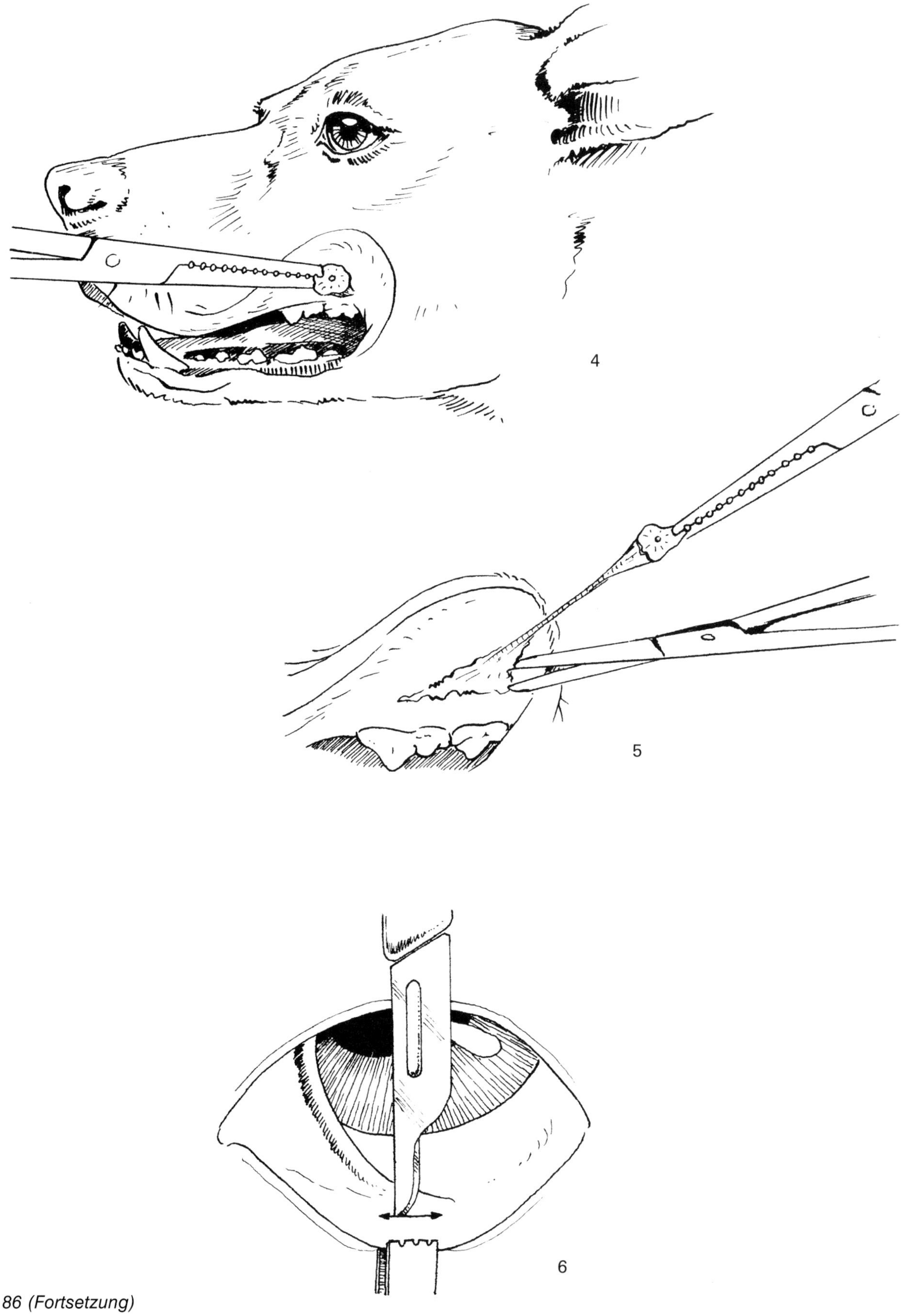

Abb. 86 (Fortsetzung)

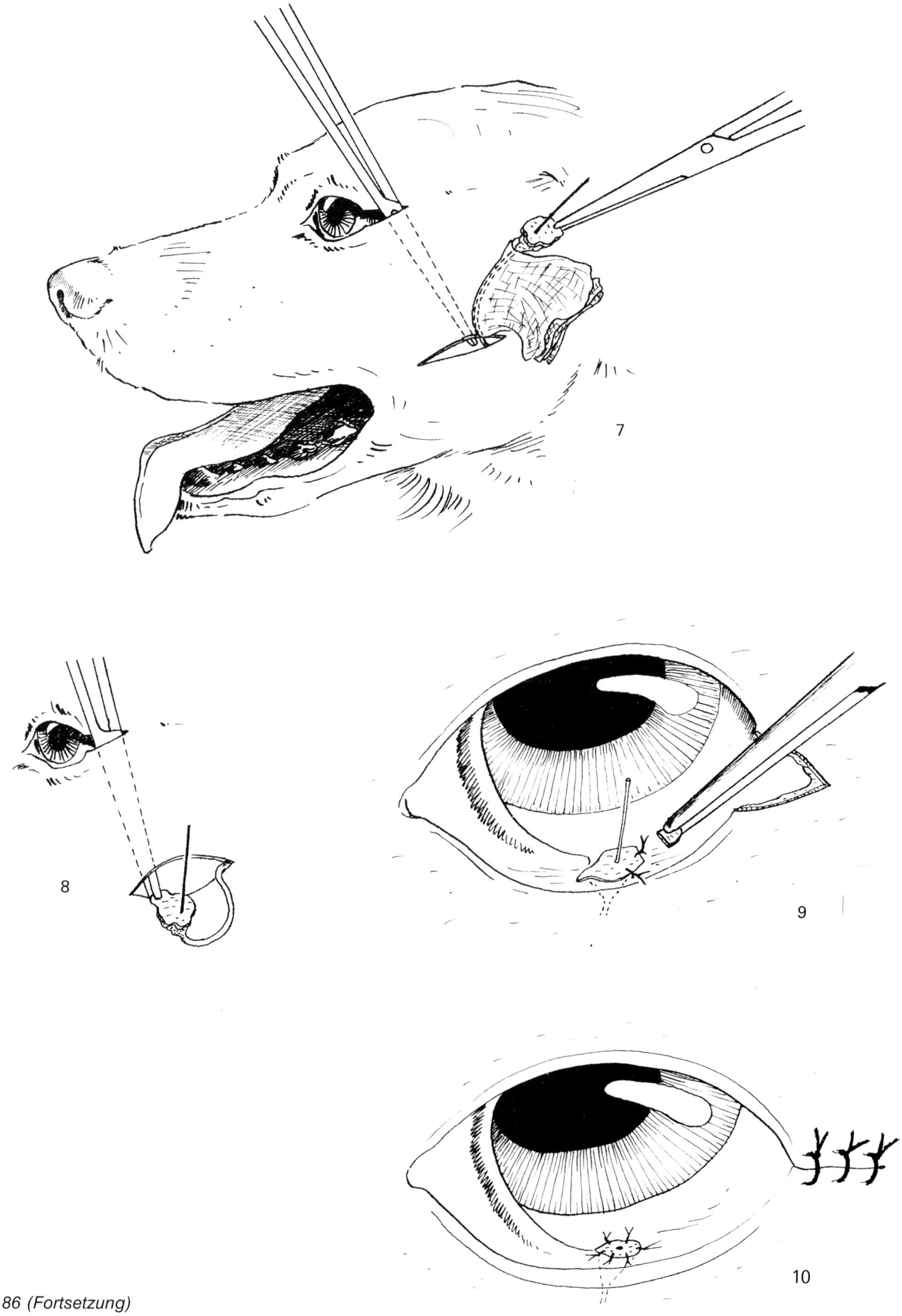

Abb. 86 (Fortsetzung)

2.5.5 Die Keratoconjunctivitis sicca (3)

Die Auswirkungen dieser zweiten Operationstechnik sind gewöhnlich ausgezeichnet.

Eine Lokal- sowie eine Allgemeinbehandlung mit Antibiotika vervollständigen den Eingriff.

Die Tränensekretion setzt beim Aufwachen des Hundes ein, und schon wenige Stunden nach der Operation kann man den Erfolg des Eingriffs beurteilen. Die Wunde in der Maulhöhle verheilt auch ungenäht sehr schnell.

Manchmal sezerniert die Ohrspeicheldrüse zu reichlich, so daß das Sekret über die Wangen rinnt. Während des Fressens ist die Sekretion besonders stark. Dies ist der Hauptnachteil dieses Verfahrens.

Das Aussehen der Hornhaut und der Bindehäute verbessert sich sehr rasch.

■ **Komplikationen und Mißerfolge**

Gewisse Mißerfolge lassen sich leicht erklären. Sie sind das Ergebnis technischer Fehler. Die häufigsten sind:

▷ Der Stenonsche Kanal *(Ductus parotidicus)* reißt während der Präparation. Seine Wiederherstellung ist nur unter dem Operationsmikroskop möglich.

▷ Während des Eingriffs wird der Stenonsche Kanal gedreht.

▷ Der Stenonsche Kanal stenosiert infolge nicht entfernter Bindegewebsspangen.

▷ Sekundäres Entropium, bedingt durch einen zu großen Zug des Stenonschen Kanals.

Andere Mißerfolge wirken sich erst später aus. Manche von ihnen sind nur schwer zu erklären und können nicht der Operationstechnik angelastet werden.

Es stellt sich die Frage der präoperativen Biopsie der Speicheldrüsen, die über deren Funktionszustand Auskunft geben könnte. Eine Operation wäre kontraindiziert, wenn man eine progressive Atrophie der Speicheldrüsen feststellen würde.

■ **Transposition des Stenonschen Kanals ohne Backenschnitt** (2. Operationstechnik)

Diese zweite Technik ist eine Variante der ersten. Wir bevorzugen sie. Sie ist schneller durchführbar und außerdem eleganter. Zu beachten ist hier die Nähe des *N. facialis* und der *A. facialis* während der Tunnelierung. Unserer Ansicht nach stellt sie jedoch keine Gefahr dar.

Wir haben diese Technik zwei Jahre lang ohne zusätzliches Risiko systematisch angewandt.

Die Vorbereitung des Tieres erfolgt genau wie bei der ersten Technik. Ein Polyäthylenkatheter wird in den Stenonschen Kanal eingeführt. Dann wird ein Schleimhautlappen von 7 bis 8 mm Durchmesser um die Papille herum freipräpariert und der Rand des Lappens mit einer Pinzette nach Kelly zusammen mit dem Katheter gut fixiert. Der Kanal wird anschließend mit einer stumpfen Schere nach Stevens lospräpariert und je nach Größe des Hundes auf eine Länge von 3 bis 5 cm freigelegt. Die sorgfältige Präparation erfordert einen ziemlich starken Zug auf der Pinzette nach Kelly, die von einem Assistenten zu halten ist (Abb. 87.1).

Die Tunnelierung dauert etwa so lange wie bei der vorhergehenden Technik. Oft kann die Kanthotomie umgangen werden.

Vor der eigentlichen Tunnelierung wird die Bindehaut zwischen dem freien Lidrand und der Nickhaut inzidiert (Abb. 87.2). Die Tunnelierung erfolgt sodann subkutan mit Hilfe einer Pinzette nach Kelly, und zwar direkt unter der Backenhaut, bis die Pinzette in der Maulhöhle zum Vorschein kommt (Abb. 87.3). Der mit dem Katheter versehene Kanal wird nun angezogen, bis er die Inzisionsstelle in der Lidbindehaut erreicht. Nun wird der Schleimhautlappen zurechtgeschnitten, wobei das von der Pinzette traumatisierte Gewebe zu entfernen ist (Abb. 87.4).

Sechs Nähte fixieren den Lappen im unteren Bindehautsack (Abb. 87.5). Die Öffnung in der Maulhöhle wird schließlich mit zwei Nähten aus resorbierbarem Faden geschlossen.

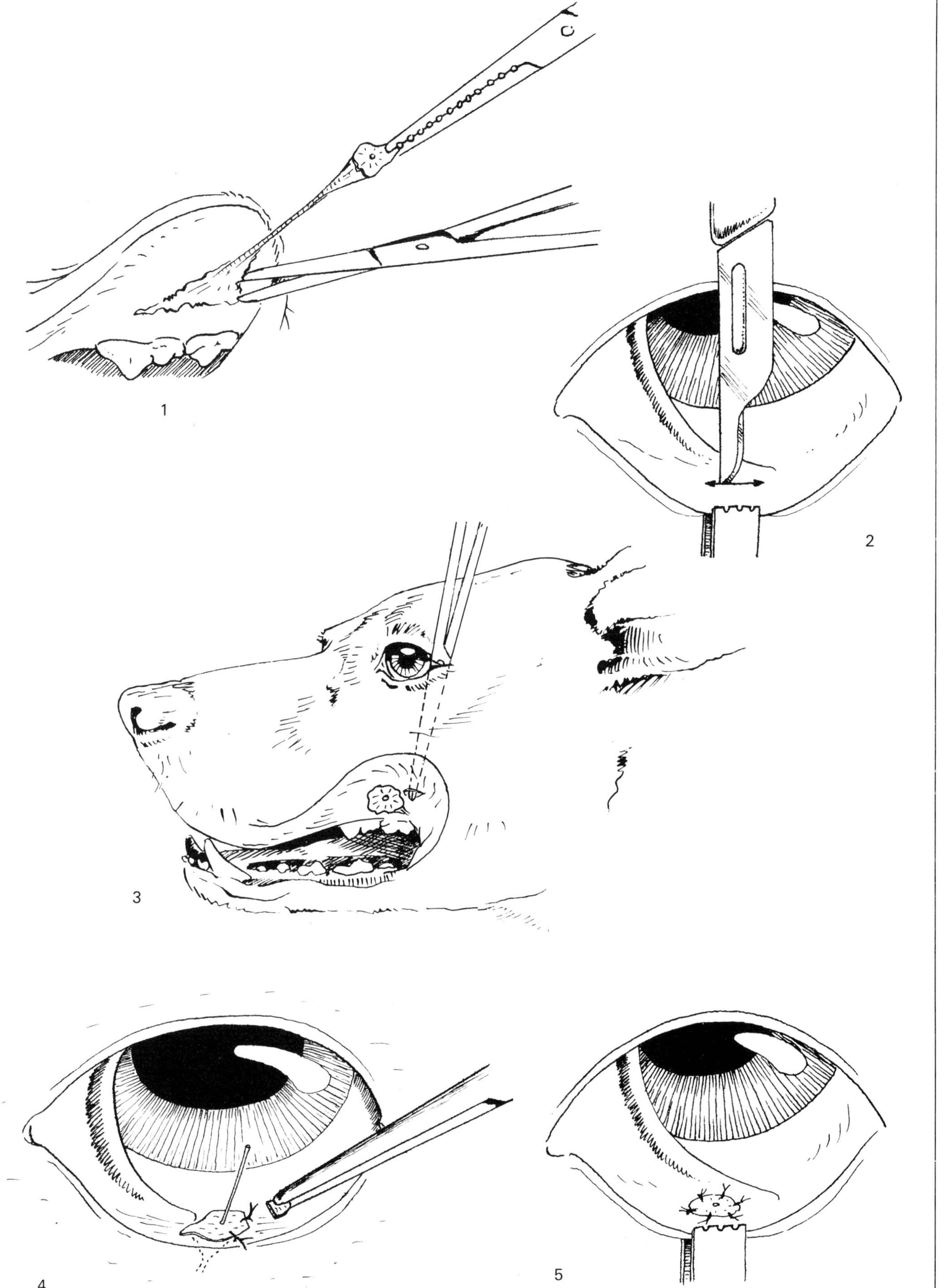

Abb. 87: Transposition des Stenonschen Kanals (2. Operationstechnik)

2.5.6 Die oberflächliche (lamelläre) Keratektomie

Diese Operation besteht im Abschälen der oberflächlichen Hornhautschichten.

Dadurch lassen sich die oberflächlichen Hornhauttrübungen, die das Sehvermögen behindern, wie Pigmenteinlagerungen, Narben und Hornhautlipidosen, entfernen. Solche Veränderungen sind beim Hund häufiger als tieferliegende Hornhauttrübungen.

Beim Hund behandelt man mittels Keratektomie die Folgeerscheinungen chronischer Keratokonjunktivitis, von *Keratitis sicca*, Distichiasis, Trichiasis und von Pigmentkeratitis beim Deutschen Schäferhund, die zuvor durch medikamentöse Behandlung stabilisiert worden ist.

Bei tieferliegenden Hornhauttrübungen infolge Uveitis ist der Eingriff kontraindiziert. Außerdem muß die Erkrankung, die die Hornhautläsionen hervorgerufen hat, zum Stillstand gekommen sein.

■ Vorbemerkungen

Der Operationserfolg ist immer zufriedenstellend. Selbst wenn postoperativ keine medikamentöse Behandlung vorgenommen wird, heilt die Hornhaut bei einem Tier mit gesunder Hornhaut innerhalb von drei Wochen.

Zur Unterstützung der Heilungsvorgänge empfiehlt es sich, viermal täglich einzuträufeln:

- ▷ Antibiotikum-Augentropfen mit breitem Wirkungsspektrum (z. B. Tifomycin-Tropfen);
- ▷ Silikonhaltige Tropfen zum Schutz der Hornhaut (z. B. Optasiloxan®-Tropfen).

Bei der Pigmentkeratitis des Deutschen Schäferhundes ist die Instillation von Kortikoiden in Verbindung mit heilungsfördernden Augentropfen fortzusetzen. Die ersteren verhindern die postoperativen Heilungsvorgänge nicht. Ein vorübergehender Lidverschluß erleichtert die Regeneration sehr.

Diese einfache, schnell auszuführende Operation kann nach der von uns dargelegten Technik von jedem praktischen Tierarzt vorgenommen werden. Wir versprechen uns in der Folge weitgehende Akzeptanz.

■ Instrumentarium

Abgesehen vom üblichen Operationsbesteck werden einige Instrumente benötigt, welche für die Hornhautchirurgie unerläßlich sind:

- ▷ ein feines Einwegskalpell (Gillette D15);
- ▷ eine Pinzette nach Dujardin;
- ▷ eine Bindehautpinzette;
- ▷ ein gebogenes Keratoplastikmesser;
- ▷ ein gerades Keratoplastikmesser;
- ▷ eine Hornhautschere;
- ▷ ein modifizierter Spatel nach Charleux (s. Abb. 88.3).

Die Besonderheit dieser Technik besteht in der Anwendung dieses Instruments, dessen Griff eine feine und biegsame, ca. 1,5 mm breite und 18 mm lange Metallklinge hält. Das Instrument ist der Hornhaut des Hundes angepaßt.

■ Operationstechnik (1. und 2. Phase)

Der Eingriff erfolgt am narkotisierten Hund, der sich in Seitenlage befindet. Um besser an die Hornhaut heranzukommen, wird eine retrobulbäre Injektion vorgenommen, die den Bulbus anhebt. Im Anschluß an die Fixation der Lider, die Kanthotomie und die Fixation des Bulbus beginnt der eigentliche Eingriff. Man unterscheidet sechs aufeinanderfolgende Operationsphasen:

1. Inzision der Hornhaut am Rand (Limbus) mit einem geballten Skalpell. Der Schnitt erfolgt über eine Länge von 4 bis 5 mm unmittelbar vor dem Limbus. Er beschränkt sich auf das äußere Drittel der Hornhaut (Abb. 88.1).
2. Einleitung der Abtragung. Ein gebogenes Keratoplastikmesser wird durch den vorher vorgenommenen Schnitt eingeführt und derart bewegt, daß sein scharfer Rand zwischen die Stromalamellen der Hornhaut eindringt und so die Abtragung einleitet. Von der Ausführung dieser Phase hängt die Dicke des Hornhautpräparats ab, das reseziert wird (Abb. 88.2–88.6).

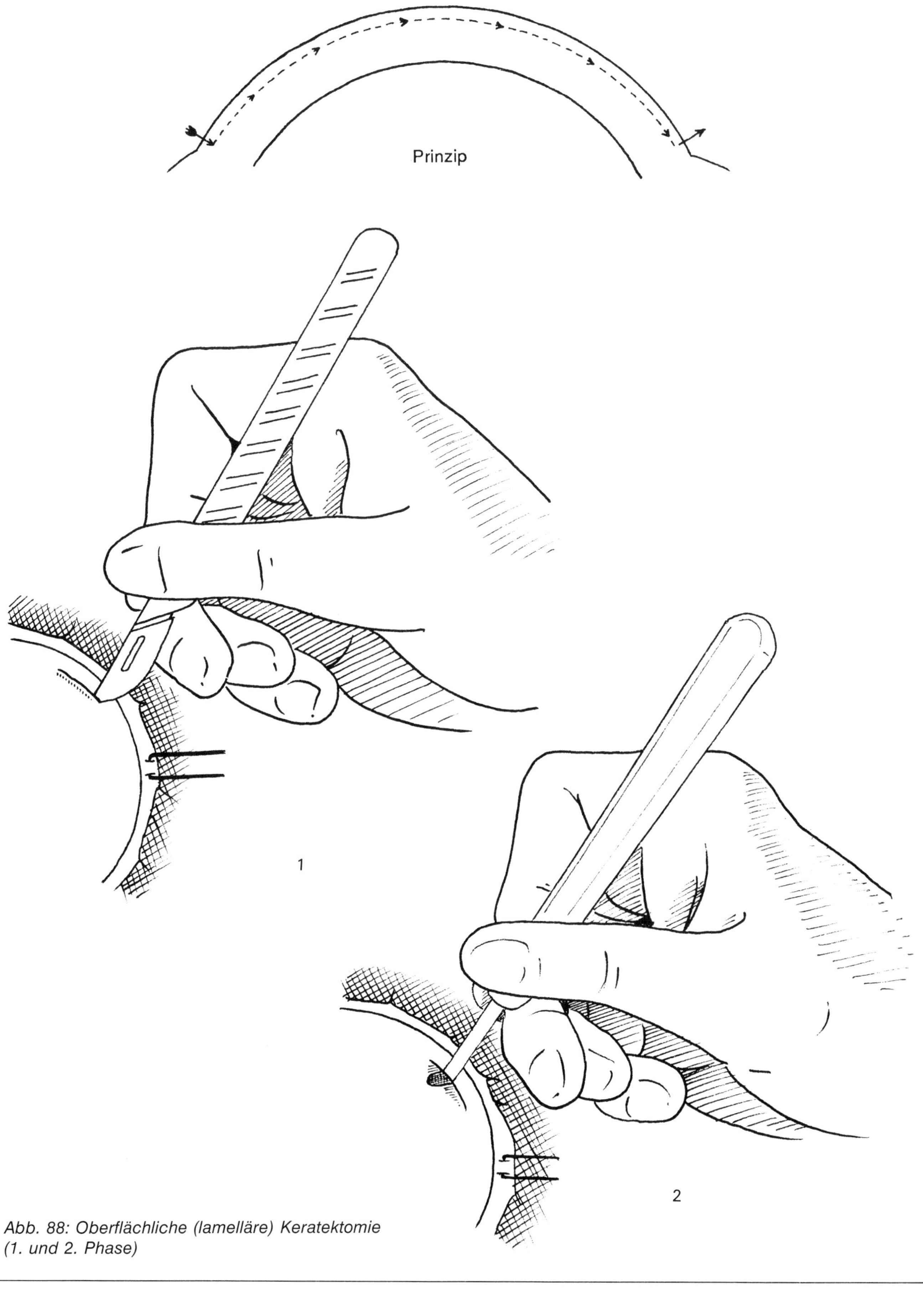

Abb. 88: Oberflächliche (lamelläre) Keratektomie (1. und 2. Phase)

■ **Operationstechnik** (3. bis 6. Phase)

3. Der Spatel nach Charleux wird nun anstelle des gebogenen Keratoplastikmessers in den Schnitt eingeführt und dessen Klinge zuerst parallel zur Hornhautoberfläche und rechtwinklig zum ursprünglichen Schnitt vorgeführt. Der Spatel liegt richtig, wenn sein Ende sich nahe am gegenüberliegenden Hornhautrand befindet. Nun kann man mit den Drehbewegungen des Instruments beginnen. Dadurch wird das Hornhautstroma gespalten (Abb. 88.3). Anfänglich sind die Drehbewegungen schwierig durchzuführen. Der Spatel darf unter keinen Umständen vor der vollständigen Spaltung des Hornhautstromas zurückgezogen werden, da seine wiederholte Einführung unweigerlich neue Spaltebenen schafft.
4. Durchschneiden des oberflächlichen Hornhautlappens mit Hilfe einer Hornhautschere. Ein erster Schnitt wird von der ursprünglichen Inzision aus und im rechten Winkel dazu ausgeführt. Er folgt einem Meridian der Hornhaut. Der zweite Schnitt verläuft senkrecht zum ersten, ebenfalls der dritte, wie Abb. 88.4 zeigt. Man erhält auf diese Weise oberflächliche Hornhautviertel, die anschließend zurückgeklappt und abgetragen werden.
5. Mit dem geraden Spatel wird die Spaltung des Hornhautstromas bis zum Rand (Limbus) abgeschlossen.
6. Die Viertel werden nun der Reihe nach vollständig zurückgeklappt und am Hornhautrand mit einer Bindehautschere abgetrennt. Die Operation ist damit abgeschlossen. Es bleibt nur noch der Verschluß der Kanthotomiewunde durch zwei Knopfnähte (Tergal No. 3/0).

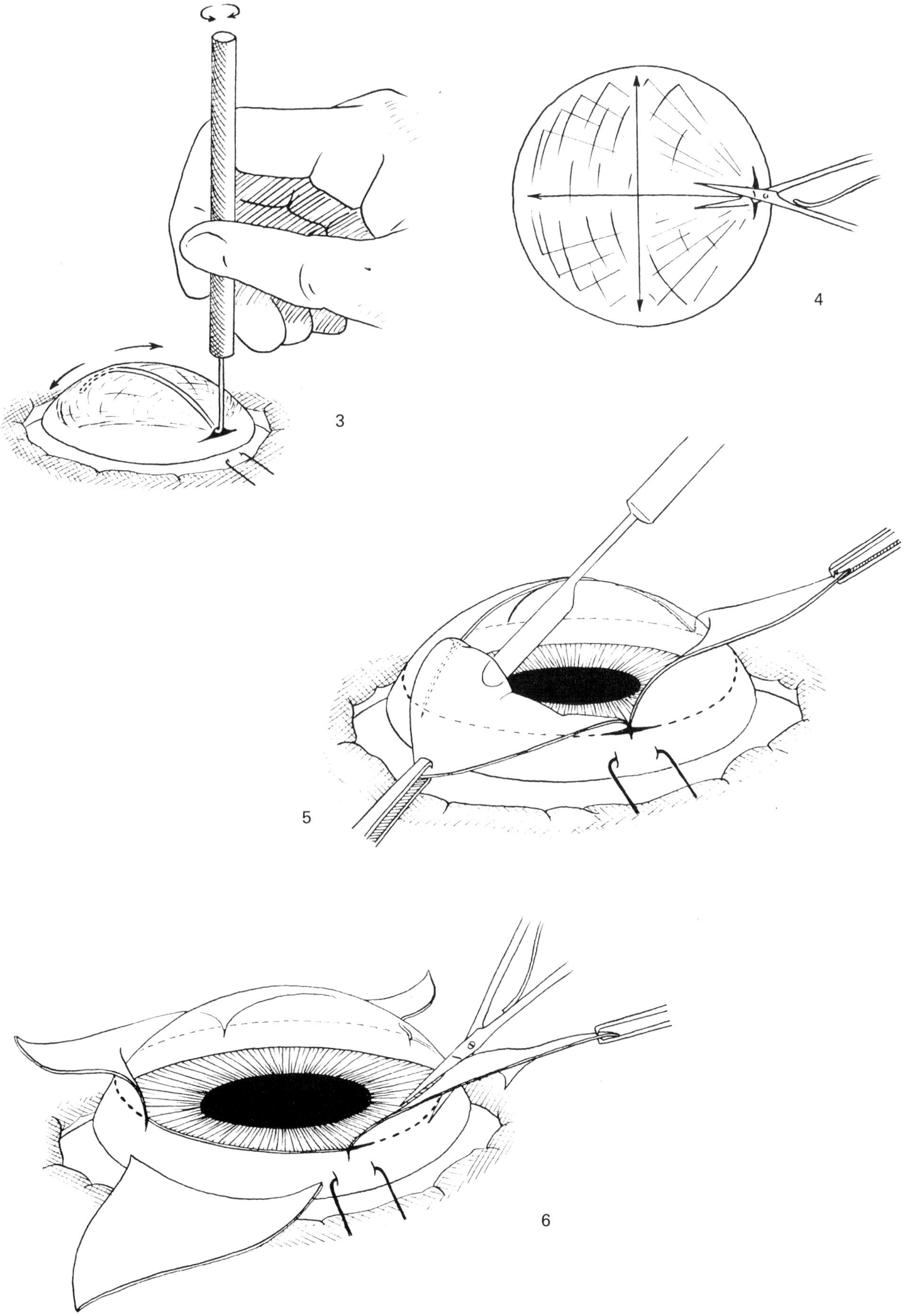

Abb. 88 (Fortsetzung)

2.5.7 Das Hornhaut-Dermoid

Die Bindehaut und die Hornhaut sind wie die Haut Gewebe ektodermalen Ursprungs. Diese gemeinsame embryologische Herkunft erklärt gewisse Einfälle der Natur. Gelegentlich ersetzt hautähnliches Gewebe einen Teil der Hornhaut (= Hornhaut-Dermoid) und der Bindehaut (= Bindehaut-Dermoid) (Abb. 89.1) oder gar der Lider (= Lid-Dermoid).

In den meisten Fällen ist die Operation wegen der durch die Behaarung verursachten Bindehautreizung während des Lidschlags angebracht.

■ Operative Behandlung der Hornhaut-Dermoide
Sie ist mit derjenigen der Keratektomie vergleichbar. Die Spaltung muß jedoch tief genug im Stroma und vom Zentrum gegen die Peripherie erfolgen.

Mit dem Skalpell wird der Schnitt in der gesunden Hornhaut bis ungefähr 1/3 der Hornhautdicke begonnen und anschließend der gebogene Spatel eingeführt, der die Ebene der Spaltung bestimmt (Abb. 89.2). Das Durchtrennen geschieht mit einer Schere nach Castroviejo oder mit einem Hornhautschaber (Skarifikateur) nach Desmarres (Abb. 89.3 und 89.4). Das Dermoid wird vollständig exzidiert (Abb. 89.5).

Das Epithel regeneriert rasch in acht bis zehn Tagen. Manchmal läßt ein leichter Schleier auf den früheren Sitz des Dermoids schließen.

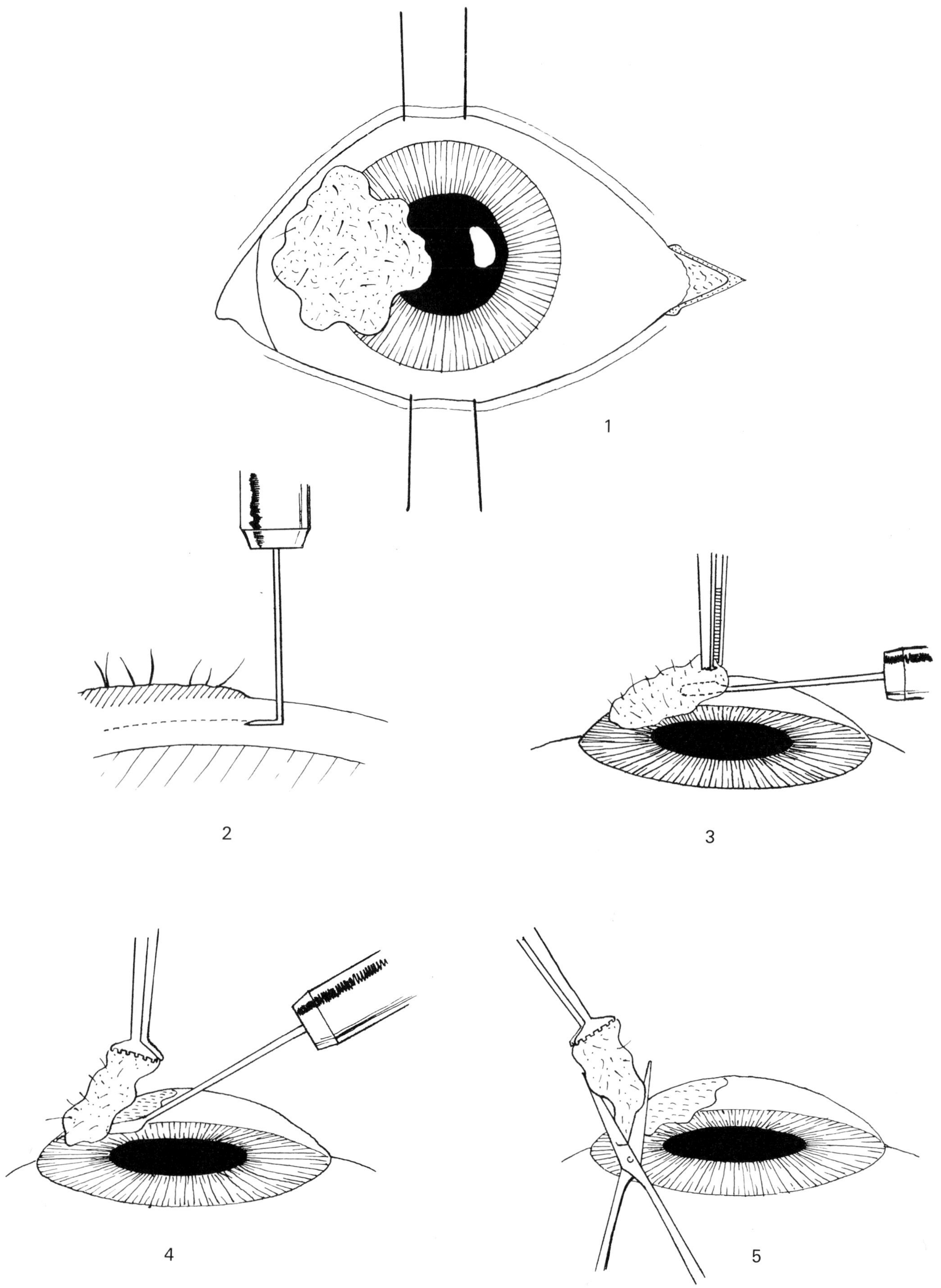

Abb. 89: Operative Behandlung der Hornhaut-Dermoide

2.5.8 Die lamelläre Keratoplastik (1)

Dank ihrer histologischen Struktur eignet sich die Hornhaut hervorragend für Transplantationen. Das Fehlen von Gefäßen verringert die Gefahr der Abstoßung der Transplantate. In der Human-Ophthalmologie nahm die Hornhautübertragung in den letzten Jahren sprunghaft zu. Die Veterinär-Ophthalmologie kann die erzielten Fortschritte nicht außer acht lassen. Deshalb stellen wir an dieser Stelle eine Operationstechnik vor, die in der Veterinärmedizin zwar nach wie vor außergewöhnlich ist, in bestimmten Fällen jedoch unseres Erachtens unbestreitbare Vorteile mit sich bringt, sofern die Indikationen sorgfältig gestellt worden sind.

Unter den zahlreichen Operationstechniken, die in der umfangreichen Fachliteratur vorgestellt werden, haben wir nach mehrfachen eigenen Versuchen eine Auswahl getroffen. Die Kriterien unserer Auswahl waren zum einen die einfache Ausführung, zum anderen der üblicherweise geringe Anteil an infektiösen Komplikationen beim Hund, bei dem die peinlich genaue postoperative Behandlung fast nicht möglich ist.

Die gewählte Methode ist diejenige des lamellären Allotransplantats (Homotransplantats), bei der ein oberflächliches, zylindrisches Hornhautscheibchen eines Spenders übertragen wird. Das Transplantat ersetzt das oberflächliche Hornhautstück des Empfängers. Die lamelläre Keratoplastik ist unseres Erachtens beim Hund der perforierenden Hornhauttransplantation vorzuziehen (Abb. 90).

■ Vorteile der lamellären Keratoplastik

Sie ist einfacher, weil die Vorderkammer nicht geöffnet wird.

Die Infektionsrisiken sind unbedeutend. Als Spender kann ein lebender Hund dienen, dessen Hornhaut nach drei bis vier Wochen verheilt ist. Die Antigenität des Transplantats ist überaus gering. Sie ist noch geringer, wenn das Hornhautepithel des Spenders abgetragen wird.

Es können auch »tote«, silikon-getrocknete Transplantate nach der Technik von Payrau verwendet werden.

■ Nachteile der lamellären Keratoplastik

Tiefe Hornhautläsionen lassen sich mit dieser Technik nicht beheben.
Die optische Korrektur ist weniger gut als sie mit der perforierenden Keratoplastik möglich ist.

■ Vorbereitung des Transplantats

Zwei Transplantatarten sind verwendbar: das frische und das silikon-getrocknete. Die Vorbereitung ist für beide Transplantattypen die gleiche.

Zuerst wird das Hornhautepithel mit Hilfe einer Skalpellklinge abgetragen (Abrasio corneae) (Abb. 91.1). Nach oberflächen-paralleler Spaltung der Hornhaut mit dem Spatel (Abb. 91.2) wird das Transplantat mit einem Trepan von gewöhnlich 10 mm Durchmesser gewonnen (Abb. 91.3).

Abb. 91 zeigt unten ein geeignetes und ein mißlungenes Transplantat.

Für eine längere Aufbewahrung wird die Spenderhornhaut zurechtgeschnitten und in ein Fläschchen mit Siliziumanhydrid gelegt. Bei sofortigem Gebrauch verbringt man das Transplantat in isotonische Lösung mit Antibiotikumzusatz und beginnt mit der Vorbereitung der Empfängerhornhaut.

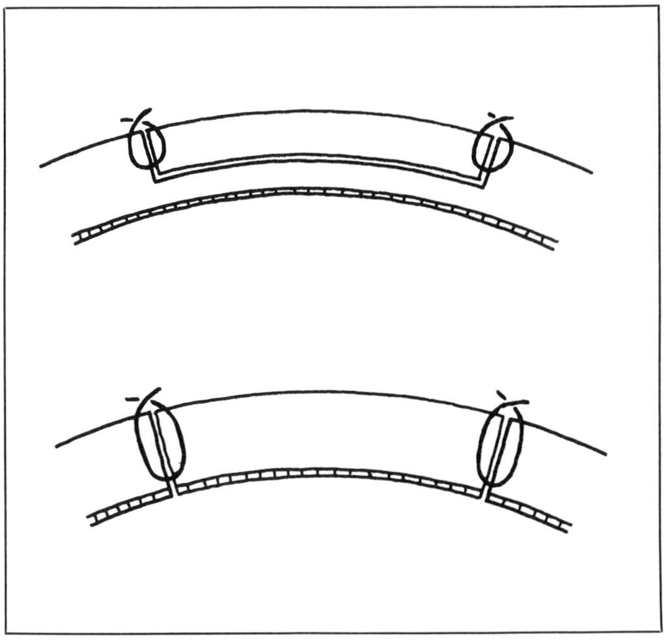

Abb. 90
oben: lamelläre Keratoplastik
unten: perforierende Keratoplastik

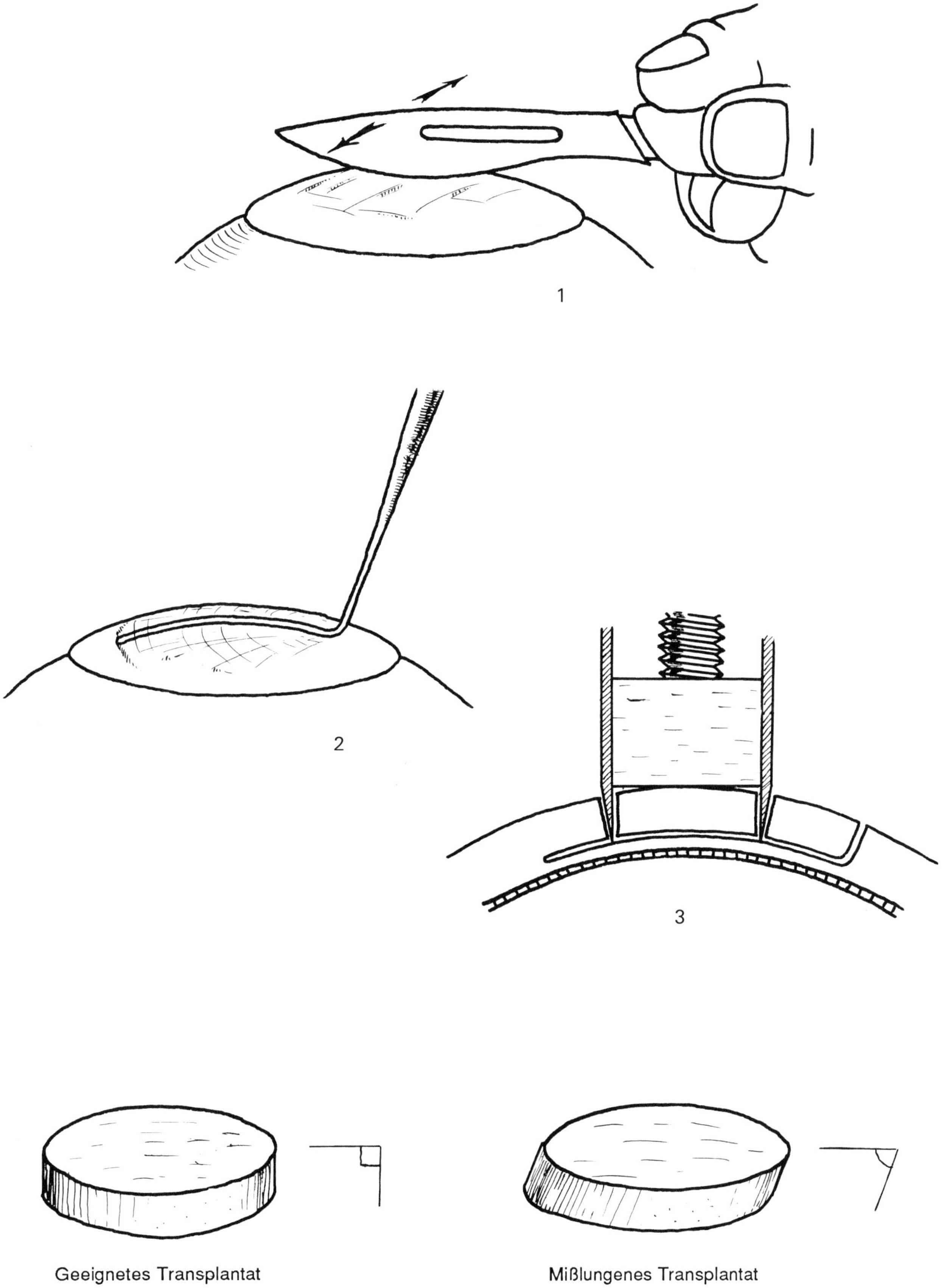

Abb. 91: Lamelläre Keratoplastik: Vorbereitung des Transplantats

2.5.9 Die lamelläre Keratoplastik (2)

Dieser Eingriff kennt in der Veterinärmedizin zwei Hauptindikationen: eine therapeutische sowie eine optisch-ästhetische (kosmetische) Indikation.

► **Therapeutische Indikationen**

Diese Indikation steht in der Veterinärmedizin im Vordergrund. Die transplantierte Hornhaut liefert hochwertiges Gewebe, das die schnelle Heilung der Empfängerhornhaut ermöglicht. Folgende Erkrankungen können durch die Hornhautplastik behandelt werden:

- ▷ anhaltend schmerzhafte Hornhaut infolge großflächiger Erosion;
- ▷ schlaffe Hornhautgeschwüre;
- ▷ tiefe Stromageschwüre;
- ▷ Descemetozelen ohne Perforation der Descemetschen Membran;
- ▷ perforierte Descemetozelen.

Verglichen mit anderen Therapien sind die Behandlungsergebnisse außergewöhnlich gut.

► **Optisch-ästhetische (kosmetische) Indikationen**

Durch das transplantierte Gewebe erhält die Hornhaut des Empfängers Transparenz und Glanz zurück.
Folgende Indikationen seien angeführt:

- ▷ alte und ausgedehnte Pigmentflecken der Hornhaut;
- ▷ wuchernde Hornhautnarben.

Nur stabilisierte Hornhauterkrankungen dürfen behandelt werden.

Nachdem die Indikation zum Eingriff richtig gestellt worden ist, kann das gewünschte Resultat nur erreicht werden, wenn die Operationstechnik einwandfrei ist. Wir beschränken uns jedoch darauf, diese nur teilweise zu beschreiben, um wenigstens die Schwierigkeiten hervorzuheben, die auftreten können.

■ **Vorbereitung der Empfängerhornhaut**

Das Empfängerauge wird wie für jeden anderen Eingriff am Augapfel vorbereitet und stillgelegt. Der Trepan wird grundsätzlich senkrecht zur Hornhaut (Abb. 92.1) und in deren Mitte aufgesetzt. Die Schnittiefe beträgt gewöhnlich 4/10 mm. Der Schnitt wird in freier Umdrehung des Trepans sorgfältig ausgeführt (Abb. 92.2) und mit dem geraden Keratoplastikmesser nach Paufique nachgezogen. Darauf folgt die horizontale Abtrennung mit dem geraden Spatel, dem gebogenen Spatel sowie mit dem Hornhautschaber nach Desmarres (Abb. 92.3). Das Transplantationsbett muß regelmäßig und eben sein (Abb. 92.4).

In dieser Operationsphase besteht die größte Schwierigkeit darin, einen gleichmäßig tiefen Schnitt zu erhalten, dessen Wände zudem rechtwinklig zur Hornhautoberfläche sind. Der Trepan muß ganz genau senkrecht auf die Hornhaut aufgesetzt werden. Eine regelmäßige Schnittlinie erhält man nur mit Übung.

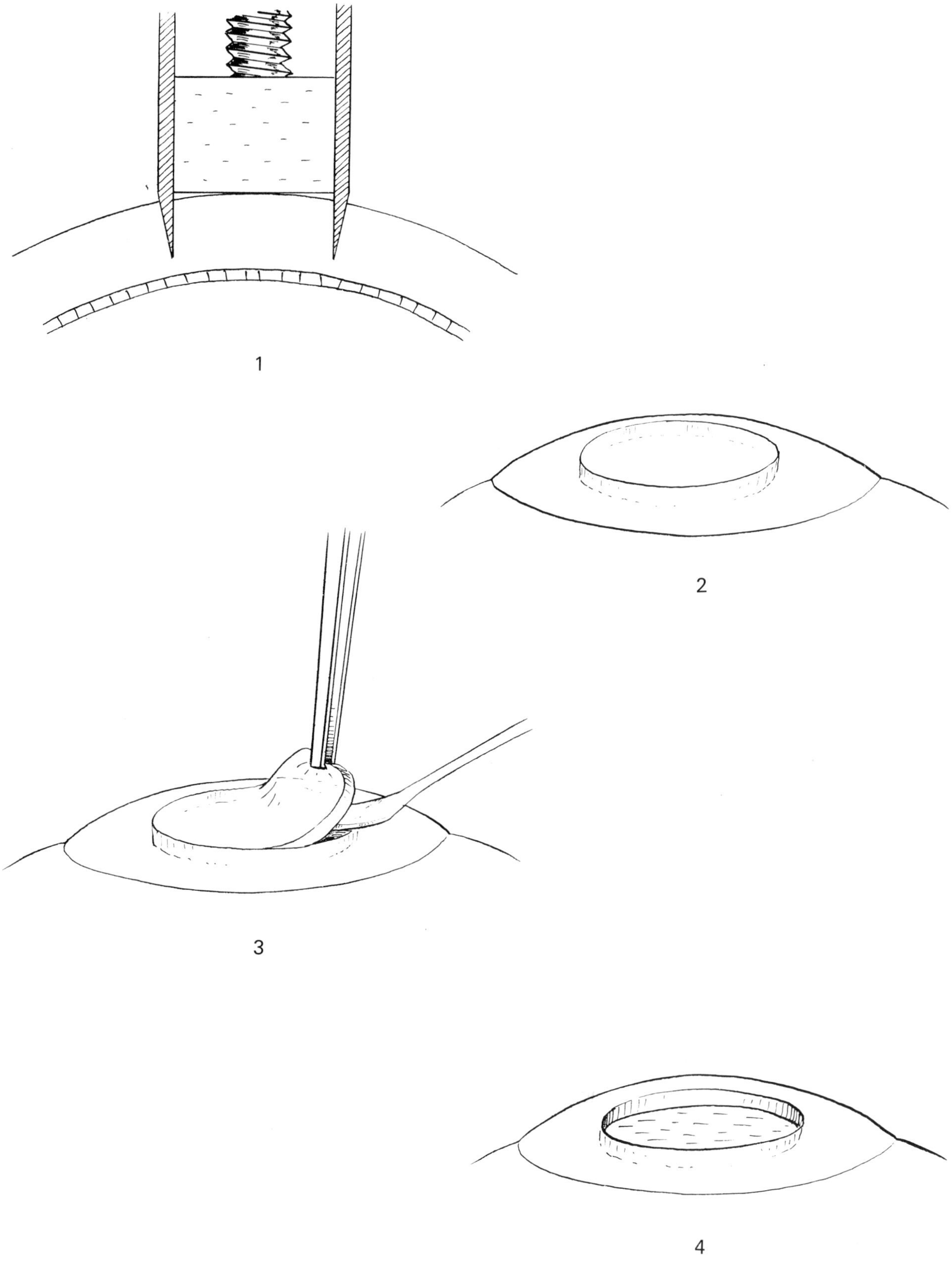

Abb. 92: Lamelläre Keratoplastik: Vorbereitung der Empfängerhornhaut

2.5.10 Die lamelläre Keratoplastik (3)

Der postoperative Verlauf ist gewöhnlich zufriedenstellend. Dem Patienten werden während eines Monats dreimal täglich Prednisolon-Antibiotikum-Augentropfen eingeträufelt. Das Transplantat epithelisiert rasch. Während der ersten drei Wochen dürfen die Augentropfen unter keinen Umständen vergessen werden, weil sonst eine starke Vaskularisierung der Wunde und des Transplantats auftritt.

Die Naht wird zwei Monate nach dem Eingriff gezogen.

Wir erwähnen hier nicht alle Zwischenfälle, die vor, während und nach einer Keratoplastik eintreten können. Wir finden es wichtiger, dem praktizierenden Tierarzt die Technik und ihre Indikationen beim Hund in ihren Grundzügen darzulegen, auf die sich die Wahl stützt.

Fachliteratur: OFFRET, G. & Y. POULIQUEN: Les homogreffes de la cornée. Masson et Cie éditeurs.

■ Einsetzen und Fixation des Transplantats

Das Transplantat wird in den Defekt eingelegt, mit vier Knopfnähten (7/0-Naturseide) in der Lage behalten (Abb. 93.1) und anschließend mit einer fortlaufenden, durchschlungenen Naht (9/0-Nylonfaden) fixiert (Abb. 93.2). Sodann werden die vier Seidenknopfnähte entfernt (Abb. 93.3). Der Vorteil dieser Naht ist ihre ausgezeichnete Verträglichkeit. Der Hund spürt diese Nahtmethode nicht und der Nylonfaden wird reizfrei vertragen, so daß der postoperative Verlauf zufriedenstellend ist.

N. B. Der postoperative Heilungsverlauf hängt weitgehend von der Qualität der Naht ab, insbesondere vom ausreichenden und gleichmäßigen Zug in allen Teilstücken und vom Grad der Adaption zwischen den Flächen und Rändern des Transplantats und dessen Bett. Nur dem geübten Operateur gelingt eine regelmäßige Naht.

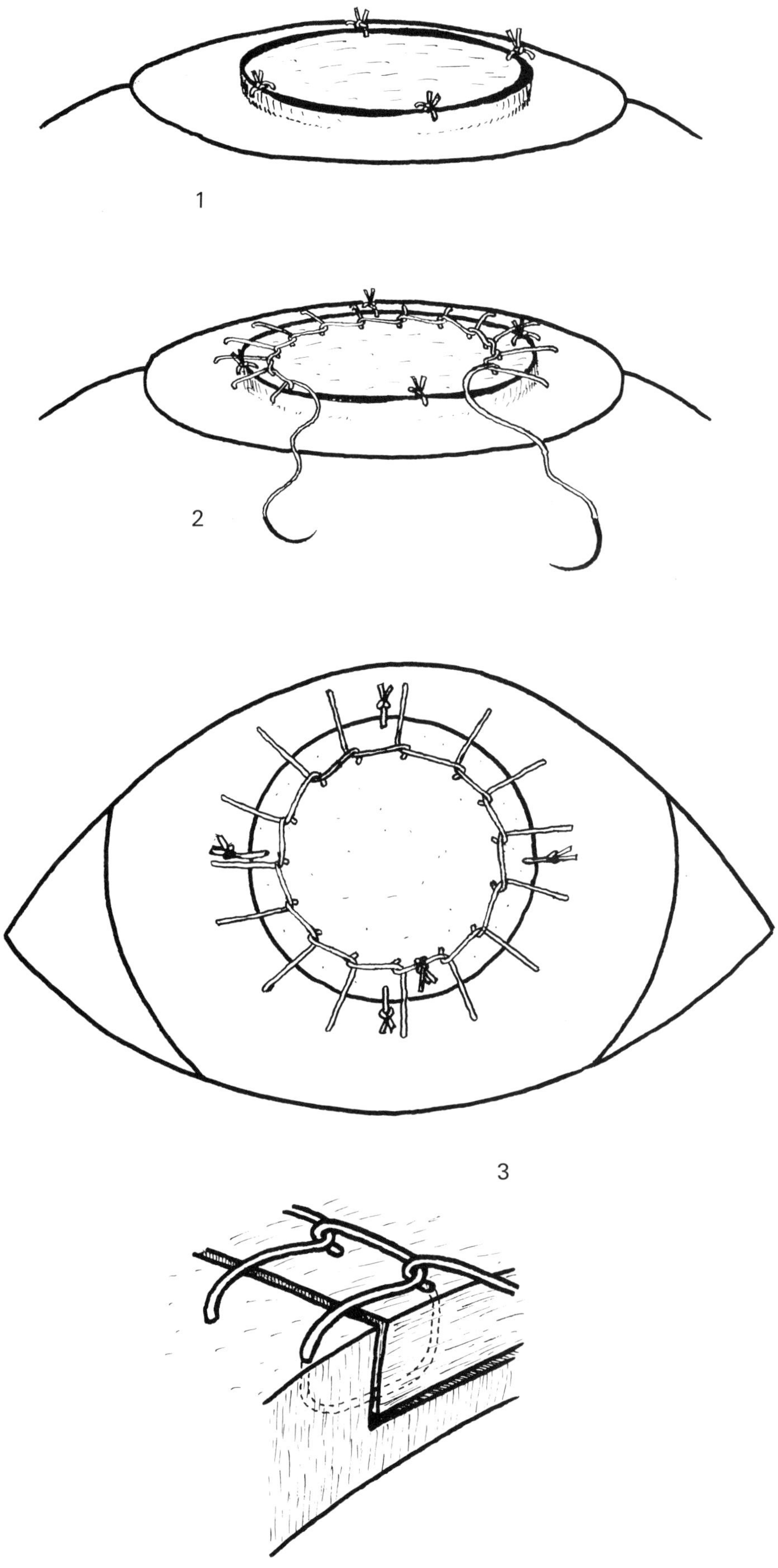

Abb. 93: Lamelläre Keratoplastik: Einsetzen des Transplantats

2.5.11 Hornhautgeschwüre (1)

Es handelt sich um Substanzverluste der Hornhaut verschiedenen Ursprungs. Die häufigsten Ursachen sind Infektionen bakterieller oder viraler Art, Pilzerkrankungen, neurotrophische Störungen oder Mangel an präkornealem Tränenfilm (*Keratitis sicca*, Exophthalmus bei kurzköpfigen Hunden wie z. B. Pekinesen).

Ist der Substanzverlust gering und zeigt die Läsion gute und spontane Heilungstendenz, verwendet man den Begriff Geschwür.

Vor einer operativen Behandlung von Geschwüren sollten deren Schweregrad und Beurteilung sowie die Regeln der medikamentösen Behandlung bekannt sein.

- ▷ Geschwüre, die durch eine *Keratitis sicca* bedingt sind, müssen speziell behandelt werden.
- ▷ Geschwüre, die nur das Hornhautepithel oder das oberflächliche Stroma erfassen, heilen gewöhnlich leicht.
- ▷ Tiefe Geschwüre, deren Grund durch die Descemetsche Membran gebildet wird, zeigen eine viel schlechtere Heilungstendenz, sobald eine Descemetozele entsteht, indem diese die Zellmigration aus dem Epithel und damit die Vernarbung verhindert.
- ▷ Perforierende Hornhautgeschwüre sind besonders schwerwiegend, indem sie sich auf die Funktion des Augeninnern auswirken. Sie ziehen eine Abnahme des Augeninnendrucks und eine Miosis nach sich. Die Iris verklebt mit der Hornhautwunde und bewirkt deren Verschluß. Das Geschwür wird durch eine Entzündung der Regenbogenhaut (Iritis) kompliziert.

■ Regeln der medikamentösen Behandlung

Es ist wichtig zu wissen, daß ein Hornhautgeschwür nicht heilt, solange eine Infektion der Hornhaut oder der Nebenorgane besteht. Glukokortikoide sind bei der Behandlung von Geschwüren immer kontraindiziert. Auf die Anwendung von Lokalanästhetika ist ebenfalls zu verzichten, da sie eine Abschilferung der Epithelzellen bewirken.

Die übliche medikamentöse Behandlung besteht deshalb in der Anwendung eines Antibiotikums in Verbindung mit einer regenerationsfördernden Substanz (vgl. Kapitel 1.3).

Die Vernarbung geschieht durch Einwanderung der Epithelzellen. Zum Schutze der Hornhautoberfläche vor Reibungen durch den Lidschlag eignet sich ein Lidverschluß im Sinne einer Blepharo- oder Tarsorrhaphie, ebenso das Einbringen einer hydrophilen Kontaktlinse. Diese Maßnahmen fördern die Heilungsvorgänge. Ist die Hornhaut gesund und ihr Stoffwechsel aktiv, erfolgt die Vernarbung spontan. Nimmt diese einen schleppenden Verlauf, muß operativ eingegriffen werden. Nachstehend sind einige Operationstechniken beschrieben, die hinsichtlich Aufwand und Wirksamkeit den jeweiligen Erfordernissen entsprechen.

■ Kauterisation der Geschwürsränder

Die Kauterisation bewirkt eine entzündliche Reaktion, die Regenerationselemente heranführt. Sie kann auf verschiedene Weise erfolgen: chemisch oder thermisch. In Frage kommen Phenol, unverdünnte Jodtinktur und 30 % Trichloressigsäure. Wir benutzen

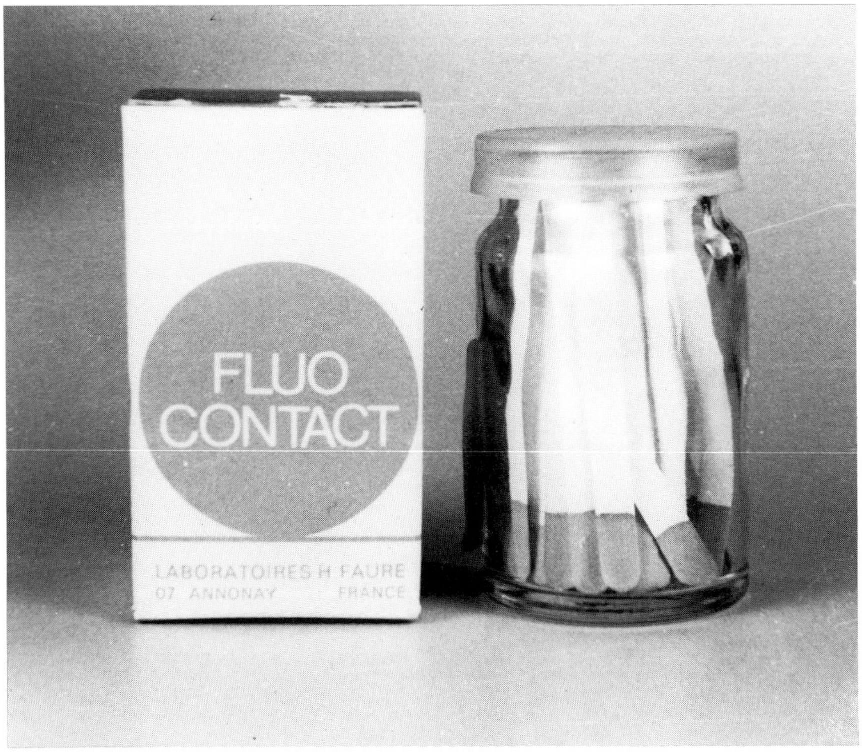

Abb. 94: Diagnose von Substanzverlusten der Hornhaut.
Das Fluoreszein ist ein Farbstoff, der in den toten Hornhautzellen fixiert wird. Um diese sichtbar zu machen, genügt es, einen mit Fluoreszein imprägnierten Teststreifen mit der Bindehaut zu berühren, oder einen Tropfen 0,5 % Fluoreszeinlösung einzuträufeln. Nach der Spülung mit physiologischer Kochsalzlösung nehmen die Stellen mit Substanzverlust eine schöne grünliche Färbung an

gewöhnlich letztere. Ein sehr feiner steriler Stieltupfer wird mit der Lösung getränkt und nach Entfernen der überschüssigen Säure auf die Geschwürsränder appliziert (Abb. 95.1). Hierzu wird die Hornhaut lokal anästhesiert durch Einträufeln von Tetracain-Augentropfen. Diese Behandlung wird alle vier Tage wiederholt, bis zur Bildung von Narbengewebe, das an der zellulären und vaskulären Infiltration erkennbar ist. Selbst tiefe Geschwüre heilen auf diese Art innerhalb von 14 Tagen ab. Gewöhnlich verschwinden die einsprossenden Blutgefäße, sobald das Geschwür ausgefüllt ist. Eine überbordende vaskuläre Reaktion läßt sich einschränken durch **Kauterisation der Gefäße** am Limbus mit Hilfe eines Elektrokauters während je zwei bis drei Sekunden (Abb. 95.2) oder durch eine **Peritomie**, indem die Bindehaut inzidiert und ein Lappen derselben herausgeschnitten wird (Abb. 95.3), durch den die Gefäße zum Narbengewebe verlaufen.
Zwei Wochen nach der völligen Vernarbung begünstigt die Instillation von Kortikoidtropfen die Rückbildung der neu gebildeten Gefäße.

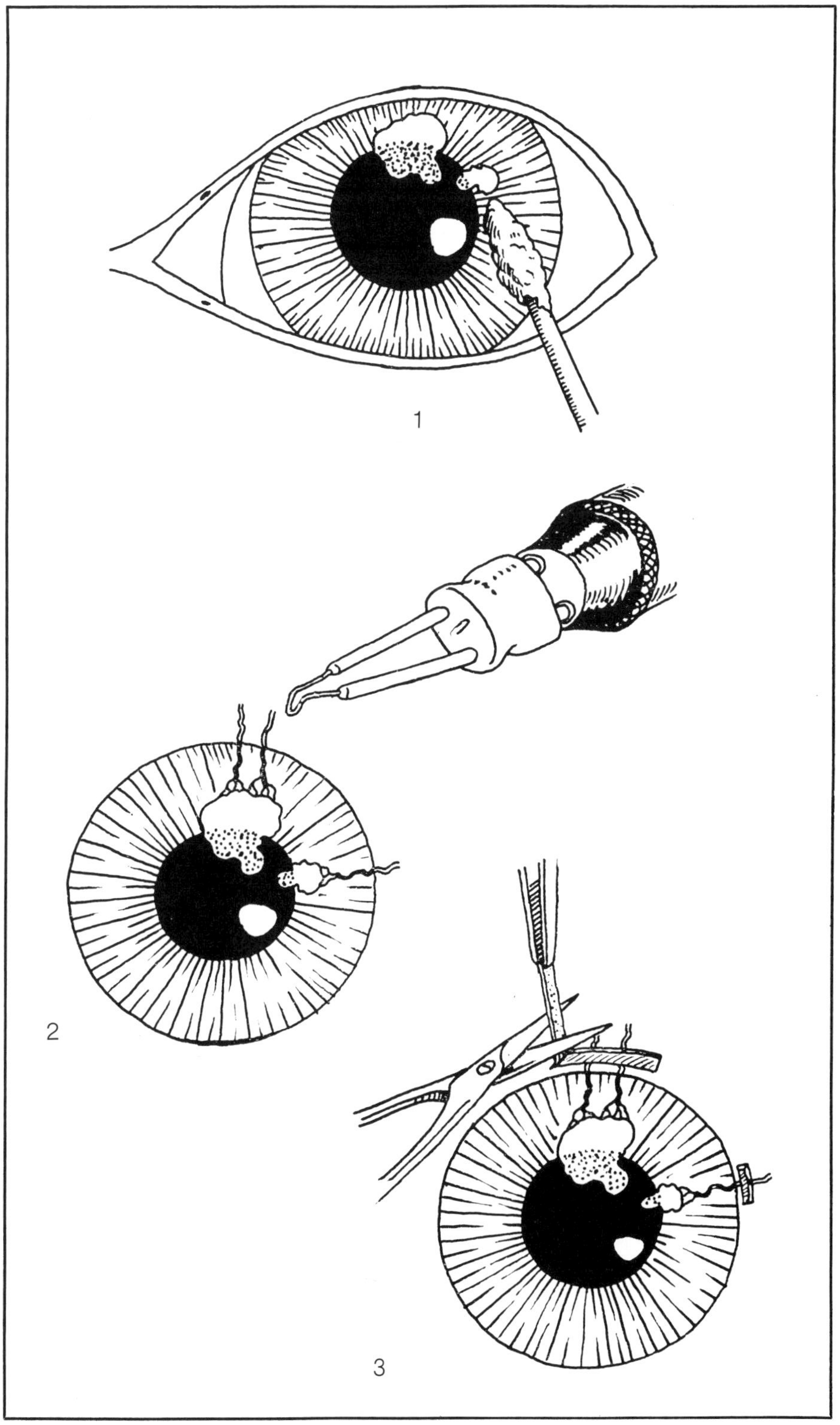

Abb. 95: Hornhautgeschwüre
1 Kauterisation der Geschwürsränder
2 Kauterisation der Gefäße am Limbus
3 Peritomie (Exzision eines Bindehautlappens)

2.5.12 Hornhautgeschwüre (2)

Im Falle einer tiefen Hornhautläsion besteht stets die Gefahr einer Descemetozele oder gar einer Ruptur der Descemetschen Membran mit anschließender Bildung eines Irisstaphyloms, ein stets äußerst schwerwiegender Zustand.

In solchen Fällen wird ein Stück Bindehaut freipräpariert, um die Läsion abzudecken und Zellelemente heranzubringen, welche die Vernarbung ermöglichen.

■ Die Bindehautschürze

Außerhalb des Limbus wird die Bindehaut in ausreichender Länge inzidiert (Abb. 96.2). Der Schnitt ist immer auf der Seite der Läsion durchzuführen. Die Bindehaut wird anschließend mittels einer feinen, gebogenen Mayo-Schere mobilisiert. Dann wird der Bindehautlappen nach vorne und über die Hornhaut heruntergezogen und mit zwei bis drei 5/0-Seide- oder Tergal-Knopfnähten fixiert (Abb. 96.3 und 96.4).

Die Fäden werden nach einer Woche gezogen. Die Schürze wird mit Hilfe eines Spatels oder eines Skalpellgriffs gelöst.

Bemerkungen:

▷ Je dünner die Bindehautschürze ist, desto besser sind die Resultate.

▷ Die Nähte dürfen nicht auf der Hornhaut und unter keinen Umständen im Bereich der Läsion gesetzt werden, da sie sonst die Haftung zwischen Hornhaut und Bindehaut beeinträchtigen.

▷ Mißerfolge sind immer das Ergebnis einer prä- oder intraoperativen Infektion, welche die Wirkung der Bindehautschürze vereitelt. In einem solchen Falle müssen die unnütz gewordenen Nähte entfernt werden.

Abb. 96.5 und 96.6: Abdeckung im Falle einer zentralen Hornhautläsion. Die zweite Inzision wird parallel zur ersten geführt, die so den Bindehautlappen freisetzt.

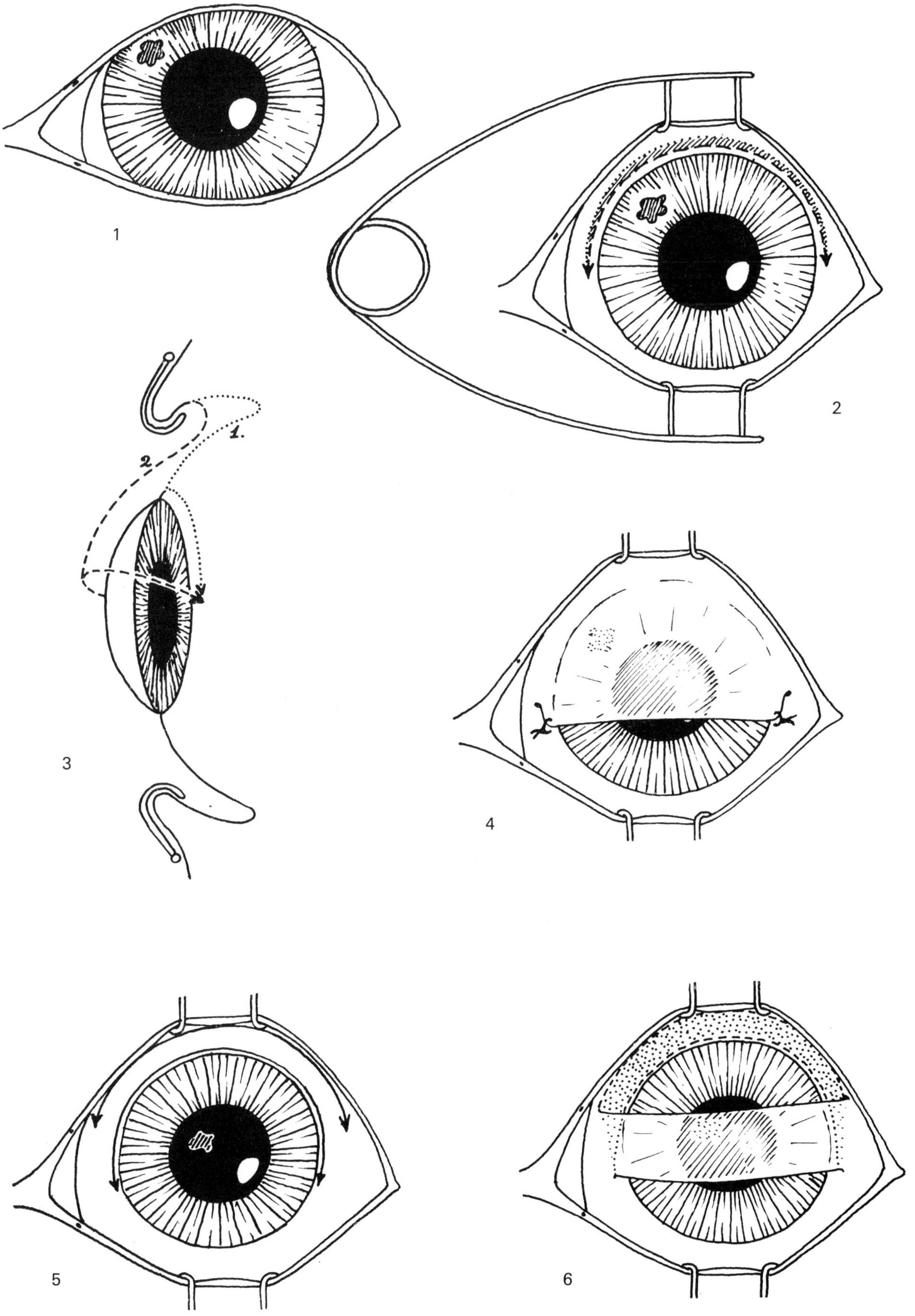

Abb. 96: Bindehautschürze
4 Abdeckung bei peripherem Geschwür
6 Abdeckung bei zentralem Geschwür

2.5.13 Hornhautgeschwüre (3)

Ein Grund für das Mißlingen der Bindehautabdeckung, wie sie vorstehend beschrieben wurde, ist die schlechte Haftung des Bindehautlappens auf der Hornhaut, bedingt durch die zwar leichte, aber andauernde Verschiebung der Bindehaut. Dieser Situation kann durch einen gestielten Bindehautlappen, der direkt an die Hornhaut angenäht wird, abgeholfen werden. Man präpariert einen dünnen Bindehautlappen, der im Vergleich zur Läsion genügend groß sein soll, und fixiert ihn an den Rändern des Geschwürs mit einigen Nähten.

Die Technik ist schwieriger als die vorhergehende. Sie ist besonders indiziert bei tiefen Geschwüren und wenn die Gefahr eines Durchbruchs besteht (Descemetozele).

■ Abdeckung mit gestieltem Bindehautlappen

Nach einer Inzision am Limbus wird die Bindehaut derart freipräpariert, daß ein feiner Lappen zur Abdeckung des Geschwürs entsteht (Abb. 97.1). Mit zwei kleinen, rechtwinklig zum Limbus geführten Schnitten erhält man einen schmalen Lappen (Abb. 97.2).

Mit einer ersten Knopfnaht am vorderen Geschwürsrand wird der Bindehautlappen fixiert (Abb. 97.3). Hierzu wird feines, atraumatisches Nahtmaterial (5/0 oder 6/0) benutzt. Vorzugsweise verwendet man einen resorbierbaren Faden, wobei Kollagennähte vorzügliche Ergebnisse zeitigen. Mit weiteren drei oder vier Nähten wird der Lappen vollends am Geschwürsrand angeheftet (Abb. 97.4).

Ein vorübergehender Verschluß der Lidspalte (Blepharorrhaphie) vervollständigt den Eingriff. Er wird allerdings zwei Tage später bei der ersten Kontrolluntersuchung aufgehoben.

Die Bindehautabdeckung wird nach zehn Tagen entfernt. Das Transplantat haftet am Geschwürsrand, jedoch nicht am intakten Hornhautepithel. Durch einen einfachen Schnitt mit der Schere hinter den Nähten löst man die Bindehaut, die an ihre ursprüngliche Stelle zurückgleitet (Abb. 97.5). Das Bindehauttransplantat selbst atrophiert in der Folge, läßt jedoch in der Hornhaut am ursprünglichen Sitz des Geschwürs undurchsichtiges Narbengewebe zurück (Abb. 97.6).

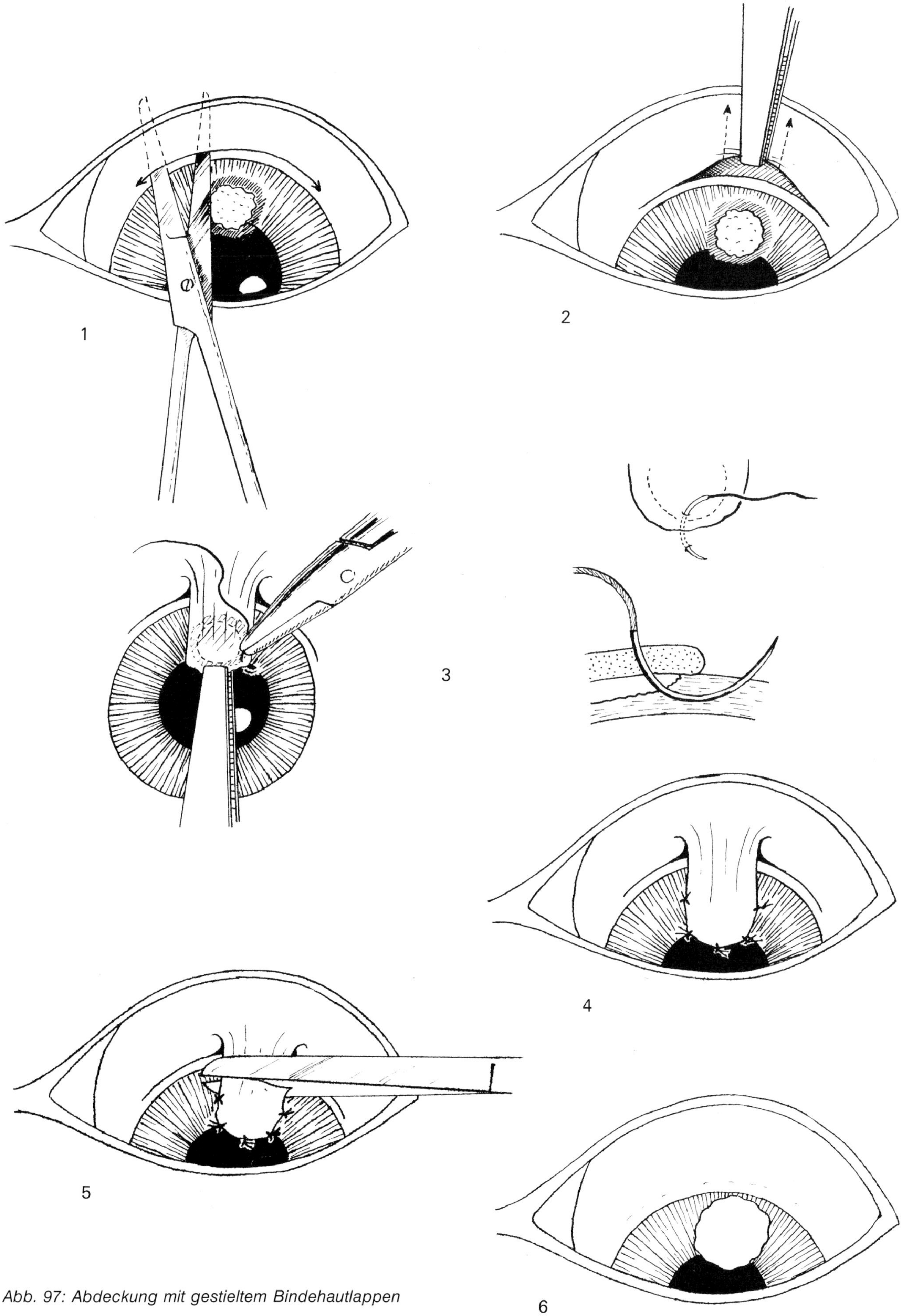

Abb. 97: Abdeckung mit gestieltem Bindehautlappen

2.5.14 Perforation der Hornhaut

Die Hornhautperforation ist in den meisten Fällen nicht mit einem Substanzverlust verbunden. Fast immer kommt es zu Komplikationen, bedingt durch die Beteiligung der Iris, die eine sekundäre Uveitis nach sich zieht.

► **Bemerkungen:**

▷ Die Hornhautnaht muß dicht sein. So ist die rasche Wiederherstellung der Vorderkammer gewährleistet.

▷ Die Nähte müssen tief angelegt werden, damit die Wundlefzen gut aneinanderliegen; sie sollten jedoch nicht perforieren (vgl. Transplantation, Kap. 2.5.8).

▷ Wurde die Linse verletzt oder luxiert, muß sie entfernt werden.

▷ Im Anschluß an Prellungen kommt es innerhalb von 14 Tagen nach dem Eingriff häufig zu einer Bulbusatrophie.

▷ Eine verletzte Hornhaut muß immer möglichst schnell versorgt werden, selbst wenn das vorhandene Nahtmaterial weniger fein ist als das angeführte. Es ist besser, schnell mit unvollkommenem Material einzugreifen als nach zwei oder drei Tagen mit tadelloser Technik vorzugehen. Jede glatte Hornhautverletzung heilt erstaunlich gut, sofern sie innerhalb von 12 Stunden genäht wird.

■ **Die operative Behandlung geradliniger Hornhautverletzungen**

Zu Beginn des Eingriffs wird die Wunde revidiert. Unter Vollnarkose muß der Fibrinpfropf entfernt werden, der die Hornhautverletzung verdeckt, worauf die in der Hornhaut eingeklemmte Iris sichtbar wird (Abb. 98.1).

Man löst hierauf die Iris von den Wundrändern und versucht, sie zu reponieren. Falls dies nicht möglich ist, muß der prolabierte Teil amputiert (Abb. 98.2) und der Stumpf anschließend zurückverlagert werden (Abb. 98.3).

Die Wundlefzen sind sodann sorgfältig von letzten Überresten zu befreien, und die Vorderkammer ist vorsichtig zu spülen (Abb. 98.4). Nun wird die Wunde mit Einzelknopfnähten verschlossen, wobei sich resorbierbares Nahtmaterial gut eignet, wie z. B. Kollagen oder Polyglykol 7/0 (Abb. 98.5). Abschließend wird die Vorderkammer durch die Insufflation einiger Luftblasen gestellt (Abb. 98.6). Die Wundheilung geschieht im Verlauf einer Woche.

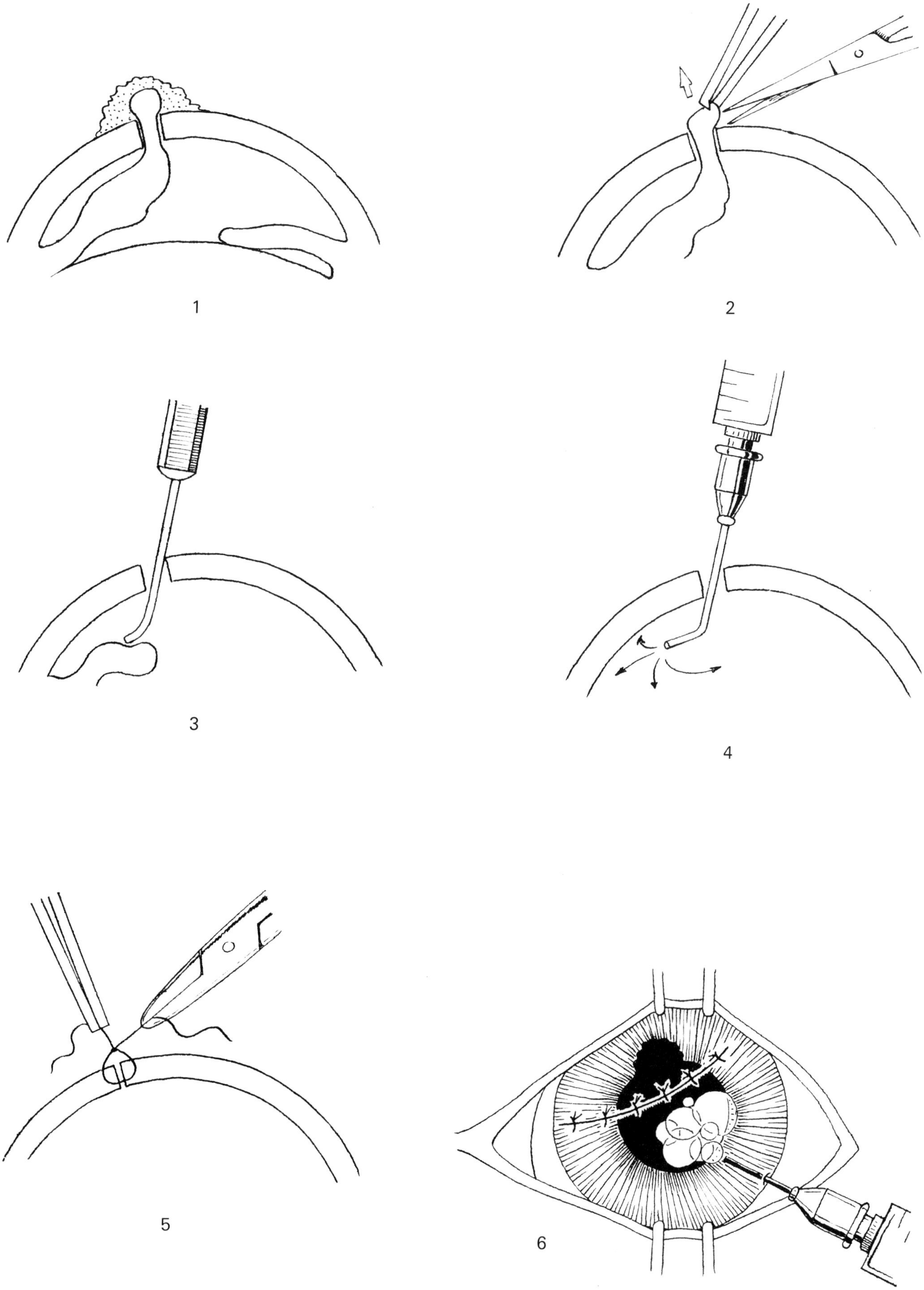

Abb. 98: Operative Behandlung geradliniger Hornhautverletzungen

2.6 Erkrankungen der mittleren Augenhaut (Uvea)

Die Uvea besteht aus der Regenbogenhaut (Iris), dem Ziliarkörper und der Aderhaut (Chorioidea). In der Pathologie der mittleren Augenhaut überwiegen bei weitem die entzündlichen Erkrankungen oder Uveitiden. Angeborene oder erbliche Anomalien sowie Iristumoren sind seltener.

Wir beschränken uns auf die Beschreibung dieser Anomalien, da sie therapeutisch kaum beeinflußbar sind. Dieses Kapitel ist deshalb hauptsächlich den Uveitiden gewidmet, deren klinische Bedeutung beträchtlich ist.

2.6.1 Angeborene oder erbliche Anomalien

■ Die Heterochromie

Farbunterschiede zwischen der linken und rechten Iris desselben Tieres oder Farbvariationen in derselben Iris sind genetisch bestimmt und hängen mit der Fellfarbe zusammen. Man beobachtet sie häufig bei weißen und bei Siamkatzen, außerdem bei gesprenkelten und gescheckten Hunden.

■ Persistenz der Pupillarmembran

Die Pupille ist die Öffnung der Iris. Beim Hund ist sie rund, bei der Katze spitzbogig. Beim Fötus verschleiert sie eine feine Membran, die sich kurz vor der Geburt zurückbildet. Die Restgebilde können noch drei bis vier Wochen danach sichtbar sein.

Manchmal bleiben Reste der Pupillarmembran länger als vier Wochen bestehen. In solchen Fällen spricht man von einer persistierenden Pupillarmembran *(Membrana pupillaris persistens)*. Diese Anomalie kann genetisch bedingt oder auf eine Entwicklungsstörung des Auges zurückführbar sein. Aus diesen Gründen sollte man einen Hund, der diese Hemmungsmißbildung aufweist, nicht zur Zucht verwenden. Die persistierende Pupillarmembran kann mit anderen Augenanomalien vergesellschaftet sein:

- ▷ Hornhaut-Leukom bei einer Verklebung der Iris mit der Hornhautrückfläche;
- ▷ Startrübung der vorderen Linsenkapsel bei einer Verklebung der Iris mit der Linse (hintere Synechie);
- ▷ komplexe Anomalie, mit Pupillarmembran, grauem Star, Mikrophthalmie.

Operative Eingriffe sind nur bei Sehstörungen angezeigt, wobei ihre Durchführung nicht einfach ist.

■ Polykorie

Es bestehen zwei oder mehrere Pupillenöffnungen. Diese Anomalie ist sehr selten.

■ Unterentwicklung des Irisgewebes (Irishypoplasie)

Diese Anomalie tritt oft in Verbindung mit Irishypochromie und Hypoplasien der Aderhaut auf. Sie wird durch diasklerale Durchleuchtung von hinten sichtbar gemacht. Tiere mit dieser Anomalie sind lichtscheu.

2.6.2 Uveitiden bei Fleischfressern

Von Uveitis spricht man bei der Entzündung einer oder mehrerer Partien der mittleren Augenhaut (Uvea). Es handelt sich mit anderen Worten um die Entzündung der Gefäßhaut des Auges. Das mesodermale Hornhautendothel als Verlängerung des vorderen Irisepithels ist bei einer Iritis häufig ebenfalls entzündet.

■ Häufigkeit und Besonderheiten der Uveitiden bei Fleischfressern

Die Uveitis ist eine der häufigsten Erkrankungen des Augapfels. Dieses häufige Auftreten hängt mit bestimmten anatomischen Besonderheiten zusammen, die wir nachstehend in Erinnerung rufen:

- ▷ Die Iris des Hundes ist stark vaskularisiert. Dieser Umstand begünstigt die Entwicklung akuter Gefäßentzündungen. Außerdem konnten Zwischenräume zwischen den Epithelzellen der Blutgefäße nachgewiesen werden, die eine Verbindung zwischen Blut und Kammerwasser ermöglichen.
- ▷ Das mesodermale Hornhautendothel geht kontinuierlich in das vordere Irisepithel über, was das häufige Auftreten der »blauen« Hornhautentzündungen erklärt, die mit einer Iritis vergesellschaftet sind.
- ▷ Die Uveitiden beim Hund beschränken sich oft auf das vordere Segment *(Uveitis anterior)* oder auf das hintere Segment (Chorioiditis). Diese Besonderheit soll mit einer gut erkennbaren Grenze zwischen Aderhaut und Ziliarkörper zusammenhängen.
- ▷ Die Chorioitiden führen bei den Fleischfressern sehr schnell zu einer irreversiblen Beeinträchtigung der Sehstärke. Das hängt damit zusammen, daß die Netzhaut zu 80 % von der oberflächlichen Schicht der Aderhaut, der Choriocapillaris, versorgt wird.

Schließlich sei im Hinblick auf die Ätiologie der Uveitiden bei den Fleischfressern darauf hingewiesen, daß zwischen Hund und Katze ein großer Unterschied besteht. Bei der Katze handelt es sich oft um eine Entzündung infektiöser Genese (vgl. Ätiologie), während beim Hund Überempfindlichkeitsreaktionen vorherrschen.

■ Symptome

Die klinischen Erscheinungen können sich ein- oder beidseitig im Sinne einer akuten oder chronischen Entzündung entwickeln, die entweder exsudativer (akuter) oder granulomatöser (chronischer) Natur ist. Die exsudativen Entzündungen, die in drei Phasen auftreten, sind am häufigsten: Hyperämie, Exsudation und Resorption der Exsudate, wie sie beim Pferd im akuten Stadium von periodischer Augenentzündung beobachtet werden.

Wir werden hier die einzelnen Phasen nicht näher beschreiben, jedoch zwischen exsudativen und granulomatösen Uveitiden des vorderen und hinteren Segments unterscheiden.

► Uveitis exsudativa anterior

Das Tier zeigt:

- ▷ Schmerzen
- ▷ Lichtscheu (Photophobie)
- ▷ Lidkrämpfe (Blepharospasmus)
- ▷ starken Tränenfluß (Epiphora).

Die Hyperämie ist deutlich sichtbar. Man stellt Bindehautschwellung (Chemosis), erweiterte Bindehautgefäße, injizierte episklerale Gefäße und eine zirkuläre, perikorneale Gefäßneubildung in den tieferen Schichten fest. Außerdem kommt es zu einer Erweiterung der radiär verlaufenden Irisgefäße.

Die Miosis ist regelmäßig vorhanden, tritt früh auf und hält lange an. Die Exsudation als Folge der Gefäßerweiterung ist mehr oder weniger ausgeprägt mit folgenden Erscheinungen:

- ▷ Farbe und Aussehen der Iris verändern sich, indem sie schmutzig-grau erscheint und ein speckiges, mattes Äußeres erhält, bedingt durch das Exsudat;
- ▷ die Vorderkammer verändert sich. Das im Kammerwasser suspendierte Fibrin bewirkt den Tyndall-Effekt, sein Absetzen führt zur Bildung eines grauen Hypopyons oder eines rötlich gefärbten Hyphämas;
- ▷ Ablagerungen (Präzipitate) bilden sich auf der Hornhautrückfläche (häufig bei der Katze);
- ▷ schließlich können Synechien auftreten, d. h. Verklebungen zwischen Iris und Hornhaut oder Iris und Linse. Synechien bewirken gewöhnlich eine Pupillenverformung. Eine vollständige Verklebung der Iris mit der Linsenvorderkapsel hat einen Abschluß der Hinterkammer zur Folge *(Seclusio pupillae)*, der den Abfluß des Kammerwassers in die Vorderkammer verhindert. Es kommt zur Bildung der sog. Napfkucheniris (*Iris bombata*, I. bombé).

Das Exsudat wird mehr oder weniger schnell resorbiert, doch hinterläßt es bisweilen Folgezustände, wie vor allem: endotheliale Präzipitate, Synechien, grauen Star, dunkelbraune Verfärbung der Iris infolge Pigmenteinwanderung sowie intraokulare Druckabweichungen.

Die Entzündung des Ziliarkörpers (Zyklitis) und der Iris (Iritis) treten meistens zusammen auf (Iridozyklitis). Die Zyklitis bringt eine Verminderung der Kammerwassersekretion mit sich. Der intraokulare Druck verringert sich und das Auge wird hypoton.

Demgegenüber kann der Abfluß des Kammerwassers gestört sein, bedingt durch Fibrindepots und Synechien im Kammerwinkel (Goniosynechien), so daß trotz der ziliaren Hyposekretion ein intraokularer Überdruck entsteht. Dieser Zustand wird mit *Uveitis hypertensiva* bezeichnet.

► Uveitis exsudativa posterior

- ▷ Die funktionellen Anzeichen sind viel unauffälliger. Verminderung oder Verlust des Sehvermögens stehen im Vordergrund, wenn eine ausgebreitete Entzündung der Aderhaut (Chorioiditis) vorhanden ist.
- ▷ Die Symptome lassen sich nur durch eine genaue Augenuntersuchung feststellen. Die Erweiterung der Aderhautgefäße führt zu einer Exsudation.

Die Exsudation der Aderhaut verändert das Aussehen des Augenhintergrunds. Reliefartige, mehr oder weniger ausgedehnte graugefärbte Läsionen treten auf, die resorbiert werden können (vgl. Aufnahmen der pathologischen Fundusveränderungen). Folgende Veränderungen sind zu berücksichtigen:

▷ Abhebung der Netzhaut bei gleichzeitig normalem Verlauf der Netzhautgefäße auf der Läsion;
▷ graue oder grau-grüne Verfärbung des Fundus;
▷ Verlust des Reflexionsvermögens des Tapetums.

Später läßt sich eine Melanineinwanderung in die Läsion feststellen sowie eine lokalisierte Hyperreflexie. Ausgedehnte Chorioitiden können zur Netzhautablösung führen, wobei die Retina durch das Exsudat vorgewölbt wird.

► **Uveitis granulomatosa anterior**

Diese seltene Entzündung äußert sich als eine langsam fortschreitende Veränderung der Iris, die durch zelluläre Infiltration deformiert wird, wie man beim Lymphosarkom der Katze sehen kann.

► **Uveitis granulomatosa posterior**

Es gibt keine Anzeichen von Exsudation. Auf dem Augenhintergrund beobachtet man die Entwicklung eines unregelmäßigen Reliefs, dessen Umfang wie bei der Toxoplasmose der Katze allmählich zunimmt.

Granulomatöse Uveitiden haben wegen ihrer schleichenden und irreversiblen Entwicklung meist eine schlechte Prognose.

■ Ätiologie der Uveitiden bei Fleischfressern

Die Klassifikation der Uveitiden ist schwierig. Sie kann aufgrund des exogenen oder endogenen Ursprungs der Entzündung erfolgen, der pathogenen Vorgänge, der infektiösen oder nicht infektiösen Ursache sowie der klinischen Erscheinungen.

Wir halten uns an die Klassifikation nach dem klinischen Erscheinungsbild, unter Auseinanderhaltung von Hund und Katze. In der Tat sind die meisten Fälle von Uveitis bei der Katze infektiös bedingt, während die gleichen Erkrankungen beim Hund ätiologisch unbestimmt sind.

► **Katze**

Bei der Katze sind hauptsächlich vier Krankheitsursachen unterscheidbar:

▷ das Virus des felinen Lymphosarkoms (Fe LV);
▷ das Virus der felinen infektiösen Peritonitis (FIP);
▷ die Toxoplasmose;
▷ der Tuberkulosebazillus.

Einige zusätzliche Angaben hinsichtlich Lokalisation und Verlauf sind an dieser Stelle angebracht.

Uveitis exsudativa anterior: Fe LV-Virus, FIP-Virus, Toxoplasmose.

Uveitis granulomatosa anterior: Tuberkulosebazillus, Fe LV-Virus, Melanom.

Uveitis exsudativa posterior: Toxoplasmose, Fe LV-Virus (Lymphosarkom), Cryptococcus neoformans.

► **Hund**

Beim Hund ist die Zahl der Uveitiden mit unbestimmter Ätiologie nach wie vor hoch. Es scheint, daß sehr viele Entzündungen der mittleren Augenhaut auf Überempfindlichkeitsreaktionen zurückzuführen sind.

Es müssen jedoch darüber hinaus die folgenden spezifischen Ursachen in Betracht gezogen werden:

▷ *Uveitis exsudativa anterior:* Hepatitis contagiosa canis (erkennbar als »Blaue« Keratitis), Piroplasmose, Leishmaniose, traumatische Uveitis (perforierende Fremdkörper, Dornen, Schrotkörner), durch Linsenantigen bedingte Uveitis.
▷ *Uveitis granulomatosa anterior* oder Tumor-Uveitis: Melanome, Adenome, Adenokarzinome, Lymphosarkome.
▷ *Uveitis exsudativa posterior:* Staupe, Toxoplasmose, migrierende Ascaris-Larve, Mikrofilarien.
▷ *Uveitis granulomatosa posterior:* Toxoplasmose, Kryptokokkose, Lymphosarkom, Histoplasmose.

■ Diagnose

Zuerst muß die Diagnose einer Uveitis aufgebaut werden, die sich auf den Verlauf und die charakteristischen Symptome während der Entzündungsschübe stützt. Es ist jedoch die Iridozyklitis von den Bindehaut- und Hornhautentzündungen sowie vom Glaukom zu unterscheiden. Tabelle 12 (S. 180) ist ein nützliches differentialdiagnostisches Hilfsmittel.

Zwischen den Entzündungsschüben sind die Folgeerscheinungen eindeutig. Der einzig mögliche Irrtum würde darin bestehen, die Spätfolgen der Entzündung mit angeborenen oder erblichen Anomalien der Iris zu verwechseln. Die Differentialdiagnose zwischen einer Iridozyklitis mit Überdruck und einem Glaukom ist mitunter schwierig.

Die ätiologische Diagnose ist mit größeren Schwierigkeiten verbunden. In der Praxis werden zusätzliche Untersuchungen zum genaueren Nachweis der Ursache nur bei der Katze durchgeführt. Man versucht eine Toxoplasmose, FIP, Tuberkulose oder ein Lymphosarkom nachzuweisen. Die meisten positiven Untersuchungsergebnisse verzeichnet man im Zusammenhang mit der felinen infektiösen Peritonitis.

Beim Hund wird nur auf Leishmaniose systematisch untersucht, wenn eine chronische Uveitis vorliegt. Im Anfangsstadium entwickelt sich der akute Zustand der Iridozyklitis parallel zum Antikörper-Titer, wobei erhöhte Serumwerte die Notwendigkeit einer spezifischen Behandlung nahelegen.

■ Zusatzuntersuchungen zum Ätiologie-Nachweis

Felines Lymphosarkom-Virus (FLV), Virus (GS +) und Antikörper (-): National Laboratory, Inc., P. O. Box 239, Franklin Lakes, New Jersey 07417 (201) 891–2992.

Virus der felinen infektiösen Peritonitis (FIP): Spezialisierte Hochschul-Laboratorien.

Toxoplasmose und Leishmaniose: Hochschul-Laboratorien für Parasitologie.

Tuberkulose:

Für Hunde: Reaktion nach Hole.

Für Hunde und Katzen: Reaktionen nach Middlebrook-Dubos.

■ Einige Aspekte der Erkrankungen der mittleren Augenhaut

Die mittlere Augenhaut (Uvea), auch *Tractus uvealis* genannt, umfaßt die Aderhaut (Chorioidea), den Ziliarkörper und die Iris. Diese drei Teile sind embryologisch und histologisch verwandte Gebilde; sie sind reich vaskularisiert und pigmentiert. Die gleiche Herkunft erklärt die Tatsache, daß die Entzündung eines Teils meistens auf die zwei anderen übergreift. Klinisch unterscheidet man jedoch Entzündungen, die vorzugsweise die Iris und den Ziliarkörper betreffen – man spricht dann von Iridozyklitis oder *Uveitis anterior* –, und Entzündungen, die hauptsächlich die Aderhaut betreffen – als Chorioiditis oder *Uveitis posterior* bezeichnet. Falls man die Uveitis als Ausdruck einer lokalen Überempfindlichkeitsreaktion gelten läßt, muß man auch anerkennen, daß die ätiologische Diagnose der Uveitiden sehr schwierig ist. Die Farbabbildungen 54–59 sollen die verschiedenen klinischen Erscheinungsbilder der Uveitiden erkennen helfen und die Klärung bestimmter ätiologischer Charakteristika nahelegen. Das Erkennen einer Uveitis unter den zahlreichen Erscheinungsformen schließt auch die Prognose mit ein. Sie ist abhängig vom Grad der Veränderungen sowie vom Zeitpunkt des Behandlungsbeginns mit Kortikoiden. Diese Abbildungen sollen ferner zeigen, wie anhand der Untersuchung Iridozyklitiden von einer Glaukomerkrankung und von Bindehautentzündungen unterschieden werden können.

Ergänzende Abbildungen finden sich im Kapitel über die Erkrankungen des Augenhintergrunds (siehe Aderhautentzündungen) (Farbabb. 38–40).

■ Therapie

Die übliche Behandlung besteht in der Anwendung eines Mydriatikums in Verbindung mit einem Entzündungshemmer. Da die Ätiologie oft unbekannt bleibt, erfolgt nur selten eine spezifische Behandlung.

► Mydriatikum

Atropin wirkt mydriatisch bzw. pupillenerweiternd und begünstigt die Entquellung der Iris. Die erreichte Mydriase verhindert die Bildung von Synechien und unterdrückt den Schmerz.

Es wird als 1 %- oder 2 %-Augentropfen verwendet, mit einer Applikation alle drei Stunden bis zum Eintritt der Mydriase. Anschließend reicht eine zweimalige Instillation täglich. Gewöhnlich dauert die Behandlung 10 Tage.

► Entzündungshemmer

Durch die Anwendung von Entzündungshemmern wird die entzündliche Reaktion der mittleren Augenhaut unterdrückt. Die Iris und Aderhautgefäße werden für Proteine wieder undurchlässig und eine Überempfindlichkeitsreaktion kommt zum Stillstand. Ihre Anwendung muß systematisch fortgeführt werden, um Rückfälle zu verhindern.

Allgemeinbehandlung: mit allen Kortikoiden. Gewöhnlich wenden wir Prednison an in einer Dosierung von 1 bis 2 mg/kg während 10 bis 20 Tagen, anschließend Injektionen mit ACTH, 10 I. E. zweimal wöchentlich.

Die Lokalbehandlung vervollständigt und verlängert die systemische Behandlung. Wir injizieren Langzeit-Kortikoide subkonjunktival: Dreimal 5 bis 10 mg Methylazetat-Prednisolon alle 2 Wochen. Diese Behandlung ist besonders vorteilhaft bei chronischen oder rezidivierenden Uveitiden.

Das Einträufeln von Kortikoid-Augentropfen ist eine Zusatzbehandlung. Die Tropfen müssen am ersten Tag stündlich, anschließend 6mal täglich instilliert werden. Während der hyperämischen Phase ist die Permeabilität der Gewebe groß. Die Anwendung nicht-steroidaler Entzündungshemmer wurde für Großtiere (Pferd, Rind) empfohlen. Ihre Verwendung ist beim Hund und vor allem bei der Katze bedenklich, die sie in hoher Dosierung schlecht vertragen (Phenylbutazon, Oxyphen-Butazon, Indomethazin).

► Antibiotika

Ihre Anwendung ist umstritten. Sie werden empfohlen, wenn die Entzündung mit einer Infektion zusammenhängt. Das Chloramphenicol diffundiert sehr leicht ins Augeninnere und findet sich in den Augentropfen entsprechend häufig. In der hyperämischen Phase diffundieren auch andere Antibiotika recht gut, so daß sie ebenfalls nützlich sein können.

► Spezifische Behandlung

Wenn möglich, muß sie die entzündungshemmende und die pupillenerweiternde Behandlung vervollständigen.

► Sonderfall von Uveitis mit Überdruck

Bei Vorliegen eines Glaukoms ist die Pupillenerweiterung mit Atropin kontraindiziert. Bei Uveitis mit Drucksteigerung wird deshalb die Anwendung eines Mydriatikums empfohlen, das die Kammerwasserbildung hemmt, wie Phenylephrin als 5 %-, 10 %- oder 15 %-Tropfen (Neosynephrin®) oder Epinephrin 1 % bzw. 2 % (Glaucon®). Unseres Erachtens ist die Anwendung von Atropin ungefährlich, sofern die Kammerwassersekretion sehr eingeschränkt ist. Um diese Nachteile zu verringern, verbinden wir die pupillenerweiternde Lokalbehandlung mit einer drucksenkenden Behandlung mit Mannitol 10 % oder Glycerol 50 %.

Farbabb. 54: Heterochromie
Auf dieser Abbildung einer Katze von 8 Monaten bemerkt man deutlich den Farbunterschied zwischen der rechten und linken Iris. Es handelt sich um eine Heterochromie, die nicht zu verwechseln ist mit einer erworbenen Verfärbung der Iris infolge Iridozyklitis, die bei Katzen sehr häufig anzutreffen ist

Farbabb. 55: Akute Iridozyklitis bei einer Katze
Hier ist eine sehr akute Entzündung zu sehen. Das Auge tränt stark. Auffällig ist das ausgeprägte Bindehautödem (Chemosis). Die rosafarbene, glänzende Bindehaut ist durchzogen von erweiterten Gefäßen. Ein diffuses Hornhautödem behindert die Untersuchung der Vorderkammer. Dennoch ist durch das Hornhautödem eine verformte Iris und Pupillenverengung (Miosis) erkennbar

Farbabb. 56: Iridozyklitis bei einem Deutschen Schäferhund
Phase der Exsudation. Die Cornea erscheint leicht ödematös; am Hornhautendothel kleben weißliche, organisierte Beläge (Präzipitate). Der vom Limbus ausgehende Kranz sehr feiner und kurzer, parallel verlaufender, nicht verzweigter Gefäße ist kennzeichnend für diese Entzündungsform

Farbabb. 57: Iridozyklitis infolge Piroplasmose bei einem Hund
Phase der Resorption. Die Hornhaut wird wieder durchsichtig. Die frühere Keratitis kann man nur noch an einigen Belägen (Präzipitaten) am Hornhautendothel erkennen. Es sind die Iris und die enge Pupille (Miosis) sichtbar. Ein organisiertes Fibringerinnsel verdeckt die Iris im unteren nasalen Kammerwinkel

Farbabb. 58: Iridozyklitis bei einer Katze
Phase der Resorption. Die Bindehaut ist wieder perlmuttfarbig blaß, die Hornhaut durchsichtig; lediglich die etwas verdickte Iris und die Beläge im unteren Bereich deuten auf eine abklingende Iridozyklitis. Das Exsudat stammt aus denselben Gefäßen, durch die auch die Resorption erfolgte. Diese feinen Blutgefäße bedingen die Rötung der Iris unterhalb der Pupille

Farbabb. 59: Traumatische Iridozyklitis bei einer Katze
Häufige Entzündungsform bei der Katze. Die zentrale Hornhautverletzung ist außerordentlich gut als rote Narbe sichtbar, bestehend aus Granulationsgewebe, das aus weitlumigen, oberflächlichen Hornhautgefäßen gebildet wird. Der Krallenhieb, der ursprünglich die Cornea verletzte, verursachte ein tiefgreifendes Trauma unter Einbezug der Iris. Es entwickelte sich sekundär eine Iridozyklitis

54

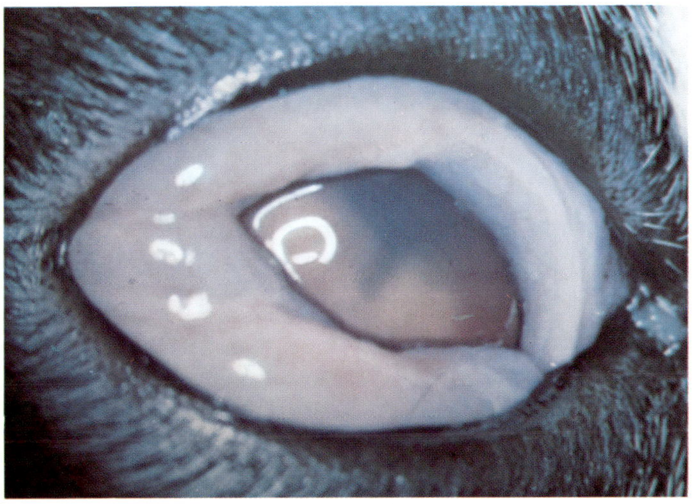
55

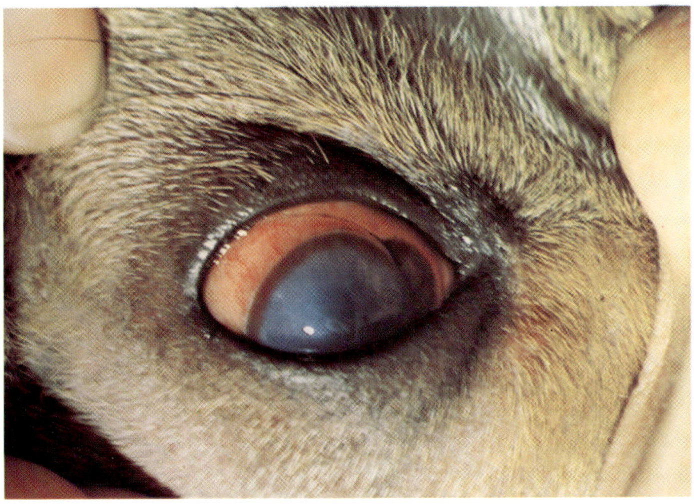
56

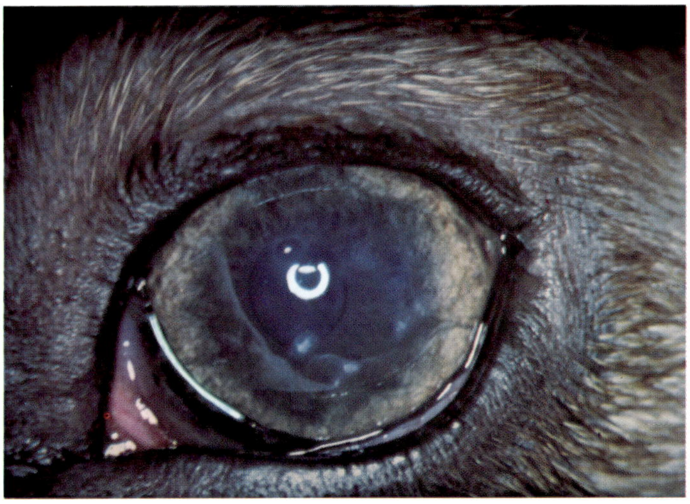
57

58

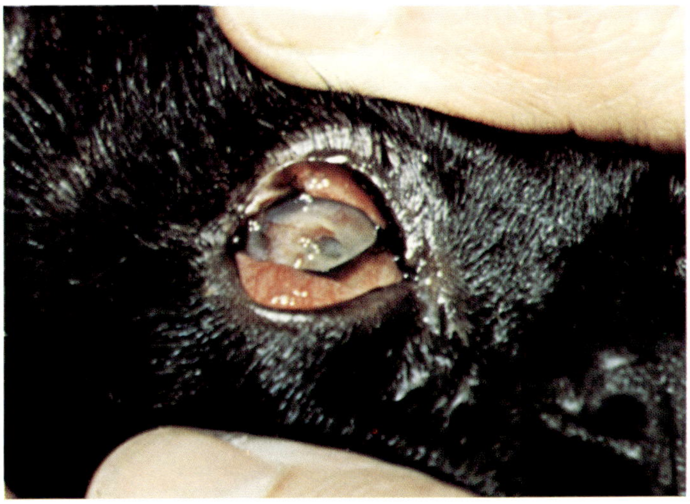
59

2.7 Glaukom

Das Glaukom ist eine Augenerkrankung, die gekennzeichnet ist durch einen Überdruck im Augeninnern als Folge eines Druckanstiegs des Kammerwassers.

Um das Prinzip der Glaukomoperationen zu verstehen, ist es unerläßlich, die Physiologie des Kammerwassers und die Ursachen der Drucksteigerung zu kennen.

Diesem Repetitorium folgt ein Kapitel über die Symptomatologie und Pathogenese, aus dem sich die Indikationen für das operative Vorgehen ableiten lassen.

■ Physiologie des Kammerwassers

Das Kammerwasser wird vom Ziliarkörper auf der Höhe der Hinterkammer abgesondert und gelangt durch die Pupille in die Vorderkammer. Es wird sodann vom Trabekelwerk des Kammerwinkels gefiltert und über das Venengeflecht der Sklera in die Episkleralvenen abgeleitet. Dieser Vorgang ist in Abbildung 99 dargestellt.

► Der Vorgang der Kammerwasserproduktion

Das Kammerwasser wird von den Fortsätzen des Ziliarkörpers gebildet. In deren Stroma befindet sich ein Kapillarknäuel. Das Stroma ist von Epithel bedeckt.

Das Kammerwasser ist somit durch eine doppelte Membran vom Blut, aus dem es hervorgeht, getrennt: durch die Kapillarwand und das Epithel.

Man geht davon aus, daß es zuerst durch Ultrafiltration durch die Kapillarwände passiert und anschließend während des aktiven Transports durch zahlreiche Substanzen angereichert wird. Es handelt sich also um einen eigentlichen Sekretionsvorgang. Zahlreiche physikalische, biochemische und histophysiologische Mechanismen nehmen an dieser Sekretion teil.

Die sezernierte Menge läßt sich leicht durch Fluorometrie nachweisen. Die Messung zeigt, daß das Glaukom im allgemeinen von einer Verminderung der Kammerwasserbildung begleitet ist und der Überdruck das Ergebnis einer Abflußbehinderung ist. Aus diesem Grund werden wir uns eingehender mit dem Kammerwasserabfluß befassen.

► Abfluß des Kammerwassers

Das Kammerwasser verläßt die Vorderkammer und gelangt in die episkleralen Venen, nachdem es das Trabekelwerk und das Venengeflecht der Sklera passiert hat.

Das Trabekelwerk bildet einen im Schnitt viereckigen Ring, dessen Innenseite mit dem Kammerwasser und dessen Außenseite mit dem Venengeflecht der Sklera in Verbindung steht. Das Gewebe besteht aus Bindegewebsfasern und ist lose strukturiert, in dem das Kammerwasser zirkuliert. Aus der Umgebung des Trabekelwerks gehen kleine Blutgefäße aus bis hin zum skleralen Venengeflecht, welches das Kammerwasser ableitet wie beim Menschen der Schlemmsche Kanal. Die Gefäße des skleralen Venensystems stehen mit den episkleralen Venen in Verbindung.

Der Kammerwasserabfluß ist meßbar und steht im direkten Verhältnis zum Druck, der auf die Hornhaut ausgeübt und auf das Kammerwasser übertragen wird. Ein physiologischer Mechanismus schützt somit das Auge vor Überdruck. Ein Glaukom ist deshalb auf einen erhöhten Abflußwiderstand zurückzuführen.

Der erhöhte Abflußwiderstand ist somit von wesentlicher Bedeutung bei der Entstehung eines Glaukoms. Nun weiß man allerdings, daß die Abflußbehinderung sich unter gewissen physiologischen Umständen ändert: sie wird mit zunehmendem Alter größer. Sie steigt ebenfalls, wenn die Tiefe der Vorderkammer abnimmt. Die Gefahr eines Glaukoms nimmt demzufolge bei älteren Hunden zu.

■ Symptomatologie

Die Schwere der Symptome hängt von der Höhe des intraokularen Drucks ab. Die Symptomatologie der akuten, kongestiven Glaukome ist besonders vielfältig. Wir beschreiben sie an erster Stelle.

Bei akutem, kongestivem Glaukom zeigt das erkrankte Auge zahlreiche verschiedenartige Symptome:

▷ Vermindertes oder aufgehobenes Sehvermögen.

▷ Plötzlich auftretende, heftige Schmerzen; die Palpation des Auges ist schmerzhaft.

▷ Die Lider sind warm und gequollen. Die Augenbindehaut ist entweder blaß oder gerötet. Auffällig sind die stark verdickten episkleralen Venen.

► Aussehen des Auges

Bei den akuten Formen verliert die Hornhaut teilweise und unregelmäßig ihre Durchsichtigkeit und wird wolkig trüb. Manchmal durchziehen sie unregelmäßige weiße Linien, die auf Risse in der Descemetschen Membran zurückzuführen sind, die als Folge der Überdehnung entstehen.

Die Vorderkammer ist flach.

Die Pupille ist immer weitgestellt.

Die Strukturen des hinteren Segments sind manchmal nur schwer einsehbar. Sind sie es doch, läßt die Untersuchung des Augenhintergrunds mit dem binokularen Ophthalmoskop eine Exkavation der Papille erkennen. Nach einigen Tagen zeigen Netzhaut und Sehnerv Anzeichen von Degeneration, bedingt durch den Überdruck. Die Netzhautgefäße werden dünner, und die Papille nimmt einen grauen Farbton an.

Das klinische Hauptsymptom ist der Augenüberdruck, der durch digitale Palpation oder mit dem Tonometer nachgewiesen werden kann. Nur schwere Fälle von Überdruck lassen sich durch Palpation feststellen.

Nach einigen Tagen oder Wochen nimmt der Umfang des Augapfels zu.

► Verlauf

Nach einigen Tagen nimmt das Sehvermögen ab und geht schließlich verloren. Nach einigen Wochen nimmt der intraokulare Druck infolge Atrophie des Ziliarkörpers zusehends ab. Der restliche Druck ist jedoch noch hoch genug, um die Umfangsvermehrung aufrechtzuerhalten. Es entsteht ein Buphthalmus.

Manchmal atrophieren die intraokularen Strukturen vollständig, so daß es zur Bulbusatrophie *(Phthisis bulbi)* kommt.

■ Klinische Diagnose

Im Anfangsstadium ist die Diagnose des Glaukoms sehr schwierig, vielleicht die schwierigste in der Augenheilkunde überhaupt. Dabei wäre es wichtig, möglichst frühzeitig eine Diagnose stellen zu können, um durch einen chirurgischen Eingriff Auge und Augenlicht zu erhalten.

In fortgeschrittenen Stadien ist die Diagnose einfacher. Das glaukomatöse Auge ist gerötet und schmerzhaft. Die Rötung befindet sich perilimbal. Es besteht ein perikornealer Gefäßkranz aus stark erweiterten episkleralen Venen, die auf gefäßverengende Augentropfen nicht ansprechen. Das Sehvermögen ist gewöhnlich gleich null.

Die Vorderkammer ist aufgehoben, die Pupille weitgestellt und der Augapfel ist hyperton.

Die intraokulare Druckerhöhung stellt das Leitsymptom dar. In schweren Fällen genügt die digitale Palpation. In leichtgradigen Fällen ist die Tonometrie hingegen unerläßlich (s. Tonometrie, Kap. 1.2.3.1).

Das Tonometer nach Schiötz-Winter ermöglicht trotz seiner Mängel, differentialdiagnostisch die anderen Erkrankungen auszuschließen, die ebenfalls mit Rötung und Pupillenerweiterung (Mydriasis) einhergehen (s. Tabelle 12). Ein Meßwert unter 7/7,5 ist als pathologisch anzusehen (Druck höher als 33 mm Hg). Das Tonometer nach Schiötz-Winter genügt hingegen

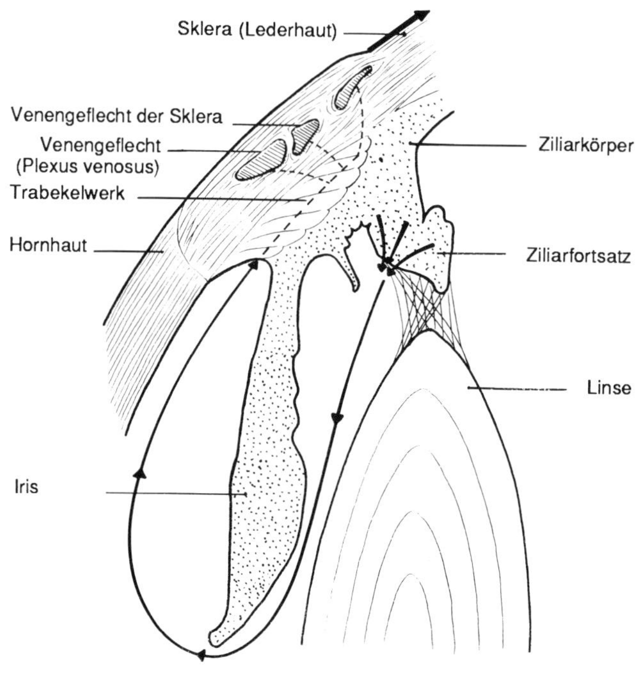

Abb. 99: Produktion und Abfluß des Kammerwassers

nicht für die Erkennung von Anfangsstadien. Klinisch besteht bei diesen tatsächlich eine Schwierigkeit.

► **Diagnose der Anfangsstadien**

Die Diagnose stützt sich auf die folgenden, zusammen auftretenden Symptome:

▷ leichte Erweiterung der episkleralen Venen;
▷ Pupillenerweiterung (Mydriasis);
▷ Exkavation der Papille (indirekte Ophthalmoskopie);
▷ Erhöhung des Augendruckes.

Das elektronische Tonometer ist im Vergleich mit anderen Instrumenten viel zuverlässiger. Die Untersuchung des Iris-Hornhautwinkels und des Trabekelwerks bestätigt den erschwerten Kammerwasserabfluß (s. Gonioskopie, Kap. 1.2.3.4).

Die gonioskopische Untersuchung des Iris-Hornhautwinkels *(Angulus iridocornealis)* ermöglicht außerdem, die Ätiologie der Drucksteigerung zu diagnostizieren und festzustellen, ob ein Primär- oder Sekundärglaukom mit weitem oder engem Winkel vorliegt. Die so gestellte Diagnose bestimmt das Vorgehen bei der Therapie.

■ Ätiologie und Pathogenese der Glaukome

Die **Primärglaukome** sind auf eine Mißbildung des Kammerwinkels zurückzuführen, der entweder verengt ist oder dessen Trabekelwerk und/oder Abflußwege sich degenerativ verändert haben.

Sie sind selten und werden derzeit nur bei zwei Hunderassen beschrieben: beim amerikanischen Cokker Spaniel und Basset Hound. Obwohl diese Glaukomform erblich zu sein scheint, weiß man noch nichts Genaues über den Erbgang.

Die **Sekundärglaukome** sind weitaus häufiger (s. Tabelle 12). Deren Pathogenese ist komplex. Mehrere Mechanismen sind beteiligt: Pupillenstarre, Bildung von vorderen Synechien, Irisatrophie, Veränderungen im Trabekelwerk des Kammerwinkels mit Fibrineinlagerungen während Iridozyklitiden.

Die Ätiologie eines Glaukoms ist oft schwer nachweisbar. Jedenfalls ist eine sorgfältige Untersuchung erforderlich, wobei die Gonioskopie häufig unerläßlich ist.

■ Differentialdiagnose

Glaukome können einerseits mit gewissen Augenerkrankungen verwechselt werden, die mit dem Symptomenkomplex des »Roten Auges« zusammenhängen, andererseits mit Erkrankungen, die eine Mydriase zur Folge haben.

► **Das rote Auge** (vgl. Tab. 13)

Vier Erkrankungen gehören zum Symptomenkomplex

Tabelle 12: Diagnose der Glaukome nach Ursache und Wirkung

Häufigkeit	Ätiologie	Spezifische klinische Merkmale	Wichtigste pathophysiologische Auswirkungen
■ Primär-Glaukom			
Selten	Anormaler Kammerwinkel, Degeneration der Iriswurzel	Mäßiger Druck, allmählich zunehmend. Enger Kammerwinkel. Rassen: Basset Hound und Amerikanischer Cocker Spaniel	Diskrete klinische Anzeichen, anfänglich durch medikamentöse Therapie kontrollierbar, anschließend regelmäßig Verschlimmerung
■ Sekundär-Glaukom			
+++	Linsenluxation	Prädisponierte Rassen: alle Terrier. Purkinje'sche Reflexbildchen modifiziert. Irisschlottern (Iridodonesis)	Abhängig vom Ort der Luxation: in die Vorderkammer ➔ Keratitis; in die Hinterkammer ➔ Iritis; in den Glaskörper ➔ Glaskörperverlagerung. Das Winkelblock-Glaukom verschlimmert sich sekundär durch Verlegung des Trabekelwerks, bedingt durch die Reizung der Iris.
+++	Uveitis anterior	Napfkuchen-Iris (Iris bombé) – Synechien-Tyndall-Effekt – Hyphäma.	Verstopfung des Trabekelwerks. Manchmal Verlegung des Kammerwinkels durch die vorgewölbte Iris.
++	Linsenquellung	Grauer Star bei alten Hunden; bei seitlicher Betrachtung ist die Vorderkammer abgeflacht	Verlegung des Kammerwinkels infolge Verdrängung durch die Iris, sekundär Verstopfung des Trabekelwerks durch Linsenproteine.
+	Postoperativ	Synechien, Seclusio pupillae Vorwölbung der Iris	Wie der vorhergehende Fall.
+/Selten	Intraokulare Blutung	Anamnese: Quetschung des Augapfels.	Hyphäma, Verstopfung des Trabekelwerks durch rote Blutkörperchen und Fibrin
Selten	Intraokulare Neoplasie	Iris-, Ziliarkörper-, Aderhauttumor	Im Spätstadium Glaukom mit komplexer Ätiologie.

+ = manchmal; ++ = häufig; +++ = sehr häufig vorkommend

Tabelle 13: Differentialdiagnose des »Roten Auges«

	Keratitis	Glaukom	Iridozyklitis
Rötung	Diffuse Rötung, die nach Einträufeln von Neosynephrin schnell verschwindet	Rötung mit perikornealem Ring. Verschwindet langsam und unvollständig nach Einträufeln von Neosynephrin	Rötung mit perikornealem Ring
Schmerz	Schmerzäußerung bei Palpation	Spontane Schmerzreaktion	Spontane Schmerzreaktion
Bindehaut	rosa bis tiefrot, gleichmäßig gefärbt	Episklerale Gefäße stark verdickt und gewunden im weißrosafarbenen Bindegewebe	Episklerale Gefäße erweitert, netzartig im dunkel-rosafarbenen Bindegewebe
Sekretion	schleimig-eitrig	serös	serös
Hornhaut	gewöhnlich durchsichtig	neblig, matt	bläulich, getrübt
Hornhautgefäße	verschieden, sehr verästelt	gewöhnlich keine Gefäße	Kranz aus feinen, parallelen, kurzen und tiefliegenden Gefäßen, am Hornhautrand nicht verzweigt
Hornhautödem	lokalisiert oder nicht vorhanden	deutlich, diffus oder diskret	kann deutlich sein, »Blaue Keratitis«. Entzündliche Ablagerungen an der Innenfläche
Vorderkammer	normal	Abflachung	Kammerwasser getrübt. Tyndall-Effekt. Hypopyon
Pupille	normal	Mydriasis (Erweiterung)	Miosis (Verengung), unregelmäßig
Iris	normal	Atrophie, Farbe veränderlich	Schwammartiges Aussehen, unregelmäßig verdickt, Farbe veränderlich
Linsenvorderfläche	normal		Synechien – schwarze Synechiespuren
Augenhintergrund	normal	Papille muldenförmig	Komplikation in Form einer Chorioretinitis möglich
Augendruck, -volumen	normal	erhöht vergrößert	normal oder vermindert
Lichtreaktion	vorhanden	aufgehoben	aufgehoben

»Rotes Auge«: die Konjunktivitis, die Keratitis (oder Keratokonjunktivitis), das Glaukom und die Iridozyklitis. Schmerzhaftigkeit oder Unempfindlichkeit ist das erste Merkmal der Differentialdiagnose.

Schmerzt das Auge nicht und besteht keine Lichtscheu, dann handelt es sich wahrscheinlich um eine Bindehautentzündung:

▷ Die Rötung ist besonders stark in den Bindehautsäcken (vor allem im unteren).
▷ Die Rötung verschwindet sofort nach Einträufeln von Neosynephrin-Tropfen.
▷ Der Augapfel ist im übrigen normal.

Schmerzt das Auge spontan oder auf Druck:

▷ Es müssen der Sitz der Rötung, die Schmerzäußerungen, das Aussehen der Hornhaut (Fluoreszein) und die Beschaffenheit der Iris untersucht werden. Diese einfachen Kriterien ermöglichen in den meisten Fällen die Differentialdiagnose. Manchmal ist die Unterscheidung zwischen Glaukom und Iridozyklitis schwierig. Die Tonometrie kann hier endgültige Klarheit schaffen.

► Das mydriatische Auge

Pupillenerweiterung kann folgende Hauptursachen haben: ein Glaukom, schwere Läsionen der Netzhaut oder des Sehnervs (Degeneration, ausgedehnte Aderhaut- oder Netzhautentzündung) sowie Irisatrophien. Die Differentialdiagnose stützt sich auf:

▷ das Aussehen der Lederhaut (Sklera) und der Augenbindehaut *(Conj. bulbi)*;
▷ die Beurteilung des Sehvermögens und
▷ die Untersuchung des Augenhintergrunds (Fundus).

Der Erfolg der medikamentellen Therapie im Hinblick auf eine wirksame Dauerbehandlung ist nach wie vor bescheiden. Sie senkt den intraokularen Druck nur um einige mm Hg. In der Veterinärmedizin ist bei stärkerem Druckanstieg in den meisten Fällen die operative Behandlung unumgänglich.

Allgemeine chirurgische Indikationen

Zwei Gründe bestimmen den operativen Eingriff:

- ▷ bei einem Glaukom im Anfangsstadium: Erhaltung der Sehkraft des Hundes;
- ▷ bei einem Glaukom im fortgeschrittenen Stadium: die große Schmerzhaftigkeit, bedingt durch den andauernden Überdruck.

Im ersten Fall ist es angebracht, den Augendruck derart herabzusetzen, daß die Strukturen des Auges möglichst gut erhalten bleiben. Im zweiten Fall genügt es, den erhöhten Druck durch einen einfachen chirurgischen Eingriff zu senken, um vor allem Schmerzfreiheit zu erzielen. Die Wiederherstellung des Sehvermögens steht nicht im Vordergrund.

Die Behandlung älterer Glaukome mit Verlust der Sehfähigkeit verlangt eine einfache Technik: die perforierende Zyklodiathermie. Die retrobulbäre Injektion von Scurocain-Alkohol haben wir aufgegeben, da die Ergebnisse allzu unterschiedlich ausgefallen sind. Die Zyklodiathermie oder die Hitzekoagulation des Ziliarkörpers hat zum Ziel, die Kammerwasserproduktion einzudämmen. Inzwischen ersetzen wir sie zunehmend durch die Eviszeration mit anschließender Volumenprothese (s. Beschreibung dieser Technik, Abb. 119 und 120).

Durch die fistulisierenden Operationstechniken soll ein künstlicher Abflußweg für das Kammerwasser geschaffen werden, sei es unter die Bindehaut (Iridenkleisis, Operation nach Scheie), oder in Richtung Suprachorioidalraum (Zyklodialyse), wie in Abb. 100–103.

Die Übertragung dieser einfachen, humanmedizinischen Operationstechniken in die Veterinärmedizin ist mit gewissen Schwierigkeiten verbunden. Einerseits ist die Vernarbungstendenz der Lederhaut des Hundes besonders stark entwickelt, andererseits läßt die reiche Vaskularisation der Iris und des Ziliarkörpers keinen direkten Eingriff an diesem Organ zu.

Die in der veterinärmedizinischen Fachliteratur vorgeschlagenen Operationstechniken sind sehr zahlreich. Wir müssen jedoch eingestehen, daß die erzielten Resultate unterschiedlich sind, was nicht nur an der gewählten Technik liegt.

Sie hängen hauptsächlich mit dem Zeitpunkt des Eingriffs zusammen. Falls die Strukturen des Auges geschont wurden (Netzhaut funktionstüchtig, Hyaloidmembran unversehrt, Glaskörper und Linse in situ), dann zeitigt der operative Eingriff zufriedenstellende Ergebnisse. Werden die inneren Strukturen beschädigt, führen die fistelbildenden Operationen zum Mißerfolg.

Die medikamentöse Behandlung

Es ist wichtig, die Stellung der medikamentösen Behandlung im Vergleich zum operativen Eingriff hervorzuheben. Bei der Glaukombehandlung unterscheidet man drei verschiedene Therapiearten, entsprechend den drei Wirkungsmechanismen:

- ▷ Erhöhung der Filtrationsleistung durch Öffnen des Kammerwinkels durch Miotika;
- ▷ Verminderung der Kammerwasserproduktion durch Karboanhydrasehemmer und Timolol;
- ▷ kombinierte Wirkung (Glyzerin-Neosynephrin).

Die notfallmäßige Behandlung des Glaukoms ist bereits dargelegt worden (s. Kapitel 1.3.3, Notfälle in der Augenheilkunde, S. 55). Die Dauerbehandlung des Glaukoms in späteren Stadien ist einfacher, die Resultate sind allerdings auch bescheidener.

Die Fortsetzung dieser medikamentösen Behandlung ist unseres Erachtens zum Scheitern verurteilt. Nach acht Tagen hochgradigen Überdrucks ist die Netzhaut zerstört, und das Einträufeln von drucksenkenden Tropfen bewirkt einzig ein besseres Befinden der Patienten durch die Herabsetzung des stark erhöhten Innendrucks. Miotika und Sekretionshemmer werden zusammen verabreicht. Als Augentropfen wenden wir gewöhnlich an: Demecarium-bromid und Timolol 0,50 % je 2mal täglich. Der Behandlungserfolg ist mäßig, aber stetig.

Nach einer längeren Übergangsphase kann das Auge hypotonisch werden, so daß die medikamentöse Behandlung nicht mehr erforderlich ist. In anderen Fällen führt der anhaltende, nur durch Augentropfen einigermaßen regulierbare Überdruck zu einer allmählichen Bulbusvergrößerung (Buphthalmie), so daß sich ein operativer Eingriff aufdrängt: Zyklodiathermie, Enukleation oder Eviszeration mit Prothese.

Tabelle 14: Wahl der operativen Behandlung des Glaukoms

Auge noch sehfähig	Auge erblindet
Trepanation der Sklera	Zyklodiathermie
Iridenkleisis	Prothese
Zyklodialyse	Enukleation

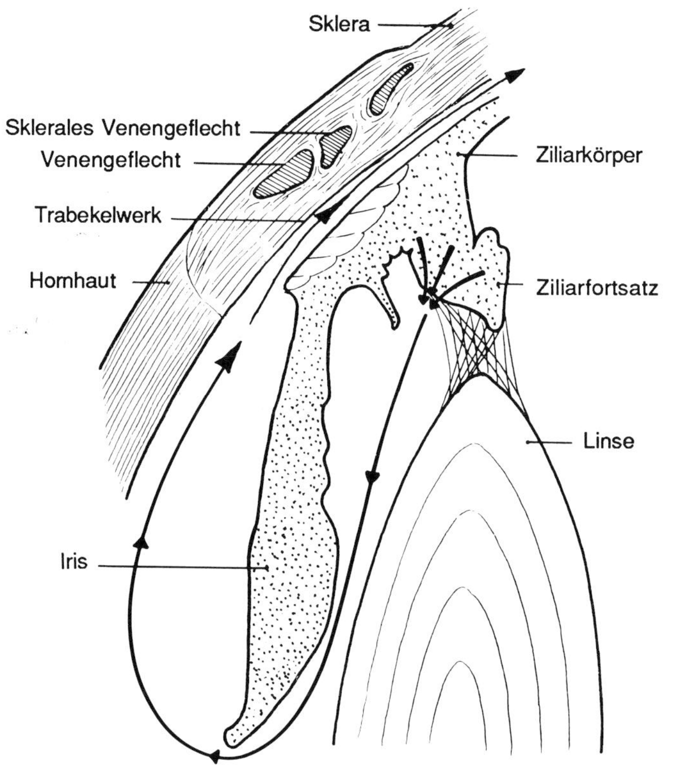

1. Prinzip der Zyklodialyse, Drainage unter die Aderhaut

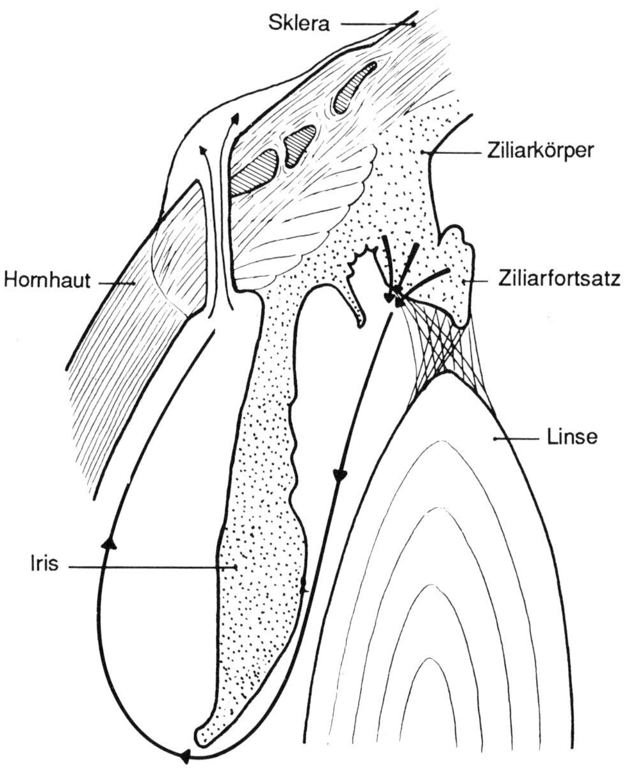

2. Prinzip der fistulisierenden Operationen, Drainage unter die Bindehaut

Abb. 100

2.7.1 Zyklodialyse

Die Zyklodialyse schafft eine Verbindung zwischen der Vorderkammer und dem suprachorioidalen Raum. Das Kammerwasser wird im Suprachorioidalraum resorbiert. Überreiter hat 1959 die Technik der Zyklodialyse beim Hund veröffentlicht.

Dieses Operationsverfahren ergab bei ihm ausgezeichnete und dauerhafte Ergebnisse. Die Augenärzte sind allerdings geteilter Meinung.

Unsere Erfahrung mit diesem Eingriff ist zu bescheiden, um ein maßgebliches Urteil abgeben zu können. Es scheint jedoch, daß der schlechte Ruf dieser Technik nicht gerechtfertigt ist.

■ **Prinzip**
Durch eine Inzision in der Sklera wird diese von der Aderhaut (Chorioidea) getrennt. Ein Spatel wird unter die Sklera eingeführt und außerhalb der Aderhaut bis zur Vorderkammer vorgeschoben. Das Spatelende löst die Iriswurzel, erreicht die Vorderkammer und wird sichtbar.

■ **Indikation**
Die Zyklodialyse ist bei einem Glaukom mit erhaltener Sehfähigkeit angezeigt.

■ **Kontraindikationen**
Die Operation ist kontraindiziert bei Linsenluxation oder bei Glaskörperverlagerung, ebenso bei einer akuten Entzündung des glaukomatösen Auges.

■ **Die Zyklodialyse** (Abb. 101)
Nach dem Zurückziehen der Lider durch Zügelfäden: Kanthotomie und Drehung des Augapfels nach vorn und nach unten. Inzision der Bindehaut parallel zum Limbus von 12 bis 2 Uhr, rund 3 mm vom Hornhautrand entfernt (1). Die Bindehaut wird dann von der Einschnittstelle her freipräpariert und zurückgelegt (2). Die Sklera ist freigelegt.

Die Sklera wird sehr sorgfältig und schichtweise, 8 mm vom Limbus entfernt, inzidiert (3). Ein Skleradeckel wird freipräpariert. Es ist wichtig, daß die Aderhaut nicht angeschnitten, sondern nur freigelegt wird. Sodann wird der Skleradeckel herausgeschnitten (4).

Der Spatel wird ganz vorsichtig unter der Sklera vorgeschoben und der Ziliarkörper durch leichten Druck auf den Spatel losgelöst (5), bis er in der Vorderkammer erscheint (6). Hierauf wird in beide Richtungen je um ungefähr 10° gedreht, anschließend noch leicht gekippt. Der Drainagekanal ist somit geschaffen. Bei behutsamem Vorgehen kommt es zu keinem Blutaustritt in die Vorderkammer.

Jede stärkere Blutung ist Ausdruck des fehlgeschlagenen Eingriffs.

Der Spatel wird sodann zurückgezogen, die Bindehaut genäht und die Kanthotomie geschlossen (7).

■ **Postoperative Behandlung**
Sie umfaßt:
▷ Instillation von Demecarium-bromid morgens und abends;
▷ Instillation von Tifomycin-Augentropfen 4mal täglich;
▷ Verabreichung von einem Tropfen Chymotrypsin (Chymoral®) morgens und abends.

Der postoperative Verlauf ist zufriedenstellend.

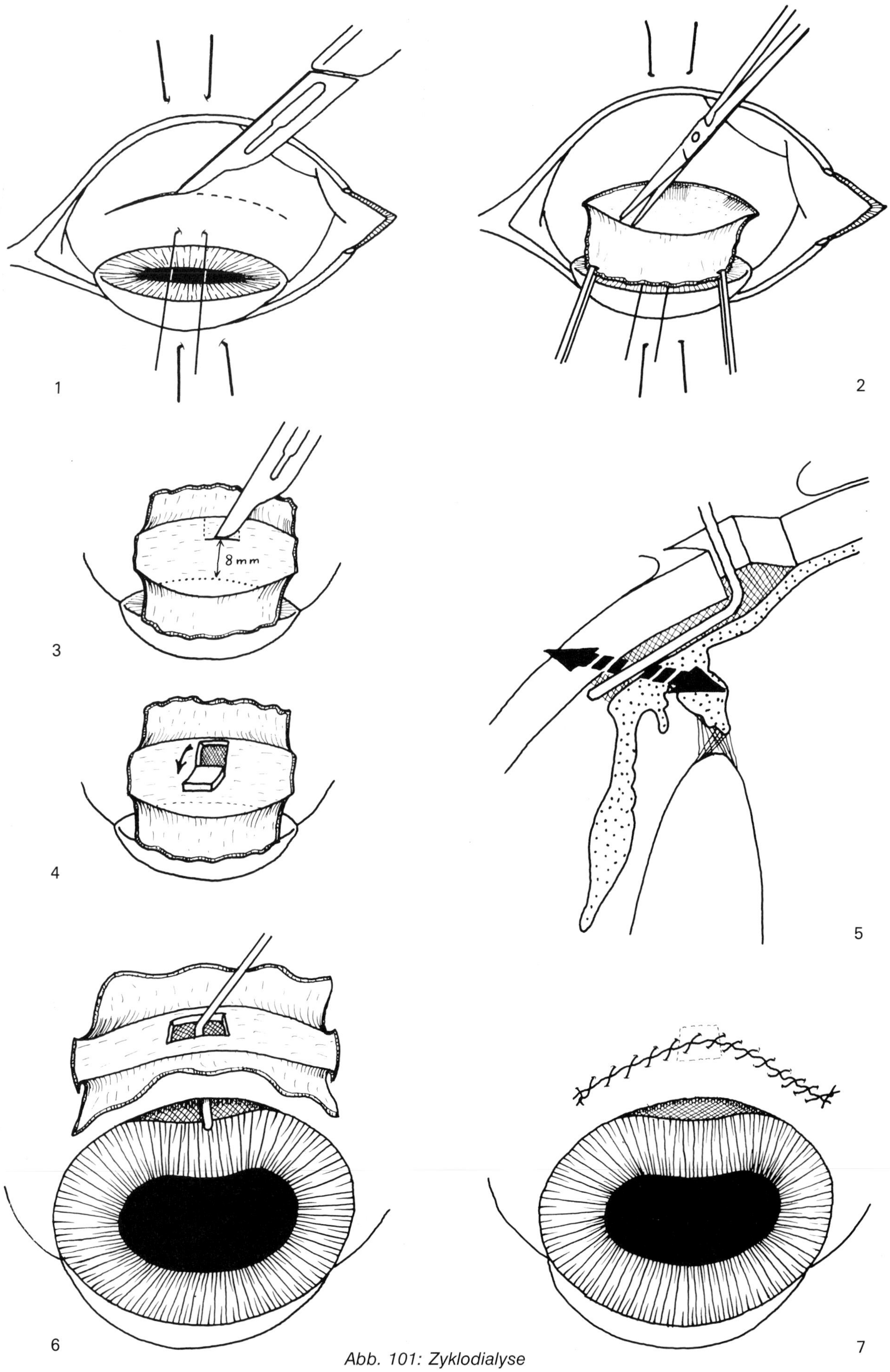

Abb. 101: Zyklodialyse

2.7.2 Zyklodiathermie

Die Zyklodiathermie ist definitionsgemäß die transsklerale Anwendung von Hochfrequenzstrom auf den Ziliarkörper mit Hilfe penetrierender oder nicht penetrierender Elektroden.

Dieser Eingriff soll dem Hund Linderung durch Verminderung des Augendrucks verschaffen, aber auch die Enukleation verhindern, gegen die sich viele Hundehalter sträuben.

Der genaue Wirkungsmechanismus der Zyklodiathermie ist nicht bekannt. Die Herabsetzung des Augendrucks ist entweder auf die Zerstörung der Sekretionsfunktion des Ziliarkörpers oder auf die Bildung zusätzlicher Gefäße, welche die Drainage des Kammerwassers ermöglichen, zurückzuführen.

■ **Ausrüstung**

▷ Besteck für kleine Chirurgie;
▷ Stromgenerator für diathermische Koagulation.

■ **Indikationen**

Alte und schmerzhafte Glaukome. Wir benutzen diese Technik nicht, solange die Sehfähigkeit des Tieres erhalten werden kann. Dieser Eingriff wird als letzte Möglichkeit angewendet, wenn andere Operationstechniken fehlgeschlagen sind.

▷ Anmerkung: Die erzielten Ergebnisse sind unterschiedlich. Die postoperative Entzündung ist oft sehr erheblich. Anstelle dieser Operation wenden wir deshalb immer häufiger die Prothese in Form eines Silikonimplantats an (s. S. 234).

Weshalb sollen Strukturen belassen werden, die nicht nur nichts mehr nützen, sondern häufig auch Schmerzen verursachen?

■ **Die Zyklodiathermie** (Abb. 102)

Der Patient wird anästhesiert, sodann der Augapfel mit Hilfe einer Pinzette oder eines Fadens fixiert, so daß er gut zugänglich ist. Die Vorbereitung des Operationsbereichs hängt davon ab, ob die oberflächliche oder perforierende Zyklodiathermie gewählt wird.

Die oberflächliche Zyklodiathermie (Abb. 102.1)

Man präpariert einen Bindehautlappen, dessen Umschlagstelle sich am Limbus befindet, um die Sklera an der Stelle freizulegen, an der die Zyklodiathermie vorgenommen wird.

Die Elektrode wird an ungefähr 10 Stellen aufgesetzt, die sich auf einer Linie parallel und im Abstand von 5 mm zum Limbus befinden. Die Elektrode wird so lange auf der Sklera belassen, bis diese sich braun verfärbt (8–10 sec). Die Koagulation erfolgt in der oberen Hälfte des Umfangs. Die Stromstärke beträgt 100 mA.

Die perforierende Zyklodiathermie (Abb. 102.2)

Eine spitze Elektrode wird auf einer kreisförmigen Linie durch die Sklera hindurch 1,5 mm tief in den Ziliarkörper eingeführt. Es kommt vor, daß die Perforation der durch das Glaukom verdünnten Sklera das unter Druck stehende Kammerwasser hervorquellen läßt. Dieses Ereignis hat keine schwerwiegenden Folgen. Bei einem alten Glaukom, bei dem das Auge deformiert ist, dehnen wir die Diathermie auf drei Viertel des Umfangs aus, um Rezidive zu verhindern.

Die Bindehaut wird anschließend genäht und die Operation wie nach einer Zyklodialyse abgeschlossen. Bei beiden Techniken entsteht in den darauffolgenden Tagen eine starke intraokulare Entzündung. Der Augendruck reguliert sich nicht unmittelbar nach dem Eingriff, sondern erst nach einigen Tagen, manchmal sogar erst nach Wochen.

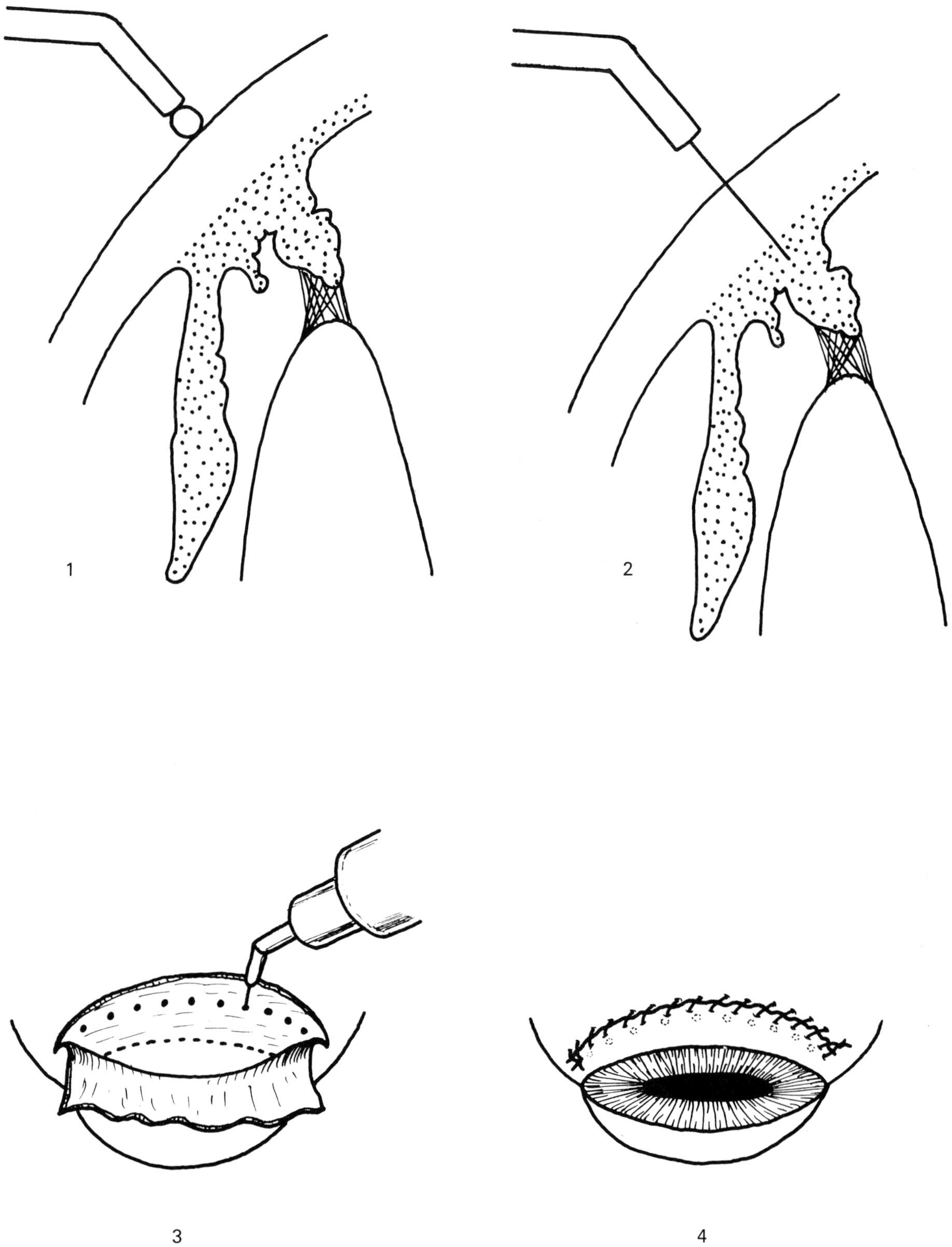

Abb. 102: Zyklodiathermie

2.7.3 Iridenkleisis

Die fistelbildenden Operationen haben zum Ziel, das Kammerwasser über die Bindehaut ablaufen zu lassen, indem eine transsklerale Verbindung zwischen der Vorderkammer und dem subkonjunktivalen Raum geschaffen wird. Die besten Resultate erreichen wir mit der Iridenkleisis, bei der die Iris durch eine Öffnung in der Sklera unter die Bindehaut vorgezogen wird. Die Bildung einer subkonjunktivalen Blase ist das Zeichen ausreichender Filterwirkung. Die Blase verschwindet nach einigen Monaten und die Narbe flacht ab. Die Druckverminderung bleibt dennoch recht oft erhalten, auch wenn sich dafür keine erkennbare Erklärung finden läßt.

■ Indikationen und Kontraindikationen

Strukturerhaltende Operationen sind nur sinnvoll, solange die intraokularen Gewebe noch nicht irreversibel geschädigt sind und somit die Möglichkeit besteht, die Sehfähigkeit wiederherzustellen. Sie sind kontraindiziert bei einer Ruptur der Hyaloidmembran und bei Glaskörpervorfall. Unseres Erachtens sind sie auch von geringem Wert, wenn das Auge erblindet ist.

Eine Linsenluxation ohne Glaskörpervorfall bedingt vor der Glaukom-Operation eine Linsenextraktion.

■ Die Iridenkleisis (Abb. 103)

Ein Bindehautlappen mit Umschlagstelle am Limbus wird vorbereitet, um die Sklera wenig außerhalb des Hornhautrandes bei 12 Uhr freizulegen. Der Trepan wird nun auf die Sklera aufgesetzt, wobei die Trepanation den Limbus einzubeziehen hat. Sklera und etwas Hornhaut werden durchtrennt und der Pfropfen entfernt. Nun wird die Iris mit Hilfe eines Häkchens nach Tyrell in die Öffnung hineingezogen und vom Pupillenrand her durchgerissen. Der eine Iriszipfel wird sodann losgelassen, der andere an der Sklera mit einem 6/0 Kollagen- oder einem Polyglactin-Faden angenäht. Sollte kein Trepan verfügbar sein, kann die Sklera mit einem Skalpell inzidiert werden. Der Bindehautlappen wird anschließend vernäht. Es entsteht an der Trepanationsstelle eine subkonjunktivale Blase (= Sickerkissen) als Zeichen der Kammerwasserfiltration.

■ Postoperative Behandlung

- ▷ Kortikoidhaltige Augentropfen werden 3mal täglich instilliert, um eine langsame Vernarbung der Sklera zu ermöglichen.
- ▷ Pupillenerweiternde Augentropfen (1 % Atropin) werden regelmäßig eingeträufelt, um die Iris für die Dauer einer Woche ruhigzustellen.

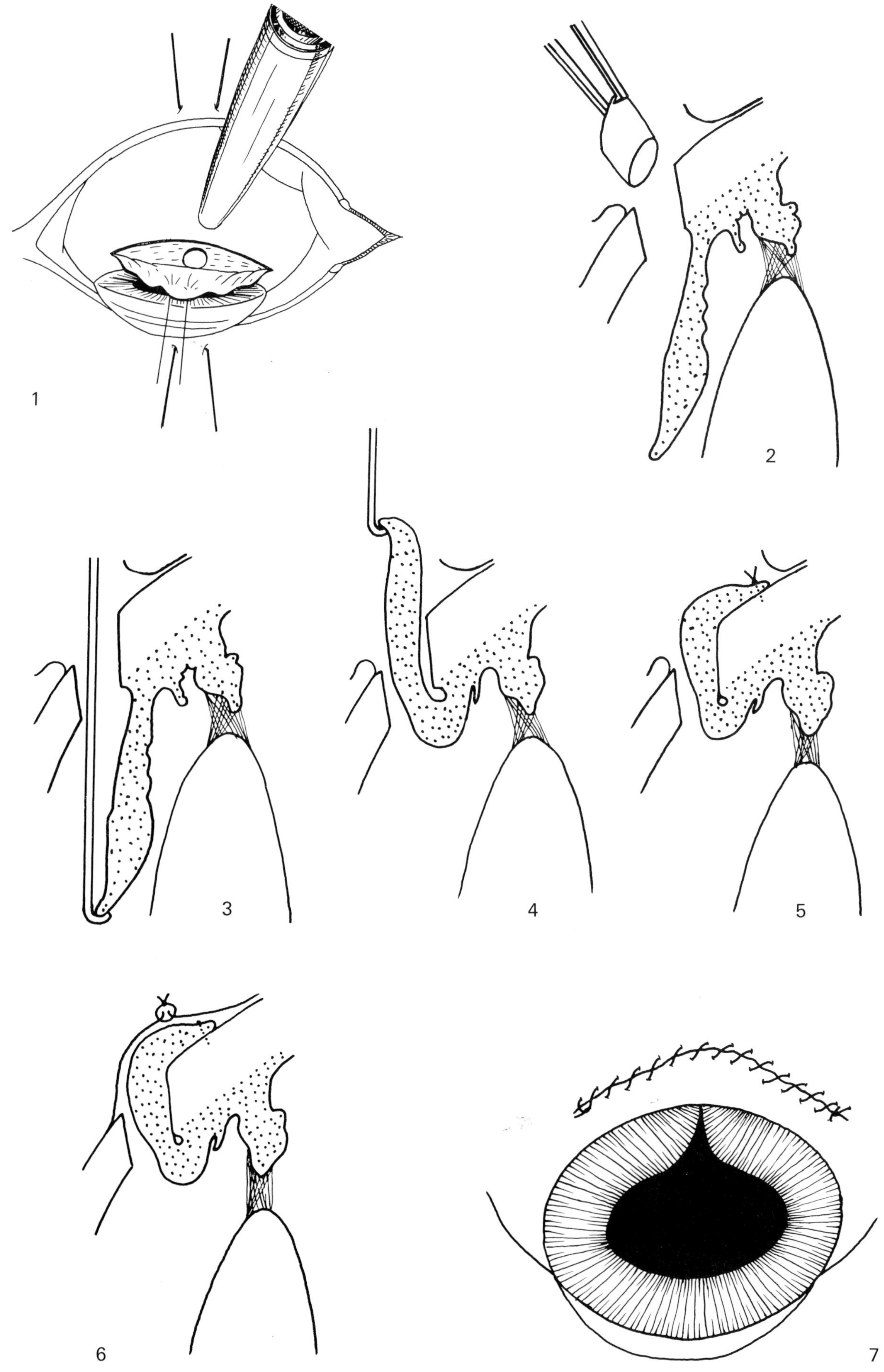

Abb. 103: Iridenkleisis

2.7.4 Periphere Iridektomie

Die periphere Iridektomie besteht darin, zwischen Hinter- und Vorderkammer eine Verbindung herzustellen, indem ein Stück der Irisperipherie exzidiert wird. Der Eingriff muß ganz an der Peripherie der Iris stattfinden, in der sich keine stärkeren Gefäße befinden.

■ **Periphere Iridektomie** (Abb. 104)
Im Anschluß an die Trepanation wird die Iris 2 mm von ihrer Wurzel entfernt mit einer Irispinzette nach Wecker erfaßt und nach außen gezogen. Das hervorgezogene Stück wird sodann mit einer Iridektomieschere nach Wecker oder Castroviejo abgeschnitten. Eine leichte Blutung kann gegebenenfalls durch Kauterisation zum Stehen gebracht werden. Anschließend wird die Iris losgelassen und der Bindehautlappen genäht.

Vorsicht: Die Durchtrennung der großen Iris-Ringarterie hat verheerende Folgen, da sie eine schwer zu stillende Blutung auslöst.

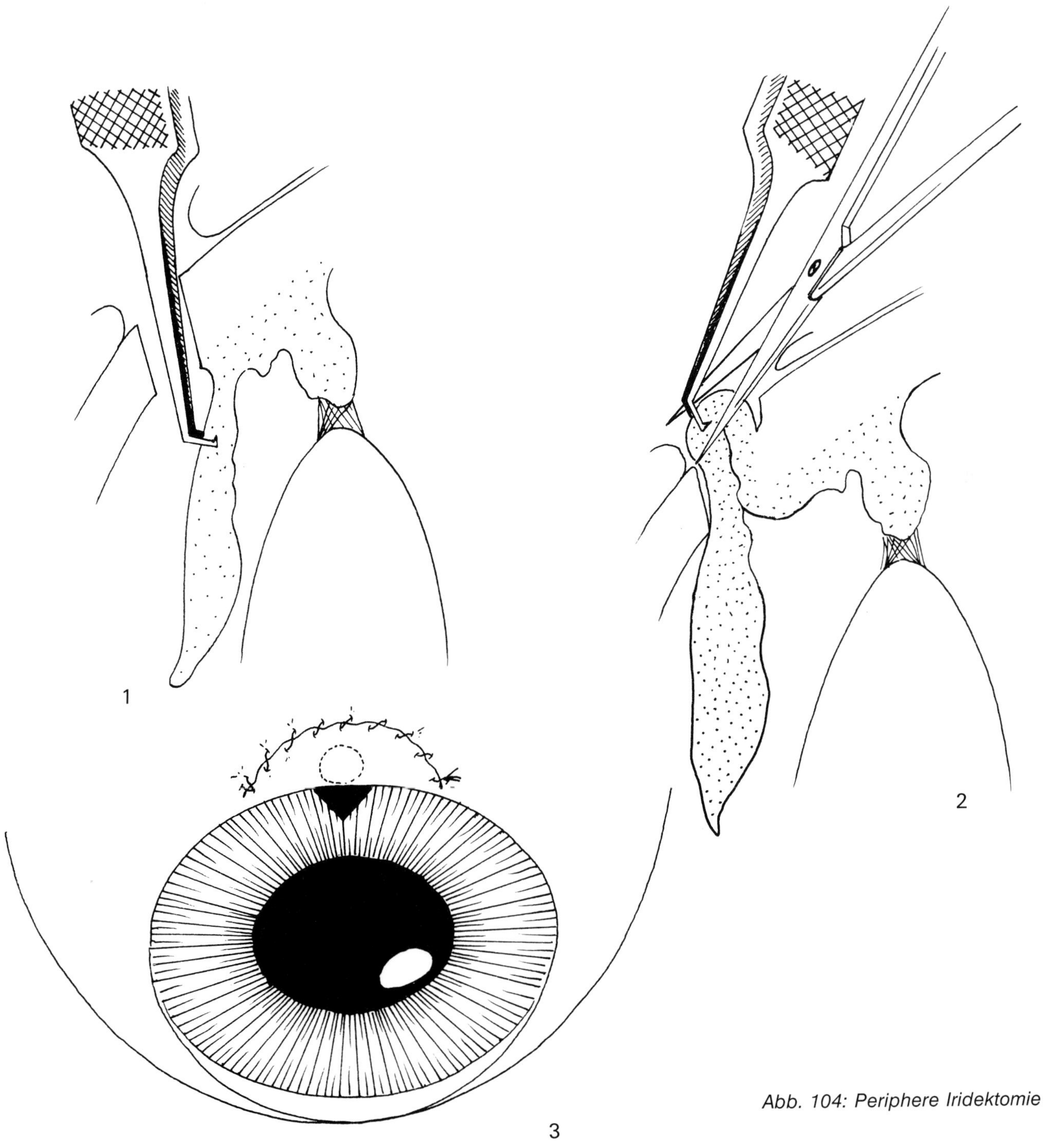

Abb. 104: Periphere Iridektomie

2.8 Erkrankungen der Linse

Die Linse ist bikonvex und durchsichtig und wird am Ziliarkörper durch feine Fasern festgehalten, die zusammen die *Zonula Zinnii* bilden.

Die Trübung eines Teils oder der ganzen Linse nennt man Katarakt (= grauer Star).

Der graue Star steht bei weitem an erster Stelle aller Linsenerkrankungen. An zweiter Stelle tritt die Linsenluxation in Erscheinung.

■ Anatomie der Linse

Die Linse ist bikonvex und von einer Kapsel umgeben, deren Vorderteil dem Linsenepithel aufliegt (s. Abb. 105 und 106).

► Die Kapsel

Die Kapsel ist eine durchsichtige Mukopolysaccharid-Membran, die für die physiologische Unversehrtheit der Linse unerläßlich ist. Sie reguliert den Stoffwechsel zwischen Kammerwasser und Linseninnerem.

► Das Linsenepithel

Das Epithel kleidet die Innenseite der vorderen Linsenkapsel aus. Im Zentrum wird es aus kubischen Zellen gebildet. Gegen den Linsenäquator zu werden die Zellen immer höher bzw. länger und verwandeln sich nach und nach in Linsenfasern, die ihren Kern verlieren. Die so gebildeten Fasern verdrängen die alten Fasern gegen das Linsenzentrum.

► Die Linsensubstanz

Die alten Fasern häufen sich im Linsenzentrum an, verlieren ihre Membran, und die Linsensubstanz bildet den Linsenkern, der mit zunehmendem Alter an Volumen und Festigkeit zunimmt.

► Der Aufhängeapparat der Linse

Er besteht aus der *Zonula Zinnii* und dem Glaskörper-Kapselband.

a) Die *Zonula Zinnii* setzt sich beim Hund aus zahlreichen dicken Fasern zusammen, die in Bündeln vom

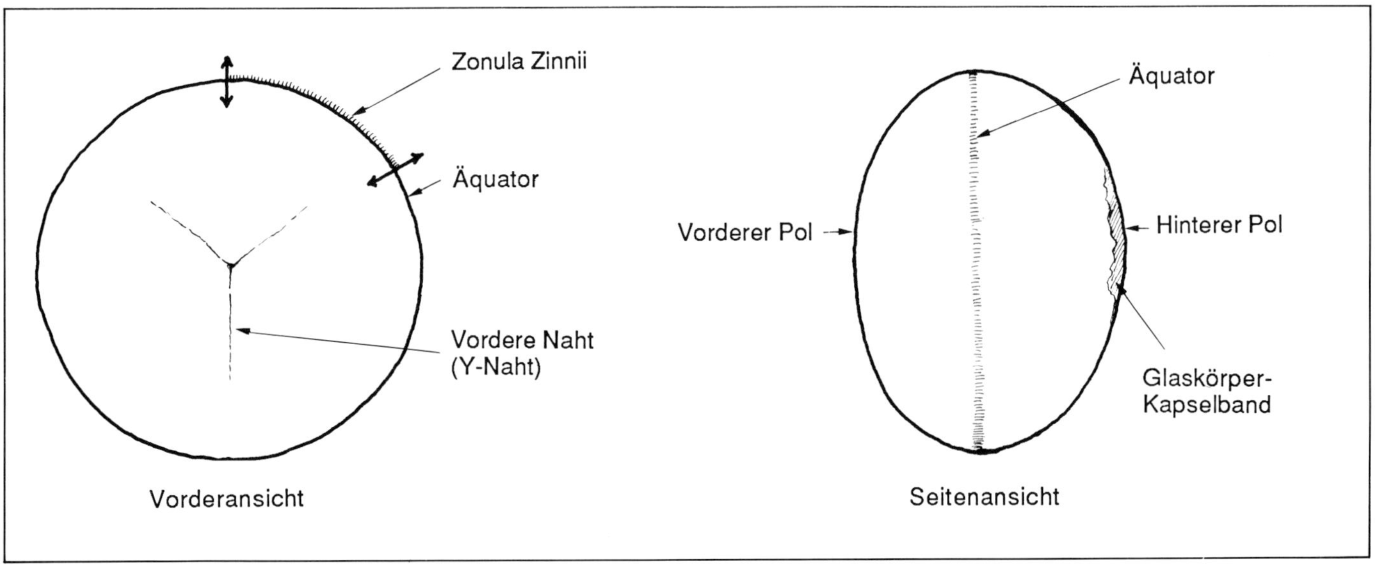

Abb. 105: Schema der Linse

Ziliarkörper zur Linsenkapsel verlaufen. Diese Fasern bestehen hauptsächlich aus Glykoproteinen, die von schützenden Mukopolysacchariden umgeben sind.

b) Das Glaskörper-Kapselband ist stark ausgebildet, mit zunehmendem Alter nimmt seine Festigkeit noch zu.

Der stark entwickelte Aufhängeapparat der Linse des Hundes ist der Grund dafür, weshalb bei der Staroperation die extrakapsuläre Extraktion der intrakapsulären vorzuziehen ist.

Diese neuen Erkenntnisse bestätigen eine lange klinische Erfahrung.

Linsenphysiologie und Katarakt

Die Linsenkapsel ist im wesentlichen für den Stoffaustausch zwischen Kammerwasser und Linsenzellen verantwortlich.

Diese Kapsel umgibt keinen geschlossenen Raum. Der Austausch ist intensiv, ihre Durchlässigkeit groß. Für ionisierte Moleküle ist sie sogar noch durchlässiger.

Das Linsenepithel ist der Sitz zahlreicher »biologischer Pumpen«, die sich in Synergie mit der Kapsel einschalten.

Die Energiequelle der Linse ist Glukose, das einzige in der Linse ausgenützte Kohlenhydrat.

Der Stoffwechsel der Linse ist verhältnismäßig gering, jedoch regelmäßig. Jede Fremdeinwirkung, die die Kapsel oder das Epithel schädigt, beeinträchtigt diesen Stoffwechsel auf schwerwiegende Weise und führt in allen Fällen zur Trübung der Linse, d. h. zur Bildung einer Katarakt.

Die Gründe einer solchen Stoffwechselstörung sind zahlreich: Alterung der Mitochondrien, Verlangsamung der Proteinsynthesen, Verminderung des Kaliumgehalts, Verminderung der Aufnahme von Sauerstoff und Glukose.

Die medikamentöse Therapie ist dazu bestimmt, diese Stoffwechselstörungen der degenerierenden Linse zu bekämpfen, damit sich keine Katarakt bilden kann.

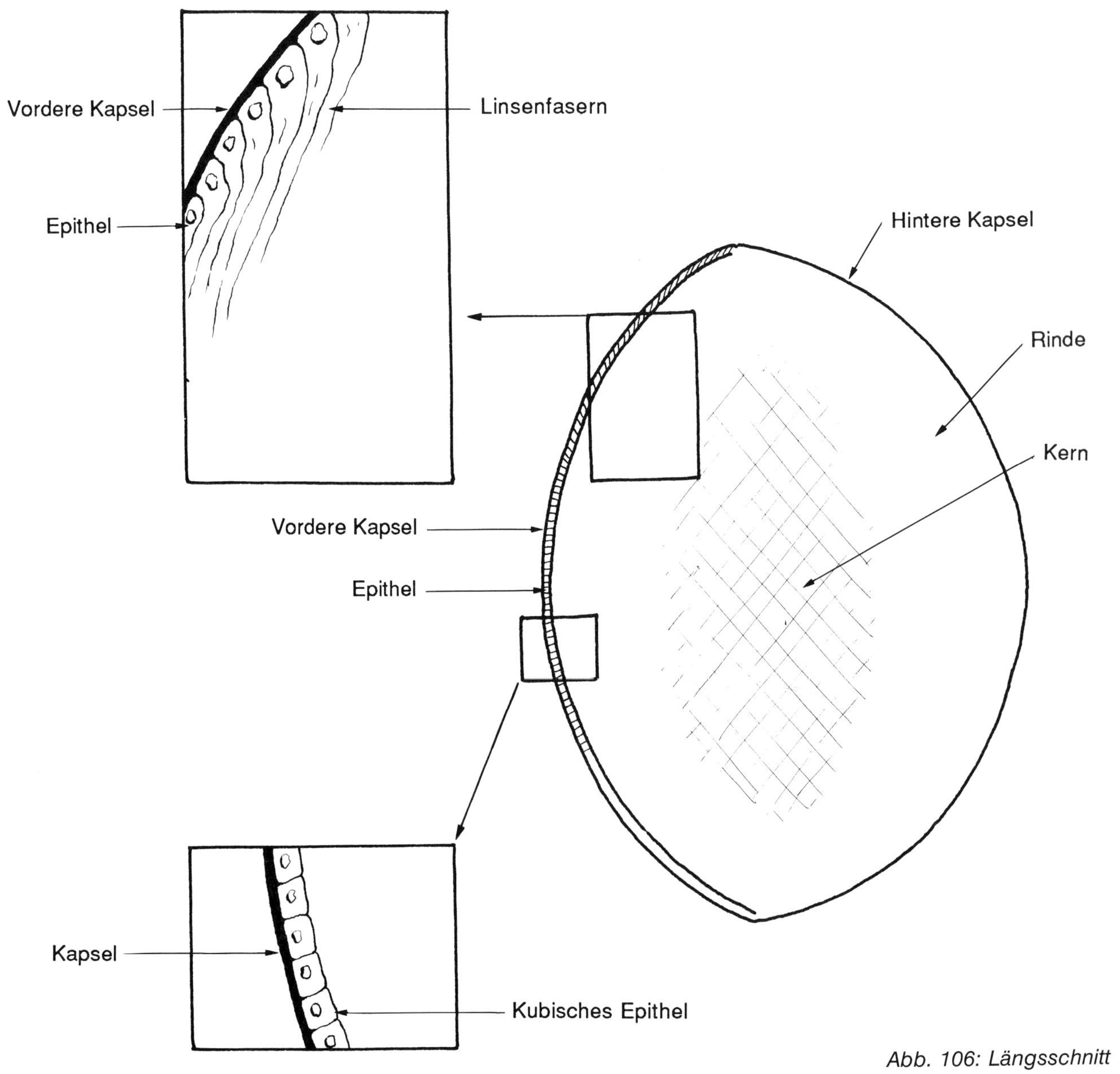

Abb. 106: Längsschnitt

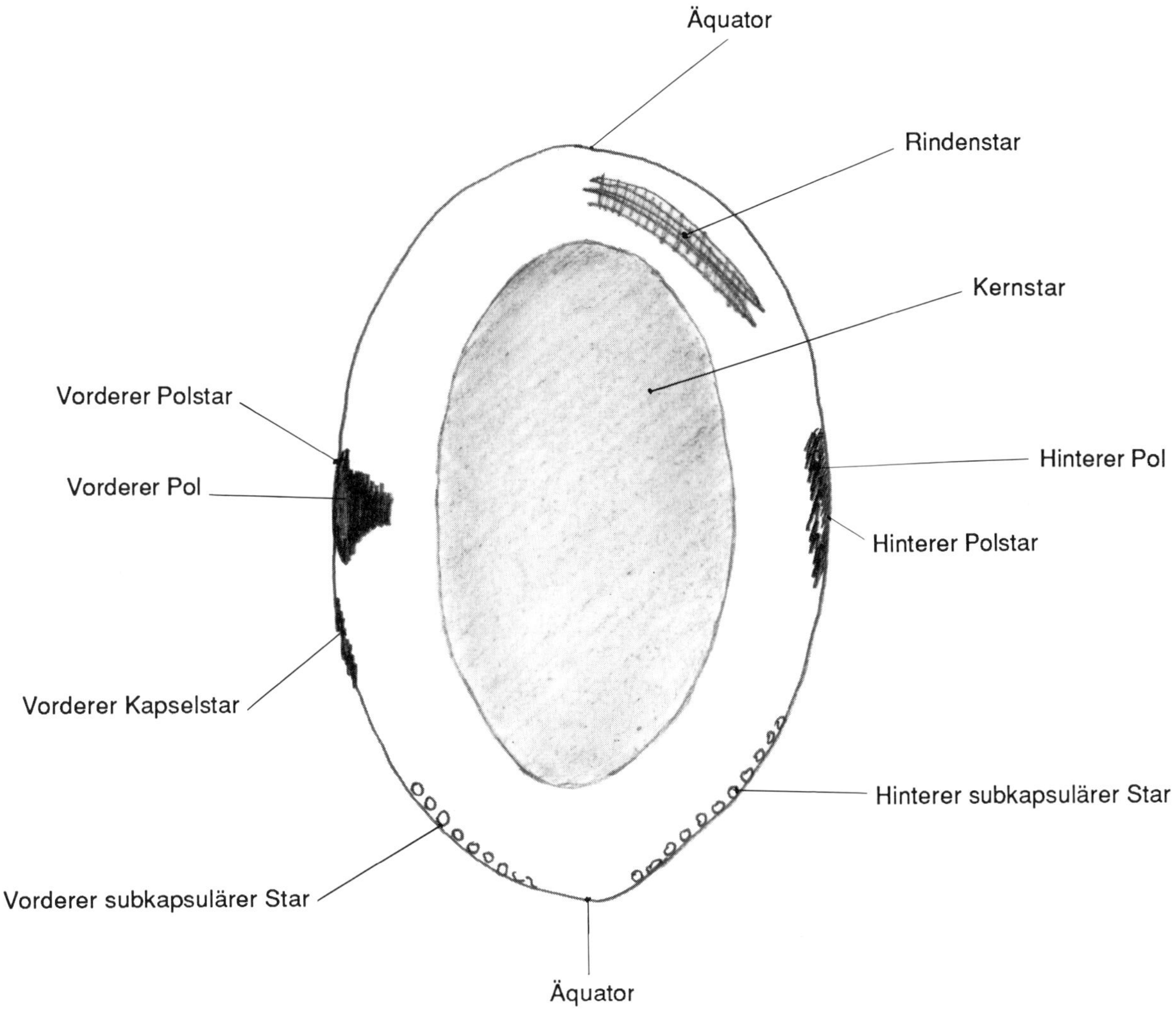

Abb. 107: Bezeichnung von Startrübungen in Abhängigkeit von der Lokalisation

■ Untersuchung bei grauem Star

Es ist wichtig, durch entsprechende Befragung des Tierbesitzers vorerst zu klären, ob die Linsentrübung bereits seit längerer Zeit besteht, sich rasch entwickelt hat und ob Sehstörungen aufgetreten sind. Die Tierhalter können allerdings das Sehvermögen oft sehr schlecht beurteilen. In gewohnter Umgebung stößt ein Hund selten an, vor allem, wenn sich die Startrübung allmählich eingestellt hat.

Die einzelnen Schritte der Augenuntersuchung sind bekannt, weshalb hier nur auf die wichtigen Punkte hingewiesen wird.

► Untersuchung der Iris mit einer Augenlampe

Es werden die Lichtreaktion und das Aussehen der Iris untersucht. Normalerweise erfolgt die Lichtreaktion rasch und vollständig. Bei entzündlich bedingter Katarakt sind die Form der Iris (Pupille entrundet, Synechien) sowie Oberfläche und Farbe verändert.

Diese Untersuchung ermöglicht ferner die Beurteilung der Vorderkammertiefe. Beim jungen Tier ist die Vorderkammer tief. Seicht wird sie infolge zahlreicher Vorgänge: physiologisch mit zunehmendem Alter oder bei krankhaften Veränderungen wie Linsenschwellung, -subluxation und -luxation. Von der Seite erscheint die von einer luxierten Linse nach hinten verdrängte Iris konkav.

► Untersuchung der Linse

Die Linse muß wiederholt untersucht werden. Zuerst mit einer Augenlampe, um die Dichte der Trübungen sowie das Vorhandensein eines Kapselstars und von dunklen Flecken festzustellen; anschließend mit dem Ophthalmoskop, um die Trübungen im hinteren, zentralen oder vorderen Bereich mit Zusatzlinsen zu lokalisieren. Trübungen im hinteren Bereich lassen sich deutlicher mit +8 Dioptrien erkennen, während eine Katarakt des Linsenkerns und der vorderen Rinde besser mit +12 Dioptrien sichtbar wird. Mit dem Ophthalmoskop ist ferner die Struktur der Trübungen erkennbar.

Es ist oft zweckmäßig, eine stargetrübte Linse nach Pupillenerweiterung zu untersuchen. Am schnellsten erhält man eine Mydriasis durch Einträufeln von Augentropfen, die ein kurzwirkendes Parasympathikolytikum enthalten (Homatropin, Mydriaticum® »Roche«). Diese Untersuchung ist unerläßlich zum Nachweis der Ausdehnung von angeborenen Starformen. Im Laufe einer halben Stunde tritt eine gute Dilatation ein. Diese Untersuchung fördert manchmal Subluxationen zutage.

► **Messung des Augendrucks**

Der Augendruck sollte konsequent gemessen werden. Im Anschluß an Iridozyklitis besteht oft Unterdruck. Er liefert einen wertvollen Hinweis auf entzündlich bedingte Starformen. Die Messung mit dem Tonometer nach Schiötz ist einfach, wird aber meist unterlassen.

Untersuchung des Augenhintergrunds (Fundus) und der Sehfähigkeit

Sehr wichtig ist die Beurteilung der Netzhautfunktion. Wozu einen Hund operieren, dessen Netzhaut nicht mehr funktionstüchtig ist? Allerdings ist diese Klärung schwierig, obwohl Fundusveränderungen häufig sind. Sie treten sowohl bei entzündlich bedingten Starttrübungen als auch in Verbindung mit progressiver Netzhautatrophie (PNA) auf.

Bei unvollständiger Linsentrübung ist es möglich, den Augenhintergrund vor allem nach Pupillenerweiterung auf Degenerationserscheinungen sowie auf Läsionen zu untersuchen, die durch eine Chorioretinitis bedingt sind.

Ist die Linse vollständig eingetrübt, kann sich der Kliniker, der gewöhnlich über kein Gerät zur Elektroretinographie verfügt, nur auf die Prüfung der Lichtreaktion und deren Resultat verlassen. Die direkte und konsensuelle (indirekte) Reaktion muß »gut« sein, d. h. rasch und vollständig. Vorsicht ist geboten bei sehr langsam eintretenden Reaktionen von mehreren Sekunden oder bei sehr unvollständigen oder nicht konstanten Reaktionen. Sofern die Linse in situ ist und einen normalen Umfang aufweist, deuten diese anomalen Reflexe auf Fundusläsionen. Selbst eine vollständige Starttrübung kann die Lichtreaktion nicht verhindern, sofern man eine Lichtquelle zum Zwecke der Augenuntersuchung benutzt.

Die wichtigsten Phasen der Augenuntersuchung sind in Tabelle 15 zusammengefaßt. Es muß besonders festgehalten werden, ob nur eine Starttrübung vorhanden ist, ferner, welche Ausdehnung und welches Entwicklungsstadium sie erreicht hat.

Tabelle 15: Untersuchung des stargetrübten Auges

1. Handelt es sich nur um eine Startrübung? Wenn Ja	Iris normal Augeninnendruck normal Augenhintergrund sichtbar und normal bzw. gute Lichtreaktion
2. Ausweitung der Startrübung	Augenuntersuchung
3. Entwicklung der Startrübung	Untersuchung mit der Lampe und mit dem Ophthalmoskop. Die Katarakt ist unreif, reif oder überreif

■ **Ergänzende Untersuchungen**

Die Augenuntersuchung wird durch eine allgemeine Untersuchung vervollständigt. Diese soll feststellen, ob der Starttrübung eine Allgemeinerkrankung zugrunde liegt (*Diabetes mellitus*, Infektionskrankheit mit Iridozyklitis) und ob der Patient einen operativen Eingriff überstehen würde (Herz-Kreislauf-Untersuchung).

Augenuntersuchung sowie Allgemeinuntersuchung ergänzen sich gegenseitig und bestimmen das therapeutische Vorgehen.

■ **Klinische Merkmale der Linsentrübungen beim Hund**

Das Studium der verschiedenen Starformen ist gerechtfertigt, da ihre Beurteilung nicht undifferenziert erfolgen darf. Einige können operativ angegangen werden, andere sind medikamentös beeinflußbar.

Als Kliniker unterscheidet man am besten:

1. Juvenile Linsentrübungen;
2. Senile Linsentrübungen (ab 9 Jahren);
3. Linsentrübungen im mittleren Alter, die noch weiter zu unterteilen sind.

■ **Juvenile Linsentrübungen**

Man spricht von juvenilen Linsentrübungen, weil man ihre Erblichkeit und den genauen Erbgang nicht immer nachweisen kann. Es handelt sich um Starformen, die meistens schon bei der Geburt vorhanden sind und mit anderen Mißbildungen am Auge gekoppelt sein können:

▷ Persistierende Pupillarmembran (s. Abb. 108);
▷ Mikrophthalmie.

► **Klinische Merkmale**

Die klinischen Merkmale sind typisch: Die Glaskörperarterie, die während der Embryonalentwicklung den hinteren Linsenpol durchquert, ist normalerweise bei der Geburt zurückgebildet. Ihr Fortbestand kann Augenfunktionsstörungen nach sich ziehen.

Der graue Star befindet sich im Bereich der Linsenachse, wobei die Ausdehnung der Trübung unterschiedlich sein kann. Die Peripherie bleibt transparent. Die Linsenkapsel ist sehr oft verändert; es können sich darauf Ablagerungen bzw. verkalkte Überreste der Pupillarmembran befinden. An gewissen Stellen ist die Kapsel einfach verdickt (s. Abb. 108).

Diese angeborenen Linsentrübungen haben wenig oder keine Tendenz, sich weiter auszudehnen. Sehstörungen treten vor allem bei stärkerer Beleuchtung auf, wenn die Pupille eng gestellt ist.

► **Behandlungsverfahren**

Die nachstehenden Feststellungen bestimmen das therapeutische Vorgehen:

▷ Ist die Linsentrübung unbedeutend und das Sehvermögen nur wenig behindert, sollte weder medikamentös noch operativ eingegriffen werden;
▷ ist der graue Star genügend groß (1/3 des Linsendurchmessers) und beeinträchtigt er die Sehfähigkeit bei guten Lichtverhältnissen, ist die Instillation eines Mydriatikums angezeigt (Atropin 1 %, alle 2 Tage 1 Tropfen). Ein operativer Eingriff wäre schwierig durchzuführen. Oft sind noch andere Augenanomalien vorhanden (besonders Mikrophthalmie);

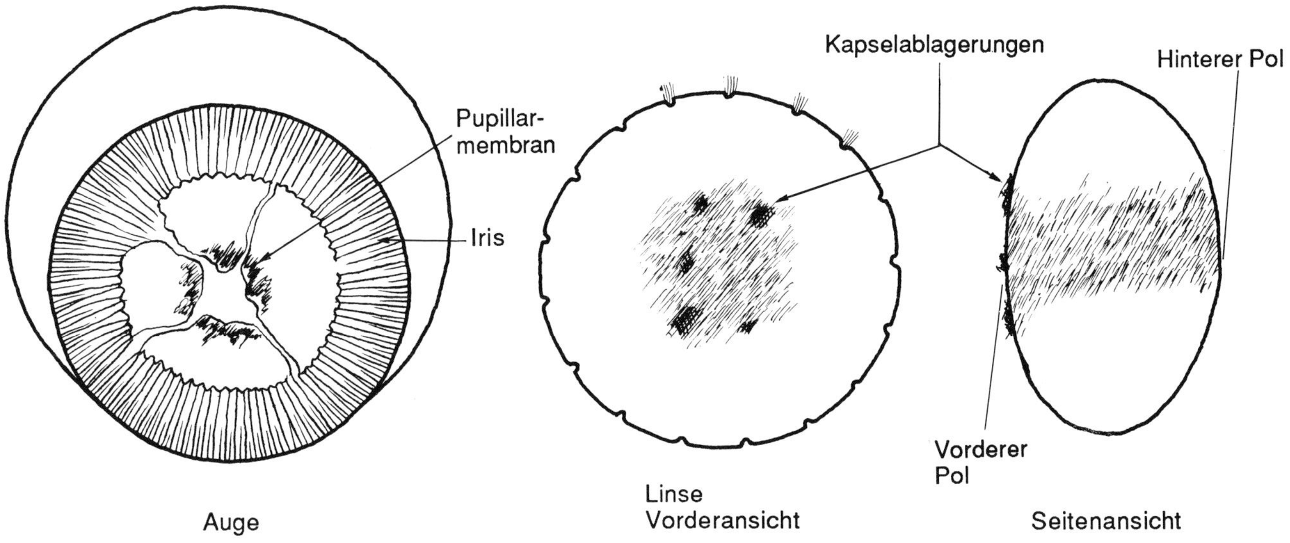

Abb. 108: Angeborene Linsentrübungen

▷ ist die Linsentrübung noch größer und stößt der Hund sehr oft an, ist die Prognose hauptsächlich aus zwei Gründen sehr vorsichtig zu stellen. Erstens ist der Eingriff schwierig, weil vorzeitig operiert werden muß. Der zweite, wichtigere Grund verdient es, näher dargelegt zu werden:
Die Verbindungen zwischen dem Zentralnervensystem und den Augen entwickeln sich beim jungen Tier bis zur 14. Lebenswoche. Sie ermöglichen die Wiedergabe der visuellen Wahrnehmungen. Sie entwickeln sich nicht mehr nach der 14. Woche. (Ein gesundes Tier, das während dieser 14 Wochen in vollständiger Dunkelheit aufgezogen wurde, sieht zwar seine Umgebung, kann aber die visuellen Eindrücke nicht interpretieren und sich demzufolge auch nicht zurechtfinden.) Allgemein wird anerkannt, daß die Extraktion einer total getrübten Linse nach dieser Zeitspanne wenig Aussicht auf Erfolg hat.
Es ist jedoch schwierig, die Sehfähigkeit oder das fehlende Sehvermögen eines noch nicht vier Monate alten Welpen abzuschätzen. Die Entscheidung, ob operiert werden soll oder nicht, fällt deshalb nicht leicht. Die genannten Gründe mahnen jedenfalls zur Vorsicht.

In dieser Gruppe der juvenilen, erblich bedingten Linsentrübungen muß dem grauen Star des Afghanischen Windhundes ein besonderer Platz eingeräumt werden. Gewisse Tiere entwickeln in kurzer Zeit eine vollständige Trübung des Linsenkerns und der Rinde, die gewöhnlich zwischen dem 3. und 15. Lebensmonat in Erscheinung tritt. Die beidseitige Katarakt stört das Sehvermögen des Hundes. Es muß in jedem Fall operiert werden. Die Ergebnisse sind ausgezeichnet. Der mißgebildete Linsenkern wird nach Diszision der Kapsel mittels Aspiration entfernt.

■ Altersstar (Senile Katarakt)

Diese Starform tritt beim Hund nie vor dem 8. Lebensjahr auf. Sie ist beim Pferd seltener als beim Hund und noch seltener bei der Katze.

Wir haben die einfachen Veränderungen der Kapsel, wie Verdickung und blättriges Aussehen, bereits besprochen, ebenso die Anhäufung von Linsenfasern im Linsenkern, die beim Hund von besonderer Bedeutung ist. Die altersbedingte Sklerosierung ist für die Abnahme der Durchsichtigkeit verantwortlich. Die Tierhalter sprechen bei dieser Veränderung manchmal von grauem Star. Dabei handelt es sich ganz einfach um eine Sklerose.

Der Altersstar tritt meistens in Form einer radiären Eintrübung auf, die nach und nach den Linsenkern erfaßt, bis er vollkommen trüb erscheint (s. Abb. 110).

Häufig wird auch die Rinde mit betroffen, bis die Linse gleichmäßig trüb ist.

Mit fortschreitender Trübung kann man auch Veränderungen im Linsenvolumen feststellen. Wir werden diesen Aspekt, der allen Starformen gemeinsam ist, ausführlich behandeln.

Es sei noch bemerkt, daß sich der Altersstar langsam entwickelt und daß es keine wirksame medikamentöse Behandlung gibt, wenn die Trübungen erst einmal weiß geworden sind.

■ Der graue Star beim erwachsenen Tier (6- bis 7jährig)

Diese Linsentrübungen überraschen und beunruhigen die Tierbesitzer zu Recht, da alle beim jungen oder gerade erwachsenen Tier auftreten. Es ist angebracht, in dieser Gruppe auf zwei Starformen besonders hinzuweisen, die klinisch leicht zu erkennen sind: der Zuckerstar und der traumatische Star.

► **Zuckerstar** *(Cataracta diabetica)*
Er tritt unvermittelt beim zuckerkranken Tier auf. Die Linsentrübung ist eine Folge des erhöhten Blutzuckerspiegels und entwickelt sich rasch. Beim Auftreten einer Startrübung ist bei jungen Tieren stets an *Diabetes mellitus* zu denken, der durch eine Harn- und/oder

Blutuntersuchung leicht nachzuweisen ist. Interessant zu wissen ist, daß die durch Diabetes hervorgerufenen Veränderungen der Netzhautgefäße beim Hund gewöhnlich unauffällig sind und daß sich der chirurgische Eingriff lohnt, da dieser oft gute Ergebnisse zeitigt.

► **Traumatischer Star** *(Cataracta traumatica)*
Direkte Erschütterungen der Linse bewirken oft eine vorübergehende diffuse Trübung, bei der es sich sehr wahrscheinlich um ein Ödem handelt. Das Trauma kann mit einer Subluxation oder Luxation verbunden sein. Begrenzte Läsionen ohne Ruptur der Linsenkapsel, manchmal aber auch solche mit Kapselriß, können vernarben. Im Bereich der Kapsel und subkapsulär bleibt allerdings eine weiße Narbe zurück. Die Linse wird hingegen wieder vollständig durchsichtig. Verletzungen können jedoch auch eine Uveitis hervorrufen, wenn die Iris lädiert wird. Die Uveitis kann ihrerseits eine sekundäre Startrübung bewirken (s. Abb. 110).

Im Falle eines einfachen, lokalisierten Wundstars ist es angezeigt, auf jeglichen Eingriff zu verzichten.

► **Die anderen Starformen**
Diese Linsentrübungen können **genetischen, toxischen** oder **entzündlichen Ursprungs** sein. In den meisten Fällen gehen sie beim Hund mit progressiver Netzhautatrophie einher, wobei vor allem Pudel, Cokker Spaniel, Setter und Epagneul Breton betroffen sind (s. Tabelle 16). Bei Hund und Katze spielen auch die durch Uveitis bedingten Startrübungen eine wichtige Rolle. Die ophthalmoskopische Untersuchung läßt sehr oft subkapsuläre oder sogar kortikale Veränderungen im Linsenbereich erkennen, die die Form eines »Rosenkranzes« feiner Bläschen aufweisen, der vom Äquator ausgeht (s. Abb. 110). Diese Vakuolen sind die Folge einer Linsendegeneration, die beim Altersstar nicht beobachtet wird. Diese kortikalen Trübungen schreiten fort.

Die Untersuchung mit dem Ophthalmoskop ist äußerst wichtig. Bei einer nicht zu stark ausgeprägten Linsentrübung lassen sich gleichzeitig vorhandene Veränderungen wie progressive Netzhautatrophie oder Aderhautentzündung (Chorioiditis) feststellen.

Mit einer Zusatzlinse von +8 Dioptrien kann die Rinde und der hintere subkapsuläre Bereich eingehend untersucht werden.

Diese Starformen verstärken sich immer im Laufe der Zeit.

Die genetisch bedingten Startrübungen können oft sehr früh festgestellt werden. Die weitere Entwicklung ist von Rasse zu Rasse verschieden, manchmal schnell, gelegentlich sehr langsam, so daß der Star im Alter von 5 oder 6 Jahren vollständig ist (s. Tabelle 16).

Die entzündlich bedingten Startrübungen hängen gewöhnlich mit Uveitisschüben zusammen. Das Endstadium tritt unvermittelt in Erscheinung.

Klinische Klassifikation von Startrübungen
Die Klassifikation hängt ab vom Alter, in dem der Star in Erscheinung tritt, von den damit verbundenen Umständen und von der Lokalisation der Trübungen.

Die in Tabelle 17 gegebene Einteilung ist nicht vollständig, da wir mit Rücksicht auf die Übersichtlichkeit bewußt die selteneren Erkrankungsursachen übergangen haben. Das Interesse an dieser klinischen Einteilung beruht auf der Hervorhebung des fortschreitenden Charakters der Startrübungen und auf den sehr häufig gleichzeitig vorkommenden Begleiterkrankungen. Diese zwei Elemente bestimmen das Vorgehen bei der Untersuchung einer Startrübung.

Tabelle 16: Versuch einer Klassifizierung der erblichen Linsentrübungen beim Hund

1. Angeborene Linsentrübungen
   Die Veränderungen beginnen während der Fötalzeit und treten in Erscheinung, wenn das Tier die Augen öffnet. Die meisten scheinen nicht vererbt zu sein. Die Erkrankung pflegt beim Cocker Spaniel häufiger aufzutreten.
2. Erbliche Linsentrübungen beim jungen und erwachsenen Tier

a) allein auftretend	
Afghanischer Windhund	rezessives autosomales Gen
Zwergschnauzer	rezessives autosomales Gen
Boston Terrier	rezessives autosomales Gen
Bull Terrier	rezessives autosomales Gen
Golden Retriever	dominantes Gen mit unvollständiger Prägungskraft
Beagle	dominantes Gen mit unvollständiger Prägungskraft
Labrador-Retriever	selten, dem Golden Retriever ähnlich
Pudel	rezessives Gen (Achtung: kann in Verbindung mit Netzhautatrophie auftreten)
Amerikanischer Cocker Spaniel	Übertragung unbekannt
b) in Verbindung mit progressiver Netzhautatrophie auftretend	
Zwerg- und Kleinpudel	
Englischer Cocker Spaniel	
Zwergschnauzer	
Golden Retriever	
Irish Setter	
Epagneul Breton	

Eine gewisse Ungenauigkeit ergibt sich aus der ungenügenden Kenntnis der Erbgänge

Tabelle 17: Klinische Klassifizierung von Startrübungen

Begleiterscheinungen	Entwicklung	Lokalisation und Morphologie	
■ **Jungtiere**			
Angeborene Starformen Bei der Geburt mit rassebedingter Veranlagung z. B. Cocker, Pudel, Epagneul Breton, andere Spaniel, Setter	geringe oder keine	Vorderkapsel, umschrieben vorderer und hinterer Pol, im Kern mit oder ohne: – Beteiligung der Rinde – Pupillarmembran und Mikrophthalmus	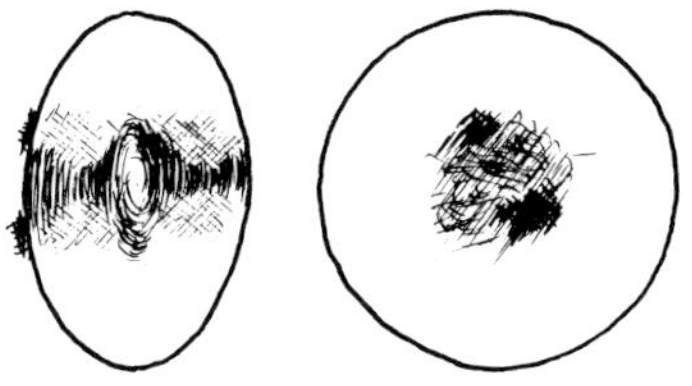
Juvenile Starformen Im Alter von einigen Monaten bei Windhunden (Afghan, Saluki)	schnell, einige Wochen	gleichmäßiger Kern-Rindenstar	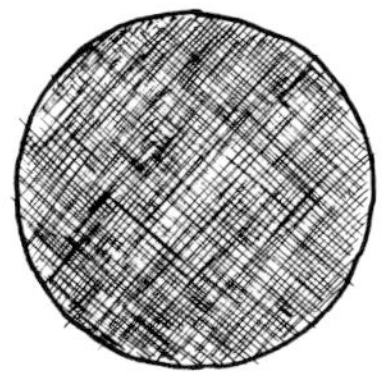
■ **Erwachsene Tiere**			
Diabetische Katarakt (5 %) Alle Rassen in Verbindung mit Diabetes mellitus	sehr schnell, einige Tage	Kern-Rindenstar	
Nach progressiver Netzhautatrophie (PNA) (45 %)			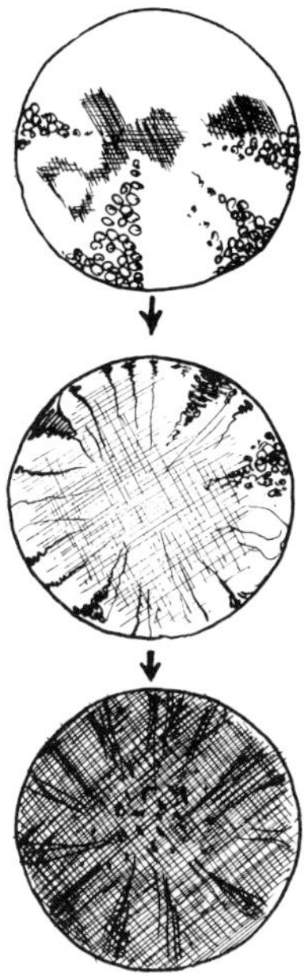
Generalisierte Form der PNA Pudel (6–8 Jahre), Cocker Sp. (4–5 Jahre), Collie, Schnauzer, Golden Retriever, Setter	oft ziemlich langsam	Subkapsulärer Star, später Kern-Rindenstar	
Zentrale Form der PNA Labrador, Shetland, Golden Retriever	langsam	Subkapsulärer Star mit verzögertem Kernstar	
Nach Iridozyklitiden (45 %) im Anschluß an einen oder mehrere Entzündungsschübe	häufig schnell im Endstadium sehr ähnlich	Subkapsulärer, später Kern-Rindenstar mit Irisveränderungen mit Pigmentablagerungen mit oder ohne Aderhautentzündung mit okularar Hypotonie	
■ **Ältere Tiere**			
Altersstar Alle Rassen über 8 Jahre, alte Tiere	sehr langsam: 6 Monate bis 2 Jahre	vorwiegend Kernstar	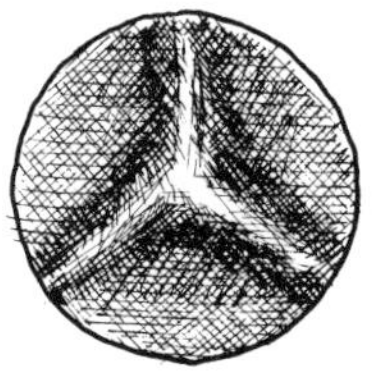

■ Einteilung der Starttrübungen

Ein wichtiges Kriterium für die Einteilung der Startrübungen ist ihre Lokalisation: Kapsel-, Kern-, Rindenstar (Schichtstar), vordere oder hintere, polständige oder äquatoriale Startrübung (Katarakt).

Der Kapselstar ist gewöhnlich nicht erworben, ganz im Gegensatz zum Rinden- und Kernstar. Die beiden letztgenannten Starformen können sich als Kern-Schichtstar gemeinsam entwickeln. Es ist deshalb schwierig, die Ätiologie eines Kern-Schichtstars sicher zu ermitteln. Demgegenüber ist die Diagnose einer lokalisierten Startrübung im Anfangsstadium einfacher.

■ Einige Aspekte der Linsenveränderungen

Beim erwachsenen Tier sind die Startrübungen sehr häufig entzündlichen Ursprungs. Bei bestimmten Rassen treten genetisch bedingte Starformen auf, die mit Netzhautatrophie vergesellschaftet sind, wie vor allem beim englischen Cocker Spaniel und beim Pudel. 5 % der Startrübungen sind auf *Diabetes mellitus* zurückzuführen.

- ▷ Die entzündlich bedingten Startrübungen infolge Iridozyklitis entwickeln sich oft schnell und vollständig, wobei gewisse Verlaufsformen charakteristisch sind. Farbabbildung 60 zeigt beispielsweise eine sekundäre Rindentrübung bei einer 2jährigen Katze, die sich im Verlaufe einer Iridozyklitis schnell zu einem Kern-Schichtstar entwickelt. Bei der Katze beruhen fast alle Startrübungen auf Iridozyklitiden.
- ▷ Farbabbildung 62 zeigt das folgende Entwicklungsstadium in Form des Kern-Schichtstars. Die Entzündung des vorderen Abschnitts der mittleren Augenhaut ist in diesem Fall sowohl für die Startrübung als auch für die Linsenluxation verantwortlich. Die Diagnose wird durch die veränderte Farbe der Iris noch erleichtert. Die Klärung der Ursache ist oft sehr viel schwieriger. Das wird in Farbabbildung 61 veranschaulicht. Außer der Linsentrübung sind keine weiteren Veränderungen erkennbar.
- ▷ Die Ätiologie der Kapseltrübungen ist demgegenüber viel leichter zu ermitteln. Die Startrübungen der Vorderkapsel sind angeboren, wogegen diejenigen der Hinterkapsel verschiedenen Ursprungs sein können, wie persistierende Hyaloidarterie (Farbabb. 63) oder Entzündung der Hinterkapsel (Hyalitis). Sie dehnen sich im allgemeinen nicht weiter aus.
- ▷ Auch eine reife Katarakt ist nicht unbedingt stabil. Ungeachtet der Ätiologie der Linsentrübung werden die anomalen Linsenfasern entweder resorbiert oder es entwickelt sich eine Atrophie. In seltenen Fällen stellt sich eine Startrübung nach Morgagni ein (Farbabb. 64).
- ▷ Katarakt und Linsenluxation treten nicht immer gleichzeitig auf, wie die Luxation entzündlichen Ursprungs in Farbabbildung 65 zeigt. Manchmal bleibt die luxierte Linse vollkommen klar, besonders wenn es sich um eine erblich bedingte Luxation handelt (z. B. beim Foxterrier).

■ Allgemeiner Verlauf der Startrübungen

Gewöhnlich unterscheidet man vier aufeinanderfolgende Entwicklungsstadien, die allen Starformen gemeinsam sind, ungeachtet, wie schnell die Trübung fortschreitet. Für die Therapiewahl ist die Unterscheidung dieser Entwicklungsstadien wichtig.

► Anfangsstadium

Es besteht stellenweise eine unauffällige Trübung, die das Sehvermögen nicht beeinträchtigt.

► Der unreife Star *(Cataracta immatura)*

Die Linsentrübung wird deutlich, so daß sie auch der Tierhalter wahrnimmt. Noch ist die ophthalmoskopische Untersuchung des Augenhintergrunds möglich. Sehr oft

Farbabb. 60: Vorderer und hinterer Rindenstar
Diese junge Katze zeigt eine Luxation der rechten Linse im Verlauf einer Iridozyklitis. Die Startrübung hat mit einer Bläschenbildung in der äquatorialen Rinde begonnen. Sie schreitet zentralwärts fort; im Bereich der Rinde ist sie nicht total. Man bemerke die Y-förmige Trübung, die der heterogenen Struktur der Linse entspricht. Diese Katarakt ist fortschreitend

Farbabb. 61: Kern- und Rindenstar bei einem 4jährigen Hund
Der Star hat sich beidseits schnell entwickelt, aber nicht symmetrisch. Die Iris ist normal gefärbt. Diese Katarakt ist die Starform, wie man sie bei erwachsenen Hunden antrifft. Die Feststellung der Ursache stützt sich auf eine vollständige Augenuntersuchung

Farbabb. 62: Kernstar in einer luxierten Linse
Die Umrisse der Linse sind vor der Iris sichtbar. Die Linse ist in die Vorderkammer luxiert. Die Iris ist tiefbraun gefärbt, bedingt durch eine Iritis, in diesem Fall traumatischer Genese

Farbabb. 63: Hinterer Kapselstar
Das braune, dreiblättrige Erscheinungsbild im hellen Zentrum stellt Kapseltrübungen dar, die bei diesem Tier seit der Geburt bestehen. Ihre Ausdehnung und Form sind stabil. Sie stehen in Zusammenhang mit einer Veränderung der Hinterkapsel, bedingt durch eine verzögerte Rückbildung der Glaskörperarterie (A. hyaloidea)

Farbabb. 64: Überreifer Kern-Rindenstar, sog. Star nach Morgagni
Die Linse ist in diesem Fall noch luxiert. Ihre Verlagerung nach vorn erleichtert die Untersuchung. Der trübe, degenerierte Kern ist zentral gelegen. Er schwimmt im Linseninneren, das wieder durchsichtig wurde. Einige Anteile der Linse sind ringförmig in der Peripherie angeordnet. Diese Starform stellt eine langsame Linsendegeneration dar

Farbabb. 65: Luxation der Linse und Glaukom
Die Deutung dieses Bildes ist vielschichtig. Es besteht eine Uveitis mit intraokularem Überdruck, kompliziert durch eine Linsenluxation. Die oberen Umrisse der Linse sind im Pupillarbereich hinter der Iris sichtbar. Die Luxation erfolgte in die hintere Augenkammer, denn die Umrisse der Iris sind ringsherum zu erkennen. Die Pupille ist gleichmäßig erweitert. Die Mydriasis ist Folge eines Glaukoms, wie auch das stark gestaute episklerale Venengeflecht zeigt

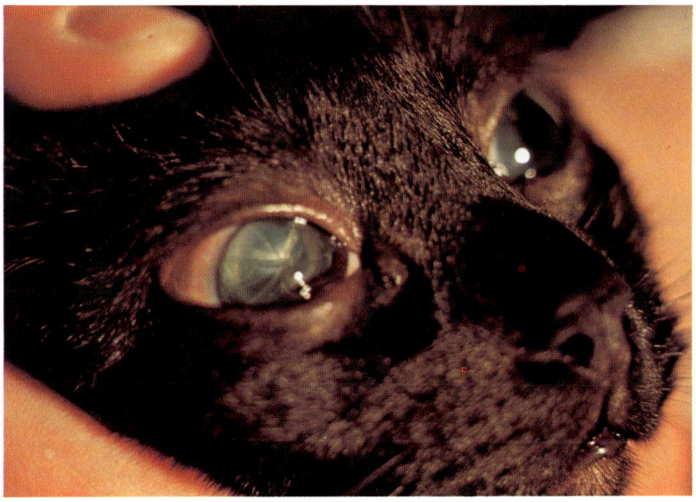

60

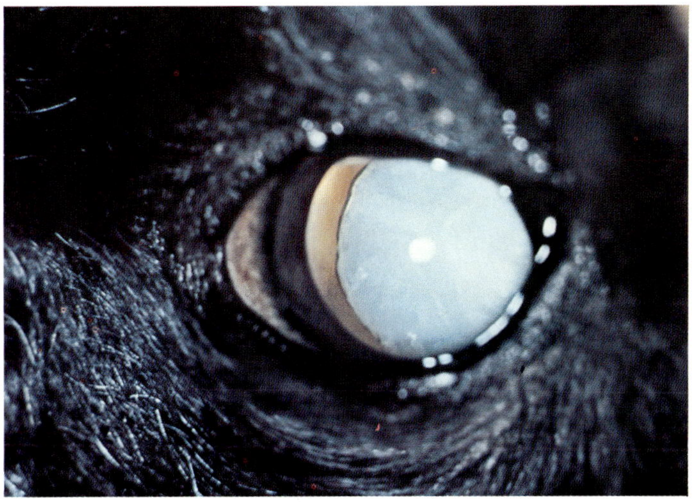

61

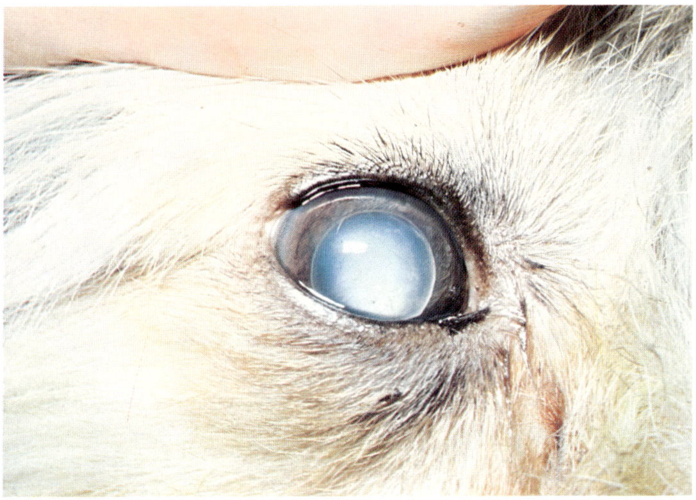

62

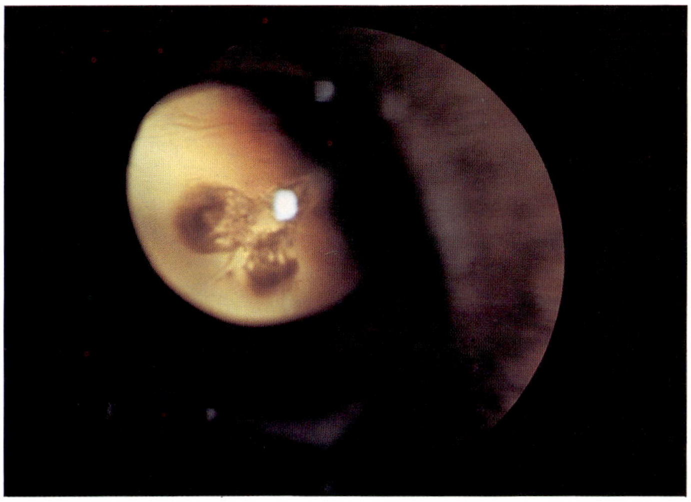

63

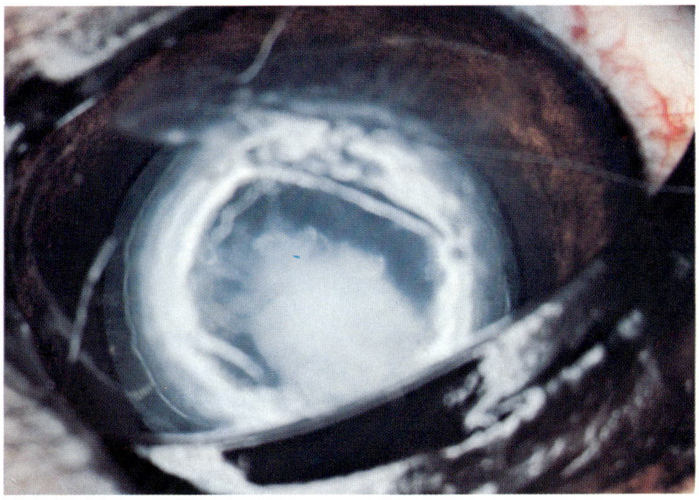

64

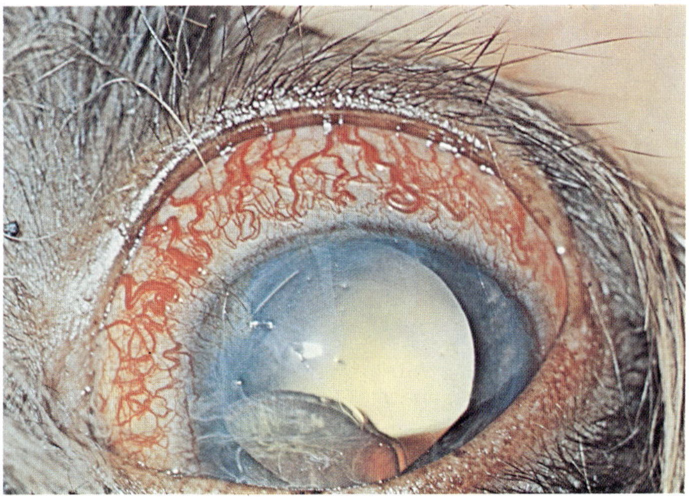

65

beobachtet man eine starke Zunahme des Linsenvolumens und der Trübung durch Flüssigkeitsaufnahme *(Cat. intumescens)* infolge abnormer Durchlässigkeit der Kapsel. Diese Quellung kann sekundär ein Glaukom verursachen.

► **Der reife Star** *(Cataracta matura)*

Die Linse ist undurchsichtig und hart. Ihr Volumen hat sich wahrnehmbar normalisiert. Der Augenhintergrund ist nicht mehr sichtbar. Die Härte des getrübten Linsenkerns beim Hund verhindert die Anwendung von Operationstechniken wie die Phako-Emulsifikation (Zertrümmerung der Linse mit Ultraschall und Absaugen der Partikel).

► **Weiterer Verlauf**

Dem Stadium der Reife können drei verschiedene Entwicklungsformen folgen (s. Abb. 109):

a) Die Flüssigkeit des Linsenkerns tritt aus, der Kern wird hart und sklerotisch (Linsenatrophie).
b) Flüssigkeit sammelt sich innerhalb der Linse. Der kleine Kern schwimmt in dieser breiigen oder milchigen Flüssigkeit. Es liegt ein Star nach Morgagni vor.
c) Schließlich kann das Linseninnere vollständig resorbiert werden. Die Linse wird wieder durchsichtig. Dieser Verlauf ist äußerst selten.

Die wichtigen Punkte hinsichtlich Ätiologie, Morphologie und Verlauf sind dargelegt worden. Sie erlauben, die Untersuchung des starkranken Patienten durchzuführen und über eine Operation zu entscheiden. Die Indikation zum Eingriff darf nur nach einer gründlichen Untersuchung erfolgen.

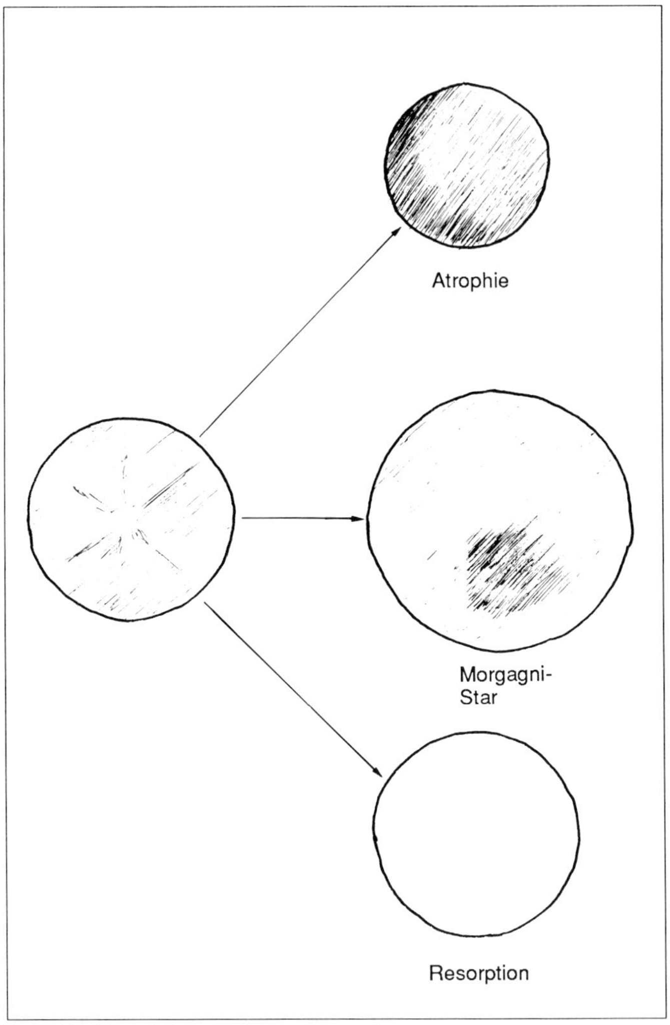

Abb. 109: Verlauf der reifen Starformen

■ Die Wahl des Behandlungsverfahrens bei einer Katarakt

Ein allgemeiner Grundsatz sollte die Therapiewahl bestimmen: Es sind diejenigen Hunde zu operieren, deren Sehfähigkeit gestört ist oder sich schnell verschlechtert, noch bevor Komplikationen der Katarakt wie Uveitis bei überreifem Star auftreten. Im übrigen sollte nur operiert werden, falls die Netzhaut sicher funktionstüchtig ist.

Diese Bedingungen sind nicht immer erfüllt, weshalb gewisse Indikationen zur Operation noch diskutiert werden sollen.

► **Angeborene Starttrübungen**

Wir haben die Grundsätze für die Vornahme eines Eingriffs bereits dargelegt (S. 194, 195). Ergänzend sei bemerkt, daß dessen Indikation erweitert werden kann, wenn ein Operationsmikroskop zur Verfügung steht, das ein genaueres Vorgehen an einem kleineren Auge ermöglicht. Gewöhnlich operieren wir die Tiere im Alter von 6–8 Monaten.

► **Startrübungen in Verbindung mit progressiver Netzhautatrophie**

Die Operationsindikation ist in diesen Fällen sehr umstritten. Ganz allgemein ist von einem Eingriff abzuraten, da die Startrübung erst spät in Erscheinung tritt, die Netzhautatrophie jedoch schon weit fortgeschritten ist. Die Linsenextraktion verbessert demzufolge das Sehvermögen nicht. Eine praktische Schwierigkeit besteht bei der Beurteilung der Netzhautveränderungen hinter der getrübten Linse. Manchmal bleibt die Lichtreaktion noch lange erhalten, obwohl die Netzhaut bereits geschädigt ist. Diese Netzhautdegeneration ist für viele Mißerfolge sonst einwandfrei durchgeführter Operationen verantwortlich. Manchmal stellt der Eingriff das Sehvermögen wieder her, wenn die Degeneration nur langsam fortschreitet (Pudel). Ein oder zwei Jahre später erreicht die Netzhautatrophie indessen einen Grad, daß der Hund nichts mehr sieht. Solche Feststellungen stellen Kontraindikationen einer Operation dar. Höchstens im Falle einer sehr guten Lichtreaktion kann man den Eingriff in Erwägung ziehen, und erst nachdem der Tierhalter auf die längerfristig ungünstige Prognose aufmerksam gemacht worden ist.

Ein letzter Grund gegen eine Operation ist der fortschreitende Zerfall des Sehvermögens und der Umstand, daß sich das Tier in bekannter Umgebung gut an die Erblindung gewöhnt.

► **Entzündlich bedingte Startrübung**

In diesem häufig vorkommenden Fall müssen die mit der Linsentrübung verbundenen Veränderungen in Erwägung gezogen werden. Unter keinen Umständen darf während einer akuten Entzündung operiert werden. Die einzuleitende Therapie ist deshalb von Fall zu Fall verschieden. Jede schwerwiegende Veränderung am Auge wie multiple Synechien (Verklebungen) stellen Kontraindikationen dar.

► **Altersstar**

Die Indikation zur Operation ist ebenfalls uneinheitlich.

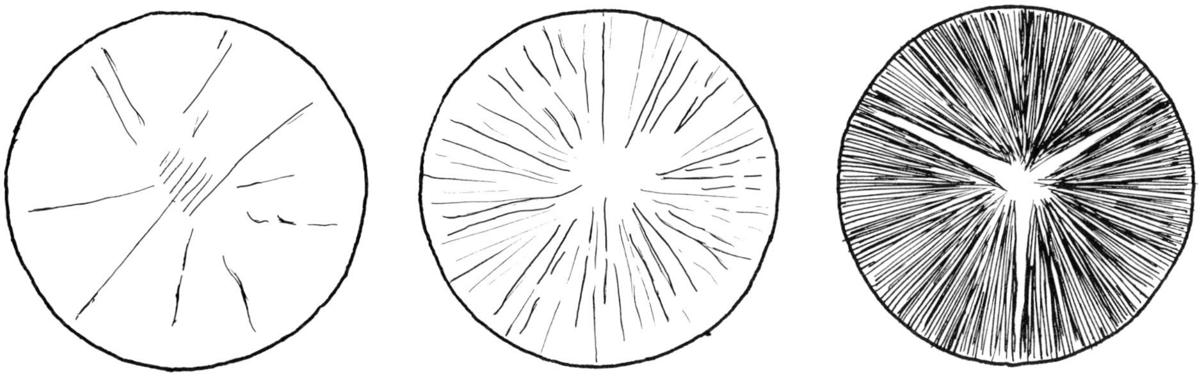

Entwicklung eines Altersstars bis zur Reife

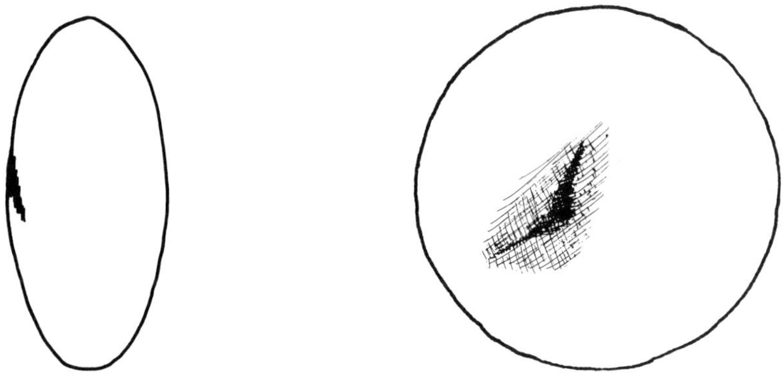

Lokalisierter Wundstar ohne Komplikationen

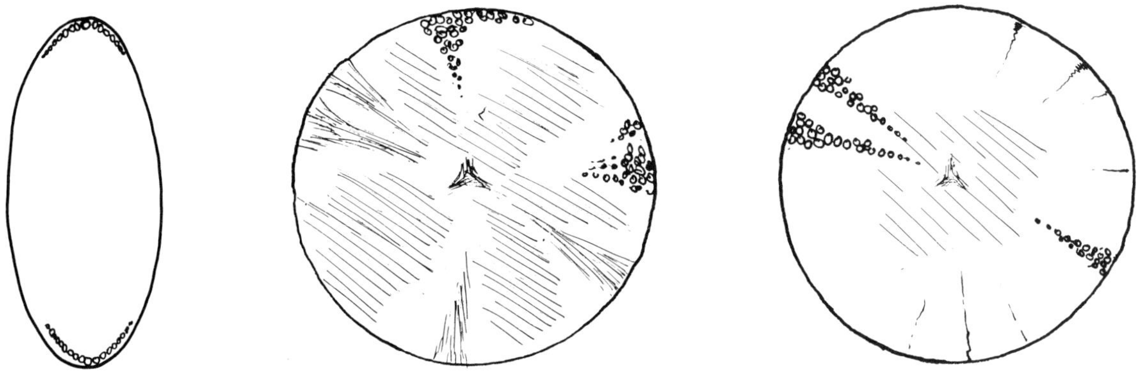

Subkapsulärer Star

Abb. 110: Starformen

Sie hängt vom Alter des Tieres, von seiner Lebensweise und von seinem Allgemeinzustand ab.

▷ Alter: Ist es angezeigt, einen 14- oder 15jährigen Hund zu operieren, dessen Lebenserwartung sehr beschränkt ist, selbst wenn sein Gesamtzustand gut ist?

▷ Lebensweise: Manche Hunde sind mit 10 Jahren noch sehr rege und verfügen über eine derartige Bewegungsfreiheit, daß sie durch die Sehbeeinträchtigung stark behindert werden. Falls es ihr Allgemeinzustand erlaubt, sollten sie operiert werden. Andere Hunde sind sehr »häuslich« geworden und verbringen die meiste Zeit in einem Sessel. Die Erblindung stellte sich allmählich ein. In solchen Fällen sollte der Eingriff mit den Tierbesitzern besprochen werden.

▷ Allgemeinzustand: Eine sorgfältige Voruntersuchung ist stets angezeigt, um das Operationsrisiko zu ermitteln.

Zusammenstellung der Operations-Indikationen siehe Tabelle 18.

■ Medikamentöse Therapie der Startrübungen

Nur selten wird im Fall von Linsentrübungen eine medikamentöse Behandlung notwendig.

▶ Die medikamentöse Behandlung

Sie beruht auf der Feststellung, daß der Stoffwechsel der Linse mit zunehmendem Alter abnimmt und daß der Altersstar mit einer Sklerose des Linsenkerns zusammenhängt.

Es sei gleich darauf hingewiesen, daß sich die günstigen Wirkungen einer solchen Therapie auf den Altersstar beschränken. Übrigens ist es nicht sicher, daß zwischen Sklerose und Star ein Zusammenhang besteht. Es ist demzufolge immer schwierig, die Wirksamkeit einer Behandlung, die die Entstehung einer Linsentrübung verlangsamen soll, richtig einzuschätzen. Diese Therapie ist deshalb mehr auf die Sklerose ausgerichtet als auf die Startrübung. Die verwendeten Substanzen sind entweder Hormonextrakte, Metaboliten (Aminosäuren, Kalziumglukonat) oder Vitamine (Pyridoxin), ferner Antisklerotika (Kalium-, Natrium iodatum; Durajod®, Vitreolent®). Die Medikamentenpalette ist sehr umfangreich, so daß nicht alle erwähnt werden können. Aus diesem Grunde verzichten wir auf weitere Angaben. Gewöhnlich verbinden wir eine lokale, antisklerotische Behandlung in Form täglicher Instillation jodhaltiger Augentropfen mit einer Allgemeinbehandlung unter Verabreichung von Trinkampullen oder Tabletten, die stoffwechselanregende Wirkstoffe enthalten. Es ist eine Dauerbehandlung erforderlich. Aufgrund unserer Erfahrungen bringen Kurbehandlungen, die alle 10 oder 20 Tage unterbrochen werden, keine Vorteile.

Tabelle 18: Operationsentscheid

Startrübung	Indikationen
Angeboren	Relativ
Erblich juvenil (Afghanischer Windhund)	Absolut
Diabetisch	
Traumatisch	Relativ (nur ein Auge betroffen)
In Verbindung mit PNA	Kontraindiziert
Folge von Iridozyklitis	Relativ
Altersstar	Relativ

▶ Die palliative Behandlung bestimmter Startrübungen

Gewisse Starformen dürfen nicht operiert werden. Die medikamentöse Behandlung kann dem Tier helfen, sein Gebrechen zu ertragen.

Wir haben die Behandlung mit Atropin bei angeborenen und umschriebenen Startrübungen im Bereich der Pole oder optischen Achse (S. 194) bereits erwähnt. Ergänzend sei auf die Behandlung des überreifen Stars mit Kortikoiden hingewiesen. Wird eine Katarakt überreif, durchdringen Linsenproteine die Kapsel und verursachen eine Uveitis anterior. Uveitiden gehören zu den Augenkrankheiten, die am häufigsten mit einem Star vergesellschaftet sind und diesen entweder verursacht haben oder der seinerseits Anlaß einer Regenbogenhautentzündung (Iritis) ist. Bei jeder Iritis muß sich der Kliniker dieses Sachverhalts bewußt sein. Sie muß wie jede subakute, rezidivierende Uveitis durch Einträufeln oder besser noch durch Injektion von Kortikoiden behandelt werden (z. B. Methyl-Prednisolonazetat: 5 mg, wiederholt subkonjunktival). Besteht eine Indikation zur Operation, dient diese Behandlung zur Vorbereitung.

■ Die operative Behandlung

Die Staroperation bleibt ein schwieriger und wenig angewandter Eingriff. Zahlreich sind die Zwischenfälle, die in dessen Verlauf eintreten können. Diese Zwischenfälle haben stets einen kumulativen Effekt. Außerdem hängt der Operationserfolg sehr stark von der gewissenhaften medikamentösen Vorbereitung und von der postoperativen Ruhigstellung ab. Komplikationen werden eher dank des Wohlverhaltens des Hundes als durch die Aufsicht des Operateurs vermieden.

▶ Intrakapsuläre Extraktion

Dabei wird die Linse nach dem Zerreißen der Zonula und der Kapselmembran in toto extrahiert. Sie ist beim Hund nicht anwendbar, weil die Zonula sowohl bei jungen als auch bei ausgewachsenen Fleischfressern auf Trypsin nicht anspricht. Beim sehr alten Hund ist die intrakapsuläre Linsenextraktion manchmal möglich.

■ Extrakapsuläre Extraktion

Die Linse wird nicht vollständig extrahiert; die hintere Kapsel bleibt in situ. Nach Eröffnung der vorderen Linsenkapsel wird der Kern samt Rinde entfernt. Die restliche Linsenmasse wird anschließend ausgespült. Dieses Vorgehen ist beim Hund die am meisten angewandte Technik (s. Kapitel 2.8.1).

▶ Diszision und Aspiration

Eine kleine Öffnung in der vorderen Linsenkapsel ermöglicht das Auslaufen der Linsensubstanz, die anschließend mit einer stumpfen Nadel abgesaugt wird. Diese Technik ist nur bei ganz jungen Hunden anwendbar, wenn eine Mißbildung des Linsenkerns vorliegt.

► Phako-Emulsifikation und Aspiration

Die Technik ist ähnlich. Nur wird vor dem Absaugen der Linsensubstanz der Kern mit einer Ultraschallsonde, die mit einer Saugvorrichtung versehen ist, fein zerkleinert. Diese ansprechende Technik ist bei ausgewachsenen oder alten Hunden nicht anwendbar, da bei diesen der Linsenkern sehr hart und deshalb schwierig zu zerkleinern ist (s. Kapitel 2.8.5).

2.8.1 Staroperation (Kataraktextraktion)

■ Medikamentöse Vorbereitung des Hundes

Jeder chirurgische Eingriff setzt eine sorgfältige Allgemeinuntersuchung voraus. In der Folge kann sich eine besondere medikamentöse Vorbereitung aufdrängen. Wir werden im folgenden nur die spezifische Vorbereitung einer Staroperation darlegen.

Während fünf Tagen vor dem Eingriff erhält der Hund Entzündungshemmer ohne Kortison (Chymotrypsin: 100 000 bis 200 000 I. E./Tag) sowie synthetische, blutstillende Präparate wie Etamsylat (Dicynone®) oder Carbazochrome (Adrenoxyl®).

Die präoperative Lokalbehandlung ist sehr wichtig. Während drei Tagen vor dem Eingriff ist zweimal täglich eine antibiotische Augensalbe anzuwenden (z. B. Chloramphenicol-Augensalbe). Dazu gehört das Einträufeln von pupillenerweiternden Augentropfen, um den operativen Zugang zur Linse zu erleichtern.

Die Augentropfen als 1 % Atropinsulfatlösung werden am Vortag und am Morgen der Operation zwei Stunden sowie eine und eine halbe Stunde vor dem Eingriff eingeträufelt. Eine retrobulbäre Injektion von Adrenalin-Novocain 1/5000 unmittelbar präoperativ verstärkt die Pupillenerweiterung (Mydriase).

Der besondere Fall diabetischer Hunde verdient hervorgehoben zu werden. Wir stellen die Patienten ein und setzen die Insulinbehandlung bis zum Zeitpunkt der Operation fort.

■ Staroperation – Extrakapsuläre Extraktion
(Abb. 111, 1–4)

Das Prinzip ist folgendes: Nach der Eröffnung der Vorderkammer kann die Linse erreicht werden. Die vordere Linsenkapsel wird aufgeschnitten, der Kern samt Rinde herausgenommen und anschließend die restlichen Linsenmassen ausgespült. Die hintere Linsenkapsel bleibt in situ.

Die operative Vorbereitung des Tieres ist ähnlich wie bei den bereits beschriebenen Eingriffen am Auge. Der Hund wird narkotisiert und in Seitenlage gebracht, mit dem zu operierenden Auge nach oben. Nach dem Setzen einer Infusion wird die Umgebung des Auges geschoren und desinfiziert, anschließend der Augapfel fixiert.

► 1. Fixation und Freilegung des Augapfels

Mit einer atraumatischen, geflochtenen Kunststoffnaht 4/0 wird jedes Lid angezügelt. Erweist sich die Lidspalte als zu wenig weit, ist eine Kanthotomie angezeigt, die einen besseren Zugang zum Augapfel ermöglicht. Allerdings kann sie postoperativ zum Kratzen Anlaß geben. Bei Rassen mit weiter Lidspalte wie Cocker Spaniel, Setter und selbst bei Pudeln verzichten wir auf eine Kanthotomie. Wir verwenden keine Lidspanner, weil sie zu sperrig sind. Den gleichen Faden verwenden wir nun zur Fixation des Bulbus. Zwei Zügelnähte werden in der Augenbindehaut so nah wie möglich am Limbus gesetzt. An dieser Stelle ist die Bindehaut fest mit der Sklera verbunden, und die Bewegung des Bulbus ist erleichtert. Es soll nicht versucht werden, die Zügelfäden unter den geraden Augenmuskeln, die beim Hund schwer lokalisierbar sind, hindurchzuziehen.

Eine sichere Fixation des Augapfels ist bei der nächsten Operationsphase, der Eröffnung der Vorderkammer, unbedingt erforderlich.

Diese Eröffnung kann vor oder hinter dem Limbusfalz (Hornhautrand) erfolgen.

Ungeachtet der angewandten Technik muß der Hornhautschnitt genügend lang sein, damit der Operateur das Hornhautendothel während der nächsten Operationsphasen nicht berührt, denn jede Läsion des Endothels zieht ein persistierendes Hornhautödem nach sich (Abb. 111.1).

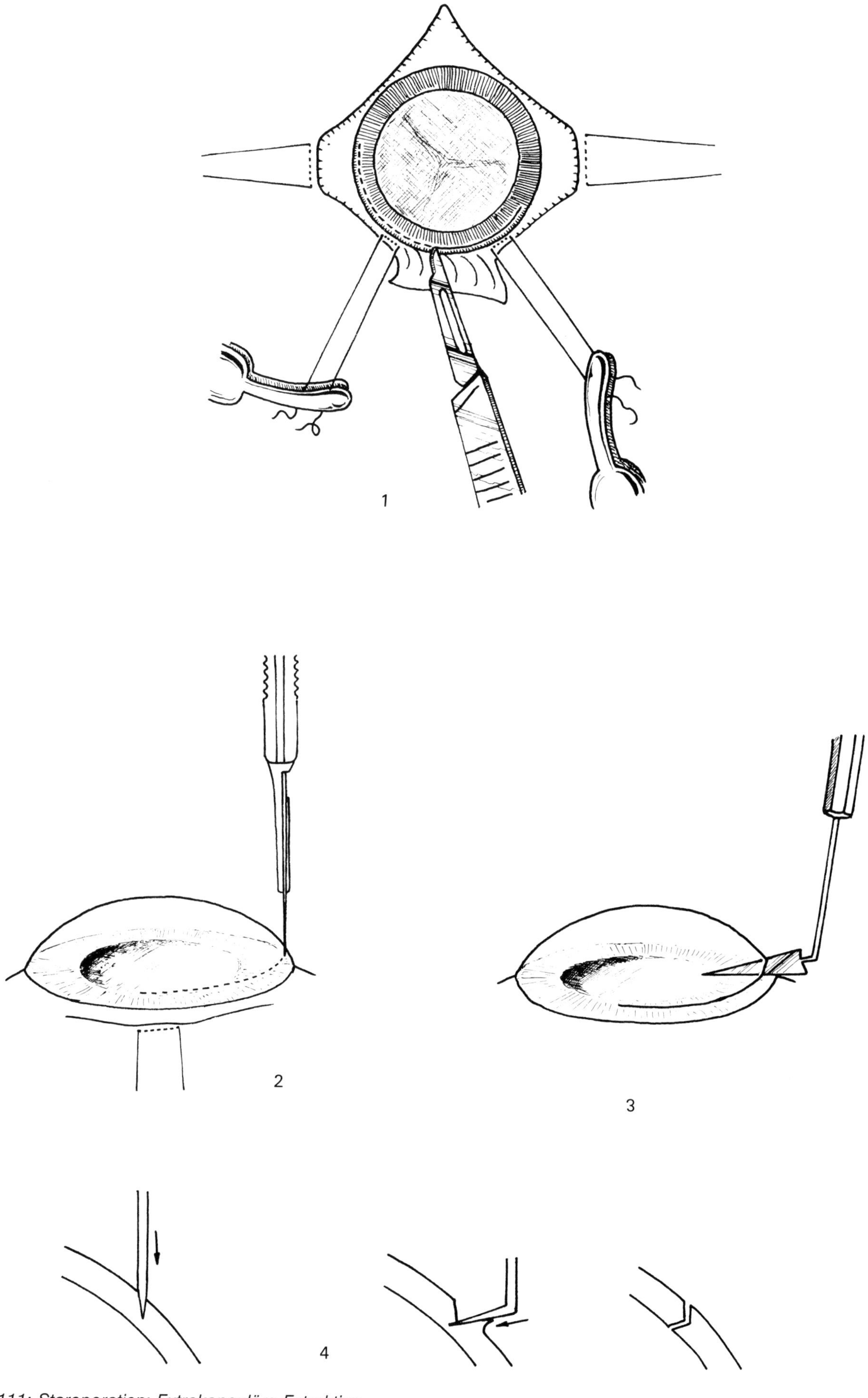

Abb. 111: Staroperation: Extrakapsuläre Extraktion

► **2. Eröffnung der Hornhaut vor dem Limbus corneae** (Abb. 111.1–7)

Diese Technik zur Eröffnung der Vorderkammer ist die einfachste, weshalb wir sie gewählt haben.

Die Stelle der Inzision hängt vom Auge ab, das zu operieren ist. Aus unserer Sicht ist es ausschlaggebend, mit der Wahl der Inzision das Arbeiten in der Weise zu erleichtern, daß der Zugang möglichst einfach ist und der Operateur die Instrumente nicht mit geknicktem Handgelenk in die Vorderkammer einführen muß.

Aus diesem Grund verläuft der Schnitt bei der Operation des linken Auges zwischen 11 und 5 Uhr im Gegenuhrzeigersinn. Bei einer Operation des rechten Auges erfolgt der Schnitt im Uhrzeigersinn von 9 bis 2 Uhr. Auf diese Weise verdeckt später die Nickhaut einen großen Teil der Inzision.

Der Schnitt befindet sich 1 mm vor dem Limbus. Um ein besseres Aneinanderliegen der Hornhautlefzen zu gewährleisten, wird mit einem konvexen Skalpell inzidiert (2), dann mit einem Keratom fortgesetzt (3 und 4) und mit einer Schere nach Castroviejo beendet (5). Ein Schnitt mit rechtwinklig aufeinandertreffenden Ebenen ermöglicht eine einwandfreie Adaptation der Wundlefzen (4). Mit einem vorgelegten, doppelt armierten 7/0-Faden, wie in Abbildung 111.6 dargestellt, läßt sich die Vorderkammer nach der Linsenextraktion rasch wieder schließen (Abb. 111.7).

► **Eröffnung der Vorderkammer hinter dem Limbus corneae**

Sie ist nach einer Freilegung der Bindehaut möglich. Diese Technik hat den Vorteil, daß die Operationsstelle vollkommen durch die Bindehaut verdeckt wird. Sie hat allerdings zahlreiche Nachteile:

▷ Die Notwendigkeit, Bindehaut freizupräparieren, verlängert den Eingriff.

▷ Die Inzision der Lederhaut (Sklera) hinter dem *Limbus corneae* führt zu einer Blutung, indem zahlreiche Blutgefäße durchtrennt werden. Die Blutstillung beansprucht einige Minuten, während denen der Operateur behindert ist.

▷ Schließlich scheint uns die an dieser Stelle geführte Inzision schmerzhafter als diejenige vor dem Limbus.

Eine häufige Komplikation dieser Operationsphase (Durchschneiden der vorderen Linsenkapsel) ist das Eintreten einer Pupillenverengung (Miosis), welche die Handhabung des Zystotoms behindert. Die Iris operierter Tiere reagiert auf Berührungen unterschiedlich. In gewissen Fällen ist sie sehr empfindlich und setzt sofort Fibrin frei.

Um diesen Nachteil auszuschließen, wird die Vorderkammer mit einer isotonen NaCl-Heparinlösung gespült, die Adrenalin 1/1000 enthält (Heparin 250 I. E./ml).

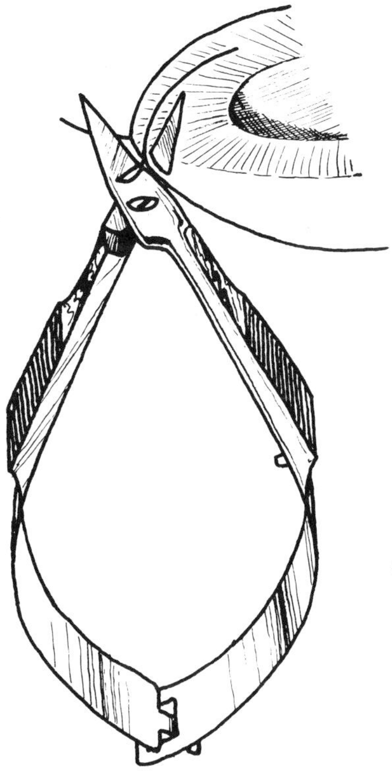

5

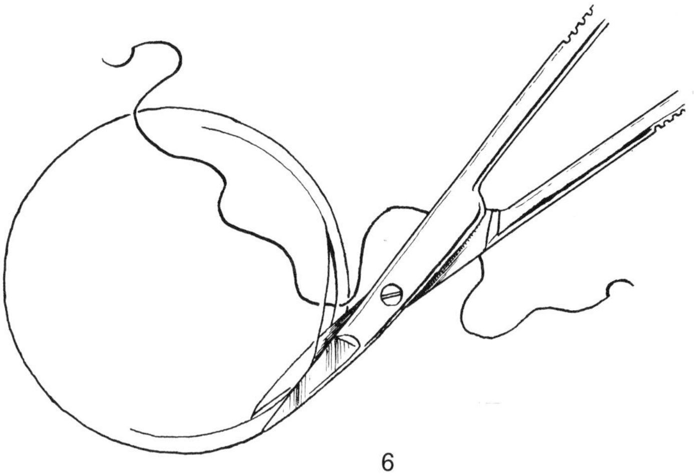

6

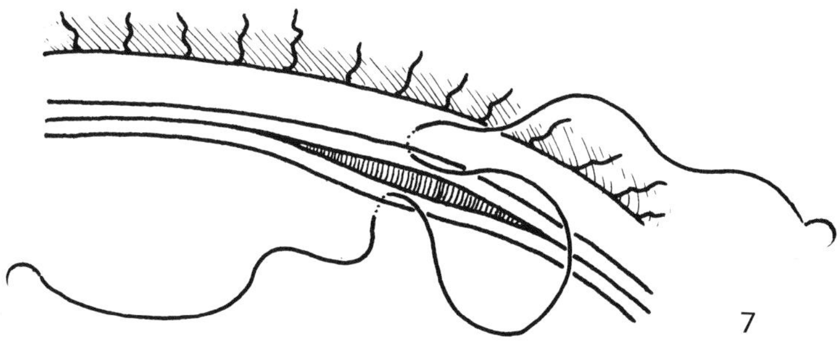

7

Abb. 111 (Fortsetzung): Eröffnung der Hornhaut

► **3. Die Durchtrennung der vorderen Linsenkapsel** (Abb. 111.8–10)
Sie wird mit Hilfe eines Zystotoms durchgeführt. Dabei handelt es sich um ein spitzes und schneidendes Instrument (9), mit dem die vordere Linsenkapsel durchtrennt werden kann. Die Form des Schnitts ist ungefähr die eines Hufeisens (8). Der herausgeschnittene Teil der Kapsel wird entfernt (10). Die Festigkeit der Kapsel nimmt mit zunehmendem Alter ab. Sie zerreißt sehr leicht nach diesem ersten Schnitt. Die Extraktion des sehr voluminösen Linseninneren wird nie durch die vordere Linsenkapsel behindert.

Der beschriebene Idealverlauf der Operation wird manchmal durch Zwischenfälle und Komplikationen beeinträchtigt. Auf sie und ihre Abhilfe werden wir später zurückkommen.

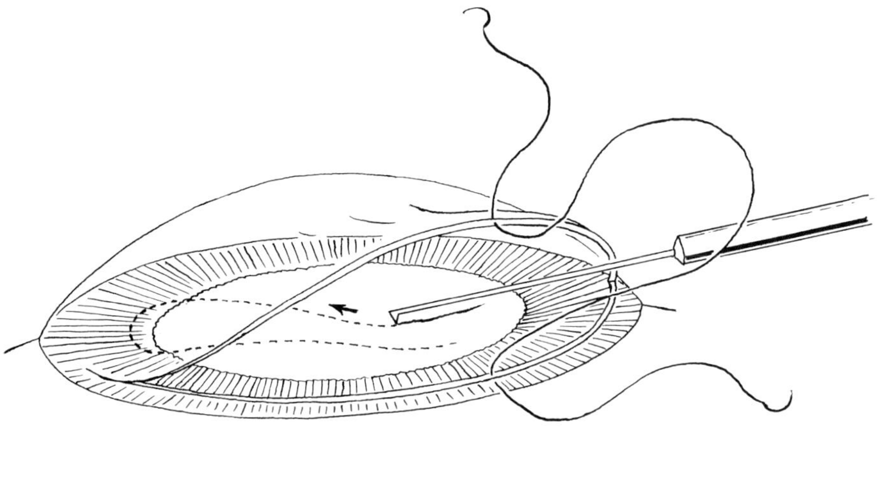

8

9

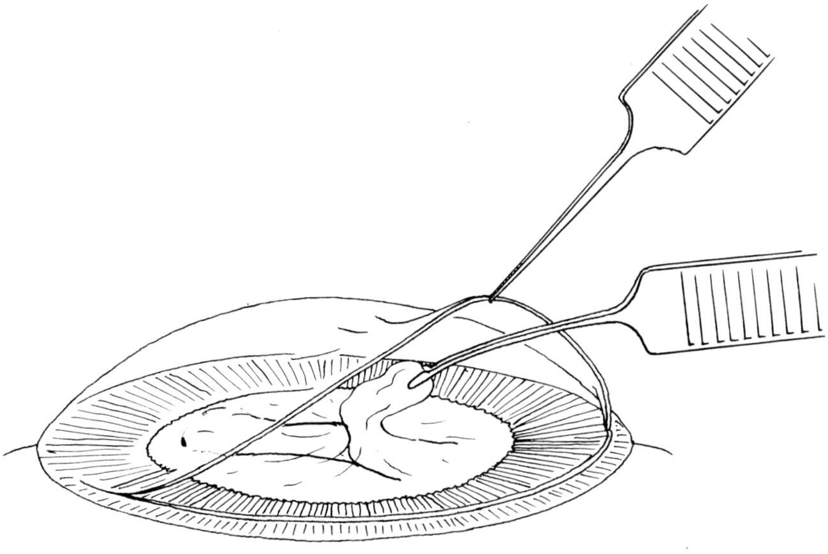

10

Abb. 111 (Fortsetzung): Durchtrennung der vorderen Linsenkapsel

► **4. Extraktion des Linsenkerns und der Linsenmassen** (Abb. 111.11–14)
Der Linsenkern ist beim erwachsenen, gesunden Hund außerordentlich groß und hart. Deshalb muß die Öffnung in der Hornhaut weit sein. Die Zerkleinerung des Kerns ist gewöhnlich schwierig, weshalb er insgesamt extrahiert werden muß. Zwei Instrumente werden in dieser Phase benötigt: die Starschlinge nach Snellen (11) und der Starhaken nach Arruga (12).

Der Haken nach Arruga wird außen auf die Sklera auf der Höhe des Linsenäquators aufgesetzt.

Der Haken umfaßt das Auge und bewirkt einen Gegendruck, wenn die Schlinge nach Snellen durch die Pupillenöffnung eingeführt wird.

Die Schlinge wird vorsichtig und fast senkrecht in Richtung Äquator des Kerns eingeführt, dann so gekippt, daß die Schlingenfläche unter dem Kern tangential zur hinteren Linsenkapsel steht.

Der Operateur verschiebt nun den Arruga-Haken gegen die Mitte, bis der Kern auf der Schlinge liegt (13). Sobald dieser richtig gelagert ist, wird die Schlinge vorsichtig herausgezogen.

Nun wird der vorgelegte Faden angezogen und verknotet. Die Untersuchung des Auges mit dem Operationsmikroskop läßt zahlreiche Partikel der Linsenrinde erkennen, die durch eine ausgiebige Spülung aus dem Kapselinneren entfernt werden (14 und 14').

Wenn man sich davon überzeugt hat, daß alle Linsenpartikel entfernt sind, wird die Vorderkammer verschlossen.

»Primum non nocere.« Wenn der Eingriff einwandfrei durchgeführt wird und kein Trauma hinzukommt, verheilt die Operationswunde problemlos.

Vier Tage lang erfolgt eine antibiotische Allgemeinbehandlung, kombiniert mit einem nicht-kortikoidalen Entzündungshemmer.

Lokal beschränken wir uns auf eine einwöchige Einträufelung von 1 % Atropin Augentropfen morgens und abends.

Zu einem späteren Zeitpunkt, wenn der Heilungsprozeß bereits weit fortgeschritten ist, instillieren wir dreimal täglich kortikoidhaltige Augentropfen, um die entzündliche Reaktion der Hornhaut einzuschränken.

Besondere Aufmerksamkeit verdient die Verhinderung äußerer Verletzungen, sind sie doch für einen erfahrenen Operateur die Erklärung vieler Mißerfolge. Das Aufwachen aus der Narkose ist eine besonders gefährliche Zeitspanne. Das Tier kann gegen die Wände seines Käfigs taumeln und sich dabei verletzen. Aus diesem Grund sind keine Anästhetika zu verwenden, die postoperative Exzitationen bewirken (Na-Thiopental).

Das Tier muß in dieser Phase jedoch so lange überwacht werden, bis es sich selbst in Brust-Bauchlage halten kann.

Außerdem erscheint uns die Verwendung eines Halskragens als äußerst nützlich, da dieser jede direkte Verletzung des Auges verhindert. Manche Hunde vertragen diese Zwangsmaßnahme sehr schlecht, weshalb man sie am besten bereits vor der Operation daran gewöhnen sollte. Dies ist in der Praxis allerdings nicht realisierbar. Trotz der Nachteile, die diesem Zwangsmittel anhaften, ist das Risiko ohne Schutzmaßnahmen erfahrungsgemäß größer. Der Charakter des Patienten sollte vor jedem Eingriff beurteilt werden. Jedenfalls empfiehlt es sich, überaus nervöse Hunde nicht zu operieren.

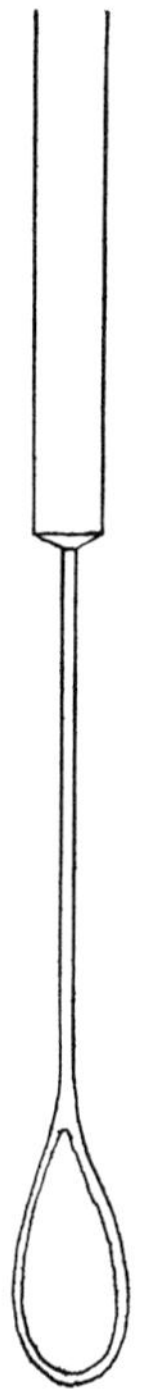

11

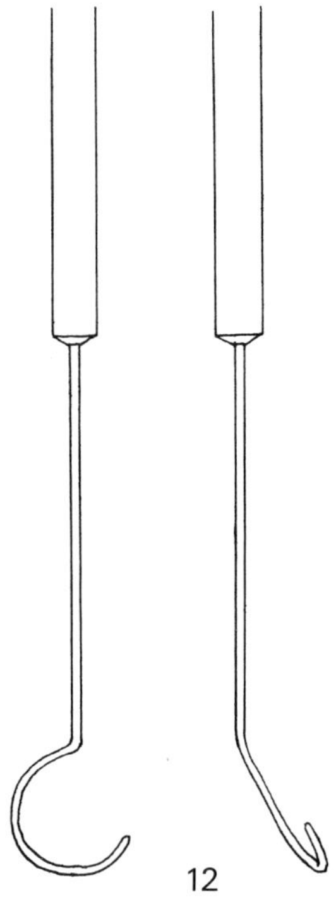

12

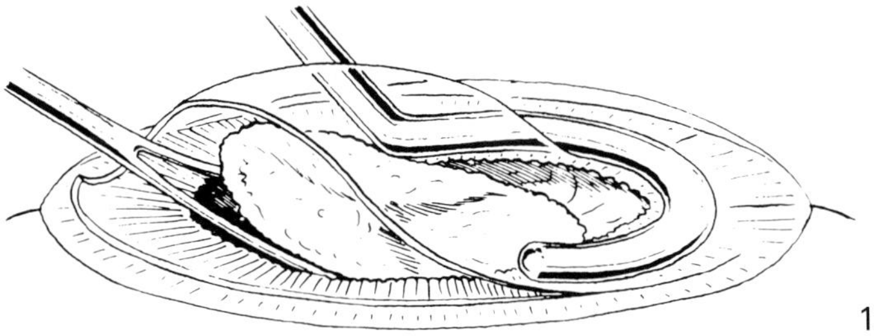

13

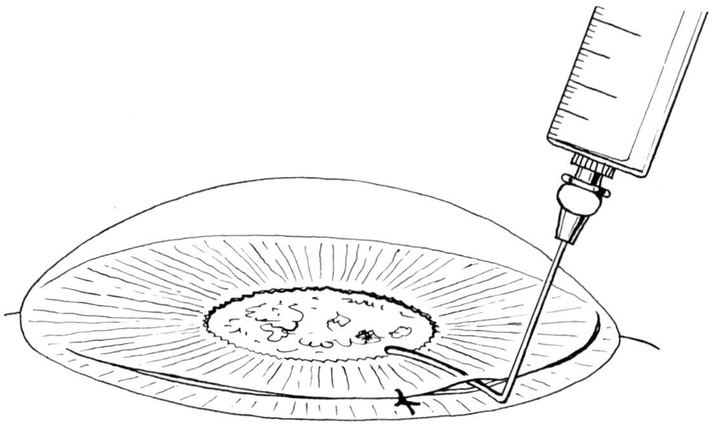

14

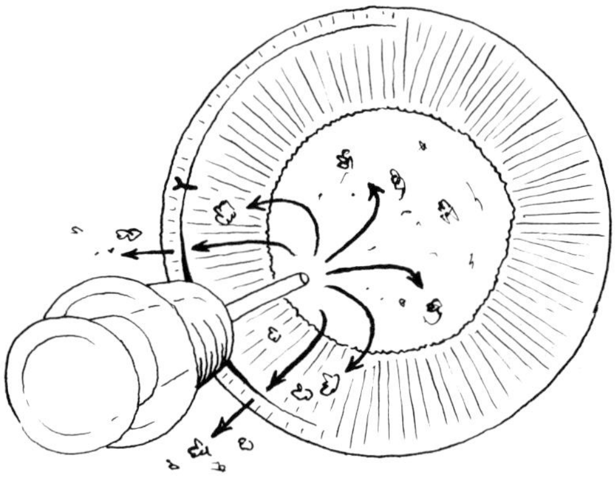

14′

Abb. 111 (Fortsetzung): Extraktion des Linsenkerns

► **5. Verschluß der Vorderkammer**
(Abb. 111.15–16)

Die Naht des Hornhautschnitts bereitet keine Schwierigkeiten. Sie erfolgt mit feinem, resorbierbarem 7/0 oder 8/0 Faden. Wir bevorzugen anstelle von Kollagen 9/0 Polyglaktin, das geschmeidiger ist. Für einen dichten Verschluß der Vorderkammer sind gewöhnlich 8 bis 10 Knopfnähte erforderlich (15). Es muß alles daran gesetzt werden, einen wasserdichten Verschluß zu erreichen. Dieser ist daran erkennbar, daß die Ränder der beiden Hornhautlefzen einwandfrei aneinanderliegen. Er verleiht dem Auge eine Festigkeit, durch die Komplikationen beim Aufwachen vermieden werden.

Die Vorderkammer wird durch die Injektion von physiologischer NaCl-Lösung wiederhergestellt. Bildet sich das Kammerwasser schnell nach, was sehr oft der Fall ist, erübrigt sie sich (16).

Der Eingriff ist damit beinahe beendet. Er wird noch durch einen schützenden Lidverschluß (Blepharorrhaphie) vervollständigt. Vor dieser letzten Phase injizieren wir subkonjunktival ein Antibiotikum (Chloramphenicol) und ein Kortikoid mit Langzeitwirkung (Methyl-Prednisolonazetat 5 mg wie z. B. Depomedrol®).

► **Lidverschluß** (Blepharorrhaphie) (Abb. 111.17)

Der Lidverschluß ergänzt allenfalls die Kanthotomie-Naht. Er hat den doppelten Vorteil, das Auge mechanisch zu schützen und den störenden Lidschlag zu verhindern, der entzündliche Reaktionen begünstigt. Eine horizontale U-Naht gewährleistet einen guten Lidverschluß. Tränensekret und Schleim können gleichwohl ungehindert abfließen, und die Instillation von Augentropfen ist ebenso möglich.

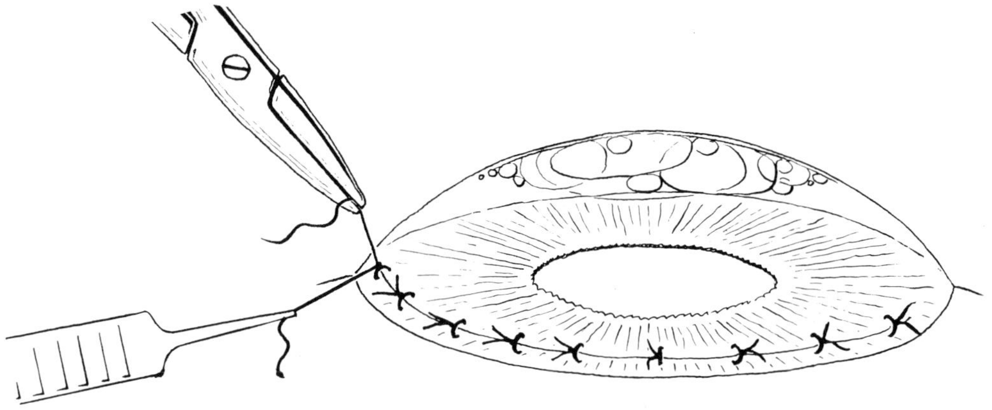

15

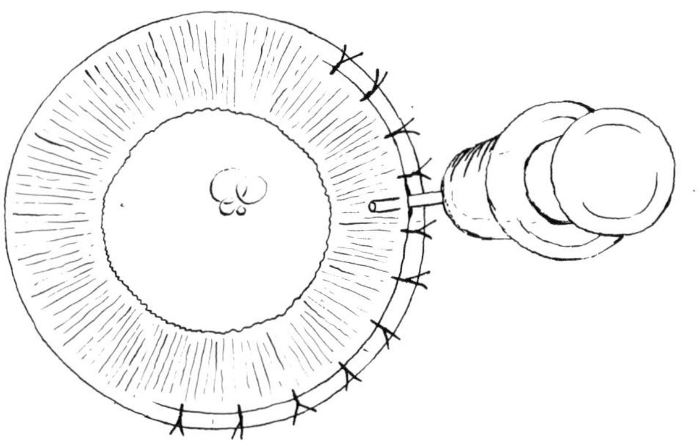

16

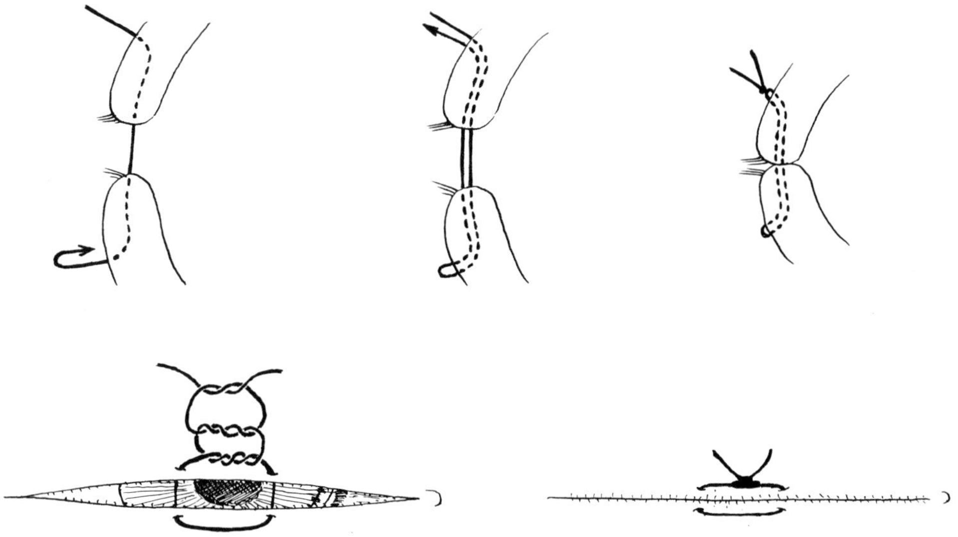

17

Abb. 111 (Fortsetzung): Verschluß der Vorderkammer (15 + 16), Lidverschluß (Blepharorrhaphie (17)

2.8.2 Intraoperative Komplikationen

■ Glaskörpervorfall

Dieses Ereignis ist entweder die Folge einer übersehenen Subluxation der Linse oder einer Ruptur der hinteren Glaskörpermembran während des Eingriffs.

Der Glaskörper bildet sich nicht nach, und man hat lange Zeit mit allen Mitteln versucht, ihn zu reponieren. Diese Manipulation ist heikel und riskant. Der Glaskörper darf jedoch nicht in der Vorder- und Hinterkammer zurückbleiben, da er sonst Iridozyklitis und Glaukom bewirkt. Es ist zweckmäßiger, den vorgefallenen Glaskörper mit einer trockenen Injektionsspritze zu aspirieren. Sobald er aufgesogen ist, wird er bei festgehaltener Spritze mit einer feinen Schere vom Glaskörper abgesetzt, der sich noch in situ befindet. Zur Verhinderung eines übermäßigen Glaskörpervorfalls soll:

▷ präoperativ keine größere retrobulbäre Injektion erfolgen;
▷ auf den Augapfel weder Druck noch Zug ausgeübt werden;
▷ das Tier eine 10 % Mannitol-Infusion erhalten, ohne 5 ml pro kg KG zu überschreiten.

■ Überreife der Linse

Diese Veränderung wird gewöhnlich bei der Eröffnung der vorderen Linsenkapsel bemerkt. Eine milchige Flüssigkeit entweicht, sobald die Kapsel inzidiert ist. Manchmal wird die Überreife bei der ersten klinischen Untersuchung diagnostiziert. Die Kapsel muß sehr vorsichtig eröffnet werden, da sonst die hintere Kapsel zu zerreißen droht. Jeder Druck auf den Augapfel muß vermieden werden, und das Linseninnere muß ausgiebig mit heparinisierter NaCl-Lösung gespült werden, um sämtliche Partikel zu entfernen. Sollte nach der Spülung ein in Resorption begriffener Kern sichtbar werden (Morgagni-Star), wird er mit der Starschlinge nach Snellen entfernt.

■ Bildung von hinteren Synechien

Die Ursache dieser Komplikation ist entweder eine ungenügende medikamentöse Vorbereitung des Patienten, eine erhöhte Entzündungsbereitschaft der Iris (Iridozyklitis) oder eine unsorgfältige Handhabung der Instrumente unter Verletzung der Iris.

Es sollte nicht versucht werden, die sich schnell bildenden Verklebungen zu lösen, denn die damit verbundenen Läsionen würden eine entzündliche Reaktion verursachen. Die Behandlung ist hauptsächlich medikamentöser Art (Atropin-Augentropfen postoperativ). Sie reicht jedoch manchmal nicht aus.

In den meisten Fällen scheint uns eine Iridektomie nicht angebracht, da wir sozusagen nie eine zirkuläre hintere Synechie *(Seclusio pupillae)* mit »Napfkuchen«-Iris beobachten. Die sektorielle Iridektomie ruft beim Hund umfangreiche Blutungen hervor.

■ Expulsive Aderhautblutung

Dies ist eine äußerst schwerwiegende, jedoch sehr seltene Komplikation. Sie hat den Verlust der Sehfähigkeit zur Folge.

■ Staroperation – Intrakapsuläre Extraktion

Sie kann aus den verschiedenen, bereits genannten Gründen nicht empfohlen werden. Das Chymotrypsin löst beim Hund die Zonula nicht. Es sind jedoch einige Ausnahmen erwähnenswert. Bei alten Hunden wird die Zonula zarter, so daß die Linse ganz extrahiert werden kann. Die hintere Kapsel haftet dennoch teilweise am Glaskörper. Man muß die Linse demnach am Rand, der am weitesten von der Vorderkammer-Öffnung entfernt ist, erfassen, diese kippen und die Zone zwischen Glaskörper und hinterer Linsenkapsel durchtrennen, wenn sie nicht schon aufgerissen ist. Die Linse wird sodann herausgezogen. Die Spülung der Hinterkammer ist unnötig. Das Risiko eines Glaskörpervorfalls ist groß (s. Beschreibung dieser Komplikation, S. 215).

2.8.3 Postoperative Komplikationen

Es können zahlreiche postoperative Komplikationen und Zwischenfälle eintreten. Am besten klassifiziert man sie nach ihrer Häufigkeit. Bestimmte Komplikationen bilden eine Ausnahme (Infektion des Auges und Dehiszenz der Hornhautnähte), andere sind selten (Vorderkammerblutung und Glaskörpervorfall), wieder andere kommen häufig vor (hintere Synechien, sekundäre Uveitis, Hornhautödem). Der Schweregrad ist unterschiedlich.

■ Intraokuläre Infektion

Die intraokuläre Infektion ist eine äußerst schwerwiegende, jedoch zum Glück seltene Komplikation. An eine solche Komplikation muß gedacht werden, wenn in den 10 Tagen nach der Operation eine deutliche Chemosis und Hyperämie sowie eine kongestive Füllung der episkleralen Blutgefäße und eine Infiltration (Trübung) der Hornhaut auftreten.

Eine intensive antibiotische Therapie unterdrückt die intraokuläre Entzündung. Trotzdem gefährden Folgeerscheinungen wie Synechien oder Hypopyon das Operationsergebnis. Im ungünstigsten Fall greift die Infektion um sich und führt zur Panophthalmie und zur eitrigen Einschmelzung des Auges (1 Fall unter den 200 zuletzt operierten).

Zur Vermeidung dieser Komplikation genügt es, aseptisch zu operieren und die postoperative Infektion durch Kratzen zu verhindern (Lidverschluß und Halskragen).

■ Dehiszenz der Hornhautnähte

Diese ist ebenfalls eine sehr seltene Komplikation. Sie läßt sich weitgehend vermeiden.

Es ist von entscheidender Bedeutung, daß die Hornhautlefzen ganz genau aufeinander zu liegen kommen. Je besser die Wundränder aufeinanderpassen, desto rascher erfolgt die Heilung. Im günstigsten Fall hält die Naht bereits nach 5 Tagen zuverlässig. Das Nahtmaterial muß biegsam, fein und kräftig sein. Langsam resorbierbare, synthetische Fäden entsprechen diesen Anforderungen am besten. Wir verwenden 7/0 oder 8/0 atraumatische Nähte und unter anderem 8/0 Kollagen, das rasch resorbiert wird und nur eine geringe entzündliche Reaktion hervorruft. Dank der Verwendung von resorbierbarem Nahtmaterial muß der Hund nicht nochmals anästhesiert werden, um die Nähte zu entfernen.

Schließlich ist noch anzumerken, daß eine Infektion die Heilungsvorgänge im Nahtbereich verlangsamen oder sogar unterdrücken kann. Demgegenüber konnte nachgewiesen werden, daß die Injektion eines Kortikoids 4 Tage postoperativ die Wiederherstellung des Gewebes nicht hemmt.

Im Falle einer Nahtdehiszenz ist diese am narkotisierten Hund rasch zu beheben. Ein Auge, dessen Vorderkammer nicht dicht ist, reagiert empfindlich. Die Iris dringt leicht in den ungenügend adaptierten Zwischenraum ein und verlegt so die Wundränder. Falls die Iris vorgelagert ist und sich ein Staphylom gebildet hat, muß das Fibrin entfernt, die Regenbogenhaut zurückverlagert und die Hornhaut erneut genäht werden. Das Auge ist sodann durch eine Nickhautschürze oder einen Lidverschluß zu schützen.

■ Blutung in die Vorderkammer, Hyphäma

Für die Blutungen sind zweierlei Ursachen verantwortlich: Übermäßige Manipulationen der Iris während des Eingriffs sowie postoperative Verletzungen in der Aufwachphase begünstigen Blutergüsse. Die Iris von Hunden, die an Uveitis erkrankt waren, ist empfindlicher. Postoperative Hämorrhagien werden deshalb häufig dieser Überempfindlichkeit zugeschrieben. Es ist dennoch an die reiche Versorgung der Iris mit Blutgefässen zu erinnern, die sektorielle Iridektomien verbietet.

Was ist beim Auftreten eines Hyphämas zu tun?

Die Resorption innerhalb 4 bis 5 Tagen muß abgewartet werden. Meistens sind die Folgeerscheinungen gering. Wir behandeln das Tier gewöhnlich mit einem Hämostyptikum (Etamsylat), kombiniert mit einem entzündungshemmenden Analgetikum (Lysin-Azetylsalizylat).

Schwere Blutungen hinterlassen allerdings Synechien.

■ Glaskörpervorfall

Diese ebenfalls sehr schwere Komplikation kommt nach einer extrakapsulären Linsenextraktion nur ausnahmsweise und praktisch immer dann vor, wenn die hintere Kapsel lädiert wurde.

Sie ist demgegenüber häufig bei intrakapsulären Extraktionen sowie bei Eingriffen im Zusammenhang mit Linsenluxationen.

Die Ausdehnung des Glaskörpers bewirkt einen Pupillarblock und anschließend ein Sekundärglaukom infolge Verdrängung der Iris. Nach einer extrakapsulären Linsenextraktion kann sie das Zeichen einer Aderhautblutung oder einer Netzhautablösung sein.

Für diese schwerwiegende Komplikation gibt es keine einfache Behandlung. Jedenfalls beeinträchtigt sie immer das Operationsergebnis.

■ Hintere Synechien

Hintere Synechien bewirken eine Zügelung der Iris und verhindern das Pupillenspiel. Sie schränken den Operationserfolg ein, jedoch wird das Sehvermögen des Hundes nicht unmittelbar beeinträchtigt. Die Synechien entstehen sehr schnell, wenige Minuten nach der Eröffnung der Vorderkammer. Folgende Faktoren begünstigen derartige Verklebungen:

- ▷ Abnorme Empfindlichkeit der Iris infolge früherer Entzündungen nach Verletzungen beliebiger Art, die eine fibrinöse Exsudation auslösen.
- ▷ Anhaltende, intraoperative Miosis, die zur Erweiterung des *M. sphincter pupillae* zwingt, um die Linse extrahieren zu können.
- ▷ Ungeschickte Manipulationen des Operateurs, durch die diese empfindliche Membran mißhandelt wird.

Die Entstehung von Synechien kann teilweise durch die Instillation von isotoner heparinisierter NaCl-Lösung verhindert werden.

Bei entzündeter Iris hat sich das regelmäßige Einträufeln von Atropin-Augentropfen als prophylaktische Maßnahme besonders bewährt. Bereits ausgebildete Verklebungen lassen sich nicht mehr beseitigen. Sie werden gewöhnlich durch jede Art von Eingriff noch verschlimmert.

Nur bei zirkulärer Synechie *(Seclusio pupillae)* mit Napfkuchen-Iris (Iris bombé) ist eine periphere Iridektomie angezeigt. In allen anderen Fällen ist von Manipulationen an der Iris abzusehen.

■ Sekundäre Uveitis

Manchmal ist es schwierig, die Ursachen einer Iritis anzusprechen im Sinne einer »gewöhnlichen«, linsenantigenen oder traumatischen Uveitis. Unmittelbar postoperativ spricht die Iris auf jeden Entzündungsreiz stärker an. Deshalb injizieren wir nach jeder Operation lokal Kortikoide. Sekundär-Glaukome nach Uveitis werden als häufige Komplikation in der Literatur beschrieben. Aufgrund unserer Erfahrungen bilden sie indessen die Ausnahme.

■ Hornhautödem

Diese Komplikation wird sehr oft beobachtet. Sie ist im allgemeinen reversibel. Das Ödem im unmittelbaren Nahtbereich ist unvermeidbar. Der Hornhautschnitt muß glatt sein, um einen Zerfall der Lamellen zu verhindern.

Eine weitere Ursache eines Ödems besteht in der intraoperativen Verletzung des Hornhautendothels. Der Lidverschluß und die Verwendung von Kortikoiden verringern Ausmaß und Dauer des Ödems, so daß es sich gewöhnlich innerhalb von 2 bis 3 Wochen zurückbildet.

Dieses Kapitel der Komplikationen der Staroperation ist beeindruckend. Die meisten sind vermeidbar. Voraussetzung ist ein strikt methodisches Vorgehen während des Eingriffs. Die Schwierigkeit dieser Operation besteht darin, daß begangene Fehler sich nicht wiedergutmachen lassen.

2.8.4 Staroperation (Diszision, Aspiration, Spülung)

Die Diszision besteht darin, durch eine kleine Öffnung in der vorderen Linsenkapsel die Durchtränkung des Linseninneren und dessen Resorption durch das Kammerwasser zu fördern.

Die Technik ist ansprechend. Nur kommt es in der Folge zu einer starken Reaktion der Iris, bedingt durch die Entwicklung einer Überempfindlichkeit gegen Linsenproteine. Deswegen ergänzen wir diese Technik durch ein Absaugen der noch weichen Linsenmassen und durch eine ausgiebige Spülung sowohl der Vorderkammer als auch des Linseninneren.

■ Wahl des Tieres und seine Vorbereitung

Die Operation ist nur bei jungen, noch nicht einjährigen Hunden und Katzen anwendbar. Gewöhnlich handelt es sich bei den Patienten um Afghanische Windhunde, nachdem bei dieser Rasse juvenile Startrübungen ziemlich häufig auftreten. Der Eingriff erfolgt am besten im Alter von 6–9 Monaten. Zu diesem Zeitpunkt ist das Auge bereits groß genug, die Linse ist einfach zu erreichen, das Linseninnere ist noch sehr flüssig. Nach dem ersten Lebensjahr ist die bereits beschriebene extrakapsuläre Extraktion indiziert.

Das Tier wird wie bei einer extrakapsulären Linsenextraktion vorbereitet. Besonders wichtig ist die vollkommene Weitstellung der Pupille. Das Tier wird in Seitenlage gebracht. Der Operateur sitzt in der gedachten Verlängerung der Hundeschnauze.

Die Phako-Emulsifikation ist nur bei »halbharten« Starlinsen anwendbar. Der Preis für die erforderlichen Instrumente ist derart hoch, daß ihre Anschaffung angesichts der seltenen Indikation für eine private Tierarztpraxis kaum in Frage kommt.

■ Operation: Diszision, Aspiration und Spülung (Abb. 112)

Das Instrumentarium ist einfacher im Vergleich zu dem bei der extrakapsulären Linsenextraktion benötigten. Das spezifisch ophthalmologische Operationsbesteck enthält: eine Lanze, einen Nadelhalter nach Castroviejo, ein Zystotom, einen Irisspatel, eine Saug- und Spülkanüle nach Ruellen und eine Pinzette nach Paufique.

Es ist ratsam, stets auch das Besteck für eine Staroperation bereitzuhalten für den Fall, daß sich eine Diszision und Aspiration als nicht durchführbar erweisen, falls der Linsenkern zu hart ist.

Die Hornhaut wird 1 mm vom Limbus entfernt auf eine Länge von ca. 4 mm mit der Lanze inzidiert, am linken Auge von 7–9 Uhr, am rechten Auge von 1–3 Uhr. Anschließend wird das vordere Ende des Zystotoms in die Vorderkammer eingeführt. Dessen Spitze wird auf der vorderen Linsenkapsel aufgesetzt, diese sodann von der Hornhautöffnung weg durchtrennt und im Bogen gegen den Operateur zurückgeführt (1). Sobald die vordere Linsenkapsel eröffnet ist, wird das Instrument zurückgezogen. Nun wird die Saug- und Spülkanüle eingeführt und deren Ende in die Kapselöffnung vorgeschoben. Das Linseninnere wird angesaugt und daraufhin die Spülflüssigkeit vorsichtig injiziert, um die peripheren Linsenpartikel zu mobilisieren (2). Der Flüssigkeitsüberschuß entweicht durch die Hornhautöffnung und führt die zerfallenen Massen mit sich (3). Die Spülflüssigkeit ist eine isotonische NaCl-Lösung mit Adrenalin-Zusatz 1/10 000 und Heparin 100 I. E. pro ml. Wenn das Linsenzentrum klar erscheint und alle Partikel entfernt sind, wird die Hornhautöffnung mit zwei Knopfnähten aus Polyglykol 7/0 verschlossen (4).

Nach der Operation wird Methyl-Prednisolonazetat subkonjunktival injiziert. Eine antibiotische Augensalbe mit Chloramphenicol wird auf die Hornhaut aufgetragen und der Eingriff mit einem Lidverschluß, der nach drei Tagen gelöst wird, abgeschlossen.

■ Postoperative Behandlung und Komplikationen

Beide sind gleich wie bei der extrakapsulären Linsenextraktion. Die Hornhautnaht verheilt schneller. Zu beachten ist das häufige Auftreten eines diffusen Hornhautödems, das sich indessen in der Regel innerhalb von 10 Tagen zurückbildet.

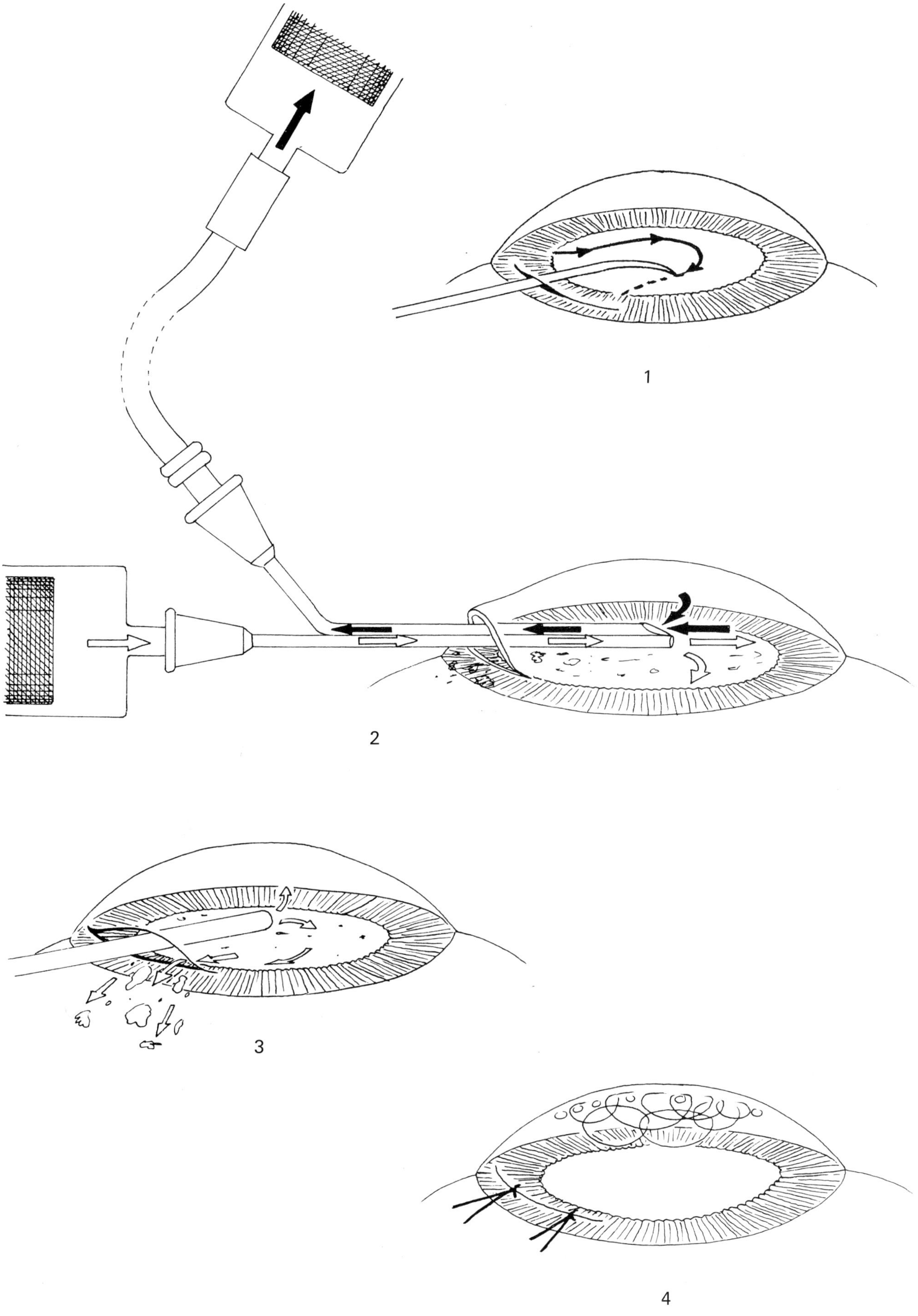

Abb. 112: Staroperation: Diszision, Aspiration und Spülung

2.8.5 Staroperation (Phako-Fragmentation, Phako-Emulsifikation)

Die Behandlungsergebnisse bei weichen Starformen sind ausgezeichnet. Auch wenn der Hersteller des Apparats, Dr. Girard, auf die Möglichkeit seiner Anwendung bei Startrübungen erwachsener Tiere hinweist, bewirken die damit verbundenen Läsionen doch vermehrt Komplikationen.

■ Iritis als Komplikation

Die Sonde ruft eine entzündliche Reaktion hervor, die sich als Miosis manifestiert. Gegen Ende des Eingriffs ist deshalb die Pupille durch Instillation von Adrenalin 1/10 000 erneut zu erweitern. Die Mydriasis muß während 2 Wochen postoperativ durch Einträufelung von 1 % Atropin aufrechterhalten werden.

■ Komplikationen mit Keratitis

Diese sind häufig. Die Entzündung des Endothels bewirkt ein Hornhautödem, das sich gewöhnlich zurückbildet, manchmal aber persistiert. Je länger die Operation dauert, wie es bei hartem Star der Fall ist, desto schwerwiegender sind die Läsionen.

Zusammenfassend ist zu bemerken, daß nach unserer Auffassung diese zwar elegante Technik mit Rücksicht auf die teure Apparatur und den eingeschränkten Indikationsbereich (nur weiche Starformen) nicht zur Weiterverwendung empfohlen werden kann.

■ Phako-Fragmentation und Phako-Emulsifikation mit einer Ultraschall-Sonde

Der von uns verwendete Apparat ist eine Sonde nach Girard. Die Ultraschall-Sonde ist mit einem Aspirationssystem ausgestattet. Nach Eröffnung der Hornhaut und der Vorderkapsel wird die Sonde durch die Vorderkammer in die Linse eingeführt. Die Sonde, die über ein Fußpedal regulierbar ist, wird in Bewegung gesetzt. Die Aspiration kann nach Bedarf ausgelöst werden. Die Sonde zerlegt die Linse in kleine Bruchstücke, die sich aspirieren lassen (Abb. 113).

Eine Kanüle wird in die Vorderkammer eingeführt, wobei eine Assistenz für deren ständige Spülung zu sorgen hat. Diese ist wichtig, damit die Hornhaut nicht durch die Sonde lädiert wird. Das Hornhautendothel ist bekanntlich sehr empfindlich (Abb. 114).

Die Kern- und Rindensubstanz der Linse wird aspiriert, wobei darauf zu achten ist, daß die Hinterkapsel unbeschädigt bleibt.

Am Ende des Eingriffs werden die Sonde sowie die Spülkanüle zurückgezogen und anschließend die Vorderkammer mit isotoner NaCl-Lösung mit Adrenalin-Zusatz wiederhergestellt.

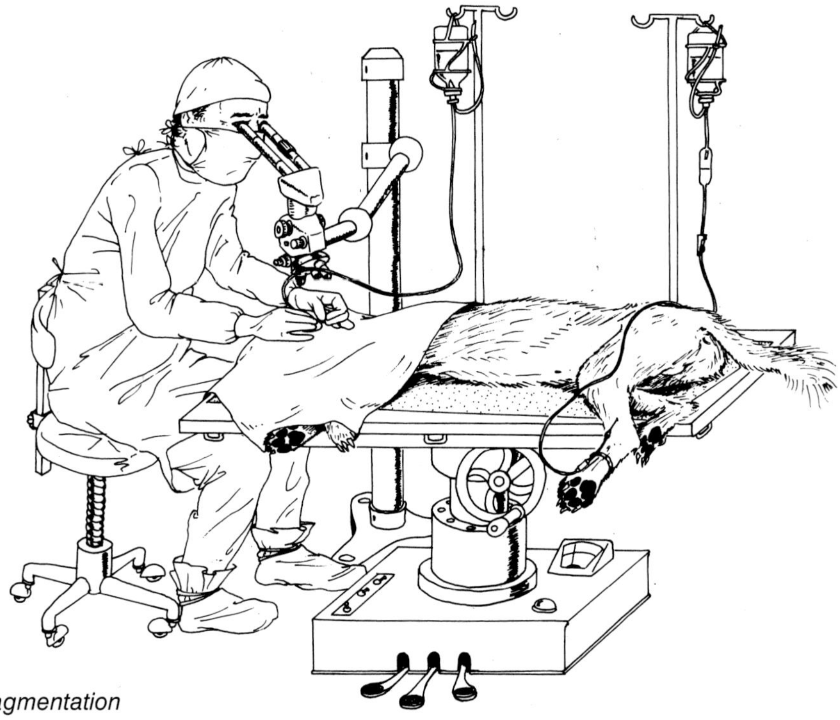

Abb. 113: Apparative Einrichtung zur Phako-Fragmentation und -Emulsifikation

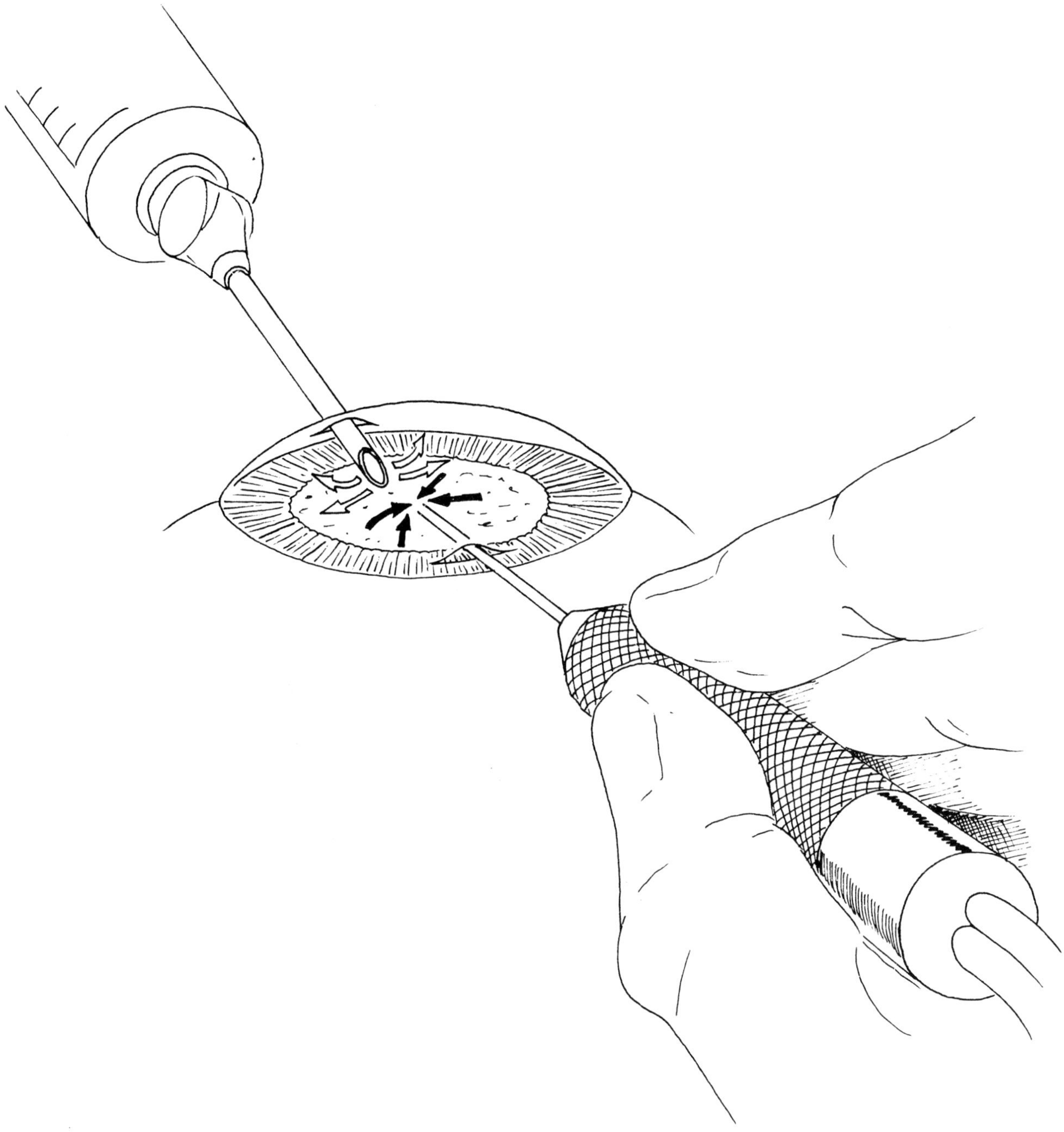

Abb. 114: Phako-Fragmentation und -Emulsifikation mit Ultraschall-Sonde

2.9 Linsenluxation

Man spricht von Linsenluxation, wenn sich die Linse nicht mehr in der vorderen Glaskörpergrube befindet, die mit der dazugehörigen Membran ausgekleidet ist.

Es ist zwischen **Luxation** und **Subluxation** zu unterscheiden. Bei der Subluxation hat sich die Linse verlagert, es bestehen jedoch noch Verbindungen zur Zonula. Sobald diese gänzlich zerrissen sind, tritt das Stadium der Luxation ein.

Bei einer Linsenluxation kann die Linse: in situ sein, sich in die Vorderkammer verlagern (= vordere Luxation), rittlings auf der Iris sitzen oder unter den Glaskörper absinken oder in diesen zurücksinken (= hintere Luxation).

Katarakt und Luxation sollten nicht verwechselt werden. Manchmal kann sich eine luxierte Linse eintrüben, wenn die Luxation entzündlichen Ursprungs ist, doch bleibt die Linse öfters durchsichtig. Die beiden Zustände sind deshalb auseinanderzuhalten. Die allgemein anhaltende Transparenz der Linse erschwert die Diagnose.

■ Diagnose

Der Nachweis einer vorderen oder hinteren Linsenluxation stützt sich auf die Untersuchung der Purkinje-Bildchen (s. Kap. 1.2 über die Untersuchung des Auges, S. 18).

► **Vordere Luxation** (Luxation in die Vorderkammer)
Die Bildchen sind verschoben. Das zweite und das dritte Bildchen sind näher am ersten Bildchen an der Hornhautoberfläche. Manchmal fehlt das zweite Bildchen. Wenn die Linse das Hornhautendothel berührt, kommt es zu einer entzündlichen Reaktion mit daran anschließendem Ödem, das gewöhnlich im Hornhautzentrum in Erscheinung tritt.

► **Hintere Luxation** (Luxation in die Hinterkammer)
Diese ist dadurch gekennzeichnet, daß das zweite und dritte Bildchen nach Purkinje fehlen (aphakes Auge). Sehr oft ist die Linse unter dem Glaskörper sichtbar, wobei man entweder die Umrisse wahrnehmen kann oder eine Startrübung die Lokalisierung erleichtert.

► **Luxation mit rittlings auf der Iris sitzender Linse**
Diese ist schwieriger festzustellen. Sie bewirkt eine Iritis oder eine *Uveitis anterior* und in manchen Fällen als weitere Komplikation ein Glaukom. Gute Beleuchtungsverhältnisse erleichtern meistens die Erkennung der Linsenumrisse.

Die Diagnose einer Subluxation ist weniger offensichtlich, ebenso eine Luxation ohne Verlagerung. Man beobachtet eine, mehrere oder alle nachstehenden Veränderungen:

▷ Eine Deformation der Iris, die in der Mitte vorgewölbt und am Rand eingesunken ist.
▷ Eine unregelmäßige Pupille mit ovaler Verformung, wobei die Linse mehr auf einen Sektor der Pupille drückt und entsprechend weniger auf die anderen Teile.
▷ Irisschlottern (Iridodonesis), wenn der Hund den Augapfel bewegt. Die Trägheit von Linse und Augapfel ist verschieden, wobei die Linse gegenüber dem Augapfel zurückbleibt.
▷ Die Verlagerungen der Linse bringen das Kammerwasser in Bewegung, das seinerseits die Iris wie einen Vorhang im Wind bewegt.
▷ Ein aphaker Halbmond: zwischen der Iris und der Linsenperipherie besteht ein halbmondförmiger Bereich, der durch das vom Tapetum reflektierte Licht hervorgehoben wird.
▷ Der Aufhängeapparat der Linse (= Zonula) ist manchmal sichtbar, obgleich er überdehnt oder teilweise zerrissen ist. Feine Fasern gehen strahlenförmig von der Linse aus.

■ Ätiologie

Die Linsenluxation kann durch ein Trauma bedingt sein, sich als Folge einer Iridozyklitis einstellen oder bei entsprechend veranlagten Tieren spontan auftreten. In diesem Fall ist die Luxation häufig beidseitig.

■ Rassetypisches Auftreten

Linsenluxationen werden bei allen Terriern festgestellt:

▷ Vor allem beim Drahthaar- und Glatthaar-Fox-Terrier, vorwiegend im Alter zwischen vier und sieben Jahren.

▷ Beim Sealyham-, Welsh- und Yorkshire-Terrier.

▷ Bei anderen Rassen wie Deutscher Jagdterrier, Kurzhaar-Dackel und amerikanischer Basset Hound.

Unfallbedingte Luxationen kommen bei Hunden aller Altersstufen vor. Es besteht somit keine Altersabhängigkeit. Diese Luxationen sind jeweils einseitig.

Die Linsenluxation ist an sich ein schwerwiegendes Leiden, das zu weiteren Komplikationen Anlaß geben kann wie *Uveitis anterior* infolge mechanischer Reizung der Iris und Glaukom, wobei die Drucksteigerung sowohl als Folge der Verlagerung der Linse und des Glaskörpers als auch durch den Verlauf der Uveitis bedingt sein mag. Aus diesem Grund muß sehr früh über einen operativen Eingriff entschieden werden.

■ Operationsindikationen

Die Operation einer Linsenluxation ist nicht einfach. Langfristig gesehen gibt es jedoch keine zufriedenstellende konservative Behandlung. Allerdings ist es wichtig, die Indikationen genau zu bestimmen.

Vier Faktoren sind zu berücksichtigen: der Augendruck, die Lage der luxierten Linse, das Vorhandensein einer Uveitis, das zu erwartende Operationsergebnis in Abhängigkeit vom Alter der Läsionen.

► Augeninnendruck

Er wird durch die klinische Untersuchung und mit Hilfe der Tonometrie bestimmt. Die Tonometrie ist sehr nützlich, weil ein Glaukom auch im Falle eines »roten« Auges nachweisbar ist, für das andere Ursachen verantwortlich sind wie insbesondere Uveitis.

Das Vorhandensein von Überdruck ist eine relative Kontraindikation für die Operation. Er ist sehr oft ein Hinweis für eine Glaskörperverlagerung. Andauernder hoher Überdruck bewirkt schnell eine Degeneration der Netzhaut, ohne Aussicht auf Wiederherstellung des Sehvermögens. Die Untersuchung des Augenhintergrunds, sofern möglich, bestätigt oft diese Vermutung.

► Lage der Linse

Die Linse ist luxiert, befindet sich aber an ihrem Platz. Sie ist weder verlagert noch besteht Überdruck. Die Operation ist in einem solchen Fall absolut indiziert. Die Ergebnisse sind gewöhnlich sehr gut.

▷ Die Linse ist in die Vorderkammer luxiert und liegt der Hornhautrückfläche oft eng an. Es besteht kein Überdruck. Es sollte operiert werden, besonders bei vorhandenem Sehvermögen.

Die Gefahr ist groß, daß Glaskörper prolabiert, bleibt er doch in den meisten Fällen mit der hinteren Linsenkapsel verbunden. Die Operation sollte ohne Verzug vorgenommen werden, denn der anhaltende Kontakt zwischen Linse und Endothel führt zu einer Adhäsion zwischen Linsenkapsel und Endothel, so daß dieses bei der Extraktion auf schwerwiegende Weise lädiert wird.

Eine aufsitzende Linse verursacht regelmäßig eine Uveitis und ein Glaukom, wobei die Prognose rasch ungünstig wird. Die Ergebnisse sind immer enttäuschend, wenn der Eingriff hinausgezögert wird. Bei frühzeitiger Operation ist der Erfolg gleichfalls unsicher.

Die nach hinten in den Glaskörper luxierte Linse bewirkt bedeutende Verlagerungen desselben. Wird diese Diagnose gestellt, handelt es sich oft um alte Luxationen, weshalb die Operation stets kontraindiziert ist.

► Uveitis als Begleiterkrankung bestimmter Luxationen

Sie verschlimmert den ursprünglichen Zustand in jedem Fall. Die Operation wird schwierig, bedingt durch die

Tabelle 19: Vorgehen bei Linsenluxation

	Luxation in die Vorderkammer	Luxation in situ (Einfache Luxation ohne Verlagerung)	Luxation »à cheval« (rittlings) oder durch Glaukom und/oder Iritis Komplizierte Luxation	Luxation in den Glaskörper
	I	II	III	IV
Diagnostik	Direkte Untersuchung Hornhautödem Iris nur teilweise hinter der Linse sichtbar	Aphaker Halbmond Irisschlottern Zonula sichtbar Iris im Zentrum vorgewölbt	Auge rot Mydriasis Merkmale wie II	Verschwinden des 2. + 3. Purkinjebildchens Linse direkt sichtbar
Medikamentelle Behandlung	Kortikoide Karboanhydrasehemmer und Timoptol	Miotika	Kortikoide desgl.	Kortikoide, wenn Auge rot desgl.
Operative Behandlung	Ja, wenn die Sehfähigkeit erhalten werden kann oder wenn das Auge schmerzhaft ist			Nur angezeigt bei starkem Schmerz
Prognose	Zurückhaltend Hornhautödem Augendruck stark erhöht	Gut	Zurückhaltend	Ungünstig

Empfindlichkeit der Iris. Vor dem Eingriff injizierte Kortikoide verringern die entzündliche Reaktion beträchtlich.

Das erwartete Operationsergebnis muß im einzelnen dargelegt und dem Tierhalter erklärt werden.

Die Wiederherstellung oder die Erhaltung des Sehvermögens können nicht zugesichert werden, nicht einmal bei prognostisch günstigen Luxationen (s. o.). Man kann die Erhaltung des Visus nicht gewährleisten, da immer die Gefahr von Glaskörpervorfall besteht, der eine Netzhautablösung bewirken kann.

Mit einer Operation kann bei Fleischfressern die Absicht verbunden sein, die Schmerzen und das Glaukom auszuschalten sowie das Aussehen des Augapfels zu erhalten, wenn die Tiere die Sehkraft zwar verloren haben, jedoch von Zeit zu Zeit unter Glaukomanfällen und Entzündungsschüben leiden. Der Eingriff ist in diesem Fall indiziert. Dessen Ziel muß jedoch dem Tierhalter vorher genau erklärt werden.

■ **Medikamentöse Behandlung**

Diese Form der Behandlung wurde bis jetzt kaum erwähnt, denn sie ist unseres Erachtens zweitrangig. Sie kann den Eingriff nur mehr oder weniger langfristig vorbereiten bzw. die schwerwiegenden Folgen der inoperablen Luxationen nur unvollkommen beheben.

Streng genommen kommt bei einer Luxation lediglich diejenige ohne Linsenverlagerung oder die Subluxation zur medikamentösen Behandlung in Frage, mit der eine gewisse Zeit verhindert werden kann, daß die Linse sich verlagert und die Erkrankung sich verschlimmert. Durch regelmäßiges Einträufeln eines Miotikums, gewöhnlich eines Langzeitmiotikums wie Demecariumbromid (Tosmilen® 0,25 %) oder Diisopropylfluoro-phosphat 0,1 % (Diflupyl® oder DFP®), soll die Pupille eng gestellt werden.

Hat die Linsenluxation jedoch ein Glaukom verursacht, sind Miotika kontraindiziert. In diesem Fall bewirkt der Druck der Linse zusammen mit dem Glaskörper eine Annäherung der Iris an die Hornhaut und eine vollständige Verlegung des Kammerwinkels, so daß der Abfluß des Kammerwassers zusätzlich erschwert wird.

Mit der medikamentösen Behandlung sollen ferner die mit der Uveitis und dem Glaukom zusammenhängenden Komplikationen gemildert werden.

Nachstehend führen wir einige Charakteristika auf:

- ▷ Die Glaukombehandlung beinhaltet die Anwendung von Substanzen, die die ziliare Kammerwassersekretion beeinflussen (z. B. Karboanhydrasehemmer oder Timolol). Präoperativ muß das akute Glaukom behandelt werden (vgl. Kapitel 1.3.3, Notfälle in der Augenheilkunde, S. 55 f.).
- ▷ Die Behandlung einer Uveitis setzt die Anwendung von Kortikoiden voraus, am besten als subkonjunktivale Injektion. Von der Anwendung von Atropin ist abzuraten, da oft auch ein Glaukom vorhanden ist, so daß eine Mydriasis den intraokulären Druck noch erhöhen würde. Es handelt sich nämlich hier nicht um eine einfache Uveitis mit Überdruck. Der verlagerte Glaskörper spielt eine beachtliche mechanische Rolle bei der Entstehung des Glaukoms. Obwohl die Kortikoide beim Glaukom in der Regel kontraindiziert sind, scheint es uns wichtig, darauf hinzuweisen, daß im Falle von Luxationen Kortikoide in Verbindung mit drucksenkenden Medikamenten angezeigt sind. Der Vorteil ihrer Verwendung überwiegt im Vergleich zur möglichen Gefahr.
- ▷ Die medikamentöse Behandlung einer Linsenluxation ist ein sehr unvollkommenes Verfahren, weshalb es angebracht ist, das therapeutische Schlüsselelement näher darzulegen: die operative Behandlung (vgl. hierzu Tabelle 19).

2.9.1 Luxation in die Vorderkammer

Die Operationstechnik hängt von der Art der Luxation ab, wobei gewisse Vorsichtsmaßregeln allen gemeinsam sind. Wir stellen sie deshalb an den Anfang dieses Abschnitts.

Die Technik der Eröffnung der Vorderkammer ist gleich wie bei der Staroperation, aber im Vergleich zu jener kommt es noch mehr darauf an, daß die Inzision genügend weit ist, damit während der Linsenextraktion jeglicher Druck vermieden werden kann.

Aus dem gleichen Grund sollte präoperativ kein Medikament retrobulbär injiziert werden.

Damit der Glaskörper möglichst in situ bleibt, infundieren wir normalerweise eine 10 %-Mannitollösung vor und während des Eingriffs (5 bis 10 ml/kg).

Noch mehr als bei der Staroperation lohnt es sich, zwei Nähte vorzulegen, damit die Vorderkammer unmittelbar nach der Linsenextraktion wiederhergestellt werden kann.

Im Gegensatz zur Staroperation induzieren wir präoperativ keine Pupillenerweiterung (Mydriasis). Nur bei Luxationen ohne Linsenverlagerung wird kurz vor der Operation mittels Einträufeln von Atropin eine Mydriasis herbeigeführt. In den anderen Fällen wird diese erst intraoperativ durch eine Injektion von Adrenalin 1 : 10 000 in die Vorderkammer bewerkstelligt.

Die Operationsphasen hängen im einzelnen von der Art der Luxation ab.

■ **Operationstechnik bei der Luxation in die Vorderkammer** (Abb. 115)

Die Entfernung der Linse scheint sehr einfach. Dennoch gibt es einige technische Schwierigkeiten, auf die der Operateur gefaßt sein sollte:

- ▷ Die in die Vorderkammer luxierte Linse ist nach vorne frei, so daß sie sehr oft hinter die Iris zurückgleitet, sobald das Tier narkotisiert auf der Seite

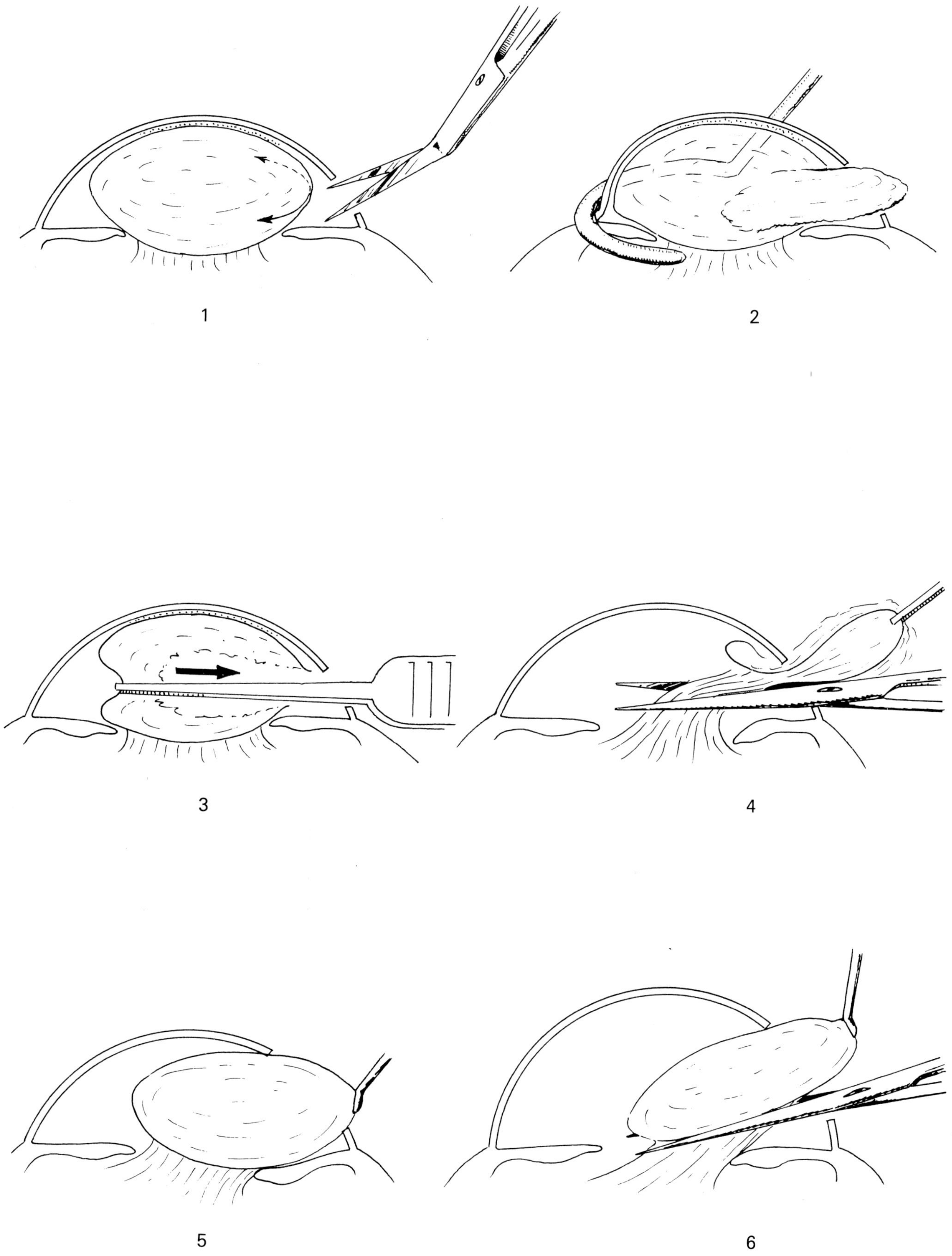

Abb. 115: Operationstechnik bei Luxation in die Vorderkammer

liegt. Der Eingriff entspricht in der Folge der Operation einer normal gelagerten Linse.

- ▷ Im anderen Fall haftet die Linse am Hornhautendothel und bleibt in dieser Lage, so daß die Extraktion erschwert wird. In diesem Fall bevorzugen wir es, die Linse am Äquator zu öffnen (1), sie ihres Inhalts zu entleeren (2) und dann die Kapsel durch seitlichen Zug zu entfernen (3).
- ▷ Manchmal bleibt die Linse frei in der Vorderkammer, so daß es genügt, sie mittels Kryoextraktion zu entbinden (5), wobei der Glaskörper, der mit der hinteren Linsenkapsel verbunden ist, sorgfältig abgetrennt werden muß (6).

Nach der Extraktion müssen die vorgelegten Nähte sofort angezogen werden, um die ursprüngliche Form des Augapfels wiederherzustellen. Durch die Hornhautöffnung wird sodann eine große Kanüle eingeführt, so daß der vorgelagerte Glaskörper mit Hilfe der Injektionsspritze aspiriert werden kann (Abb. 116.4). Der angesaugte Glaskörper wird abgeschnitten. Ein Vorderkammer-Vitrektom, das praktischer ist, leistet denselben Dienst. Mit Zelluloseschwämmchen kann die Vorderkammer trockengelegt und der Umfang des vordrängenden Glaskörpers gut erkannt werden (Abb. 116.5). Die vollständige Entfernung des in die Vorderkammer vorquellenden Glaskörpers ist sehr wichtig, um die Entstehung eines postoperativen Glaukoms zu verhindern.

Die Vorderkammer wird nun mit Luft wiederhergestellt, was insofern vorteilhaft ist, weil sich diese nicht mit dem Glaskörper vermischt (Abb. 116.6).

Der Verschluß der Vorderkammer und der Lider ist gleich wie bei der Staroperation.

2.9.2 Luxation ohne Verlagerung

■ **Operationstechnik bei der Luxation ohne Verlagerung** (Abb. 116)

In diesem Fall kommt es vor allem darauf an, daß die Linse sorgfältig manipuliert wird. Ist die Pupillenerweiterung unzureichend, wird sie durch Instillation von Adrenalin 1 : 10 000 herbeigeführt. Dann wird die Linse entweder mit dem Kapselsauger (1) oder dem Kryoextraktor vorsichtig extrahiert, wobei ein leichter, aber wirksamer Gegendruck von außen mit Hilfe eines Starhakens nach Arruga die Entbindung erleichtert (2). Fast immer wird mit der Linse auch der Glaskörper nachgezogen, so daß er mit einer Castroviejo-Schere abgeschnitten werden muß (3).

Sollte die Linse während des Eingriffs kippen und in den Glaskörper zurücksinken, ist die Extraktion zwar nach wie vor möglich, nur ist mit zusätzlichen Komplikationen zu rechnen, wie Glaskörpervorfall und Netzhautablösung, bedingt durch die Druck- und Zugwirkungen im Laufe der Manipulationen.

Das weitere Vorgehen erfolgt wie am Ende von Kap. 2.9.1 beschrieben.

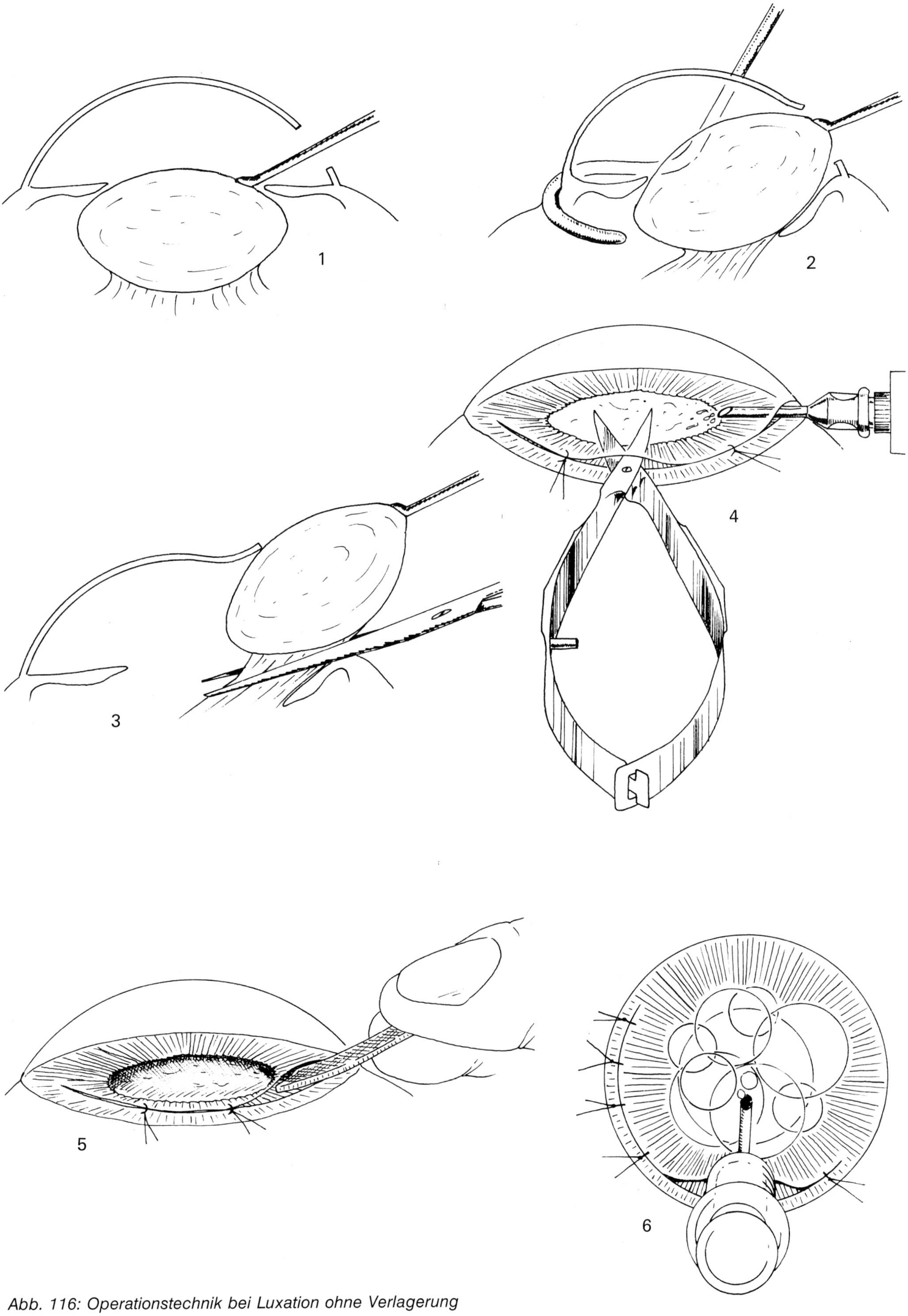

Abb. 116: Operationstechnik bei Luxation ohne Verlagerung

2.10 Entfernung des Augapfels und Augenprothese

Wenn das Auge nutzlos geworden ist und vor allem, wenn es bei bestimmten Erkrankungen ständige Beschwerden verursacht, sollte es entfernt werden.

Das Operationsergebnis hängt nicht so sehr davon ab, ob eine Eviszeration oder eine Enukleation des Bulbus vorgenommen wird oder ob eine Exenteration der Augenhöhle erfolgt.

Die Operationsindikationen sind für diese drei Techniken annähernd gleich. In der Folge sollen die drei Methoden erläutert werden.

► **Enukleation**

Die Entfernung des Augapfels erfolgt nach Durchtrennung der Bindehaut und der Tenonschen Kapsel, die beide in situ bleiben. In einer zweiten Phase werden die Lidränder exzidiert.

► **Eviszeration**

Sie besteht in der Entfernung des Auginneren, wobei die corneosklerale Umhüllung und die Nebenorgane erhalten bleiben.

► **Exenteration**

In diesem Fall wird der Inhalt der Augenhöhle samt Nebenorganen en bloc entfernt.

Es kommen die folgenden Operationsindikationen in Betracht:

▷ Anhaltende chronische oder rezidivierende Entzündung (Uveitis oder Panophthalmie);

▷ chronisches Glaukom und Augapfelvergrößerung (Buphthalmus), die eine Entartung des Bulbus bewirken;

▷ intraokulare Tumoren.

Die Besitzer haben häufig Angst vor einem derartigen Eingriff. Zwei einfache Leitideen liegen der Wahl des Verfahrens zugrunde: Der Schmerzzustand muß behoben und die Wahl einer der drei möglichen Techniken muß sorgfältig beurteilt werden.

Die Exenteration ist jedesmal indiziert, wenn eine schwerwiegende Infektion oder die Gefahr von Tumor-Metastasen oder Rezidiven besteht. Die Wahl zwischen Enukleation und Eviszeration hängt ab vom erwarteten kosmetischen Ergebnis (bei langhaarigen Tieren bleibt eine Enukleation unbemerkt) und vom Wunsch des Besitzers.

Die Eviszeration mit anschließender Implantation einer Silikonprothese ist etwas komplizierter.

Anmerkung:

Aufgrund reiflicher Überlegung verzichten wir auf die Beschreibung extraskleraler Prothesen, da diese eine postoperative Nachbehandlung und auch später eine gewissenhafte Überwachung erfordern.

2.10.1 Entfernung des Augapfels

■ **Enukleation** (Abb. 117)
Die Enukleation besteht in der Entfernung des Augapfels nach Durchtrennung der Bindehaut und der Tenonschen Kapsel, die in situ bleiben. In einer zweiten Phase werden die Lidränder exzidiert.

Dieser Eingriff bleibt bei einem langhaarigen Tier unbemerkt.

Der Augapfel wird möglichst weit freigelegt und gleich eine Kanthotomie vorgenommen, um die Lidspalte zu erweitern. Die Durchtrennung der Bindehaut erfolgt zirkulär dem Limbus entlang, wobei die Tenonsche Kapsel ebenfalls losgelöst wird (1). Es soll kein Gewebe an der perlmuttartig weißen Lederhaut haften bleiben.

Nun werden die Augenmuskeln sichtbar. Die 4 geraden und die 2 schrägen Muskeln werden in der Nähe ihres Sehnenansatzes an der Lederhaut abgesetzt. Ein stumpfes Häkchen, mit dem man den Muskel anhebt, erleichtert die Durchtrennung (2).

Der Bulbus ist nun ziemlich frei und leicht zu bewegen. Es verbleibt indessen noch ein Muskelkranz rund um die Hülle des Sehnervs. Die Muskeln werden durchschnitten, so daß nur noch der Nervenstrang den Bulbus in der Orbitalhöhle zurückhält. Seine leichte Drehbarkeit läßt die zarte Verbindung erkennen (3).

Es bleibt nur noch die Hülle des Sehnervs und dessen Inhalt zu durchtrennen. Zur Vermeidung einer Blutung wird der gesamte Nervenstrang mit einer gebogenen und stumpfen Klemme (nach Kelly) erfaßt und oberhalb dieser durchtrennt (4).

Die Klemme wird 2 Minuten belassen, währenddessen die kleinen Blutungen der Tenonschen Kapsel versorgt werden. Mit Catgut wird hinter der Klemme ligiert (5). Diese Vorsichtsmaßnahme ist nicht unbedingt erforderlich, da die Blutung der Zentralarterie sehr oft allein als Folge des Klemmdrucks steht.

Die Nickhaut samt Nickhautdrüse wird entfernt, die Lidränder werden exzidiert (7).

Die Lider werden mit Einzelknopfnähten mit Hilfe eines geflochtenen Tergalfadens 4/0 verschlossen (8). Die Nähte können nach einer Woche gezogen werden.

Anmerkung: Die Lidränder müssen vollständig vernäht werden. Das Einlegen von Drains ist unnütz oder sogar schädlich, da sie zur Fistelbildung Anlaß geben können.

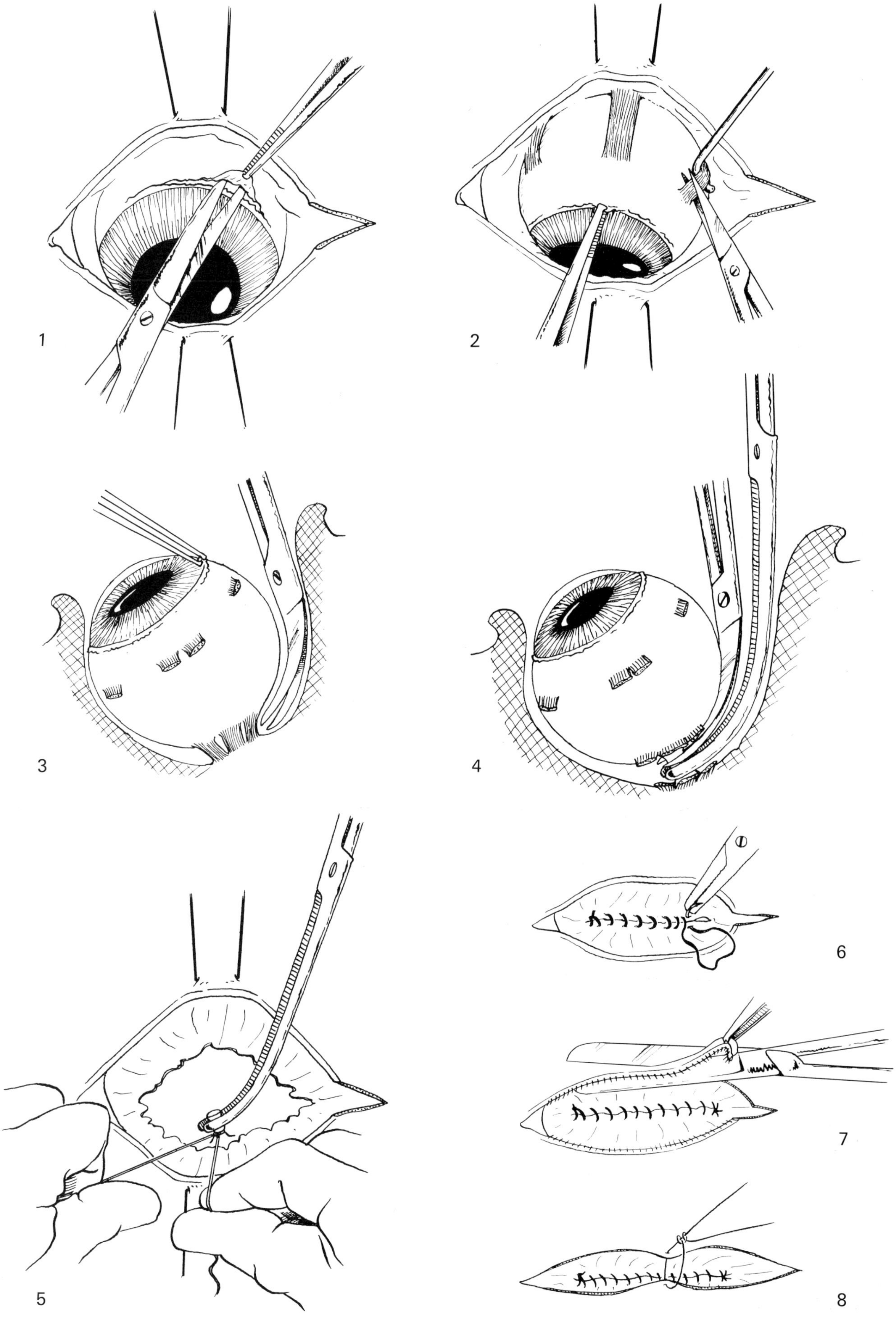

Abb. 117: Enukleation

■ **Exenteration** (Abb. 118)

Diese Technik, bei welcher der Bulbus samt Adnexen entfernt wird, ist möglichst zu vermeiden, da sie mit einem bedeutenden Gewebeverlust verbunden ist. Sie ist nur bei einer Panophthalmie und bei Tumoren indiziert.

In der Großtierpraxis wird diese Technik hingegen viel häufiger angewandt.

Als erstes werden die Lider vernäht, da der Verschluß der Lidspalte den Eingriff erleichtert.

Anschließend wird die Haut um die Lider herum inzidiert (1), worauf die tiefe Präparation beginnt.

Die Tenonsche Kapsel wird von der Orbitalfaszie abgetrennt. Der Augapfel wird mit seiner Umhüllung herausgezogen (2).

Die einzige Schwierigkeit besteht beim Erfassen des Sehnervs mit seiner Scheide und den darin befindlichen Gefäßen. Mit einer gebogenen Klemme wird der Nervenstrang erfaßt und oberhalb derselben abgesetzt (3). Der Stumpf wird mit einem resorbierbaren Faden ligiert.

Die kleinen Blutungen werden zum Stehen gebracht, worauf in zwei Ebenen genäht wird. In der tieferen Lage erfolgt eine fortlaufende Naht mit resorbierbarem Faden für die periorbitale Faszie (4). Die Haut wird mit Einzelknopfnähten aus Tergal 4/0 verschlossen (5).

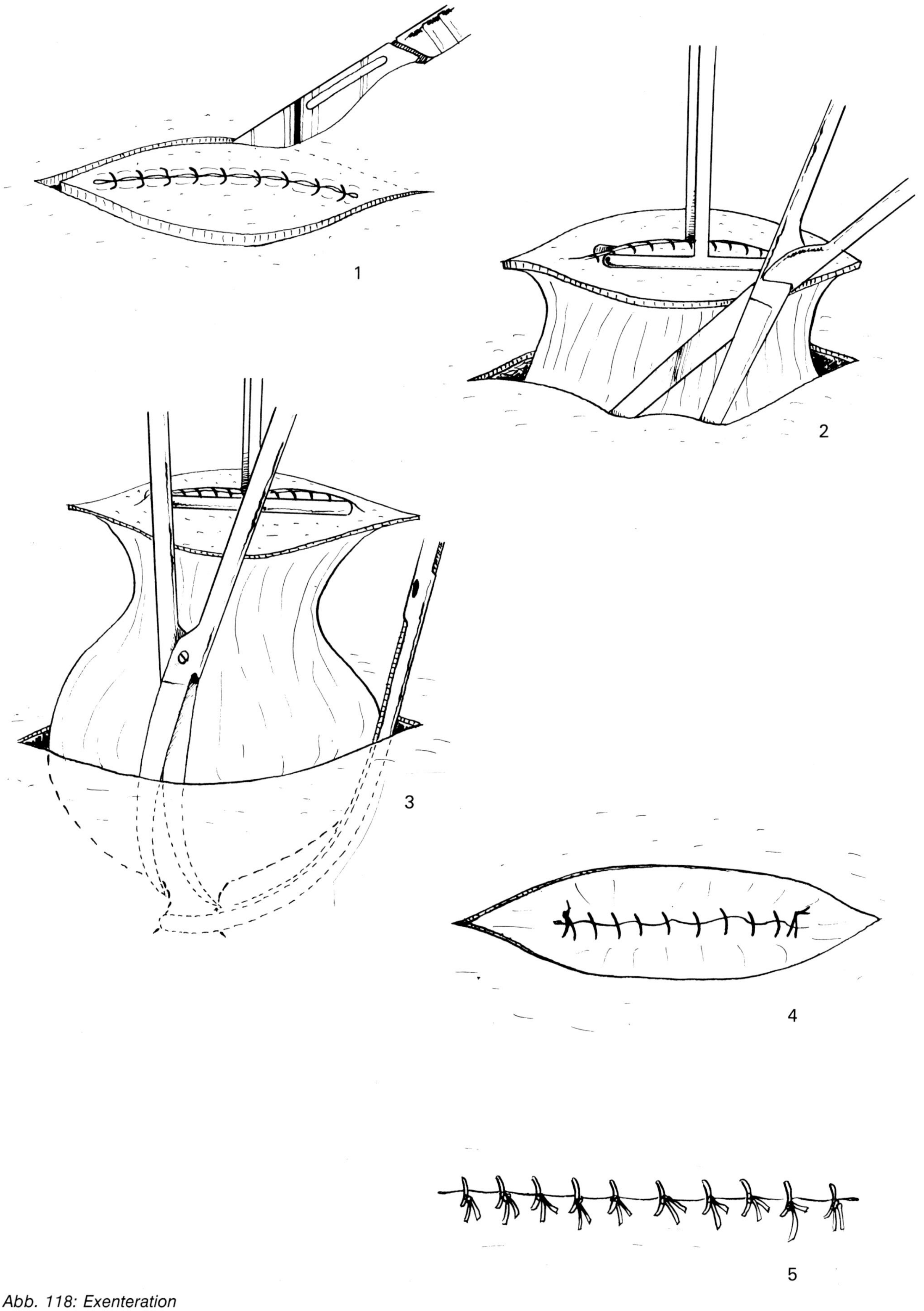

Abb. 118: Exenteration

■ **Eviszeration** (Abb. 119)
Die Eviszeration besteht in der Ausweidung des Augapfels. Man entfernt das Kammerwasser, die Linse, den Glaskörper und die mittlere Augenhaut (Uvea).

Die Eviszeration geht der Implantation einer Prothese voraus.

Kontraindikationen: Infektionen des Augapfels (Panophthalmie) sowie ausgedehnte Substanzverluste der Hornhaut.

Der Augapfel wird durch einen am Limbus gelegten Zügelfaden fixiert (1), ein Bindehautlappen freipräpariert und am Limbus zurückgeklappt. Die Freilegung der Sklera erfolgt an der am leichtesten zugänglichen Stelle, üblicherweise bei 12 Uhr. Die episklerale Gefäßversorgung ist im allgemeinen recht beträchtlich, weshalb eine sorgfältige Kauterisation unerläßlich ist.

Mit dem Skalpell wird ein T-förmiger Schnitt markiert (2) und ebenfalls kauterisiert (3). Die Sklera wird bis auf die Aderhaut inzidiert, worauf diese zusammen mit dem Ziliarkörper schwarz erscheint (4). Mit einer stumpfen Schere beginnt man mit der Ausräumung (5). Ein Druck mit dem Arrugahaken auf die Hornhaut läßt hierauf den Augeninhalt hervortreten. Linse und Glaskörper quellen nacheinander hervor. Danach muß die Aderhaut samt Netzhaut fest erfaßt und herausgelöst werden. Die mittlere Augenhaut löst sich von der Sklera, bis sie nur noch peripapillär fixiert ist. Ihre Abtrennung erfolgt mit der Schere oder mit dem Elektroskalpell. Die anschließende Blutung stört zwar die Implantation der Prothese, nimmt indessen keine schwerwiegenden Ausmaße an.

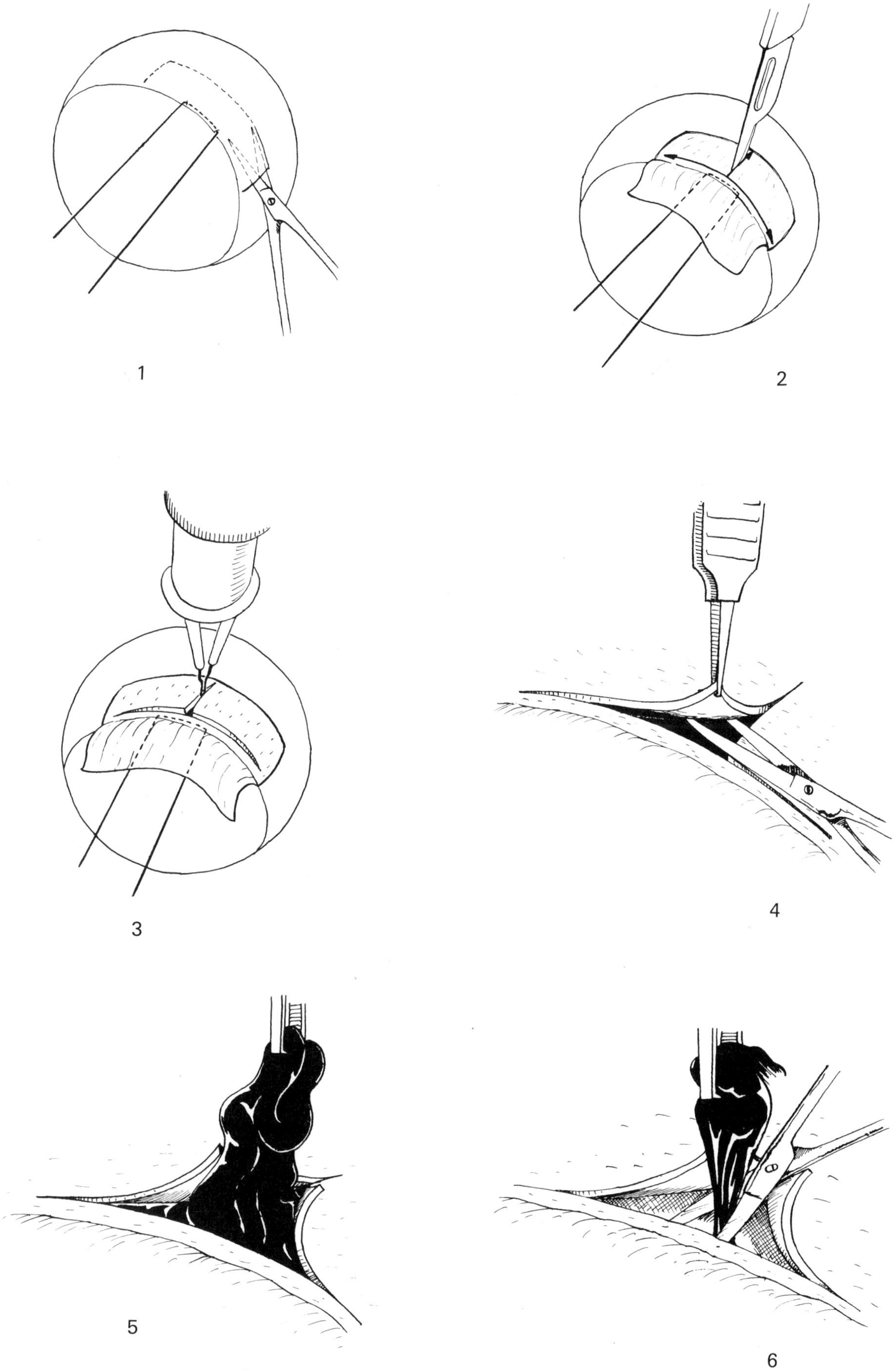

Abb. 119: Eviszeration

2.10.2 Augenprothese

Viele Besitzer werden durch eine Enukleation abgeschreckt. Entsprechend groß ist die Nachfrage nach Prothesen. Bis jetzt haben wir von Eingriffen abgesehen, die hochentwickelte Techniken verlangen und der Humanchirurgie entlehnt sind. Das Einsetzen einer Prothese muß vorbereitet sein und erfordert die Zusammenarbeit mit einem Okulisten. Äußere Prothesen müssen ferner regelmäßig gepflegt werden.

Die nachstehend beschriebene Technik ist einfach und verlangt im Anschluß an die postoperative Überwachung keine besondere Nachbehandlung.

■ **Implantation einer Silikonkugel** (Abb. 120)
Das Prinzip ist folgendes: Nach der Eviszeration läßt man eine Silikonkugel in die corneosklerale Umhüllung gleiten. Die Hülle paßt sich der Kugel an, die Sklera vernarbt, und das Auge erlangt seine normale Form wieder und benötigt keine weitere Behandlung.

Der Operateur plaziert die Silikonkugel, die der Größe des normalen Hundeauges entspricht, in den Injektor. Das vordere Ende desselben wird in die corneosklerale Öffnung eingeführt und die Kugel implantiert (1).

Die Sklera wird mit resorbierbaren Einzelknopfnähten 6/0 verschlossen (2, 3). Der Bindehautlappen wird mit demselben Faden genäht (4).

Der Eingriff wird durch die Naht der Kanthotomiewunde abgeschlossen, so daß die Lidspalte wieder normal weit ist (5, 6).

Eine temporäre Lidnaht schützt anschließend den Augapfel einige Tage.

■ **Postoperativer Verlauf**
Ein Halskragen ist angezeigt, um den unangenehmen Folgen des Kratzens vorzubeugen.

Antibiotika und kortikoidfreie entzündungshemmende Präparate werden verordnet.

Während drei bis vier Tagen postoperativ ist gewöhnlich eine entzündliche Reaktion zu beobachten, die von geringgradigem, blutig-serösem Ausfluß begleitet ist.

Der Bulbus behält seine Größe während acht Tagen, danach geht die Schwellung allmählich zurück.

Die Schrumpfung (Atrophie) schreitet fort, bis die Lederhaut der Silikonkugel vollständig anliegt. Der Endzustand tritt gewöhnlich nach 3 bis 4 Wochen ein.

Die Hornhaut verfärbt sich gräulich. Ziemlich oft kommt es postoperativ zu einer partiellen Gefäßeinsprossung, die sich unter dem Einfluß kortikoidhaltiger Augentropfen zurückbildet.

Der Schmerzzustand, wie er vor dem Eingriff bestand, nimmt nach acht Tagen ab und verschwindet im Laufe von 3 Wochen.

Die Ergebnisse dieses einfachen Eingriffs sind in der Regel ausgezeichnet und rechtfertigen seine Anwendung in der Praxis.

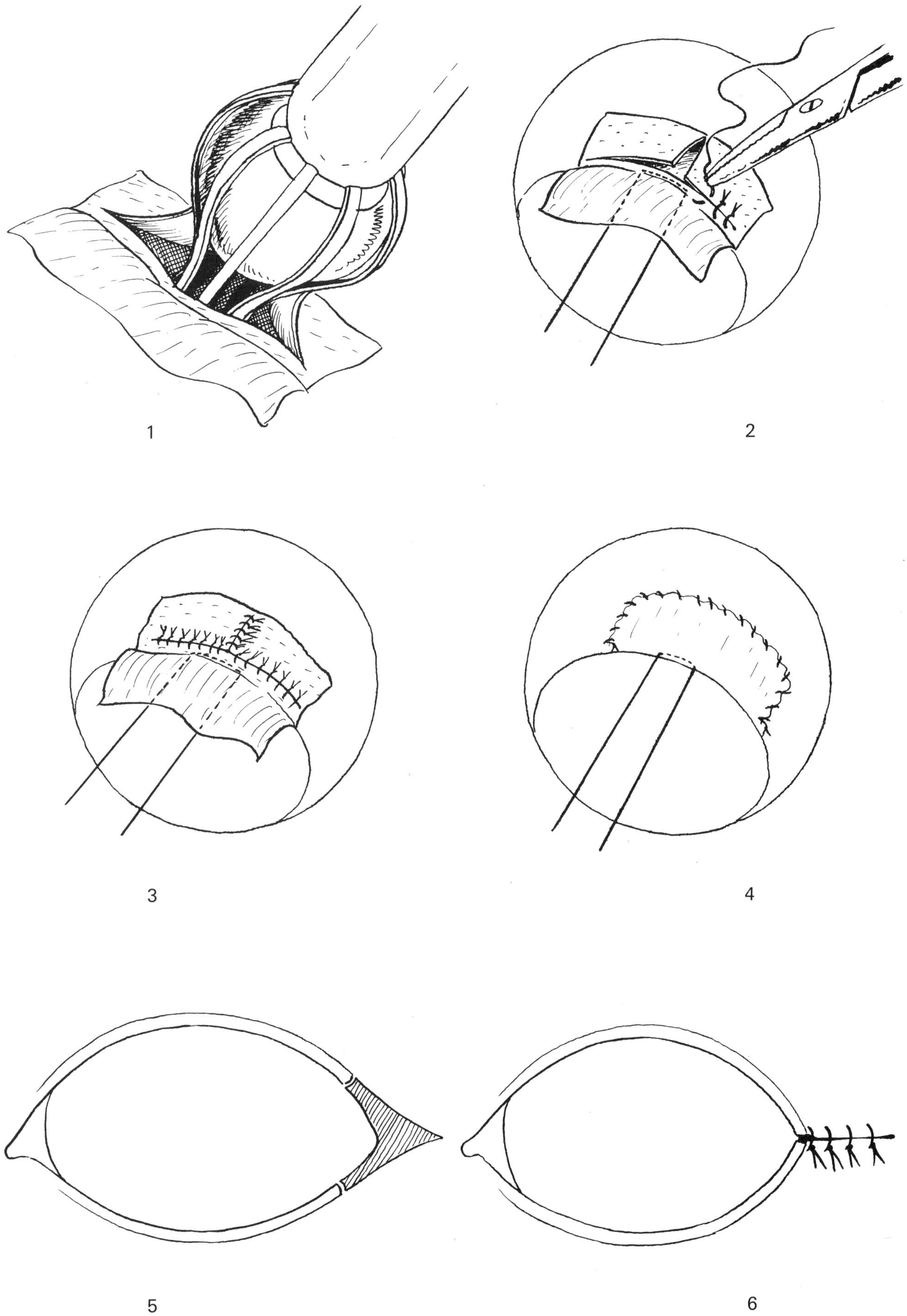

Abb. 120: Implantation einer Silikonkugel

Literatur

Es wurde als unzweckmäßig erachtet, zu jedem Kapitel ausführliche Literaturangaben anzuführen, wovon einige Gegenstand außergewöhnlich zahlreicher Veröffentlichungen und Studien sind.

Dieses Buch ist absichtlich nicht als Lehrbuch, sondern als Werkzeug konzipiert, weshalb wir uns auf wenige Literaturhinweise beschränkt haben.

Die nachstehend aufgeführten Arbeiten enthalten zahlreiche Hinweise, auf die sich ein an bestimmten Einzelheiten interessierter Leser beziehen kann.

1. BISTNER, S. I., G. AGUIRRE & G. BATIK, 1977: Atlas of Veterinary Ophthalmic Surgery. Philadelphia, Saunders. 302 p.
2. CAMPINCHI, R., Coll., 1970: L'uvéite. Paris, Masson. 973 p.
3. DURAND, L. & M. RAVAULT, 1972: Microchirurgie du segment antérieur. Paris, Doin. 249 p.
4. IRIS, L., 1972: Histopathologie oculaire. Paris, Masson. 261 p.
5. KIRK, R. W. & S. I. BISTNER, 1975: Handbook of veterinary procedures and emergency treatment. Philadelphia, Saunders. 716 p.
6. MAGRANE, W. G., 1977: Canine Ophthalmology. Philadelphia, Lea and Febiger. 328 p.
7. NORN, M. S., 1974: External Eye. Kopenhagen, Scriptor. 199 p.
8. RUBIN, L. F., 1974: Atlas of Veterinary ophthalmoscopy. Philadelphia, Lea and Febiger. 470 p.
9. SARAUX, H. & B. BIAIS, 1973: Physiologie oculaire. Paris, Masson. 418 p.
10. SARAUX, H. & B. BIAIS, 1969: Précis d'ophtalmologie. Paris, Masson. 977 p.
11. SAUNDERS, L. Z. & L. F. RUBIN, 1975: Ophthalmic pathology of animals. Basel, Karger. 258 p.
12. SEVERIN, G. A., 1976: Veterinary ophthalmology notes. Fort Collins Colorado, College of Vet. Medicine. 294 p.
13. STARTUP, F. G., 1969: Diseases of the canine eye. London, Baillière, Tindall, and Cassell. 387 p.

Sachverzeichnis